Conselho da Revolução
1975–1982

Título original:
Conselho da Revolução 1975–1982. Uma Biografia

Revisão: Sofia Moura

Capa: FBA

Depósito Legal n.º 481349/21

CASTAÑO, David, 1979- , e outro

Conselho da Revolução (1975–1982): uma biografia / David Castaño, Maria Inácia Rezola. – (Extra coleção)
ISBN 978-972-44-2266-4

I – REZOLA, Maria Inácia, 1967-

CDU 94(469)"1975/1982"

Paginação:
MJA

Impressão e acabamento:
ACD Print, S.A.

para
EDIÇÕES 70
Abril 2021

EDIÇÕES 70, uma chancela de Edições Almedina, S.A.
LEAP CENTER – Espaço Amoreiras
Rua D. João V, n.º 24, 1.03 – 1250-091 Lisboa – Portugal
e-mail: editoras@grupoalmedina.net

David Castaño
Maria Inácia Rezola

Conselho da Revolução 1975–1982

uma biografia

ÍNDICE

«O exército, mau grado a presunção traduzida a cada passo nas declarações oficiais ou na retórica dos seus representantes, é um organismo instável que reflecte tanto a estrutura da vida histórica da nação como a condiciona.»

EDUARDO LOURENÇO

INTRODUÇÃO

Lisboa, 29 de Outubro de 1982: o Conselho da Revolução (CR) emite o seu último comunicado em que deixa patentes as suas inquietações relativamente ao futuro do país. Assinalando o clima «de frustração, de desencanto e até de desânimo que pouco a pouco se tem vindo a instalar na sociedade portuguesa», expressa as suas dúvidas sobre a capacidade das forças político-partidárias para assegurar uma governação que credibilizasse as instituições democráticas e correspondesse às expectativas dos portugueses. Em causa, a «aparente inexistência de alternativas políticas que permitam uma efectiva alternância democrática e conduzam ao desbloqueio da actual situação de crise do sistema» (1).

A revisão constitucional, e consequente fim do período de transição, estava prevista na Segunda Plataforma de Acordo Constitucional firmada entre o Movimento das Forças Armadas (MFA) e os partidos políticos em Fevereiro de 1976. Segundo o então estipulado, o processo seria desencadeado na segunda legislatura, a iniciar em 1980, pela Assembleia da República.

Quando, dois anos depois, o processo finalmente arranca, a conjuntura política é determinantemente marcada pela situação de fragilidade dos partidos que suportavam a coligação governamental (AD) — Partido Social-Democrata (PSD), Centro Democrático Social (CDS) e Partido Popular Monárquico (PPM) — e pelas negociações que esta coligação entabula com o Partido Socialista (PS)

---

(1) Último comunicado do CR, 29-10-1982, Arquivo do Conselho da Revolução, Assuntos tratados nas reuniões do CR, vol. 62, caixa 80, 26-10-1982, doc. 31.

com vista à revisão constitucional. O debate gravita essencialmente em torno dos poderes presidenciais e da extinção do CR, gerando intensas polémicas, dentro e fora do Parlamento, e, sobretudo, dando lugar a um sentimento de injustiça entre alguns dos membros do Conselho. De todas as formas, e ainda que vários conselheiros entendessem que persistiam alguns dos motivos que tinham presidido à sua constituição, sete anos depois de ter sido fundado, o CR dava por cumprido o «compromisso básico voluntariamente assumido pelos militares responsáveis pelo movimento libertador de Abril»(2).

Último órgão revolucionário que sobrevive à entrada em vigor da Constituição de 1976, o CR detinha ainda consideráveis poderes militares e políticos. A par do poder legislativo em matéria militar, cabia ao CR pronunciar-se sobre a constitucionalidade das leis e, enquanto Conselho do Presidente da República, pronunciar-se sobre as grandes questões políticas. No entanto, em 1982, é por muitos visto como um organismo extemporâneo ou um objecto «pré-histórico» num país com uma democracia consolidada e que avança para a Europa. A sua extinção representa o fim de um ciclo da «História contemporânea portuguesa», como o próprio Conselho reconhece no seu último comunicado.

Quatro décadas depois da sua extinção, o CR tem suscitado o interesse de cientistas políticos e constitucionalistas(3), mas poucos

(2) Último comunicado do CR, 29–10–1982, Arquivo do Conselho da Revolução, Assuntos tratados nas reuniões do CR, vol. 62, caixa 80, 26–10–1982, doc. 31.

(3) Ver, a título de exemplo, Miguel Lobo Antunes, «A fiscalização da constitucionalidade das leis no primeiro período constitucional: a Comissão Constitucional» *in Análise Social*, vol. XX (81–82), 1984, pp. 309–336; Armindo Ribeiro Mendes, «O Conselho da Revolução e a Comissão Constitucional na fiscalização da constitucionalidade das leis (1976–1983)», *in* Mário Baptista Coelho (ed.), *Portugal, o Sistema Político e Constitucional 1974–1987*, Lisboa, Instituto de Ciências Sociais, 1989, pp. 925–940; António Araújo, «A construção da justiça constitucional portuguesa: o nascimento do Tribunal Constitucional», *in Análise Social*, vol. XXX (134), 1995 (5.º), pp. 881–946; Jorge Miguel Alves Fernandes, *O Conselho da Revolução na Fiscalização da Constitucionalidade (1976–1982)*, tese de mestrado em Política Comparada, Lisboa, Instituto de Ciências Sociais, Universidade de Lisboa, 2009.

são os que, no campo da historiografia, sobre ele se debruçaram. Apesar de ter ocupado um lugar de destaque entre os órgãos de soberania no período de 1975 a 1982, o Conselho é frequentemente relegado para um segundo plano na já abundante literatura sobre a transição e a consolidação democrática portuguesa.

Nos estudos sobre a Revolução de 1974–1975, encontramos múltiplas referências ao CR, seja pela conjuntura particular em que é instituído, seja pela «espectacularidade» e impactos de alguns dos episódios que protagonizou. Tratam-se, no entanto, de referências que se caracterizam pela sua superficialidade e que não têm em conta o seu papel enquanto organismo central do Processo Revolucionário. Tendencialmente, estes estudos privilegiam a intervenção de outros actores como as forças político-partidárias (com particular destaque para o PS e PCP), os movimentos sociais ou personalidades específicas (civis e militares). Perceptível nas obras sobre o Processo Revolucionário em Curso, esta tendência acentua-se nos estudos sobre a consolidação democrática. Acresce, neste panorama desolador, o facto de não existirem análises de conjunto sobre a história do CR ao longo de todo o seu período de existência (1975–1982).

Assim, tendo como ponto de partida os estudos por nós anteriormente desenvolvidos — quer os relativos ao CR no período revolucionário quer os incidindo sobre o período constitucional(4) —, com este livro propomo-nos analisar o percurso deste organismo político-militar desde a sua fundação (Março de 1975), até à sua extinção (Outubro de 1982).

O desafio revelou-se particularmente interessante ainda que exigisse um esforço maior do que o inicialmente previsto. Entre outras coisas, tornou-se necessário revisitar algumas das fontes

---

(4) Maria Inácia Rezola, *Os Militares na Revolução de Abril. O Conselho da Revolução e a Transição para a Democracia (1974–1975)*, Lisboa, Campo da Comunicação, 2006; Maria Inácia Rezola, *Melo Antunes. Uma Biografia Política*, Lisboa, Âncora, 2012. David Castaño, «To the barracks: the President, the military and democratic consolidation in Portugal (1976–1980)», *European Review of History*, vol. 24, Issue 1, 1–16. DOI: 10.1080/13507486.2016.1155541; David Castaño, *Eanes e a Democracia*, Lisboa, Penguin Random House, 2018.

primárias anteriormente consultadas tendo em vista recuperar ou completar informações. Destacam-se, neste domínio, as Actas das reuniões do CR que, apesar do seu estilo conciso e selectivo, são uma fonte incontornável para o estudo do Conselho e da transição democrática. A disponibilização online de uma colecção destas Actas([5]) não exclui a consulta do vasto Arquivo do Conselho da Revolução, depositado no Arquivo Nacional da Torre do Tombo-DGLAB (Lisboa). Com um total de 400 caixas, neste arquivo é possível encontrar não apenas a documentação que habitualmente acompanhava as Actas (relatórios, declarações de voto, recomendações, comunicados e muitos outros documentos discutidos ou produzidos no âmbito das reuniões do CR), mas também a correspondência recebida e emitida; os fundos «assuntos tratados nas reuniões do CR», «Documentos apresentados ao CR», «Resoluções» e «Comunicados»; e, entre outros, relatórios vários.

Da mesma forma, foi imprescindível proceder a uma actualização bibliográfica, privilegiando, neste domínio, testemunhos e fontes. A título de exemplo refira-se a recente publicação da transcrição da «Assembleia Selvagem» de 11 de Março de 1975([6]) ou as várias obras de cariz memorialístico e autobiográfico que, felizmente, foram dadas a lume nos últimos anos.([7])

Apesar da riqueza e interesse do material disponível, a necessidade de racionalizar a dimensão deste livro levou a que se tomassem algumas opções metodológicas, nomeadamente no que diz respeito ao detalhe com que a documentação do arquivo do CR foi explorada. Desta forma, alguns aspectos específicos da intervenção do Conselho (como o Conselho Económico e Social ou a Comissão Constitucional) não tiveram o desenvolvimento inicialmente programado.

([5]) José Manuel Barroso/Conselho da Revolução *in* Arquivo «Casa Comum» acessível *in* http://casacomum.org/cc/arquivos?set=e_3538.

([6]) Carlos de Almada Contreiras, *A Noite que Mudou a Revolução de Abril. A Assembleia Militar de 11 Março de 1975*, Lisboa, Edições Colibri, 2019.

([7]) A título de exemplo: Jorge Miranda, *Da Revolução à Constituição. Memórias da Assembleia Constituinte*, Lisboa, Principia, 2015.

O estudo do CR implica a compreensão de fenómenos mais amplos, como sejam a luta pelo poder/pela condução do processo político e, ainda, a análise do papel dos militares na vida política. Como observou José Medeiros Ferreira,

> «O Movimento das Forças Armadas jamais foi uma estrutura independente da instituição militar, antes deve ser encarado como uma organização circunstancial de que se serviu o corpo de oficiais para atingir certos objectivos após o derrube da ditadura, como o cessar-fogo e a descolonização, a gestão das necessárias reciclagens da instituição militar e o governo do País no período de transição. O MFA é um dos instrumentos da estratégia militar entre o derrube da ditadura e a instauração do regime político constitucional.»(8)

De todas as formas, os elementos relativos à contextualização foram minimizados ao essencial, limitando-se a breves notas que permitem situar o leitor na conjuntura da época.

Apesar das inevitáveis lacunas decorrentes das opções assumidas, a solução encontrada permitiu conferir uma maior coerência à narrativa sem perder de vista o nosso objectivo: traçar um retrato do Conselho, analisando as suas características, dinâmicas, intervenção e etapas evolutivas, no contexto mais amplo do processo de transição para a democracia. Desta forma, esperamos conferir ao leitor os dados que lhe permitirão situar o CR na história do século XX português.

Estrutura do livro

Organismo político militar, constituído na sequência do 11 de Março de 1975, a história do CR é incompreensível se não tivermos em conta o trajecto do Movimento das Forças Armadas (MFA) desde as suas origens, ainda sob a designação de Movimento dos

(8) José Medeiros Ferreira, «Os militares e a evolução política interna e externa (1974-1982)» *in* J. J. Brandão de Brito (coord.), *Revolução e Democracia*, vol. 2, *O País em Revolução*, Lisboa, Editorial Notícias, 2001, p. 14 [pp. 11-61].

Capitães. Radicando numa multiplicidade de estruturas directivas que pautaram a vida do Movimento, o CR traduz a institucionalização do poder dos capitães de Abril e um reforço da legitimidade revolucionária num contexto muito particular. É sobre este processo que se debruça a primeira parte do livro.

Os meses de Março a Novembro de 1975 constituem um dos períodos áureos do Conselho. Consagrado como órgão cimeiro da estrutura constitucional revolucionária na Plataforma de Acordo Constitucional de Abril de 1975, assume-se como uma vanguarda e reivindica o papel de motor da Revolução. A missão revelar-se-á, no entanto, particularmente difícil, sobretudo a partir do momento em que, legitimadas pelo sufrágio eleitoral, as forças político-partidárias reclamam com insistência um lugar na condução do país. Como pano de fundo, a sua manifesta incapacidade de impedir a divisão, em torno de uma multiplicidade de propostas políticas, do movimento que, em última análise, lhe conferia legitimidade: o MFA. Crescentemente questionado e dividido, o MFA irá perdendo a sua capacidade de direcção num processo que se reveste de grande complexidade e cujos contornos estão longe de ser pacíficos. Alvo de análise na segunda parte do livro, esta etapa da história do CR é, provavelmente, a mais difícil de reconstituir confundindo-se, em muitos momentos, com a do próprio processo revolucionário. Caberá ao 25 de Novembro, um episódio que ainda hoje provoca profundas fracturas na sociedade portuguesa, criar o terreno propício para a necessária clarificação sobre o lugar do CR na vida política nacional.

A proposta de um «projecto viável de esquerda», em que as Forças Armadas continuavam a assumir um papel central e liderante, protagonizada pelos sectores moderados do MFA, conhece uma ampla contestação. Mesmo os que, como o PS, tinham estado do seu lado na luta contra o vanguardismo revolucionário, se pronunciam abertamente contra a permanência no topo da estrutura do poder de um órgão não eleito com tão amplos poderes. Saliente-se que também no interior do CR se denotam clivagens relativamente à estratégia a seguir na nova etapa que se anunciava. De um lado, os conselheiros que, como Ramalho Eanes, defendem uma concepção «civilista», a dissolução do MFA e, sobretudo, pretendiam reconstruir umas Forças Armadas cuja estrutura, hierarquia, cadeias de comando e valores tinham sido profundamente afectados pelos acontecimentos registados em 1975. Do outro, os que, como Pezarat Correia, Vasco Lourenço ou Melo Antunes, postulam uma ampla tutela, defendendo uma concepção do MFA enquanto aparelho autónomo de produção política e ideológica, «árbitro» e «motor» do processo.

Simbolicamente encerrando o ciclo de institucionalização da democracia, as eleições autárquicas realizam-se em Dezembro de 1976. No decurso desse ano, tinham sido dados passos importantes nesse sentido: a aprovação do novo texto constitucional, a realização de eleições legislativas e presidenciais e, finalmente, a tomada de posse do primeiro Presidente da República eleito democraticamente.

O início do mandato do novo Presidente marcará uma nova etapa na vida do CR. Na sua tripla qualidade de Presidente da República, Presidente do CR e chefe do Estado-Maior-General das Forças Armadas, Ramalho Eanes promoverá uma reestruturação no Conselho que dita o fim das ligações directas entre este órgão de soberania e algumas unidades militares. Progressivamente, o CR deixará de ser um órgão relevante no âmbito militar, mas essa perda de influência não seria compensada, como esperariam alguns conselheiros, por uma maior intervenção a nível político.

Apesar dos vastos poderes que lhe são conferidos pela Constituição, sob a liderança de Ramalho Eanes o CR adopta uma postura de moderação que não é bem aceite por todos os conselheiros. Ao longo dos anos acentua-se a clivagem entre os conselheiros históricos e os conselheiros por inerência e registam-se diversas tentativas para que o CR recupere o protagonismo de outrora. Esses episódios não permitem esquecer a manutenção da tutela militar e alimentam a tensão entre diferentes órgãos de soberania. Estas dinâmicas são tratadas no quarto capítulo.

A chegada da direita ao poder e a aproximação do final do período de transição estabelecido no II Pacto MFA-Partidos e consagrado na Constituição corresponde à última fase da vida do CR (quinto capítulo). Apesar das tentativas para se proceder à extinção do Conselho por vias alternativas ao que determinava a lei fundamental, que contribuíram para deteriorar o relacionamento do CR com o governo e com os partidos que constituíam a maioria na Assembleia da República e fomentaram as derradeiras tentativas de afirmação dos poderes do CR, o processo de revisão constitucional fez-se nos moldes previstos. Afastadas foram também as ameaças à conclusão da revisão da Constituição, pelo que esta acabou por determinar a extinção do órgão de soberania que simbolizava as origens militares do regime democrático.

AGRADECIMENTOS

Arquivo Nacional da Torre do Tombo

Associação 25 de Abril

Centro de Documentação 25 de Abril da Universidade de Coimbra

Fernando Costa

João Moita

Suzana Ramos

I.

DO MOVIMENTO DOS CAPITÃES AO CONSELHO DA REVOLUÇÃO(*)

Resultado de um persistente planeamento e trabalho organizativo de um grupo de jovens oficiais, na madrugada de 25 de Abril de 1974, o Movimento das Forças Armadas desencadeia a «Viragem Histórica». Controlados os escassos focos de resistência governamental e detido o Presidente do Conselho, Marcello Caetano, o sucesso desta ampla operação militar torna-se evidente quando, no final do dia, a Junta de Salvação Nacional (JSN) se apresenta ao país. «Este é o momento em que lhes posso apresentar, presentes que estão aqui, no estúdio A da Radiotelevisão Portuguesa, os elementos da Junta de Salvação Nacional», anuncia Fialho Gouveia. «Capitão-de-fragata António Alva Rosa Coutinho, capitão-de-mar-e-guerra José Baptista Pinheiro de Azevedo, general Francisco da Costa Gomes, general António de Spínola, brigadeiro Jaime Silvério Marques, coronel Carlos Galvão de Melo e ainda, general Manuel Diogo Neto, que não está presente porque está ausente da metrópole»(9).

Os objectivos dos conspiradores são enunciados no programa que, na manhã de 26 de Abril, é revelado publicamente: acabar com a ditadura, com a guerra colonial e criar as condições para que Portugal enveredasse pelo caminho da democratização e desenvolvimento. Para tal, previa-se uma fase de transição em que o poder residiria em três órgãos centrais: uma Junta de Salvação Nacional, militar, a quem caberia o exercício do poder político até

(*) Maria Inácia Rezola.

(9) Proclamação da Junta de Salvação Nacional, 25-4-1974. Arquivo RTP. Disponível em https://arquivos.rtp.pt/conteudos/proclamacao-da-junta-de-salvacao-nacional/.

à constituição de um governo e a tutela do processo de transição; um Governo Provisório civil, com poderes executivos e legislativos; e um Conselho de Estado, integrando civis e militares.([10]) Nenhum cargo ou posição era reservada aos autores do golpe, num sinal de que a sua intenção era a de «regressar aos quartéis» uma vez derrubada a ditadura. Assim o atesta também o facto de nenhum dos que tinham preparado ou participado nas operações do 25 de Abril integrar a JSN.

Este projecto acabará, no entanto, por sair gorado, assistindo-se à progressiva emergência do MFA como um actor político. Rodeada de tensão, sobretudo a partir do momento em que os sectores que questionam a autoridade e a legitimidade do MFA conquistam posições, esta alteração de planos revelar-se-á central na definição dos novos centros de poder e da estrutura constitucional provisória, assim como na emergência de um poder militar que será institucionalizado, em Março de 1975, através da criação do Conselho da Revolução.

A progressiva politização do movimento

A ideia de que a reunião de oficiais realizada a 9 de Setembro, numa herdade próxima de Évora (Monte Sobral, Alcáçovas), marca o início simbólico da conspiração e o nascimento do Movimento dos Capitães reúne amplo consenso.([11])

Depois de mais uma década de relativa estabilidade das relações entre as Forças Armadas e o poder político, os sinais de que um novo mal-estar se instalava, ameaçando um dos pilares do regime, tornam-se evidentes na Primavera de 1973. O detonador das mobilizações é o I Congresso dos Combatentes do Ultramar (Porto, 1 a 3 de Junho de 1973). Organizado pelos sectores conservadores do regime (*ultras)*, com o apadrinhamento público do Presidente

---

([10]) Programa do Movimento das Forças Armadas. Disponível em http://www1.ci.uc.pt/cd25a/wikka.php?wakka=estrut07.

([11]) Ver, a título de exemplo, a posição de historiadores como José Medeiros Ferreira ou António Reis, e os testemunhos de Vasco Lourenço, Dinis de Almeida ou Otelo Saraiva de Carvalho (cf. Bibliografia final).

da República Américo Tomás, este congresso pretendia revelar à opinião pública nacional e internacional a adesão das Forças Armadas à política integracionista do regime e à continuidade do esforço de guerra.

Alguns oficiais do Quadro Permanente, justamente os mais sacrificados pela guerra, decidem então pôr a circular um abaixo-assinado em que se demarcam do evento (não lhe reconhecendo a necessária representatividade) e se declaram totalmente alheios às conclusões que dele viessem a ser retiradas.([12]) A iniciativa é da responsabilidade de oficiais como Ramalho Eanes, Firmino Miguel, Dias Júnior ou Carlos Fabião, tidos como próximos do então governador da Guiné, António de Spínola, mas rapidamente se alarga a outros sectores. Em poucos dias reúnem-se cerca de 400 assinaturas, sinal de uma crescente insatisfação perante a política colonial do regime. O ministro do Exército e da Defesa, Sá Viana Rebelo, acabará por impedir a participação dos signatários (assim como a de todos os oficiais no activo) no encontro, numa tentativa de ocultar o esvaziamento do congresso e o fracasso das intenções dos seus promotores.

Ainda que não exista uma ligação directa entre este movimento e o que se desencadeia na sequência do encontro de Alcáçovas, o protesto contra o Congresso dos Combatentes do Ultramar pode ser considerado como a antecâmara da conspiração. A sua relevância é inequívoca. Desde logo, ao colocar em evidência o mal-estar que se instalara nas Forças Armadas ao fim de doze anos de combate nas diferentes frentes africanas. Depois, ao deixar patente o poder mobilizador desta insatisfação e a incapacidade ou inépcia do regime em lidar com ela — não conseguindo evitar o esvaziamento do congresso, limita-se a proibir a participação dos contestatários no evento deixando as portas abertas a novas iniciativas. Como pano de fundo, a percepção de que a tese de uma solução política para a guerra ganhava adeptos no seio das Forças Armadas.

([12]) Abaixo-assinado, 1973, Fundação Mário Soares/António Arnao Metello, Disponível em http://www.casacomum.org/cc/visualizador?pasta=11013.078 (2019-12-8).

Note-se que, segundo Aniceto Afonso e Carlos Matos Gomes, «o assunto do Congresso dos Combatentes tinha entretanto começado a ser discutido entre os oficiais do núcleo que daria origem ao movimento dos capitães na Guiné»([13]). Autores como Sánchez Cervelló avançam ainda com a ideia de que o germe da contestação militar nasceu nesse território quando Spínola «se convenceu de que a política do governo conduzia inexoravelmente a uma derrota vergonhosa»([14]). Teria, por isso, estimulado o desenvolvimento de contactos, entre alguns dos seus oficiais e a *Ala Liberal,* com vista à realização de um golpe palaciano que o catapultasse para a Presidência da República ou outro lugar de destaque que lhe permitisse pôr em prática os seus projectos políticos e, sobretudo, encontrar uma saída para o problema ultramarino. O facto de não ter sido dada continuidade ao plano não deve escamotear a ideia de que a tese defendida por Spínola desde meados de 1972([15]), segundo a qual a solução da guerra era política e não militar, já era debatida na Guiné, seja no círculo de oficiais que lhe eram mais próximos, seja entre alguns oficiais críticos da ditadura.

Reconhecendo a António de Spínola o mérito de ter permitido a criação de um ambiente favorável à discussão da guerra, assim como o profundo impacto dos acontecimentos que rodearam o Congresso dos Combatentes, cabe destacar que o factor que verdadeiramente desencadeia a mobilização dos Capitães é a publicação dos decretos-lei n.º 353/73 (de 13 de Julho) e 409/73 (de 20 de Agosto). Como observa José Medeiros Ferreira, um dos autores que, com maior clareza, explica o nexo entre os dois acontecimentos:

> «O nascimento do "movimento dos capitães" está (...) indiscutivelmente ligado à publicação dos decretos-lei n.º 353 de 13 de Julho de 1973 e n.º 409 de 20 de Agosto do mesmo ano, com os quais o

([13]) Aniceto Afonso e Carlos de Matos Gomes, *Os Anos da Guerra Colonial*, Porto, Quidnovi, 2010, pp. 727–728.

([14]) Josep Sánchez Cervelló, *A Revolução Portuguesa e a sua Influência na Transição Espanhola (1961–1976)*, Lisboa, Assírio & Alvim, 1993, p. 145.

([15]) Cf. António de Spínola, *País sem Rumo: contributo para a história de uma revolução,* Lisboa, SCIRE, 1978, p. 29.

> ministro da Defesa Sá Viana Rebelo pretendia resolver o problema da falta de oficiais com que o Exército se debatia face à continuação da guerra colonial. Segundo esses diplomas, os capitães milicianos que pretendessem entrar no Quadro Permanente poderiam fazê-lo desde que seguissem, com aproveitamento, um curso acelerado para oficiais, na Academia Militar, com a duração de dois semestres, enquanto os cadetes necessitavam de quatro anos para serem promovidos a alferes. Além disso, a antiguidade dos oficiais milicianos que assim entrassem no Quadro Permanente passaria a ser contada a partir da sua promoção a tenentes milicianos do quadro de complemento».[16]

Estes decretos pretendiam, em última análise, suprir a falta de candidatos à Academia Militar facilitando a entrada dos milicianos na escala activa (Quadro Permanente) após um curso acelerado de dois semestres. O grave prejuízo que a sua aplicação acarreta para a carreira dos militares profissionais é exemplificado por Sánchez Cervelló ao observar que

> «segundo estes diplomas, acabado o curso intensivo, aqueles oficiais passavam a ter a antiguidade desde o momento em que haviam sido nomeados tenentes da escala de Complemento, o que provocou que alguns aspirantes que tinham ingressado na Academia Militar, por exemplo em 1960, poderiam ser ultrapassados por outros que tivessem feito o serviço militar em 1962».[17]

Não é de estranhar que Otelo Saraiva de Carvalho considere estes diplomas como o «verdadeiro rastilho» para a criação do Movimento dos Capitães[18] funcionando como uma «pequena bola de neve que, rolando, daria lugar à avalancha e à queda de um regime ditatorial de direita, velho de quarenta e oito anos»[19].

---

[16] José Medeiros Ferreira, *Portugal em Transe in* José Mattoso (dir.), *História de Portugal,* vol. VIII, Lisboa, Círculo de Leitores e Ed. Estampa, 1994, p. 21.

[17] J. Sánchez Cervelló, *A Revolução Portuguesa e a sua Influência na Transição Espanhola (1961–1976)*, p. 155.

[18] Otelo Saraiva de Carvalho, *Alvorada em Abril.* Vol. I, Lisboa, Publicações Alfa, 1991, p. 130.

[19] Otelo Saraiva de Carvalho, *Alvorada em Abril.* Vol. I, p. 115.

Realizado sob a capa de uma confraternização, o encontro de Alcáçovas de 9 de Setembro tem como objectivo preparar um acto de repúdio que obrigasse o governo a reconsiderar a sua posição. Depois de intenso debate, essencialmente em torno de problemas profissionais decorrentes da aplicação da nova legislação, os 136 capitães presentes alcançam uma plataforma de entendimento quanto ao próximo passo a dar: enviar um abaixo-assinado ao Presidente do Conselho pedindo a revogação dos decretos. Esta iniciativa marca simbolicamente o nascimento do Movimento dos Capitães, que, nesta primeira fase, assume uma feição essencialmente corporativa.

Esta tese é abertamente contestada por Vasco Lourenço ao observar que os capitães, tenentes e alferes, do Exército e da Força Aérea, presentes no encontro, eram movidos por diferentes objectivos: uns terão comparecido por razões socioprofissionais (que «sentiam que lhes estavam a meter a mão no bolso»); outros por companheirismo; e, finalmente, os que pensavam poder «aproveitar a situação para tentar dirigir o movimento nascente para posições de contestação e derrube do regime»([20]). Sendo difícil apurar a importância e representatividade de cada um destes grupos, um facto se torna óbvio: a continuação do movimento depois da suspensão dos decretos e da exoneração do ministro que os promovera (Outubro/Novembro de 1973). Ou seja, independentemente dos motivos que presidiram à sua fundação, o Movimento evolui rapidamente, deixando as iniciais reivindicações corporativas de ser fundamentais. A questão da guerra e o problema colonial passam a estar no centro das atenções, conduzindo, em inícios de 1974, à decisão de derrubar o regime. Porque, como observa Pezarat Correia, «o que haveria de constituir o factor decisivo na formação política desta geração de oficiais seria a guerra colonial»([21]).

Não é este o âmbito para recuperar em detalhe a história do Movimento dos Capitães([22]), posteriormente renomeado

---

([20]) Vasco Lourenço e Maria Manuela Cruzeiro, *Do interior da Revolução*, Lisboa, Âncora, 2009, p. 80.

([21]) Pedro Pezarat Correia, *Questionar Abril*, Lisboa, Caminho, 1994, p. 121.

([22]) Para uma cronologia dos principais momentos dessa história, consultar a base de dados disponível em https://a25abril.pt/base-de-dados-historicos/bdh-mov-capitaes-mfa-conspiracao/mcmc-reunioes/.

Movimento dos Oficiais das Forças Armadas (MOFA) e, finalmente, no contexto de debate do seu programa, rebaptizado como Movimento das Forças Armadas (MFA). Destaque-se, no entanto, que ao longo do percurso se denotam sinais de uma crescente consciência política de alguns dos seus elementos, patente no teor dos debates e propostas apresentadas nas suas reuniões, cujo ritmo, longe de abrandar, é cada vez mais intenso. Ainda que se possa questionar a representatividade e expressão numérica deste núcleo no movimento, a sua importância é inegável.

Uma análise de conjunto do percurso evolutivo do Movimento nos seus primeiros meses permite-nos tirar várias conclusões. Em primeiro lugar, saliente-se que, como referido, a partir da revogação dos decretos-lei de Sá Viana Rebelo (Outubro de 1973) começa a ser evidente que a fase das reivindicações corporativas tinha sido ultrapassada. A questão do prestígio da instituição militar é recorrentemente evocada, multiplicando-se os protestos contra a incapacidade do governo em garanti-la, e apontando-se cada vez mais para a política colonial como base desse problema. Note-se que, desde o início, o movimento de contestação tem enorme peso e representatividade na Guiné, em Angola e em Moçambique.

Da mesma forma, denota-se uma constante preocupação com os aspectos organizativos, presentes desde a génese do Movimento. Uma das primeiras estruturas a ser constituída foi a Comissão Coordenadora criada com base no núcleo promotor do encontro de Alcáçovas. Assumindo-se ainda como provisória, integrava seis elementos (Vasco Lourenço, Dinis de Almeida, Rosário Simões, Bicho Beatriz, Carlos Camilo e Carlos Clemente). Esta Comissão conhece várias composições e mesmo designações, sendo rebaptizada de Comissão Coordenadora e Executiva na reunião de Óbidos de 1 de Dezembro. É secundada por outras estruturas que são criadas e extintas, no seu interior ou além dela, como as Comissões Consultiva, de Ligação, Ultramarina, Política, «Estudos da Situação» ou «Estudos Psicológicos e Secretariado». A 5 de Dezembro (reunião da Costa de Caparica) é também constituída uma comissão para estabelecer contacto com a Armada e Força Aérea. Apesar de ser essencialmente integrado por oficiais do Exército, o Movimento manifesta, desde cedo, o desejo de se expandir a todos os ramos das Forças Armadas.

A reunião realizada em São Pedro do Estoril, a 24 de Novembro de 1973, assinala um importante salto qualitativo, permitindo que, pela primeira vez, se equacione abertamente a via do golpe de Estado. A hipótese ficara subentendida, dias antes, num outro encontro (Aveiras de Cima, 12 de Novembro), em que Vasco Lourenço e Dinis de Almeida tinham defendido a evolução do movimento, sem exclusão de qualquer hipótese. Agora, em São Pedro do Estoril, a posição de Luís Banazol é inequívoca: «Isto não vai lá com papéis, não vai lá com assinaturas. Isto só vai com um golpe militar»([23]). No entanto, e apesar destas ousadas palavras, até fins de 1973 sente-se um forte peso da corrente legalista.

O cariz maioritariamente legalista do movimento não impede que, no encontro de Óbidos, se escolham os futuros chefes do Movimento: Francisco da Costa Gomes (então Chefe de Estado Maior General das Forças Armadas — CEMGFA) e António de Spínola (ex-governador da Guiné). Contando com a presença de 86 delegados de todas as unidades (em representação de algumas centenas de oficiais), observadores da Marinha e elementos dos pára-quedistas, este encontro reveste-se de grande importância. Mais uma vez, e sem sucesso, a possibilidade do golpe de Estado é equacionada, deixando patente as divergências entre legalistas e partidários de um avanço qualitativo. É também eleita uma nova Comissão Coordenadora, integrando três elementos de cada arma ou serviço do Exército, num total de 19 membros, a quem cabia dirigir e coordenar o Movimento (agora rebaptizado de MOFA), fazendo a ligação entre as diferentes estruturas.([24])

([23]) Cit. *in* Vasco Lourenço e Maria Manuela Cruzeiro, *Do Interior da Revolução*, p. 102.

([24]) Para mais detalhes sobre o encontro, consultar Otelo Saraiva de Carvalho, *Alvorada em Abril*, vol 1, p. 172 e seguintes.

Comissão Coordenadora e Executiva
eleita na reunião de Óbidos (1–12–1973)

Arma ou serviço	membros
Infantaria	maj. Hugo dos Santos cap. Vasco Lourenço ten. António Marques Júnior
Artilharia	maj. Otelo Saraiva de Carvalho cap. Rodrigo Sousa e Castro cap. Luís Domingues
Cavalaria	maj. Manuel Monge cap. Germano Miquelina Simões Cap. Fernando Salgueiro Maia
Engenharia	maj. Agostinho Mourato Grilo cap. Duarte Nuno Pinto Soares cap. Luís Ferreira de Macedo
Transmissões	cap. Fernando Homero Cardoso Figueira cap. Francisco Fialho da Rosa cap. José Manuel Pinto de Castro
Serviço de material	maj. António José Neves Rosa
Serviço de Administração	maj. José Maria Moreira de Azevedo cap. António Torres alf. Manuel António Geraldes

Fonte: Otelo Saraiva de Carvalho, *Alvorada*... vol. 1, pp. 173–174 (elaboração própria)

Num encontro restrito realizado a 5 de Dezembro (reunião da Costa de Caparica), a nova Comissão Coordenadora elege a direcção que se manterá em funções até 25 de Abril de 1974 (Vítor Alves, Otelo Saraiva de Carvalho e Vasco Lourenço([25])). A hipótese

([25]) Os três elementos escolhidos integravam três das subcomissões do movimento tidas como fundamentais: de ligação aos outros ramos das Forças Armadas (Vítor Alves), de secretariado (Otelo Saraiva de Carvalho) e de ligação, na metrópole e ultramar, aos camaradas do Exército (Vasco Lourenço). A par destas, ainda em

de se caminhar para o golpe de Estado, no caso de as acções de pressão sobre o governo falhassem, torna-se então irreversível.

A partir de finais de 1973, o ambiente adensa-se. Os sinais de fraqueza e desorientação do regime multiplicam-se. Atitudes como a já referida cedência perante a pressão da contestação aos decretos-lei, os métodos utilizados para tentar desmantelar os grupos conspirativos (traduzidos, por exemplo, na publicação de nova legislação sobre as carreiras, num aumento salarial ou em ineficazes transferências de ex-milicianos e de ex-cadetes), ou mesmo, a sua crença de que conseguira destruir a «sublevação» depois da intentona do *16 de Março*, são provas óbvias desta realidade. Esta fragilidade cria o terreno propício não só ao desenvolvimento da acção dos Capitães como também à emergência de novas conspirações. Destacam-se, neste domínio, as iniciativas dos ex-milicianos, assim como o *complot* direitista de Kaúlza de Arriaga (que será denunciado por Carlos Fabião em meados de Dezembro). Tendo cessado funções como governador e comandante-chefe das Forças Armadas da Guiné no Verão de 1973, e enquanto o regime procura solucionar o magno problema da sua colocação (processo que culminara no seu empossamento como vice-CEMGFA, em Janeiro de 1974), António de Spínola move-se entre as conspirações, assumindo uma posição de extrema ambiguidade, que lhe trará amplas vantagens. Paradigmáticos, a este respeito, são todos os acontecimentos que rodeiam a publicação do seu livro *Portugal e o Futuro*.

Marcello Caetano foi dos primeiros a percepcionar o impacto da obra de Spínola. A 22 de Fevereiro, convoca Costa Gomes (CEMGFA) e António de Spínola (vice-CEMGFA) a São Bento. Acabara de ler *Portugal e o Futuro* e «ao fechar o livro tinha compreendido que o golpe de Estado militar, cuja marcha eu pressentia há meses, era agora inevitável»([26]). Nesta conversa, fria e grave, reconhece ser-lhe impossível continuar a governar o país «com um corpo de oficiais insubmissos e os chefes militares discordantes»,

---

Dezembro de 1973, encontram-se também em funcionamento a subcomissão de estudo da situação e a de recolha de opinião.

([26]) Marcello Caetano, *Depoimento*, Rio de Janeiro–São Paulo, Distribuidora Record, 1974, p. 195.

sugerindo aos seus interlocutores que reivindicassem o poder junto do chefe de Estado.([27]) A proposta chegava tarde. *Portugal e o Futuro* começava a ser distribuído, transformando-se rapidamente num *best-seller*.

Num momento em que era evidente o cansaço das Forças Armadas e o desgaste do país, perante uma guerra que se arrasta há mais de uma década, o livro de António de Spínola propõe uma solução para a «crise que enfrentamos»: o «rápido restabelecimento da paz» porque «a vitória exclusivamente militar é inviável». Às Forças Armadas competiria «criar e conservar pelo período necessário» as condições de segurança que permitissem «soluções político-sociais, únicas susceptíveis de pôr termo ao conflito». Porque, conclui, pretender «ganhar uma guerra subversiva através de uma solução militar é aceitar, de antemão, a derrota»([28]).

Defendendo uma solução federativa materializada na descentralização administrativa e na progressiva autonomia das colónias, Spínola demolia um dos mais fortes pilares do regime — o *Império* — e abria o debate sobre um tema tabu — a guerra. Mas se *Portugal e o Futuro* era uma tentativa para encontrar uma saída para a questão ultramarina mantendo o regime, a verdade é que acabará por acelerar a sua morte, num processo que ultrapassa as próprias intenções do seu autor.

Para além do impacto junto da opinião pública nacional e internacional, o livro gerou uma onda de entusiasmo entre os Capitães. Ainda que muitos discordassem das posições federalistas do general, reviam-se nas críticas à política colonial e na ideia de que a solução para a guerra era política e não militar. *Portugal e o Futuro* transforma-se numa espécie de bíblia, não por ter constituído o suporte ideológico do Movimento mas porque permitiu que muitos ultrapassassem os receios de serem acusados de cobardia. A questão que se colocava de imediato era a de saber se, uma vez publicado o livro, faria sentido o Movimento elaborar um programa ou, pelo contrário, deveriam aproveitar o sucesso do general. Consciente

([27]) Marcello Caetano, *Depoimento*, pp. 196–197.

([28]) António de Spínola, *Portugal e o Futuro. Análise da conjuntura nacional*, Lisboa, Arcádia, 1974, p. 45.

ou inconscientemente, Spínola comprometera o protagonismo dos *Capitães*, deixando-os numa posição incómoda.

Desde inícios de 1974, as tendências anteriormente verificadas no Movimento acentuam-se em ordem ao golpe de Estado. A 12 de Janeiro, a Comissão Coordenadora procede a um levantamento das posições e da capacidade bélica das principais unidades do país. Semanas depois (3 de Fevereiro), promove o estudo da situação das forças militarizadas, GNR, PSP e Guarda Fiscal, que tudo indicava poderem assumir uma posição pró-governamental. A partir de então, intensificam-se as acções tendo em vista uma correcta avaliação das forças em presença, assim como os esforços para o alargamento do Movimento aos três ramos das Forças Armadas. Coincidindo com o momento em que este é consideravelmente reforçado com a adesão dos ex-milicianos, o resultado destas diligências é visível na histórica reunião de 5 de Março, em Cascais, onde estão presentes 24 delegados da Força Aérea. Ainda que apenas na qualidade de observadora([29]), dadas as suas desconfianças perante o baixo grau de politização de amplos sectores do movimento, a Armada também participa no encontro.

A importância da reunião de Cascais transcende, no entanto, este aspecto. Sendo nesse momento inegável o peso exercido pelos *ultra* sobre o Presidente do Conselho, assim como o iminente afastamento de Spínola e Costa Gomes (aí reafirmados como futuros chefes do Movimento), os Capitães decidem acelerar os preparativos do golpe. Assumindo-o como uma opção irreversível, determinam um reforço da sua organização e aprovam «um projecto político consubstanciando os grandes objectivos do Movimento»([30]).

O afastamento compulsivo de Vasco Lourenço, e outros conspiradores (8 de Março), não faz esmorecer os ânimos. Antes pelo contrário. Nesta matéria, os sectores *spinolistas* revelar-se-ão

([29]) Sobre a posição da Armada, ver Martins Guerreiro, «O 25 de Abril e o Movimento na Marinha» *in Anais do Clube Militar Naval*, vol. CXXIV, Jan.--Mar. de 1994, pp. 9–17 ou, ainda, J. Sánchez Cervelló, «Las organizaciones revolucionarias en el contingente obligatorio de las fuerzas armadas portuguesas, 1972–1976» in *Portuguese Studies Review*, vol. 3, n.º 2, pp. 43–62.

([30]) Otelo Saraiva de Carvalho, *Alvorada em Abril*, vol. I, p. 231.

particularmente activos, envolvendo-se na elaboração do plano militar e exigindo a sua rápida aplicação. Em sucessivas reuniões, em que pontificam Casanova Ferreira e Otelo Saraiva de Carvalho, os contornos da operação começam a ser definidos.([31]) Aparentemente, a conspiração corria mais depressa que os acontecimentos políticos. Mas só aparentemente. Quando é anunciada a demissão de Spínola e Costa Gomes (14 de Março), na sequência da sua não participação na cerimónia de vassalagem dos oficiais-generais para com o regime (*cerimónia da brigada do reumático*), parte do grupo conspirativo decide avançar para um golpe de Estado. O seu fracasso é absoluto.

Muito se tem especulado sobre os motivos da saída em falso a 16 de Março de 1975. Nos extremos situam-se as teses dos que advogam tratar-se de uma tentativa de os spinolistas se apropriarem da liderança do Movimento([32]) e as dos que, pelo contrário, interpretam o *Golpe das Caldas* como uma tentativa para afastar os spinolistas do processo.([33]) O certo é que, independentemente do sentido que se lhe dê, o 16 de Março teve uma importância fundamental para os Capitães, representando uma intensificação da acção conspirativa, agora sob redobrada vigilância.([34])

A decisão de munir o movimento de um documento programático data de inícios de Janeiro de 1974, tendo a Comissão Coordenadora delegado a missão no major José Maria Moreira de Azevedo.([35]) Deixando patente uma inquietação relativamente ao regime político a instaurar, o longo e nem sempre pacifico processo de elaboração do Programa do MFA reveste-se de amplo interesse. Através dele é possível encontrar importantes pistas para entender alguns dos

([31]) Otelo Saraiva de Carvalho, *Alvorada em Abril*, vol. I, p. 250.

([32]) Josep Sánchez Cervelló, *A Revolução Portuguesa e a sua Influência na Transição Espanhola (1961–1976)*, p. 173.

([33]) António de Spínola, *País sem Rumo*, pp. 100–101.

([34]) Para mais detalhes sobre os preparativos militares do golpe, ver, por exemplo, Otelo Saraiva de Carvalho, *Alvorada em Abril*, vol. I, p. 223 e ss.

([35]) Activo elemento do Movimento, na reunião de Óbidos de 1 de Dezembro é eleito para a Comissão Coordenadora do Movimento em representação do Serviço de Administração Militar; posteriormente, quando são criadas as subcomissões da Coordenadora, integra o secretariado.

problemas que, depois do derrube da ditadura, se colocarão em termos de partilha de poder e opções políticas.

Apesar da polémica que desencadeou, a proposta de Moreira de Azevedo é aprovada na generalidade em reunião alargada da Comissão Coordenadora, de finais de Janeiro. É com base nela que a comissão de redacção (Costa Braz, Melo Antunes, Moreira de Azevedo e Sousa e Castro), constituída a 5 de Fevereiro[36], desenvolverá os seus trabalhos, sempre num diálogo estreito com outros sectores do movimento.

Não obstante o momentâneo impasse provocado pela publicação de *Portugal e o Futuro*, os trabalhos desta comissão progridem a bom ritmo. A 5 de Março, na histórica reunião de Cascais, o documento programático por ela preparado é apresentado num ambiente de alguma pressão face à ameaça de uma eventual demissão de Costa Gomes e Spínola.

Com o título *Os Militares, as Forças Armadas e a Nação*[37], esta nova versão caracteriza-se por um acentuado pendor ideológico. Denunciando a «crise que a nação atravessa» e o facto de as Forças Armadas serem apresentadas como «bode expiatório» pelos desastres a que a política colonial conduzira, o documento expressa a ideia de que «a solução dos problemas ultramarinos é política e não militar». Esta tomada de posição provoca uma forte reacção do grupo da Força Aérea presente na reunião. Denota-se também a inquietação dos sectores próximos do general Spínola, para quem a publicação de *Portugal e o Futuro* tornara desnecessária a preparação de um programa político. É sob sua insistência que se procede a uma nova votação que confirma Costa Gomes e Spínola como chefes do Movimento.

No final, a maioria dos presentes (112 em 194) subscreve o que é, sem dúvida, o primeiro projecto político do Movimento, dando também um voto de confiança à Comissão Coordenadora e

(36) Para mais detalhes sobre esta comissão e os debates nela travados, ver Maria Inácia Rezola, *Melo Antunes, Uma Biografia Política*, Lisboa, Âncora, 2012.

(37) Documento na íntegra reproduzido *in* Avelino Rodrigues, Cesário Borga e Mário Cardoso, *O Movimento dos Capitães e o 25 de Abril*, Lisboa, Dom Quixote, 2001, pp. 104–109.

à direcção para que desenvolvesse todas as diligências necessárias para a preparação do golpe de Estado. Procede-se ainda a uma reestruturação da comissão de elaboração do Programa que, sob a presidência de Melo Antunes, deveria ultimar o documento.

A 22 de Março, vésperas da sua partida para os Açores, para onde fora destacado a seu pedido por razões familiares, Melo Antunes entrega uma primeira versão do Programa a Otelo Saraiva de Carvalho e Vítor Alves. A este último caberá agora a responsabilidade de presidir à comissão e ultimar o documento que, tendo por base o aprovado na reunião em Cascais, incorpora também ideias da circular emitida pelo movimento no rescaldo do *Golpe das Caldas*.

Concluídos os trabalhos, o Programa é apresentado a Costa Gomes e António de Spínola, que, como futuros chefes, o deveriam comentar e aprovar. Enquanto o primeiro recusará envolver-se, o segundo empenha-se afincadamente na tarefa, atitude da qual retirará em breve amplos proventos.

A reacção inicial de Spínola não é a melhor:

> «Li imediatamente o citado programa e, apesar da superficialidade com que o fiz, logo detectei a sua inspiração comunista, pondo, por isso, reservas à minha eventual colaboração, que acabei por dar na convicção de que, com o apoio do General Costa Gomes, conseguiria evitar que o Movimento fosse dominado pelos comunistas.»([38])

O vai e vem do documento intensifica-se.([39]) Na versão entregue a Spínola a 13 de Abril são já integradas várias das suas sugestões, mas não a possibilidade de constituição de um governo militar por ele proposta([40]). Considerando que o documento mantinha um

([38]) António de Spínola, *País sem Rumo*, p. 103.

([39]) Sobre o assunto, consultar Avelino Rodrigues, Cesário Borga e Mário Cardoso, *O Movimento dos Capitães*, pp. 339–343.

([40]) Spínola afirma ter introduzido numerosas anotações na primeira versão do Programa, no sentido de deixar claro o cunho estritamente militar do levantamento e o desejo de implementar «um regime genuinamente democrático» — António de Spínola, *País sem Rumo*, pp. 104–105.

«cunho extremista»([41]), Spínola toma a iniciativa de elaborar um outro texto que, sob o título «Proclamação da Junta de Salvação Nacional», lerá perante as câmaras de televisão na madrugada de 26 de Abril de 1974. Informado, no decurso destes contactos, da intenção do Movimento entregar a presidência da República a Costa Gomes, a atitude de Spínola é passível de múltiplas interpretações.

Após a introdução de várias alterações sugeridas por Spínola, a 20 de Abril a comissão política do Movimento dá o processo por concluído. Assinale-se que a redacção final do Programa não obedeceu a compromissos prévios com as forças partidárias civis, factor determinante para o carácter original do 25 de Abril de 1974. Paralelamente, ultimam-se outros dois textos políticos: a Proclamação do Movimento ao País e o Protocolo Secreto a assinar pela JSN e pelo MFA.

O processo de constituição da JSN foi relativamente rápido, sendo da responsabilidade dos representantes do Movimento em cada um dos ramos. A missão revelava-se, no entanto, delicada dada a necessidade de garantir a sua confidencialidade e também a aquiescência dos elementos escolhidos ao Programa do MFA. Refira-se, a título de exemplo, que, no caso da Armada, dois dos oficiais contactados (Ferraz de Carvalho e Dias Martins) declinam o convite. No total, a Junta deveria integrar sete elementos (três oficiais do Exército, dois da Armada e dois da Força Aérea) numa proporção que tinha em conta a representatividade de cada ramo e a sua adesão ao Movimento. Pelos mesmos motivos, a presidência é reservada ao Exército. Todos os seus membros deveriam ser generais de quatro estrelas, prevendo-se a graduação dos que não preenchessem este requisito.([42])

Rosa Coutinho recorda ter sido convidado a integrar a JSN, dois dias antes do 25 de Abril, por Vítor Crespo e outros elementos da Armada. O recrutamento de Pinheiro de Azevedo decorreu em

([41]) António de Spínola, *País sem Rumo*, p. 106.

([42]) Esta determinação será consagrada no decreto-lei n.º 177/74, de 29 de Abril, que estipula que os oficiais generais e superiores, do activo ou da reserva, escolhidos para constituírem a JSN sejam promovidos por distinção aos postos de vice-almirante e general de quatro estrelas.

moldes semelhantes, sendo que, em ambos os casos, os oficiais contactados manifestaram a sua concordância com o Programa do MFA. O mesmo se terá passado com Galvão de Melo, da Força Aérea, abordado por Costa Martins. Apesar de desejável, não foi este o método utilizado em todos os casos. Encontrando-se em comissão de serviço em Moçambique, Diogo Neto apenas tem conhecimento da sua nomeação depois do golpe de Estado. Mais complexa se revela a situação de Jaime Silvério Marques, que é preso no decurso das operações do dia 25 de Abril sob acusação de ligações a Kaúlza de Arriaga: quando, depois de libertado, é chamado à Pontinha, não tem ainda conhecimento do Programa do MFA ou mesmo da sua nomeação para a Junta.([43])

Enquanto o Programa ia e vinha, numa intensa negociação, e se fazem os convites para a constituição da JSN, os preparativos militares correm a bom ritmo.([44]) A 24 de Março tem lugar a última reunião da Comissão Coordenadora, em que Otelo Saraiva de Carvalho assume a responsabilidade de preparar um plano de operações a desencadear na semana de 22 a 29 de Abril. A par da elaboração do Anexo de Transmissões, a cargo de Garcia dos Santos, distribuem-se missões e ultimam-se as «Instruções Finais para as Equipas de Ligação». Finalmente, a 23 de Abril, a data e hora do início das operações são fixadas: 25 de Abril, às três horas da manhã.

Um duro braço-de-ferro: MFA *versus* Spínola

As comemorações do 1.º de Maio de 1974 consagram o apoio popular ao 25 de Abril. Depois de décadas de obscurantismo e silenciamento, a sociedade portuguesa podia manifestar-se livremente e festejar a queda da ditadura. Milhares de pessoas desfilam pelas

([43]) Jaime Silvério Marques fora escolhido por Vasco Gonçalves, com o acordo de Costa Gomes, de uma lista de potenciais membros da Junta apresentada por António de Spínola.

([44]) Para mais detalhes, consultar Carlos Almada Contreiras (coord.), *Operação Viragem Histórica*, Lisboa, Colibri, 2017.

ruas de todo o país empunhando cravos. Trata-se de um momento único, de unidade, que não mais se repetirá, em que foi possível ver Álvaro Cunhal e Mário Soares saudando juntos a imensa multidão que os aclama durante as celebrações realizadas em Lisboa.

O Programa dos Capitães assentava em três ideias basilares: promover a descolonização, a democratização e o desenvolvimento. Ao definir as coordenadas do processo de transformação a levar a cabo, estipula o desmantelamento dos organismos e instituições do regime deposto, a amnistia de todos os presos políticos, o restabelecimento das liberdades fundamentais e o lançamento de uma nova política económica e social, em que a defesa dos interesses da classe trabalhadora fosse tida em conta. Paralelamente, prevê a formação de um governo provisório civil; a convocação, no prazo de doze meses, de uma Assembleia Nacional Constituinte, «eleita por sufrágio universal, directo e secreto»; e, finalmente, o «lançamento de uma política ultramarina que conduza à paz»([45]). O item que constava nas primeiras versões do programa, relativo ao «reconhecimento do direito dos povos à autodeterminação», é excluído por pressão de Spínola, na própria noite de 25 de Abril.

Outro revés importante no plano dos Capitães decorre do facto de Spínola assumir a presidência da JSN sendo, por inerência de funções, designado Presidente da República (15 de Maio). Recorde-se, a este respeito, que o esquema constitucional provisório avançado pelo Programa — prevendo uma partilha de poder entre a JSN, o Governo Provisório e o Conselho de Estado — é consagrado e completado pela lei n.º 3/74 de 14 de Maio. Definindo a estrutura constitucional transitória da organização política do País até à entrada em vigor da nova Constituição, esta lei determina a existência de seis órgãos de soberania: Assembleia Constituinte, Presidente da República, Junta de Salvação Nacional, Conselho de Estado, Governo Provisório e tribunais. O MFA continua a ser o grande ausente da nova ordem, ainda que, por sugestão de Spínola, sete elementos da Comissão Coordenadora venham a integrar o Conselho de Estado.

([45]) Programa do Movimento das Forças Armadas. Disponível em http://www1.ci.uc.pt/cd25a/wikka.php?wakka=estrut07.

Costa Gomes reconhece ter contribuído para alterar os acontecimentos ao sugerir o nome de Spínola com o argumento de que este dispunha de uma ampla rede de contactos que o tornava mais apto para o cargo. Na sua decisão terá também pesado o facto de não pretender entregar-lhe a chefia das Forças Armadas e de conhecer as suas ambições políticas. Com uma carreira militar brilhante, sobretudo devido ao seu desempenho como governador e comandante das Forças Armadas na Guiné, a publicação de *Portugal e o Futuro* conferira a Spínola uma projecção política inusitada. O golpe de Estado era a oportunidade desejada para completar este percurso e, por isso, como referimos, mantém um estreito contacto com o Movimento durante o processo conspirativo. No dia 25 de Abril, os acontecimentos jogam em seu favor dando-lhe um acréscimo de legitimidade: desde logo ao ser convocado por Marcello Caetano para receber o poder; depois, ao obter o mandato de Otelo Saraiva de Carvalho para o efeito; finalmente, ao ser aclamado pelos populares presentes no Largo do Carmo como o herói do dia, quando aí se dirige para obter a rendição de Caetano. Jogando habilmente nos momentos que se seguem no Posto de Comando da Pontinha, Spínola capitaliza estes acontecimentos em seu favor.([46])

A visão de António de Spínola sobre a forma como se deveria processar a transição e a descolonização é substancialmente diferente da dos oficiais que promoveram o derrube da ditadura. O confronto era inevitável, fazendo com que os primeiros meses após a queda do antigo regime (Maio-Setembro de 1974) sejam dominados pelo constante braço-de-ferro entre o Presidente da República e a Comissão Coordenadora do MFA. Neste contexto, o projecto dos Capitães de se retirarem da vida política, acaba por ser abandonado. Vendo com particular preocupação o risco de anulação do seu Programa e as tentativas de hegemonização do processo protagonizadas por António de Spínola, o Movimento decide conferir poder de intervenção e decisão à sua comissão política, o que, na prática, significa revitalizar a sua Comissão Coordenadora.

([46]) Sobre a nomeação de Spínola como presidente da República, ver, por exemplo, Maria Inácia Rezola, «António de Spínola» in *Fotobiografias do Século XX*. Direcção de Joaquim Vieira, Lisboa, Círculo de Leitores, 2002, p. 117 e ss.

A partir de então, esta assume-se progressivamente como um agente político, um órgão que, legitimado por um poder revolucionário, actua como um centro de poder autónomo e paralelo.

O primeiro órgão de soberania do período de transição foi, sem dúvida, a JSN competindo-lhe, segundo consagrou a lei n.º 3/74, de 14 de Maio, vigiar pelo cumprimento do Programa do MFA e das leis constitucionais. A latitude dos poderes que lhe são conferidos decorre da dupla tutela militar (JSN e Presidência da República) que o Movimento tinha previsto até à aprovação da nova Constituição. Trata-se de um amplo campo de intervenção que António de Spínola, seu primeiro presidente, explorará, procurando criar condições para que a Junta funcione como um efectivo centro de decisão. Refira-se ainda que, exercendo uma forte influência sobre os restantes membros da JSN, Spínola confere um estilo muito próprio e pessoal à intervenção deste organismo que lhe oferecia uma base bem posicionada para o desenvolvimento do seu projecto político.

Os primeiros meses de actividade da Junta (Abril-Setembro de 1974) coincidem com o período em que dispõem de maior capacidade de intervenção. Esta realidade é particularmente visível nos 20 dias que se seguem ao derrube da ditadura (25 de Abril a 15 de Maio), momento em que é senhora absoluta do poder, «órgão solitário de soberania»([47]).

Se uma das primeiras decisões da Junta — permitir o exílio dos ex-Presidentes da República e do Conselho — se reveste de polémica, a sua actividade inicial traduz-se sobretudo no desenvolvimento de acções visando garantir a ordem pública. Da mesma forma, empenha-se numa intensa produção legislativa com a qual procura solucionar problemas urgentes e dar expressão legal e clarificar algumas das disposições do Programa do MFA, numa assunção de poderes legislativos que tradicionalmente seriam competência de um Parlamento.

([47]) José Medeiros Ferreira, *Ensaio Histórico sobre a Revolução do 25 de Abril. O Período pré-constitucional,* Lisboa, INCM-Imprensa Nacional Casa da Moeda, 1983, p. 50.

Assim, ainda durante o mês de Abril, a JSN procede ao desmantelamento das instituições e aparelho repressivo da ditadura através da destituição do Presidente da República e do Governo; da dissolução da Assembleia Nacional e Conselho de Estado; da extinção da Assembleia Nacional e Câmara Corporativa; da exoneração dos governadores civis e dos governadores-gerais dos Estados de Angola e Moçambique; da extinção da PIDE/DGS, LP e MP([48]); da dissolução da Acção Nacional Popular (ANP). Decreta a amnistia dos crimes políticos e autoriza o regresso dos exilados políticos. Cria o cargo de delegado da JSN, adstrito aos diferentes departamentos ministeriais, e comissões *ad hoc* de diversas instituições e empresas, que deveriam funcionar até à tomada de posse do Governo Provisório. Exonera os reitores das universidades e directores de estabelecimentos de ensino. Determina o saneamento das Forças Armadas e procede à substituição dos seus chefes de Estado-Maior([49]) e dos comandantes das Forças de Segurança. Recebe os representantes dos movimentos políticos considerados mais significativos (MDP/CDE, SEDES e Convergência Monárquica), os directores dos órgãos de comunicação social e representantes sindicais. No mês seguinte, a sua actividade mantém-se intensa, empenhando-se, por exemplo, na publicação de diplomas visando a resolução de diversas questões bancárias e financeiras, na promoção de encontros com industriais e banqueiros, na extinção das comissões de censura e na promulgação da já referida lei n.º 3/74, de 14 de Maio.

Ao longo de todo o período, sucedem-se também os comunicados e intervenções da Junta condenando os actos de insubordinação e de desordem, numa tentativa de controlar a explosão social que se seguiu à queda da ditadura. Refira-se, a este propósito, que este fenómeno condiciona determinantemente a evolução política do período, contribuindo amplamente para a progressiva multiplicação

([48]) A presidência da Comissão de Extinção da PIDE/DGS é atribuída a Galvão de Melo, membro da JSN.

([49]) A hierarquia militar fica dominada por membros da JSN, dado que o comando supremo das Forças Armadas é atribuído a Costa Gomes (CEMGFA), o do Exército a Silvério Marques (CEME), o da Armada a Pinheiro de Azevedo (CEMA) e o da Força Aérea a Diogo Neto (CEMFA).

de centros de poder e obrigando a JSN a alguns recuos (veja-se, por exemplo, a questão das ocupações de casas).

Saliente-se ainda que, a partir de 16 de Maio, a JSN passa a coabitar com os restantes órgãos de soberania previstos na lei n.º 3/74. A influência de Spínola sobre o primeiro-ministro e a integração dos membros da JSN no Conselho de Estado poderiam, à partida, garantir-lhe um raio de acção relativamente amplo. A realidade será, no entanto, diversa.

Nas suas memórias, António de Spínola afirma que a Junta nunca foi «detentora do poder real, pois a Comissão Coordenadora, mantendo secretamente as estruturas revolucionárias, havia-se constituído em órgão de poder paralelo»([50]). De facto, é da Comissão Coordenadora do MFA que partem as primeiras e mais significativas resistências a uma intervenção da JSN, e de António de Spínola, que extravasasse o consignado na lei. Esta Comissão tem a sua primeira institucionalização quando sete elementos do MFA são integrados no Conselho de Estado. Aos oficiais designados para essas funções (Vítor Alves, Melo Antunes, Almada Contreiras, Vítor Crespo, Vasco Gonçalves, Costa Martins e Pereira Pinto), juntar-se-á, depois do seu regresso dos Açores, Vasco Lourenço. Estava assim constituída a primeira Comissão Coordenadora do MFA.

Primeira Comissão Coordenadora do MFA

(Abril–Julho de 1974)

Cap.-ten. Carlos Almada Contreiras (Armada)
Maj. Ernesto Melo Antunes (Exército)
Cap. José Gabriel Coutinho Pereira Pinto (F. Aérea)
Cap. Jorge Costa Martins (F. Aérea)
Cor. Vasco dos Santos Gonçalves (Exército)
[Cap. Vasco Correia Lourenço (Exército)]
Maj. Vítor Manuel Rodrigues Alves (Exército)
Cap.-ten. Vítor Manuel Trigueiros Crespo (Armada)

Fonte: elaboração própria.

([50]) António de Spínola, *País sem Rumo*, p. 140.

Ao longo dos seus primeiros meses de actividade, a Comissão protagoniza um constante e duro braço-de-ferro com o então Presidente da República. Tendo como mote distintas perspectivas relativamente à resolução da questão colonial, o confronto gravita em torno de projectos diferentes quanto à forma como se deveria levar a cabo a transição.

Num momento inicial, a força e hegemonia de Spínola são óbvias, conseguindo, entre outras coisas, impor um primeiro-ministro da sua confiança (Adelino da Palma Carlos). Da mesma forma, assinalam-se as suas tentativas de dissolução do MFA e, consequentemente, da Comissão Coordenadora, nomeadamente através da Circular do CEMGFA, de 24 de Maio([51]), e das propostas que apresenta nas reuniões realizadas na Manutenção Militar a 8 e 13 de Junho.([52]) O facto de a chefia dos diferentes ramos das Forças Armadas ter sido atribuída a membros da JSN confere-lhe alguma vantagem. Além do mais, Spínola dispõe de um amplo apoio e reconhecimento, nacional e internacional, facto que fortalece a sua posição.

Resistindo às investidas do Presidente da República, a Comissão Coordenadora consegue progressivamente inverter a correlação de forças em seu favor beneficiando, neste processo, da oposição do Conselho de Estado às propostas de Spínola-Palma Carlos de aumento dos poderes presidenciais.([53])

De facto, a demissão de Palma Carlos, e consequente queda I Governo Provisório, permite ao MFA conquistar importantes posições. O peso da Comissão Coordenadora no novo executivo é inequívoco: Vasco Gonçalves é designado primeiro-ministro, sendo secundado por Melo Antunes e Vítor Alves (ministros sem pasta), Costa Martins (Trabalho) e Costa Braz (administração Interna). Ainda que não integrasse a Coordenadora, Costa Braz era um activo elemento do MFA.

([51]) Cf. Maria Inácia Rezola, *25 de Abril. Mitos de uma Revolução*, Lisboa, A Esfera dos Livros, 2007, pp. 75–76.

([52]) Cf. Maria Inácia Rezola, *25 de Abril. Mitos de uma Revolução*, pp. 80–84.

([53]) Cf. Diogo Freitas do Amaral, O *Antigo Regime e a Revolução — Memórias Políticas (1941–1975)*, Lisboa, Bertrand, 1995 (3.ª ed.), pp. 211–212.

Esta entrada em massa do MFA no novo executivo tem como consequência a restruturação da Comissão Coordenadora.

Segunda Comissão Coordenadora do MFA

(Julho–Setembro de 1974)

Cap.-ten. Carlos Almada Contreiras (Armada)
Cap. Duarte Nuno Pinto Soares (Exército)
Maj. José Bernardo Canto e Castro (F. Aérea)
Cap. José Gabriel Coutinho Pereira Pinto (F. Aérea)
Ten.-cor. Manuel Ribeiro Franco Charais (Exército)
Cap. Vasco Lourenço (Exército)
Cap.-ten. Vítor Manuel Trigueiros Crespo (Armada)

Fonte: elaboração própria.

No início do Verão de 1974, outros factores contribuem para o fortalecimento da posição da Coordenadora, destacando-se, desde logo, a constituição do Comando Operacional do Continente (COPCON) e da 5.ª Divisão do Estado-Maior-General das Forças Armadas.

Concebido como um órgão militar executivo, de rápida intervenção, com poderes de mobilizar todas as unidades do Exército do País e, se necessário, as forças especiais da Marinha (fuzileiros) e Força Aérea (pára-quedistas), o COPCON é instituído pelo decreto-lei n.º 310/74 de 8 de Julho de 1974. Tendo como objectivo «criar condições para que as forças armadas possam garantir o cumprimento dos objectivos do seu programa», este organismo é dotado de amplos poderes, cabendo-lhe

> «a) intervir directamente na manutenção e restabelecimento da ordem, em apoio das autoridades civis e a seu pedido, nas seguintes condições: insuficiências das forças militarizadas; situações em que se torne inconveniente a utilização de forças militarizadas; locais onde estas não possam ser utilizadas em tempo oportuno;

b) garantir, quando se verifiquem situações internas de ameaça à paz e tranquilidade públicas, reconhecidas pelo Presidente da República: 1) o livre exercício da autoridade constituída; 2) as condições de ordem pública julgadas necessárias ao regular funcionamento das instituições, serviços e empresas públicas ou privadas, essenciais à vida da Nação; 3) a salvaguarda das pessoas e dos bens».

O processo de constituição deste organismo é pouco claro. Existe um relativo consenso quanto ao facto de as suas origens entroncarem no Centro de Coordenação e Controlo Operacional montado na Pontinha para dirigir e coordenar as acções militares do dia 25 de Abril. Alguns testemunhos referem que, ainda antes da sua institucionalização, o comando actuava já, sob a alçada da JSN, operando como «um Estado-Maior permanente, para acorrer a todas as situações, que iam aparecendo no País (tipo bombeiros). Com as directivas da JSN, lá se iam acalmando e solucionando os casos mais diversos»([54]).

Ainda que Spínola atribua a autoria do projecto a Costa Gomes([55]), a maioria dos testemunhos apresenta a criação do COPCON como uma manobra do então Presidente da República para aniquilar o MFA. É também essa a interpretação dada à nomeação de Otelo Saraiva de Carvalho como comandante do novo organismo, sendo, para o efeito, graduado em brigadeiro e nomeado comandante da Região Militar de Lisboa (RML). Otelo parecia oferecer ao general a garantia de fidelidade, dado que servira sob o seu comando na Guiné e tivera um amplo envolvimento no 16 de Março. As expectativas de Spínola a este respeito ficam patentes na cerimónia da graduação de Otelo, ao referir-se ao «início de uma nova era de vivência militar» em que «o respeito pela hierarquia é a base da disciplina»([56]). No entanto, cedo se desvanecerão: no mesmo dia 13 de Julho, ao tomar posse como governador militar de Lisboa, Otelo enfatiza a ideia de que a sua nomeação para o cargo e a graduação

---

([54]) Virgílio Varela *in* Manuel A. Bernardo, *Equívocos e Realidades. Portugal 1974–1975*, Lisboa, Nova Arrancada, vol. 1, 1999, pp. 251–252.

([55]) António de Spínola, *Pais sem Rumo*, p. 164.

([56]) António de Spínola, *Ao Serviço de Portugal*, p. 115.

em brigadeiro resultam da escolha dos seus camaradas e não da vontade da JSN. Esta posição é um prenúncio da sua actuação como chefe do COPCON.

De facto, apesar de formalmente depender do CEMGFA, o COPCON actuará com grande independência, à margem dos Estados-Maiores, extrapolando largamente as funções militares que inicialmente lhe tinham sido atribuídas. Mais que um braço armado ao serviço da JSN ou do próprio Spínola, o COPCON revelar-se-á, sobretudo nos seus primeiros meses de existência, um importante apoio para as acções do MFA, a ponto de ser considerado «o principal sustentáculo da Revolução»([57]).

Herdeira do Serviço de Informação Pública das Forças Armadas (SIPFA), a 5.ª Divisão do CEMGFA representa também um importante reforço para o MFA. A sua constituição, no mesmo dia da tomada de posse do II Governo, decorre da necessidade sentida pela Comissão Coordenadora de adaptar o SIPFA às novas realidades político-militares decorrentes do 25 de Abril. Em causa, no imediato, o lançamento de uma campanha de esclarecimento, difusão e propaganda dos princípios e objectivos do MFA. Spínola opõe-se terminantemente à ideia, mas não tem força para a travar.

Enquanto órgão de informação e propaganda, a 5.ª Divisão foi pensada como um Gabinete de Relações Públicas, competindo-lhe

«— Elaborar e difundir directivas, planos e ordens relativos ao cumprimento do Programa do MFA e coordenar e superintender a sua execução;
— manter permanentemente informado o chefe do EMGFA sobre a atitude dos grupos representativos militares e civis em relação ao cumprimento do Programa do MFA;
— Promover acções de informação, orientar e superintender a sua execução, utilizando para o efeito os meios correntes de comunicação social, o SIPFA (Serviços de Informação Pública das Forças Armadas) e outros órgãos que sejam postos à sua disposição com vista a 1) consciencializar os elementos das Forças Armadas e

([57]) Avelino Rodrigues, Cesário Borga e Mário Cardoso, *Portugal depois de Abril*, Lisboa, Intervenção, 1976, p. 20.

militarizadas, em ordem a uma perfeita integração no espírito do Programa do MFA; 2) manter informadas as FA e eventualmente a população civil quanto à forma como é cumprido o Programa do MFA; 3) consolidar o vínculo de confiança e mútua identificação criado em 25 de Abril e as Forças Armadas;

— proceder a estudos e formulação de doutrina, organizar consultas, colóquios e debates sobre assuntos de natureza sociomilitar»([58]).

A importância e o peso político e militar da 5.ª Divisão variaram consideravelmente ao longo do processo revolucionário([59]), culminando na sua desactivação, por ordem do CR, no final do Verão de 1975. No entanto, se centrarmos a nossa atenção nos seus momentos iniciais, é fácil percepcionar que, não excluindo uma intervenção num âmbito mais alargado, a 5.ª Divisão foi pensada e concebida como um organismo destinado à informação e propaganda interna, isto é, no âmbito militar. Nos seus primeiros meses de actividade (Julho-Setembro de 1974) destaca-se a criação do *Movimento — Boletim Informativo das Forças Armadas*, simbolicamente lançado a 9 de Setembro de 1974. O seu primeiro editorial recorda os compromissos do Programa do MFA e o caminho percorrido nos quatro meses desde o derrube da ditadura, comprometendo-se na defesa e cumprimento do Programa do MFA e do Governo Provisório, assim como na difusão do «conceito de isenção política» no seio das Forças Armadas.([60]) No entanto, como observa Ramiro Correia, um dos seus principais ideólogos, a 5.ª Divisão rapidamente se transforma num «laboratório revolucionário», observando «o fluir do movimento popular» e procurando «integrá-lo ao nível do poder militar»([61]).

([58]) «Notícias do MFA» *in Movimento — Boletim Informativo das Forças Armadas*, n.º 1, 9 de Setembro de 1974, p. 2.

([59]) Ivo Veiga, «A 5.ª Divisão do Estado-Maior-General das Forças Armadas no processo revolucionário português. Modelos, apoios e antagonismos», *Ler História* [Online], 67 | 2014, disponível *in* http://journals.openedition.org/lerhistoria/917.

([60]) «Editorial» *in Movimento* n.º 1, 9-9-1974, p. 1.

([61]) Ramiro Correia (ed.), *Livro Branco da 5.ª Divisão. 1974-1975*, Lisboa, Livraria Ler Editora, 1984, p. 10.

Finalmente, um último elemento irá contribuir para o fortalecimento da posição da Comissão Coordenadora: a aprovação da lei n.º 7/74, de 27 de Julho, consagrando o princípio da autodeterminação, «com todas as suas consequências», incluindo «a aceitação da independência dos territórios ultramarinos e a correspondente derrogação do artigo 1.º da Constituição política de 1933»([62]). Crescentemente pressionado pelo Conselho de Estado, assim como pela comunidade internacional, pelos movimentos independentistas e pelos próprios soldados portugueses que, no terreno, exigem o cessar-fogo, Spínola cede e reitera «solenemente o reconhecimento dos povos dos territórios ultramarinos portugueses à autodeterminação, incluindo o reconhecimento do seu direito à independência»([63]). A vontade da Comissão Coordenadora prevalecia.

A Comissão Coordenadora desenvolvia então uma intensa actividade, quer a nível interno (promovendo reuniões para estudo de problemas, definição de estratégias e «contagem de espingardas»), quer externo (com iniciativas como a promoção da 5.º Divisão), beneficiando da ampla coesão e sintonia de posições entre os seus membros.

Recuperando uma estratégia que implementara com êxito nos primeiros momentos do seu mandato, Spínola retoma as visitas presidenciais, dando agora especial atenção às unidades militares de maior capacidade ofensiva como o Regimento de Pára-Quedistas de Tancos (2 de Agosto), os Comandos da Amadora, o COPCON (5 de Agosto) ou a Escola Prática de Infantaria de Mafra (14 de Agosto). Se o discurso que proferira, em inícios de Julho, na sua deslocação à Escola Naval do Alfeite, fora considerado alarmista, agora o seu dramatismo sobe de tom: «não é na demolição sistemática, não é na constante agressão ideológica, não é fomentando ódios, não é ofendendo gravemente as Forças Armadas e pondo em causa os princípios consagrados da ética militar que se constrói o futuro»([64]).

([62]) Lei n.º 7/74, de 27 de Julho, *in Diário do Governo* n.º 174/1974, 1.º Suplemento, Série I de 27-7-1974, p. 854 (1).

([63]) António de Spínola, *Ao Serviço de Portugal*, pp. 145–148.

([64]) Palavras proferidas na visita a Tancos — cf. António de Spínola, *Ao Serviço de Portugal*, p. 156.

Segundo revela o historiador Sánchez Cervelló, é também neste contexto que Spínola projecta a «organização de novas unidades de tropas especiais que lhe fossem afectas», táctica que redundará, ainda em Julho, na constituição do Batalhão de Comandos sob a chefia de Jaime Neves.(65) Paralelamente, desenvolve novas investidas contra a Comissão Coordenadora, visando a sua extinção. O polémico episódio do «documento Engrácia Antunes-Hugo dos Santos»(66), posto a circular em finais de Agosto, é paradigmático a este respeito. A iniciativa, que visava a recolha de assinaturas de apoio à extinção da Comissão Coordenadora, sairá gorada, graças à rápida mobilização do MFA. O seu efeito foi, aliás, contrário ao pretendido pelos seus promotores — tendo recebido abertamente o apoio de Costa Gomes, a Comissão Coordenadora sairá reforçada deste episódio.

Crescentemente isolado no aparelho de Estado e militar, Spínola enceta então uma outra estratégia, na tentativa de captar apoios dos sectores da direita civil. Não encontrando eco nas forças políticas moderadas que detinham alguma credibilidade (como o PPD ou o CDS), os seus apelos à «maioria silenciosa» são acolhidos por sectores da extrema-direita, nomeadamente os que gravitavam em torno do Partido Liberal. Progressivamente, o plano é delineado: através da convocação de uma grande manifestação de apoio ao general, criar as condições para que este proclamasse o estado de sítio e assumisse plenos poderes.

Tendo como símbolo os cartazes, que são colados nas principais artérias de Lisboa, convidando para a manifestação de apoio ao Presidente da República, a conspiração da «maioria silenciosa» desenrola-se velozmente ao longo do mês de Setembro, num curioso paralelo com a aceleração do processo de descolonização. A par das referências ao encontro Spínola-Mobutu na ilha do Sal (Cabo

(65) Cf. J. Sánchez Cervelló, *A Revolução Portuguesa e a sua Influência na Transição Espanhola (1961–1976)*, p. 204. Estas revelações, feitas por Alpoim Calvão ao autor, não são, no entanto, passíveis de confirmação por outras fontes.

(66) Cf. Álvaro Cunhal, *A Verdade e a Mentira na Revolução de Abril: a contra-revolução confessa-se*, Lisboa, Edições Avante, 1999, p. 140. Para uma versão completa do documento, ver António de Spínola, *País sem Rumo*, pp. 418–420.

Verde, 14 de Setembro), não é por acaso que os acontecimentos do 7 de Setembro em Moçambique são integrados nesta teia conspirativa por alguns membros da Comissão Coordenadora.([67])

Os dias 27 e 28 de Setembro são particularmente tensos. Enquanto em Belém o Presidente da República promove uma sucessão de reuniões (com a JSN, o Conselho de Ministros, o primeiro-ministro Vasco Gonçalves e o Conselho de Estado, entre outras), o COPCON desencadeia uma operação de detenção de indivíduos suspeitos de implicação num golpe. Nos acessos a Lisboa são montadas barricadas para controlar a entrada de armas. O Terreiro do Paço ficará vazio, fazendo cair por terra o projecto de Spínola. Convocada nova reunião do Conselho de Estado, na manhã de 30 de Setembro o Presidente da República anuncia a sua demissão.([70])

À procura de um lugar no aparelho de Estado

Os acontecimentos do 28 de Setembro assinalam o fim da primeira etapa do processo revolucionário, mas também da história do MFA. Superado o «desvio spinolista», a constituição do III Governo Provisório (30/9/1974–26/03/1975) e, sobretudo, a nomeação de Costa Gomes como Presidente da República parecem apontar para um regresso à essência do Programa do MFA. A realidade será, no entanto, outra. Definida a opção pela descolonização, novos desafios se lhe colocavam, nomeadamente no que diz respeito à clarificação das atribuições dos centros de poder político-militares e dos caminhos a percorrer tendo em vista a prometida democratização. O plano inicial teria necessariamente de ser ajustado.

Procurando tirar vantagem do seu triunfo sobre Spínola, que o transformara numa força central do xadrez político-militar, o MFA irá reestruturar-se, procurando assegurar o seu lugar no aparelho

---

([67]) É pelo menos esta a opinião de Vítor Alves, Vasco Lourenço ou Rosa Coutinho. Segundo este último oficial, «Aquilo que se tentou aqui com a maioria silenciosa era o remate perante uma situação em que Moçambique, primeiro, e depois Angola se recusavam a obedecer ao MFA e declaravam obedecer unicamente ao presidente da República, general Spínola» — *in Vida Mundial*, Abril de 1999, p. 62.

de Estado. Procederá também à constituição de órgãos de carácter colegial, tendo em vista uma maior coordenação da sua intervenção e uma maior democraticidade das suas estruturas. Promoverá um amplo debate sobre a sua possível institucionalização. E, finalmente, empenhar-se-á na definição de um programa económico-social, entendido como fundamental para a bem-sucedida superação do processo de transição iniciado a 25 de Abril de 1974.

Uma das primeiras consequências do 28 de Setembro é a restruturação da JSN. A par de António de Spínola, assinala-se o afastamento de Jaime Silvério Marques, Diogo Neto e Galvão de Melo, cujos lugares são ocupados por Carlos Fabião, Fisher Lopes Pires, Pinho Freire e Mendes Dias. Determina-se ainda que Silvano Ribeiro substitua temporariamente Rosa Coutinho, então presidente da Junta Governativa de Angola. Na prática, apenas dois elementos da primitiva Junta se mantêm em funções: Costa Gomes, que assume a presidência, e Pinheiro de Azevedo.

No que diz respeito à Comissão Coordenadora, a sua composição mantém-se praticamente inalterada, registando-se unicamente a inclusão de Miguel Judas como membro interino em substituição do alto-comissário em Moçambique, Vítor Crespo. Apresentando-se como «um conjunto de oficiais que foram eleitos pelos seus camaradas» com o objectivo de interpretar e defender o espírito do Programa do MFA([68]), a Comissão Coordenadora empenha-se em clarificar as suas funções e poderes. Carlos Fabião (CEME) desempenhará um papel muito importante neste domínio ao emitir e enviar a todas as unidades sob a sua tutela, em meados de Novembro, uma circular em que a define «como órgão de *staff* da JSN» a quem compete (a) manter contacto com o Presidente da República, membros da JSN e primeiro-ministro; (b) observar o cumprimento do Programa do MFA; (c) «emitir opinião sobre as linhas gerais orientadoras da democratização e informação das Forças Armadas definidas pelo EMGFA»; (d) manter contactos e «auscultar as opiniões das *bases* sobre a condução do processo revolucionário»; (e) apoiar o governo provisório; (f) representar o MFA no Conselho

([68]) *Diário de Notícias*, 14-10-1974.

de Estado; (h) manter contactos com o COPCON «com fins informativos»([69]).

De destacar que, nesse momento, se encontrava já em funcionamento o Conselho dos Vinte, também conhecido como Conselho Superior do MFA. Constituído no rescaldo dos acontecimentos do 28 de Setembro, é apresentado ao país em meados de Outubro. De acordo com o então noticiado, tratava-se de um órgão de estudo destinado «a facilitar a acção da Junta de Salvação Nacional na sua missão constitucional»([70]). No entanto, as suas funções serão bastante mais dilatadas.

A composição deste novo organismo é reveladora das intenções dos seus criadores.

Conselho dos Vinte
(Outubro 74–Março 75)

	Força Aérea	**Exército**	**Armada**
Comissão Coordenadora	Canto e Castro Pereira Pinto	Franco Charais Vasco Lourenço Pinto Soares	Almada Contreiras Miguel Judas
JSN	Mendes Dias Pinho Freire	Carlos Fabião Costa Gomes Fisher Lopes Pires	Pinheiro de Azevedo Rosa Coutinho (S. Ribeiro)
Ministros militares ou equivalentes	Costa Martins	Vítor Alves Melo Antunes Vasco Gonçalves	Vítor Crespo
COPCON		Otelo Saraiva de Carvalho	

Fonte: elaboração própria.

([69]) CEME, gen. Carlos Alberto Idães Soares Fabião, *Nota Circular n.º 3064/NP*, Anexo II, Lisboa, 21–11–1974 in AHN, 1.º Div., 40.ª sec., caixa n.º 1, n.º 16 (1971–1975).

([70]) *Diário de Notícias*, 28–10–1974.

Integrando os sete elementos da JSN, os sete da Comissão Coordenadora, o comandante-adjunto do COPCON e os cinco ex-elementos da Coordenadora do MFA que desempenhavam outras funções políticas (ministro ou Alto-Comissário), o Conselho dos Vinte reunia todos os oficiais com responsabilidades político--militares num mesmo organismo. Esta composição permite-nos concluir que um dos objectivos que presidiu à sua constituição terá sido o de coordenar a actividade destes militares que actuavam em áreas e organismos tão diversos, tendo em vista o estabelecimento de um fluxo de informação eficaz e uma maior integração das hierarquias no processo político.

De facto, segundo Costa Gomes, o Conselho dos Vinte «foi organizado, além de outras razões, para acabar com as decisões de cúpula de que era acusada a Junta de Salvação Nacional». Neste contexto, os elementos da Comissão Coordenadora, que foram incorporados no Conselho dos Vinte, tinham duas missões centrais: «auscultar as bases [...], através dos diferentes órgãos existentes nas Forças Armadas, e estar em contacto com os partidos políticos». Porque, acrescenta, o Conselho «só discutia os problemas importantes depois de se terem feito as sondagens reputadas necessárias»([71]).

O âmbito de acção do Conselho transcendia consideravelmente as funções meramente militares e consultivas que, à partida, lhe poderiam ser atribuídas, actuando como um organismo de cúpula no qual se definiam as linhas de actuação e estratégias a seguir pelos militares com poderes de intervenção política. Isso mesmo explica à imprensa, à saída da primeira reunião do Conselho (Palácio de Belém, 26 de Outubro), o então Presidente da República, esclarecendo

> «que o Conselho em causa se destina a discutir assuntos a accionar através do Governo Provisório ou da Junta de Salvação Nacional, procurando-se acertar pontos de vista entre intervenientes em órgãos de soberania, nos quais os militares desempenham, como é do conhecimento geral, um papel preponderante»([72]).

([71]) *Expresso Revista*, 14-3-1998, p. 60.
([72]) *Diário de Notícias*, 28-10-1974.

As funções do Conselho dos Vinte são também clarificadas na já mencionada *Nota Circular* de Carlos Fabião. De acordo com o CEME, competia-lhe analisar «as linhas fundamentais definindo orientações «Base» de carácter militar, político e político-militar, utilizando os campos de conhecimento específico das funções que desempenha e baseando-se nas auscultações obtidas através dos seus canais próprios»([73]).

Independentemente das questões que a criação do Conselho dos Vinte possa levantar, e apesar da estrutura constitucional revolucionária definida pela lei n.º 3/74 continuar em vigor, uma realidade rapidamente se torna evidente: a figura tutelar do Presidente da República é consideravelmente esvaziada em favor do novo organismo. Personificando uma tendência evolutiva do MFA tendo em vista a sua maior intervenção nas decisões políticas, o Conselho dos Vinte deixa também patente uma propensão para a colegialização do poder político-militar.([74]) No mesmo sentido, cumpre mencionar que as transformações operadas na estrutura do poder militar, nesta etapa, irão traduzir-se também na criação da Assembleia de Delegados do MFA ou Assembleia dos Duzentos. Constituída em meados de Novembro, na sequência de uma determinação do Conselho dos Vinte, a Assembleia realiza a sua primeira reunião a 6 de Dezembro de 1974. Refira-se, no entanto, que, ao contrário do Conselho dos Vinte, a Assembleia do MFA é pensada e concebida como um órgão de carácter consultivo e não deliberativo. Porque, como observa a então ministra dos Assuntos Sociais Maria de Lourdes Pintasilgo, «o Conselho dos 20 é, por assim dizer, a consciência permanente da revolução, o que lhe dá todos os direitos possíveis»([75]).

Uma análise destas e outras mudanças operadas no rescaldo do 28 de Setembro permite-nos retirar algumas conclusões importantes. Em primeiro lugar, o considerável reforço do poder do MFA.

([73]) Nota Circular n.º 3064/NP.

([74]) António Reis, «A Revolução de 25 de Abril de 1974, o MFA e o Processo de Democratização» *in Portugal Contemporâneo*, vol. 6, Lisboa, Publicações Alfa, 1993, p. 33.

([75]) Cf. Conselho de Ministros, *Súmula da reunião de 17 de Janeiro de 1975*. FMS, 0953.006.

Quando confrontado pelo *Jornal do Brasil* com a pergunta «Há centro de poder decidido em Portugal?», Vítor Alves fora peremptório: «Há. É o Movimento das Forças Armadas»([76]). Depois, é também importante assinalar a existência de uma unidade no seio do MFA e, sobretudo, da sua Comissão Coordenadora. O combate travado com o general Spínola e a urgência em encontrar uma rápida solução para o problema colonial tinham permitido esconder eventuais divergências. Finalmente, uma terceira conclusão: a experiência dos primeiros meses deixara patente a necessidade de repensar o papel do MFA e, em concreto, da sua Comissão Coordenadora, no aparelho de Estado. A criação do Conselho dos Vinte apontava no sentido de uma presença mais ampla e efectiva, senão mesmo da sua institucionalização, mas muito havia ainda a fazer tendo em vista a sua consagração como órgão de Estado. É pelo menos esse o sentido do debate que, promovido pelas mais diversas forças e personalidades, se trava em diferentes meios e âmbitos, a partir de Outubro de 1974.

Os partidos políticos parecem tomar a iniciativa. Num momento em que o PCP, PPD e PS realizam os seus primeiros congressos nacionais (último trimestre de 1974), procurando definir-se programaticamente e preparando o terreno para a futura campanha eleitoral, uma ideia parece reunir algum consenso: a necessidade de garantir ao MFA um lugar no futuro quadro constitucional.

Um dos primeiros a pronunciar-se a este respeito é o socialista e ex-exilado político Medeiros Ferreira que, considerando o MFA como o «garante máximo da instauração da democracia pluralista em Portugal», advoga a sua imediata institucionalização «ao nível político, sendo de assegurar a sua dignidade constitucional»([77]). Apesar da nota de prudência de outros dirigentes socialistas, que recordam a situação de excepcionalidade que catapultara as Forças Armadas para um lugar cimeiro na condução da vida política([78]), a ideia ganha adeptos, sendo cada vez mais as vozes que clamam pela consagração constitucional do MFA. As posições extremam-se

---

([76]) Entrevista de Vítor Alves ao *Jornal do Brasil* cit. *in Expresso*, 12-10-1974.

([77]) *República*, 23-10-1974.

([78]) Ver, por exemplo, *Expresso*, 12-10-1974.

quando o PCP e algumas organizações de extrema-esquerda, que, aliás, revelam alguma hesitação relativamente à conveniência da imediata realização de eleições, avançam com a possibilidade de o MFA intervir directamente nos trabalhos da Assembleia Constituinte. O debate entre os partidários da legitimidade revolucionária e os da legalidade eleitoral dava os primeiros passos, num prenúncio do que será o grande confronto a partir de 25 de Abril de 1975.

A publicação do conjunto de decretos que, regulamentando o recenseamento e o processo eleitoral, ficará conhecido como Lei Eleitoral([79]), assim como a reafirmação pública da Coordenadora da sua intenção de cumprir o compromisso de realização de eleições no prazo máximo de um ano([80]), contribuem para serenar os ânimos dos mais inquietos com o inicial silêncio do MFA. Finalmente, a 31 de Dezembro, a Comissão Coordenadora toma uma posição revelando a sua intenção de se institucionalizar e de garantir a sua continuidade, como órgão tutelar da democracia, mesmo depois de aprovado o novo texto constitucional.

Oficializada a posição do MFA, o ano de 1975 abre sob o signo da sua institucionalização. Em causa, a definição dos moldes e das etapas do processo, missão atribuída pela Assembleia do MFA ao Conselho dos Vinte. Se, até então, o debate fora maioritariamente conduzido por civis, agora ele correrá essencialmente no meio militar.

Paralelamente, desencadeia-se um outro processo que terá amplas implicações no modelo que virá a ser adoptado quando da institucionalização do MFA: as negociações tendo em vista a celebração de um acordo constitucional entre o MFA e os partidos políticos. A ideia fora lançada em finais de 1974 pelo líder comunista Álvaro Cunhal, mas rapidamente colhe o apoio dos líderes das principais forças partidárias (como o PS, PPD e CDS). Este acordo deveria

---

([79]) A 15 de Novembro são publicados os decretos-lei n.os 621-A/74 (recenseamento), 621-B/74 (interdita o voto aos que exerceram durante a ditadura determinadas funções públicas ou participaram em organizações antidemocráticas) e 621-C/74, que, no seu conjunto, ficaram conhecidos como Lei Eleitoral.

([80]) Comunicado emitido a pretexto da passagem do sexto mês sobre a queda da ditadura — *Diário de Lisboa*, 26–10–1974.

Sessão de esclarecimento do MFA, 7 de fevereiro de 1975.

anteceder a realização das eleições para a Assembleia Constituinte, aspecto que reveste de particular melindre o seu debate.

O primeiro encontro MFA-partidos ocorre a 21 de Fevereiro. Presentes, oito membros do MFA [Rosa Coutinho e Pinho Freire (JSN); Vasco Gonçalves, Melo Antunes e Costa Martins (governo); e Pereira Pinto, Almada Contreiras e Vasco Lourenço (Comissão Coordenadora)](81) e 15 representantes de forças político-partidárias como o PPD (Magalhães Mota, Rui Machete e Artur Santos Silva), PS (Sottomayor Cardia, Jaime Gama e Lopes Cardoso); PCP (Álvaro Cunhal, Octávio Pato e Manuel Pedro), MDP/CDE (José Manuel Tengarrinha, Pereira de Moura e Orlando de Carvalho) e CDS (Freitas do Amaral, Amaro da Costa e Luís Moreno). Conhecida como os *14 Pontos do MFA*, a proposta com que estes últimos são

(81) Cf. *Expresso*, 22-2-1975, e *Comércio do Porto*, 22-2-1975.

confrontados era ainda algo lacunar. No entanto, estabelecia já as linhas mestras relativamente à institucionalização do Movimento, deixando patente as suas intenções:

«1. Durante um período que virá a ser estabelecido, pretende o MFA a separação entre os poderes militar e civil. O que directamente importa é a sujeição ao Presidente da República e a legislação militar.
2. Intervenção controladora do MFA sobre a actividade legislativa do Parlamento e do Governo em relação a certas leis.
3. A nova Constituição deverá estar de harmonia com o Programa do MFA. É preciso verificar sobre que forma deverá ser garantida; como será *ratificada* a Constituição e como serão apresentados os trabalhos de modo a tranquilizar o MFA.
4. Programa Económico deve ser interpretado de forma progressista, isto é, de maneira a definir um caminho socializante.
5. O futuro Presidente da República terá que ser da confiança do MFA.
6. O MFA pretende de qualquer forma a participação de ministros militares da sua confiança em futuros Governos.
7. O Governo dependente do Presidente da República e não da Assembleia.
8. O estudo da duração do período de transição (3 a 5 anos em princípio).
9. Definição da data em que deverá entrar em vigor a nova Constituição. Poderá não ser data fixa nem estar relacionada com qualquer data.
10. Composição do Governo após as eleições. A ideia de princípio é que não seja alterado.
11. Futura missão das FA definida na Constituição.
12. Prestação obrigatória do serviço militar ou equivalente.
13. Forças militarizadas de dependência a definir.
14. Forma como deverá ser institucionalizada a intervenção do MFA na vida pública nacional.»([82])

([82]) Documento cit. *in* Marcelo Rebelo de Sousa, *A Revolução e o Nascimento do PPD*, vol. 1, Lisboa, Bertrand Editora, 2000, pp. 362–363.

Na prática, e ainda que muitas questões ficassem em aberto, este documento previa um período transitório (de três a cinco anos), durante o qual o MFA manteria o controlo da política portuguesa, sem prejuízo da realização de eleições livres e da existência e funcionamento de partidos políticos. Da mesma forma, fica patente a intenção do MFA de garantir uma transição pacífica e a definição de um sistema «socializante».

A proposta do MFA é discutida, primeiro na generalidade e, depois, na especialidade, nos encontros bilaterais entre o MFA e cada um dos Partidos que têm lugar na última semana de Fevereiro. Depois, em início de Março, o debate intensifica-se tendo por base os comentários e contrapropostas dos vários partidos que aceitaram envolver-se no processo.

Posições relativamente aos «14 Pontos do MFA»

Proposta do MFA	PS	PPD	CDS	MDP/CDE
1. Separação entre os poderes militar e civil. Sujeição ao PR e a legislação militar.	Só no período de transição; sugere criação de Provedor de Justiça Militar	Só no período de transição, com controlo parlamentar	Concorda	Concorda; o poder militar é dependente do PR
2. Intervenção controladora do MFA sobre a actividade legislativa do Parlamento e do Governo em relação a certas leis.	Assembleia Legislativa é soberana; pode instituir um Conselho que vele pela constitucionalidade das leis	Admite existência de CE consultivo com a presença de militares	Criação de um Senado; intervenção sobre matérias do art.º 13 da lei n.º 3/74	Controlo feito pelo CSR
3. A nova Constituição deverá estar de harmonia com o Programa do MFA.	Concorda; não deve haver controlo sobre a Constituinte	Estabelecimento de um compromisso político prévio	Concorda	Concorda; controlo feito pelo CSR

Proposta do MFA	PS	PPD	CDS	MDP/CDE
4. Programa Económico deve ser interpretado de forma progressista, isto é, de maneira a definir um caminho socializante.	Concorda	Concorda	Concorda; dúvidas ao conceito de «interpretação progressista»	Concorda; controlo feito pelo CSR
5. O futuro Presidente da República terá que ser da confiança do MFA.	Concorda; sugere Costa Gomes	Discorda	designado pelo MFA? — solução antidemocrática	Concorda; controlo feito pelo CSR
6. O MFA pretende de qualquer forma a participação de ministros militares da sua confiança em futuros Governos.	Concorda; manutenção coligação MFA-partidos	Só pasta de Defesa	Só nas pastas da Defesa, Segurança Pública e do Plano	Concorda; designação feita pelo CSR
7. O Governo dependente do Presidente da República e não da Assembleia.	Deve depender dos dois	Discorda; parlamentarismo mitigado	Governo deve depender do PR e Assembleia	Concorda
8. O estudo da duração do período de transição (3 a 5 anos em princípio).	3 anos	3 anos	3 anos	5 anos
9. Definição da data em que deverá entrar em vigor a nova Constituição.	Imediatamente após a sua aprovação	A definir pela Assembleia Constituinte	Após audiência do CE e promulgação do PR; 1.º realizar eleições parlamentares e presidenciais	Após aprovação do CSR

Proposta do MFA	PS	PPD	CDS	MDP/CDE
10. Composição do Governo após as eleições. A ideia de princípio é que não seja alterado.	Competência do PR	Concorda	Discorda; não se poderão ignorar os resultados das eleições para a Constituinte	Composição do Governo não influenciada por eleições para a Constituinte
11. Futura missão das FA definida na Constituição.	p. 48–9 do programa PS	Concorda	Função de controlo da vida política, defesa e funções policiais	FA: defesa da integridade nacional, conclusão da descolonização, missões cívicas
12. Prestação obrigatória do serviço militar ou equivalente.	Concorda	Concorda + objector de consciências	Tão breve quanto possível; outras formas de serviço cívico obrigatório	Redução da sua duração e instituição de serviço cívico
13. Forças militarizadas de dependência a definir.	Concorda com qualquer solução	Do poder civil	Chefiadas por ministro civil excepto no período de transição	Depender do MFA
14. Forma como deverá ser institucionalizada a intervenção do MFA na vida pública nacional	Pode integrar um Conselho Nacional de Defesa das Liberdades públicas	A definir pelo MFA; apenas por 3 anos	Comissão mista MFA-Partidos; consagração da institucionalização na Constituição (**24)	Através de um órgão colegial-Conselho Superior da Revolução; define competências

Fonte: Maria Inácia Rezola, *Os Militares na Revolução de Abril*, p. 120.

A 8 de Março, o Conselho dos Vinte reafirma a intensão de institucionalizar o MFA, dando no entanto conta da existência de profundas divergências quanto aos seus moldes. O debate deveria prosseguir ainda que, como veremos, os acontecimentos do 11 de Março acabem por o condicionar determinantemente.

Um outro tema quente desta etapa da revolução é o da definição do modelo económico-social. A partir do 25 de Abril assistira-se a uma explosão social inédita e a tentativas, sucessivamente boicotadas, de levar a cabo reformas profundas que representassem o aniquilamento da «velha ordem» e o início de uma «descolonização» interna e externa. Afastados Spínola e as suas resistências a um rápido processo de transformação, abriam-se agora novas perspectivas neste domínio. É neste contexto que, a 18 de Outubro de 1974, o III Governo Provisório anuncia a constituição de uma equipa de trabalho para a elaboração de um plano de acção económico-social de transição.

A complexidade da missão leva a que se constitua um grupo de trabalho que, dirigido pelo ministro sem pasta Melo Antunes, integra os titulares da Economia (Rui Vilar), Finanças (Silva Lopes) e Assuntos Sociais (Lourdes Pintasilgo), assim como o secretário de Estado do Planeamento (Vítor Constâncio). A decisão de atribuir a Melo Antunes a direcção do grupo parte do Conselho de Ministros e a ela não terá sido alheio o protagonismo de que o MFA dispunha nesse momento, mas também o facto de, assim, se facilitar a aceitação do projecto por parte das diferentes estruturas do Movimento. Esta previsão rapidamente se revela infundada e aquela que seria uma missão para levar a cabo num curto espaço de tempo acaba por se arrastar durantes meses perante a complexidade das matérias em questão e o debate que as mesmas suscitam.

Segundo Melo Antunes, existia uma evidente tensão entre diferentes correntes de pensamento quanto ao modo de abordar os problemas económico-sociais com que o país se debatia. De um lado, os que exigiam reformas de fundo, como a nacionalização de sectores básicos. Do outro, os que se opunham ao dirigismo estatal e ao controlo público da economia, defendendo que se deixasse ao mercado a direcção da política económica.([83]) A agravar a situação, o facto de os membros da equipa estarem envolvidos em várias frentes ao mesmo tempo. No entanto, as maiores dificuldades

([83]) Cf. Maria Manuela Cruzeiro, *Melo Antunes, o sonhador pragmático*, Lisboa, Editorial Notícias, 2004, pp. 135–136.

Encontro de Sesimbra: reunião de trabalho da Comissão Coordenadora do MFA, Janeiro de 1975.

decorrem do facto de o plano nunca ter sido verdadeiramente aceite, nomeadamente por alguns sectores do MFA.

Este último aspecto reveste-se de particular importância. De facto, ainda que tenhamos de esperar pelo Verão de 1975 para assistir à definitiva quebra da unidade do Movimento, as polémicas em torno do Programa de Política Económica e Social permitem vislumbrar a constituição de diferentes campos que, em breve, se digladiarão e que actuarão como catalisadores de lutas que transcendem o campo estritamente militar. De um lado, os defensores de um modelo inspirado no socialismo soviético, que viam na existência de uma vanguarda militar uma oportunidade para a concretização dos seus propósitos. Este grupo, dominado pelo PCP e pelo primeiro-ministro Vasco Gonçalves, detinha já importantes posições no seio do MFA. Do outro lado, encontramos os que pretendem instituir um regime democrático e pluralista, através da realização de eleições para a Assembleia Constituinte. Liderado por militares como Melo Antunes, Vítor Alves ou Vasco Lourenço, este grupo rapidamente será conotado como próximo do PS. Otelo Saraiva de

Carvalho, comandante do COPCON, encabeça um terceiro grupo, de contornos ideológicos mais difusos, formado por unidades militares revolucionárias com grande poder bélico que postulam a revolução socialista e autogestionária, apoiando-se em diversas organizações de extrema-esquerda.

O Programa elaborado pela equipa governamental é sujeito a sucessivas alterações, sendo conhecidas pelo menos três versões do mesmo: a primeira é anunciada em inícios de Dezembro; a segunda é apresentada aos partidos da coligação governamental em fins de Dezembro de 1974 e à Assembleia do MFA em princípios do ano seguinte; e, finalmente, a última, que fica concluída em finais de Janeiro.

Saliente-se, no entanto, que a querela em torno do Programa de Política Económica e Social eclode ainda antes de ser conhecida a sua primeira versão: em Novembro de 1974, o boletim do MFA *Movimento*, publica um longo e crítico editorial denunciando o facto de o «poder económico» continuar «nas mãos daqueles que foram os grandes beneficiários do regime deposto em 25 de Abril»([84]) e manifestando a sua inquietação com a lentidão dos trabalhos da comissão governamental.

Depois de meses de intenso debate, a 21 de Fevereiro de 1975 a versão final do Programa é revelada ao grande público. Para Melo Antunes, o projecto representava uma proposta de terceira via, entre o capitalismo clássico e a colectivização([85]), avançando com reformas de fundo que conduziriam à democratização da vida económica, mantendo, no entanto, o direito à propriedade privada e à livre iniciativa. Destaque-se, a este respeito, que apesar de determinar um controlo mais apertado e eficaz sobre as instituições de crédito privadas, o Programa não prevê a nacionalização total da banca e dos seguros e estipula que o controlo dos grandes meios de produção seria feito através de uma participação de 51% do Estado nos principais sectores industriais e nas instituições financeiras. Paralelamente, pronuncia-se «pela prioridade estratégica

([84]) *Movimento*, 12-11-1974.

([85]) Maria João Avillez, «Melo Antunes» *in Do Fundo da Revolução,* Lisboa, Ed. Público, 1994, p. 23.

da aliança entre as classes médias e o operariado contra o radicalismo da luta de classes e por uma independência em relação às superpotências»([86]). Em suma, um modelo de desenvolvimento económico não completamente dirigista ou colectivista, tendo em vista lançar as bases de uma transformação social. Uma plataforma política inovadora que, no entanto, será de curtíssima duração. A sua morte será ditada pelos acontecimentos do 11 de Março e pela nova estratégia então encetada, nomeadamente no que diz respeito às nacionalizações e à reforma agrária. Na prática, o Programa de Política Económico Social nunca foi implementado.

([86]) António Reis, *Portugal Contemporâneo*, vol. 6, Lisboa, Publicações Alfa, 1993, p. 37.

II.

O CONSELHO DA REVOLUÇÃO NA VORAGEM REVOLUCIONÁRIA (MARÇO-NOVEMBRO DE 1975)(*)

A institucionalização do MFA opera-se na sequência da determinação da Assembleia do MFA de 11 de Março, no sentido de que fosse criado um Conselho da Revolução que, como órgão executivo do Movimento, assumisse «a direcção da revolução»([87]). Desta forma, operava-se uma importante clarificação sobre o alcance e âmbito da intervenção do poder militar, abrindo-se uma nova etapa do processo. O período que então se inaugura (Março–Novembro de 1975) constitui a época áurea do CR, ainda que a sua efectiva capacidade de comando não tenha sido constante.

Os primeiros sete meses de actividade do CR são provavelmente os mais interessantes, mas também os mais difíceis de reconstituir. A sua história confunde-se com a história política da Revolução, numa complexa trama de lutas pelo poder e pela direcção do «processo em curso», em que, muitas vezes, o CR funciona como uma válvula de escape e de segurança. Este carácter advém-lhe não só do facto de se assumir como o gestor supremo dos conflitos que percorrem o país, como ainda de ter sido o palco privilegiado do debate político no seio das Forças Armadas. Desta forma, evitou-se que os militares se unissem directamente aos partidos (apesar das ligações individuais ou de alguns sectores em momentos particulares) e participassem directamente na luta político-partidária. Ainda que nem sempre enfatizada, esta é uma dimensão muito interessante das

(*) Maria Inácia Rezola.

([87]) *Diário de Notícias*, 13–3–1975. O comunicado final foi divulgado por quase todos os jornais nacionais dos dias 12 (vespertinos) e 13.

funções do Conselho, abrindo novas perspectivas de análise sobre a especificidade do papel dos militares na transição portuguesa.

Tal como as anteriores estruturas directivas do Movimento (Comissão Coordenadora do Programa e Conselho dos Vinte), o CR apresenta-se como o guardião do Programa do MFA e o garante da prossecução da «obra de reconstrução nacional». No entanto, a sua consagração por lei e, sobretudo, a amplitude dos poderes que lhe são atribuídos, acabarão por lhe conferir uma projecção inusitada. O papel político do MFA reforça-se, garantindo-se a sua presença na estrutura constitucional revolucionária, na qual, aliás, se arroga o lugar cimeiro.

CR, o motor da revolução

Depois de meses de debate e expectativa, a institucionalização do MFA é precipitada pelos acontecimentos do 11 de Março. Apesar de este ser um projecto há muito acalentado, a nova conjuntura revelar-se-á determinante na forma como ela se materializa, nomeadamente no que diz respeito aos poderes e estruturação do novo organismo. Beneficiando de um momento de fragilidade dos partidos que, nos últimos meses, vinham ganhando projecção (como o PS, o PPD e, sobretudo, o CDS que, nesse contexto, correu o risco de ilegalização), a neutralização da tentativa golpista confere uma dinâmica de algum triunfalismo aos sectores vanguardistas do MFA.

O assunto é apresentando na própria noite de 11 de Março, na Assembleia do MFA que se realiza no auditório do Instituto de Altos Estudos de Defesa Nacional (IAEDN), na Calçada das Necessidades. Ainda que seja comummente conhecida como «Assembleia Selvagem», não existe um consenso relativamente aos motivos de tal designação, oscilando as posições entre os que a atribuem ao clima de emotividade e agitação em que terá decorrido, e os que utilizam como argumento a sua heterodoxa convocação e composição.([88]) Independentemente dos momentos mais tensos

([88]) A gravação desta reunião foi recentemente transcrita e publicada em Carlos de Almada Contreiras, *A Noite que Mudou a Revolução de Abril. A Assembleia Militar de 11 Março de 1975*, Lisboa, Edições Colibri, 2019.

ou acalorados aí vividos, nomeadamente os que envolveram a análise dos acontecimentos e apuramento de responsabilidades, a ideia que alguns dos presentes retiveram é a de que o debate da institucionalização do MFA ocupou «um espaço de tempo muito reduzido», dando a sensação de «já vir preparado»(89).

Esta tese — advogada, entre outros, por Varela Gomes, um dos homens fortes da 5.ª Divisão — ganha consistência se atendermos a uma das intervenções proferida por Rosa Coutinho dando conta da existência de um estudo em curso:

> «[...] a institucionalização do MFA, de acordo com os estudos que estão a ser feitos e vocês, enfim, hão-de perdoar que a gente já tenha trabalhado um bocadinho no assunto, implica a criação de um Conselho da Revolução e de uma Assembleia do MFA. Assim dito é simples, mas é necessário e a institucionalização não é só criá-la. É necessário, primeiro, definir quais são as funções desses órgãos. E, segundo, qual será a sua composição»(90).

Não foi este o primeiro ou único momento em que a questão foi ventilada. O próprio Rosa Coutinho a ela se referira no início dos trabalhos(91), assim como Martins Guerreiro(92), Robin de Andrade(93), Costa Correia(94) e, entre outros, Vasco Lourenço. Enquanto porta-voz da Comissão Coordenadora do Programa, este último apresenta uma proposta em que se contemplam aspectos tão específicos como a composição e poderes do organismo a instituir:

---

(89) Cit. *in* Dinis de Almeida, *Ascensão, Apogeu e Queda do MFA*, Lisboa: ed. Sociais, s.d., p. 351.

(90) *In* Carlos de Almada Contreiras, *A Noite que Mudou a Revolução...*, p. 209.

(91) *In* Carlos de Almada Contreiras, *A Noite que Mudou a Revolução...*, pp. 71, 73, 150.

(92) Intervenção de Martins Guerreiro referindo estar «assente» que se iria constituir um Conselho da Revolução — Cf. Carlos de Almada Contreiras, *A Noite que Mudou a Revolução...*, p. 113.

(93) Cf. Carlos de Almada Contreiras, *A Noite que Mudou a Revolução...*, p. 115.

(94) Cf. Carlos de Almada Contreiras, *A Noite que Mudou a Revolução...*, pp. 132-133.

«O Conselho Revolucionário teria a seguinte constituição: Presidente da República; Primeiro-Ministro, se for MFA, portanto isto no futuro; CEMGFA; os três chefes dos Estados-Maiores; Comandante do COPCON; Comissão Coordenadora e mais uma outra comissão coordenadora de 8 elementos, 4-2-2. Daria, portanto, um, dois, três, quatro, cinco, seis, sete, catorze, vinte e dois. O Conselho Revolucionário seria o órgão executivo do MFA, responderia, portanto, perante a Assembleia. Herdaria fundamentalmente as funções do Conselho de Estado, da Junta de Salvação Nacional e do Conselho de chefes de Estados-Maiores e competir-lhe-ia a direcção política e militar da Revolução, sendo responsável perante a Assembleia»([95]).

Ao contrário do sugerido por Varela Gomes, o assunto mereceu alguma atenção por parte da Assembleia, nomeadamente no que diz respeito à forma e calendarização do processo. Ramiro Correia é um dos que mais enfaticamente exige a institucionalização imediata e revolucionária do MFA, método que se lhe afigura como fácil, dado que, em seu entender, ninguém teria coragem ou «descaramento» para «perguntar ao PDC, ao CDS, ou seja a quem for, se concorda ou não que o MFA se institucionalize»([96]). Esta posição é partilhada por Rosa Coutinho (advogando a institucionalização imediata «sem mais consultas aos partidos([97])) e Costa Correia («tem que se fazer já amanhã»([98])), inquietos com a urgente necessidade de o MFA recuperar «a iniciativa política do processo de modo a poder conduzi-lo e a não se deixar arrastar por ele»([99]). Costa Correia sugere ainda que a institucionalização seja levada a cabo em moldes que obriguem a futura Assembleia Constituinte a «constitucionalizar o MFA»([100]). Apesar de o comunicado final do encontro ser omisso a este respeito, os desenvolvimentos posteriores evidenciarão ter sido esta a tese triunfante.

([95]) *In* Carlos de Almada Contreiras, *A Noite que Mudou a Revolução...*, p. 147.
([96]) *In* Carlos de Almada Contreiras, *A Noite que Mudou a Revolução...*, p. 131
([97]) *In* Carlos de Almada Contreiras, *A Noite que Mudou a Revolução...*, p. 214.
([98]) *In* Carlos de Almada Contreiras, *A Noite que Mudou a Revolução...*, p. 133.
([99]) *In* Carlos de Almada Contreiras, *A Noite que Mudou a Revolução...*, p. 132.
([100]) *In* Carlos de Almada Contreiras, *A Noite que Mudou a Revolução...*, p. 135.

A partir de então o processo precipita-se. A 12 de Março, o Conselho dos Vinte reúne para acordar questões como os estatutos, funções e composição do novo organismo. Dois dias depois, a institucionalização formaliza-se com a publicação da Lei n.º 5/75, que extingue a JSN e o Conselho de Estado criando, em sua substituição, o Conselho da Revolução (CR) e a Assembleia do MFA.([101])

Segundo o então estipulado, o CR é dotado de amplos poderes. Enquanto herdeiro da JSN, competia-lhe vigiar pelo cumprimento do Programa do MFA e das leis constitucionais; escolher, de entre os seus membros, o Presidente da República, o chefe e vice-chefes do Estado-Maior-General das Forças Armadas, o chefe do Estado-Maior da Armada, o chefe do Estado-Maior do Exército e o chefe do Estado-Maior da Força Aérea; designar, em caso de impedimento do Presidente da República, qual dos membros desempenhará interinamente as suas funções.([102])

Do Conselho de Estado, o CR recebe um leque alargado de poderes legislativos e constituintes, dispondo de capacidade para (1) exercer os poderes constituintes assumidos em consequência do MFA até à eleição da Assembleia Constituinte; (2) sancionar os diplomas do Governo Provisório que respeitem à eleição da Assembleia Constitucional (a); à definição das linhas gerais da política económica, social e financeira (b); ao exercício da liberdade de expressão do pensamento, de ensino, de reunião, de associação e de crenças e práticas religiosas (c); à organização da defesa nacional e à definição dos deveres destas decorrentes (d); à definição do regime geral do Governo das províncias ultramarinas (e); (3) vigiar pelo cumprimento das normas constitucionais e das leis ordinárias e apreciar os actos do Governo ou da Administração; (4) autorizar o Presidente da República a fazer a guerra e a paz; (5) pronunciar-se sobre a impossibilidade física do Presidente; (6) pronunciar-se em todas as emergências graves para a vida da Nação e sobre outros

([101]) Lei n.º 5/75 de 14 de Março — *Diário do Governo*, I série, n.º 62, 14 de Março de 1975, suplemento, pp. 394-(1) a 394-(2).

([102]) Cf. Lei n.º 3/74, de 14 de Maio *in Diário do Governo*, 1.ª série, n.º 112, 14 de Maio de 1974, pp. 617- 622.

assuntos de interesse nacional sempre que o Presidente da República o julgue conveniente.([103])

O CR dispõe ainda dos poderes legislativos até então atribuídos ao Conselho dos Chefes de Estado-Maior dos três ramos da Forças Armadas, competindo-lhe o «exercício de funções legislativas sobre matérias que respeitem à estrutura e organização das forças armadas, bem como a assuntos internos das mesmas, ou que tenham como únicos destinatários militares ou civis integrados na organização militar»([104]). Finalmente, segundo o estipulado na rectificação da Lei n.º 5/75, de 21 de Março, ser-lhe-á também atribuído o «poder legislativo para as necessárias reformas de estrutura da economia portuguesa»([105]).

Em suma, o CR dispõe de uma ampla capacidade de intervenção, com poderes constituintes, fiscalizadores e de controlo da actividade legislativa do Governo (até aqui pertencentes ao Conselho de Estado); poderes de conselho do Presidente da República e de vigilância pelo cumprimento do programa do MFA e das leis constitucionais (que herda da JSN); e amplos poderes militares, cabendo-lhe, em última análise, o governo das Forças Armadas (até aqui da responsabilidade do Conselho dos Conselho dos Chefes de Estados-Maiores). Trata-se de um organismo com efectivas funções de decisão, concebido como um instrumento de intensificação da participação do MFA na vida político-militar e condutor supremo do processo revolucionário.

A Lei n.º 5/75 determina também a institucionalização da Assembleia do MFA, cuja composição e competências, enquanto órgão fiscalizador e de aconselhamento do CR, serão em breve estipuladas. Alargando a sua dimensão de 200 para 240 elementos, em representação dos três ramos das Forças Armadas (120 do Exército, 60 da Armada e 60 da Força Aérea), a Assembleia dispõe de importantes poderes, não só em termos de fiscalização

---

([103]) Cf. Lei n.º 3/74 *in Diário do Governo*, 1.ª série, n.º 112, 14 de Maio de 1974.

([104]) Lei n.º 4/74 de 1 de Julho. *Diário do Governo*, 1.ª série, n.º 151/1974, 1.º Suplemento, 1 de Julho de 1974.

([105]) Rectificação à Lei n.º 5/75 de 21 de Março. *Diário do Governo*, 1.ª série, n.º 68/1975, 2.º Suplemento, 21 de Março de 1975.

como também de iniciativa. A par da capacidade para elaborar, discutir e aprovar propostas e moções a apresentar ao Conselho, é-lhe atribuída a faculdade de apreciar os actos do CR, analisar a evolução política da vida nacional e emitir pareceres sobre a mesma.

O processo de constituição do CR está longe de ser pacífico. Uma das primeiras polémicas em que se vê envolvido diz respeito à sua composição. De acordo com a Lei n.º 5/75, o novo organismo deveria integrar um total de 24 elementos reunindo todos os oficiais que ocupavam cargos de responsabilidade político-militar: o Presidente da República; os chefe e vice-chefe do Estado-Maior-General das Forças Armadas; os chefes dos Estados-Maiores dos três ramos das Forças Armadas; o comandante-adjunto do COPCON; os elementos da Comissão Coordenadora do Programa do Movimento das Forças Armadas; os ex-membros da Junta de Salvação Nacional; e o primeiro-ministro, se militar. A estes juntar-se-iam oito elementos designados pelo MFA (quatro em representação do Exército, dois da Armada e dois da Força Aérea).

O primeiro sinal da dificuldade em alcançar consensos a este respeito surge com a publicação do decreto-lei n.º 137-A/75, de 17 de Março, elencando as individualidades que constituem o CR: em vez dos 24 previstos, a lista integra 25. Na sequência das iniciais hesitações de Marques Júnior relativamente à aceitação do cargo, e dos compromissos entretanto assumidos, o Exército estava representado por cinco e não por quatro elementos.

Composição do CR
segundo o decreto-lei n.º 137-A/75, de 17 de Março

1. General Francisco da Costa Gomes, PR e CEMGFA
2. Brigadeiro Vasco dos Santos Gonçalves, primeiro-ministro
3. Vice-almirante José Pinheiro de Azevedo, CEMA
4. General Carlos Alberto Idães Soares Fabião, CEME
5. General Narciso Mendes Dias, CEMFA
6. Vice-almirante António Alva Rosa Coutinho, membro da extinta JSN
7. General Aníbal José Coentro de Pinho Freire, idem
8. General Nuno Miguel Guimarães Fisher Lopes Pires, idem

9.	Brigadeiro Otelo Nuno Romão Saraiva de Carvalho, comandante adjunto do COPCON
10.	Tenente-coronel Manuel Ribeiro Franco Charais, da Comissão Coord. do MFA
11.	Capitão-tenente Carlos de Almada Contreiras, idem
12.	Major piloto aviador José Bernardo do Canto e Castro, idem
13.	Major engenheiro de aeródromos José Gabriel Coutinho Pereira Pinto, idem
14.	Capitão Vasco Correia Lourenço, idem
15.	Capitão engenheiro Duarte Nuno de Ataíde Saraiva Marques Pinto Soares, idem
16.	Primeiro-tenente José Manuel Miguel Judas, idem
17.	Capitão-de-fragata engenheiro construtor naval Manuel Beirão Martins Guerreiro, designado pelo MFA
18.	Major de Infantaria Pedro Júlio Pezarat Correia, idem
19.	Major engenheiro aeronáutico José Manuel da Costa Neves, idem
20.	Capitão de artilharia Rodrigo Manuel Lopes de Sousa e Castro, idem
21.	Primeiro-tenente médico naval Ramiro Pedroso Correia, idem
22.	Capitão engenheiro de aeródromos Vítor Manuel Graça Cunha
23.	Capitão de artilharia Manuel João Ferreira de Sousa, idem
24.	Capitão engenheiro Luís Ernesto Albuquerque Ferreira de Macedo, idem
25.	Tenente de infantaria António Alves Marques Júnior, idem

Fonte: elaboração própria.

A cerimónia de tomada de posse dos membros do CR tem lugar, nesse mesmo dia, no Palácio de Belém. Ao observador mais atento não escapa o facto de não integrarem a lista dos nomeados oficiais como Ernesto Melo Antunes, Vítor Crespo ou Vítor Alves, cujo papel e intervenção fora fundamental no processo conspirativo e nos primeiros meses da Revolução.

Assumindo a paternidade do conceito que presidiu à definição da composição do CR, Martins Guerreiro fundamenta a sua posição na ideia da incompatibilidade e conflito de interesses entre o exercício de funções governativas e o cargo de conselheiro da Revolução.([106]) Vasco Gonçalves chama a atenção para outros dois

([106]) Cf. Maria Inácia Rezola, Entrevista a Martins Guerreiro, Lisboa, 19-2–-2003.

factores então tidos em conta: a necessidade de constituir um grupo restrito, sob pena de reduzir a sua eficácia, e, paralelamente, as amplas responsabilidades já atribuídas aos proeminentes membros do MFA excluídos.([107]) Estes argumentos são contestados pelos que, como Diogo Freitas do Amaral, integram este episódio num mais amplo processo de esquerdização ideológica dos órgãos de soberania.([108])

Fundador do Centro Democrático Social (CDS), no decurso dos primeiros meses da revolução Freitas do Amaral desempenhou funções como membro do Conselho de Estado, organismo que, como referimos, é extinto por força da aplicação da Lei n.º 5/75. O processo foi particularmente incómodo. Inesperadamente confrontados com esta deliberação, os membros civis do Conselho de Estado([109]) optam por pedir a demissão em bloco. À excepção dos que ainda integravam o elenco governamental, os civis são afastados da alta esfera do poder sob o pretexto de «facilitar a rápida solução de alguns dos problemas emergentes dos graves acontecimentos ocorridos no passado dia 11»([110]). A conjuntura mudara decisivamente.

A tese de que a primeira proposta de composição do CR encerrava um projecto político específico é corroborada por Vítor Crespo ao revelar a sua enérgica intervenção perante o que considerava ser uma manobra para constituir «uma direcção comunista», sob «o pretexto de que quem estava empenhado em tarefas administrativas não poderia exercer outra acção política». Por isso, recorda, «para os pressionar, concentrei em Moçambique três aviões 747 e dois 707, o que me permitia trazer para Portugal forças suficientes para controlar a situação. Assim voltaram a integrar-nos no CR»([111]).

([107]) Cf. Maria Manuela Cruzeiro, *Vasco Gonçalves, um General na Revolução*, Lisboa, Notícias Editorial, 2002, p. 153.

([108]) Diogo Freitas do Amaral, *O Antigo Regime e a Revolução*, pp. 348–349.

([109]) Isabel de Magalhães Colaço, Freitas do Amaral, Henrique de Barros, Rui Luís Gomes, Teixeira Ribeiro e Azeredo Perdigão.

([110]) *Diário de Lisboa*, 14–3–1975. Sobre os acontecimentos que rodearam esta demissão, ver ainda Diogo Freitas do Amaral, *O Antigo Regime e a Revolução*, p. 346 e ss.

([111]) Cit. *in* Sánchez Cervelló, *A Revolução Portuguesa e a sua Influência na Transição Espanhola (1961–1976)*, p. 228.

A decisão final nesta matéria é conhecida a 21 de Março, determinando-se que os elementos da Comissão Coordenadora do Programa do MFA que tivessem «sido nomeados para o desempenho de outras missões» deveriam considerar-se membros do CR, embora com a ressalva de não exercerem «efectivamente estas funções enquanto durar o seu impedimento»([112]). Segundo Pezarat Correia, esta era a solução possível e mais correcta ao «considerar esses oficiais como membros de facto do CR, no qual no entanto não teriam assento regular, enquanto se mantivessem no desempenho de funções governativas»([113]).

Teremos de esperar alguns meses para que mais detalhes deste episódio sejam revelados, dando conta da instauração de um «mal-estar» que, em última análise, proporcionou a génese do *Grupo dos Nove*.([114]) De momento, transparece a imagem de que a solução encontrada era um «sinal do próprio equilíbrio dinâmico dentro do MFA», aspecto que, dado o momento particular da vida política nacional, é considerado de grande relevância por comentadores políticos como Marcelo Rebelo de Sousa.([115])

Ainda no decurso desta primeira etapa de vida do CR, assiste-se a um novo alargamento ao determinar-se a integração no Conselho dos comandantes das regiões militares (Maio de 1975). Amplamente debatida nas sessões plenárias de 14 e 21 de Maio, a medida é justificada com a necessidade de proceder a uma descentralização regional dos seus poderes e de garantir uma informação actualizada das realidades concretas do país.([116]) Na prática, ao assumir directamente os comandos das Regiões Militares do Continente, o CR esperava ir mais longe na sua acção e influência, conseguindo um efectivo controlo da marcha da Revolução. Como resultado

---

([112]) Rectificação à Lei n.º 5/75 in *Diário do Governo*, I série, 2.º suplemento, n.º 68, 21 de Março de 1975. Para mais detalhes sobre o processo, ver Maria Inácia Rezola, *Os Militares na Revolução de Abril*, p. 137 e ss.

([113]) *Século Ilustrado*, 10–5–1975.

([114]) Expresso, 20–9–1975.

([115]) *Expresso*, 28–3–1975.

([116]) Acta do Conselho da Revolução, 14–5–1975, Arquivo do Conselho da Revolução, Reuniões, Actas, vol. 1, caixa 1.

Primeira reunião do Conselho da Revolução, 25 de Março de 1975.
Preside à sessão o Presicente da República, Francisco da Costa Gomes.

desta decisão, os conselheiros Franco Charais e Pezarat Correia assumem o comando das Regiões Militares Centro e Sul, respectivamente, convidando-se o comandante da Região Militar Norte, Eurico Corvacho, a integrar o CR. Na Região Militar de Lisboa, a situação permanece inalterada, uma vez que Otelo Saraiva de Carvalho já fazia parte do elenco do Conselho. Elevando o número de conselheiros de 29 para 30, esta reestruturação completa-se com a nomeação do conselheiro Pinto Soares como comandante da Academia Militar.([117]) Sendo impossível ignorar a validade dos argumentos que levaram à progressiva dilatação do CR, a opção cedo se revelará inapropriada, constituindo um factor de bloqueio e fragilização.

Consciente destes e outros problemas decorrentes da sua ampla dimensão, Rosa Coutinho é dos primeiros a pensar em medidas tendo em vista a operacionalização do CR. A Lei n.º 5/75 de 14 de Março abria um amplo campo de possibilidades neste domínio, dado que se limitava a estabelecer que o conselho poderia funcionar em plenário ou por secções, «conforme vier a ser definido por diploma regulamentar». Assim, a 31 de Março, Rosa Coutinho coloca à discussão uma proposta de criação de duas comissões no interior do Conselho.([118]) A primeira, designada Comissão Militar, integraria treze membros (Costa Gomes, Pinheiro de Azevedo, Carlos Fabião, Mendes Dias, Pinho Freire, Fisher Lopes Pires, Saraiva de Carvalho, Pezarat Correia, Sousa e Castro, Martins Guerreiro, Ferreira de Sousa, Marques Júnior e Canto e Castro), dispondo de funções de Conselho dos Chefes dos Estados-Maiores e de estudo dos assuntos de carácter militar. Quanto à segunda, a Comissão Política, dedicar-se-ia fundamentalmente ao estudo de problemas de natureza política e às relações com os Partidos e movimentos políticos, sendo constituída pelos restantes membros do CR. Na dupla qualidade de Presidente da República e do CR, Costa Gomes integrava as duas comissões.

([117]) Acta do Conselho da Revolução, 21–5–1975, Arquivo do Conselho da Revolução, Reuniões, Actas, vol. 1, caixa 1.

([118]) Acta do Conselho da Revolução, 31–3–1975, Arquivo do Conselho da Revolução, Reuniões, Actas, vol. 1, caixa 1.

Costa Neves é o único conselheiro a contestar a proposta manifestando o seu desacordo com «a individualização no seio do Conselho da Revolução da Comissão Coordenadora do Programa» (que, de facto, integra quase em bloco a comissão política) e com «o princípio de atribuição de funções executivas específicas a membros do Conselho da Revolução»([119]). Esta é, no entanto, uma posição isolada. A 3 de Abril, as comissões propostas por Rosa Coutinho são aprovadas por maioria, passando a funcionar em paralelo, mas sempre dependentes do plenário do CR.([120])

Reuniões do CR em 1975

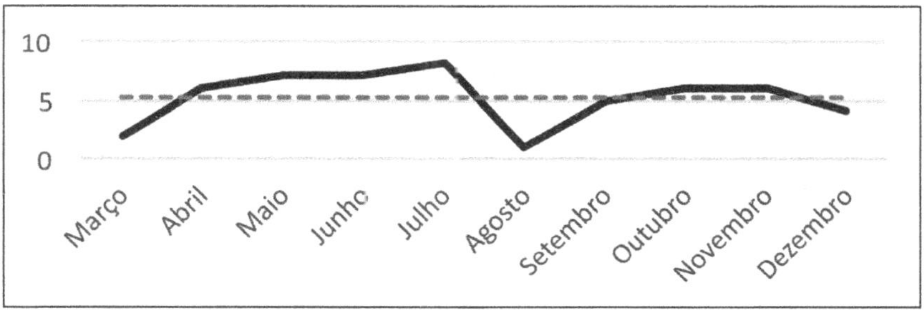

Fonte: Actas do Conselho da Revolução (elaboração própria).

O plenário do Conselho mantém uma actividade constante mas irregular ao longo do ano de 1975. A média de cinco reuniões mensais é enganadora, dado que, em meses como Julho, o CR reuniu oito vezes e durante Agosto, no contexto da constituição do Triunvirato e de ruptura dos *Nove*, apenas se realizou uma sessão plenária.

([119]) Acta do Conselho da Revolução, 3-4-1975, Arquivo do Conselho da Revolução, Reuniões, Actas, vol. 1, caixa 1.
([120]) Cf. Acta do Conselho da Revolução, 3-4-1975, Arquivo do Conselho da Revolução, Reuniões, Actas, vol. 1, caixa 1.

A Comissão Política destacar-se-á de imediato ao tomar a seu cargo as negociações da Plataforma de Acordo Constitucional com os partidos políticos. Revelará também grande dinamismo ao assumir a preparação de alguns documentos doutrinários, o estudo e a preparação de leis orgânicas, e outras missões políticas de destaque. Ainda que com um campo de intervenção mais limitado, a Comissão Militar responsabilizar-se-á pelas complexas questões militares que se colocam no momento.

Cabe também a Rosa Coutinho a iniciativa de impulsionar a criação dos Serviços de Apoio do Conselho da Revolução (SACR). Tendo por base o documento que anteriormente preparara com vista à constituição dos Serviços Executivos da JSN([121]), a proposta resultará na promulgação do decreto-lei n.º 246-B/75, de 21 de Maio. Como então se explica, as atribuições conferidas ao CR impunham a constituição de «um serviço que lhe dê o apoio técnico e administrativo que permita a eficiente execução das tarefas que lhe são cometidas»([122]). Apesar de dependentes do CR, os SACR gozam de autonomia administrativa e, no seu conjunto, o seu pessoal dirigente, técnico, administrativo e auxiliar constitui um quadro único, com um total de 83 funcionários. Um «pequeno mundo», observa Rosa Coutinho, o conselheiro que, entre Maio e Dezembro de 1975, dirige superiormente os SACR e a quem, para tal, são conferidas competências semelhantes às dos ministros.

([121]) Cf. Decreto-lei n.º 129-A/75 *in Diário do Governo*, I Série, n.º 61, 13 de Março de 1975 (Estabelece a constituição dos Serviços Executivos da Junta de Salvação Nacional).

([122]) Decreto-lei n.º 246-B/75 *in Diário do Governo*, I série, n.º 117, 21 de Maio de 1975, 2.º suplemento.

Serviços de Apoio do Conselho da Revolução

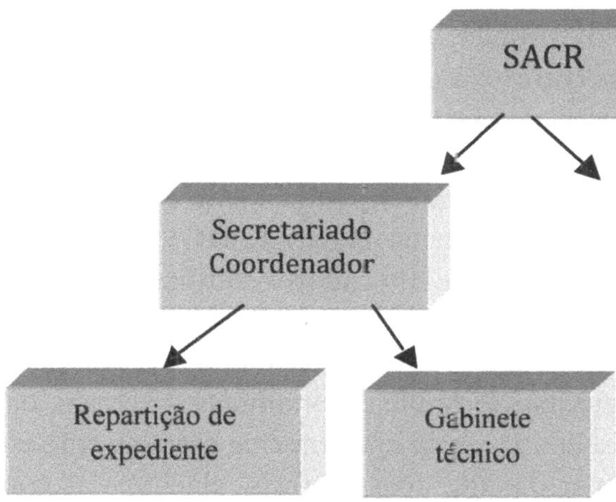

Fonte: elaboração própria.

Uma parte importante da actividade dos SACR é absorvida pela preparação de *dossiers* temáticos e de recortes de imprensa. No entanto, enquanto órgão de apoio administrativo e técnico do CR, os Serviços de Apoio desdobravam-se numa multiplicidade de acções que transcendiam em muito o simples secretariado, actuando em áreas como o desmantelamento da PIDE/DGS, os Serviços Prisionais de Caxias e os então designados Serviços de Vigilância Económica e Social.([123])

O decreto-lei que determina que o Serviço de Coordenação e Extinção da PIDE/DGS e LP (organismo criado em Junho de 1974, na subordinação da JSN) actue na dependência dos SACR data de Dezembro de 1975.([124]) Apesar desta tardia formalização, desde cedo que se denota a estreita conexão entre as duas estruturas, dado o papel nelas desempenhado por Rosa Coutinho. Para o auxiliar na

([123]) Maria Inácia Rezola, Entrevista a Rosa Coutinho, Lisboa, 2 de Julho de 2002.

([124]) Decreto-lei n.º 676/75 *in Diário do Governo*, Série I, n.º 281, 5 de Dezembro de 1975.

gestão deste serviço, o presidente dos SACR conta com o apoio de Miguel Judas. É a este último conselheiro que é atribuída a missão de apresentar a situação e problemas deste Serviço ao CR, servindo, na prática, de ligação entre os dois organismos. Das iniciativas que promove no decurso dos primeiros meses de actividade dos SACR destaca-se a aprovação, a 17 de Julho, no meio de acesa polémica, do decreto-lei que determina o julgamento e condenação em Tribunal Militar dos funcionários da extinta DGS «bem como os seus superiores responsáveis, colaboradores e utilizadores»([125]).

Quanto aos Serviços Prisionais Militares, cuja criação foi determinada pelo próprio Conselho([126]), são superintendidos por Costa Neves. Ainda que dispusesse de ampla autonomia no exercício das suas funções, este conselheiro revela uma enorme preocupação em manter o Conselho a par das questões centrais relacionadas com esses serviços.([127])

O Serviço de Vigilância Económica e Social (SVES), por seu lado, é instituído pelo decreto-lei n.° 129-A/75, de 13 de Março. Concebido como um organismo de apoio técnico, e não de intervenção directa, o SVES tem por missão reunir as queixas, pedidos e exposições que, diariamente, chegam ao CR, assim como organizar os processos e remetê-los para as entidades competentes (Ministérios, Secretarias de Estado, Polícia Judiciária, Comissões de Saneamento, COPCON, etc.). Só em situações excepcionais, quando é impossível obter as informações necessárias para o encaminhamento do processo ou em casos de extrema gravidade, os seus funcionários levam a cabo investigações e inquirições.

([125]) Acta do Conselho da Revolução, 17–7–1975, anexo B, Arquivo do Conselho da Revolução, Reuniões, Actas, vol. 1, caixa 1. Trata-se da Lei n.° 8/75, de 25 de Julho, que determina a punição a aplicar aos responsáveis, funcionários e colaboradores das extintas DGS e PIDE e estabelece que a competência para o respectivo julgamento é de um tribunal militar.

([126]) Acta do Conselho da Revolução, 27–6–1975, Arquivo do Conselho da Revolução, Reuniões, Actas, vol. 1, caixa 1.

([127]) Ver, por exemplo, Acta do Conselho da Revolução, 17–7–1975 ou Acta do Conselho da Revolução, 23–10–1975, Arquivo do Conselho da Revolução, Reuniões, Actas, vol. 1, caixa 1.

Além dos SACR, vitais para a sua gestão corrente e quotidiana, o CR vai gradualmente criando na sua dependência novos serviços de forma a alargar a sua intervenção e influência a outras áreas tidas como vitais. Destacam-se, neste domínio, a constituição do Serviço Director e Coordenador de Informação (SDCI), da Comissão de Inquérito ao 11 de Março ou dos Serviços de Polícia Judiciária Militar. Note-se que, apesar de dele dependerem directamente, as relações orgânicas entre estes organismos e o CR nem sempre são claras. Regra geral, o Conselho opta por delegar poderes num ou vários dos seus membros para actuarem nessas áreas. A medida acabará por ter, em alguns casos, um efeito perverso. Sem pretender questionar a inicial coesão do Conselho ou a fidelidade dos seus membros, facilmente percepcionamos a autonomia e liberdade de intervenção de que muitos se arrogam em determinadas áreas e/ou momentos. Esta realidade fará que frequentemente o poder resida nos conselheiros mais do que no CR.

A constituição, na dependência do CR, do Serviço Director e Coordenador de Informação (SDCI), opera-se na sequência de uma proposta de Almada Contreiras, no sentido de operacionalizar e agilizar os serviços de informação existentes (como a Repartição de Informações do COPCON ou as 2.ª e 5.ª Divisões do Estado-Maior-General das Forças Armadas).([128]) A medida é justificada pela «necessidade de coordenar os programas de pesquisa de informações dos diversos órgãos competentes» e de conferir ao CR uma efectiva capacidade de resposta em matéria de informações.([129]) A direcção do Serviço é entregue a três conselheiros, em representação de cada ramo das Forças Armadas: Almada Contreiras (director), Ferreira Macedo e Pereira Pinto (subdirectores).

O novo serviço goza de autonomia administrativa e dispõe de um quadro de pessoal próprio. Calcula-se que terão trabalhado no SDCI cerca de 260 pessoas, na sua maioria militares (cerca de 64%

([128]) Acta do Conselho da Revolução, 14-5-1975, Arquivo do Conselho da Revolução, Reuniões, Actas, vol. 1, caixa 1.

([129]) Decreto-lei n.º 250/75, de 23 de Maio *in Diário do Governo*, I série, n.º 119, 23 de Maio de 1975.

dos efectivos do Serviço).([130]) Por questões operacionais, são criadas secções como a Divisão de Informação Interna e Segurança (DIIS), ou Divisão E (comandada pelo major Luís Francisco Domingues Arruda); a Divisão C ou Divisão Externa (da responsabilidade do capitão-de-fragata Virgílio de Carvalho); ou a Divisão F (dirigida pelo capitão-tenente Manuel Marques Pinto). Enquanto órgão de informações, o SDCI dedicar-se-á essencialmente à pesquisa e processamento de notícias. Os seus relatórios semanais fornecem análises particularmente minuciosas sobre a situação internacional e nacional.([131])

No complexo quadro da Revolução, a missão atribuída ao SDCI acaba por transformá-lo num dos mais apetecíveis e polémicos organismos do CR. As acusações multiplicam-se. A mais comum é a de que o SDCI foi rapidamente dominado por elementos afectos à chamada *linha gonçalvista*, desenvolvendo contactos com o PCP e a partidos de extrema-esquerda.([132]) Por muitos tido como o cérebro dessa facção do MFA, Martins Guerreiro nega categoricamente estas acusações.([133]) Posição diversa é a de Rosa Coutinho, segundo o qual o SCDI funcionou como órgão de informação de Vasco Gonçalves.([134])

([130]) *Relatório do 25 de Novembro de 1975 (texto integral).* II Volume, Lisboa, Ed. Abril, 1976, p. 194.

([131]) Ver, a título de exemplo, IAN/TT, CR, Correspondência classificada do Secretariado Coordenador, vol. 12, n.º 98, fl. 1, 6 ou 12.

([132]) *Relatório do 25 de Novembro de 1975 (texto integral). II Volume*, Lisboa, Ed. Abril, 1976, p. 194.

([133]) Primeiro, afirmando que a sua composição era pluralista — «dentro do SDCI havia também gente dos *Nove*, do PS, organizados e que conspiravam, passavam informações ao contrário». Quanto ao facto de o SDCI trabalhar exclusivamente para Vasco Gonçalves, é peremptório ao afirmar, apesar de ser natural um serviço de informação trabalhar para o primeiro-ministro, o SDCI «trabalhava também para o Presidente da República. E trabalhava também, depois, para o Pinheiro de Azevedo» — Maria Inácia Rezola, Entrevista a Martins Guerreiro, Lisboa, 9 de Fevereiro de 2003.

([134]) Maria Inácia Rezola, Entrevista a Rosa Coutinho, Lisboa, 2 de Julho de 2002.

As «perigosas» ligações atribuídas ao SDCI passam ainda pela acusação de ter colaborado intensamente com o COPCON e a 5.ª Divisão (nomeadamente através da CODICE — Comissão Dinamizadora Central), em acções que transcendiam o seu âmbito de acção e que se «revestiam de características suspeitas, do duplo ponto de vista da legalidade e do respeito pelos direitos dos cidadãos»([135]).

Decidida na polémica «Assembleia Selvagem», a constituição de uma Comissão de Inquérito ao 11 de Março é anunciada ao país pelo Presidente da República a 13 de Março.([136]) Rosa Coutinho é, mais uma vez, o conselheiro designado para dirigir os trabalhos desta comissão criada na dependência directa do CR. Enquanto superintendente da Comissão de Inquérito, Rosa Coutinho delega funções num grupo de trabalho que, presidido pelo coronel Joaquim Ribeiro Simões, se instala na Cova da Moura. As normas de detenção e condições de libertação de indivíduos presos no decurso das investigações são claramente definidas.([137]) Nada podia ser deixado ao acaso nesta matéria tão sensível.

A complexidade da missão leva a que o CR adopte outras medidas neste domínio. Primeiro, ao nomear Vasco Lourenço e Costa Neves para coadjuvarem Rosa Coutinho na direcção da Comissão.([138]) Depois, ao aprovar nova legislação tendo em vista a expulsão das fileiras das Forças Armadas e o congelamento dos bens dos

([135]) *Relatório do 25 de Novembro*, vol. II, pp. 194–195. Apesar de grande parte do arquivo do SDCI ter sido destruído, na sequência do 25 de Novembro, alguma documentação do CR aponta também nesse sentido.

([136]) Em mensagem ao país, Costa Gomes anuncia a realização de um inquérito ao 11 de Março, «sem distinguir nomes, entidades, classes privilegiadas, ou interesses poderosos» — *Diário de Lisboa*, 14-3-1975.

([137]) Cf. Ramiro Correia (ed.), *Livro Branco da 5.ª Divisão. 1974–1975*, p. 262.

([138]) Cf. *A Capital*, 22-3-1975, e *Diário de Notícias*, 22-3-1975. Estes oficiais teriam como missão «a coordenação dos aspectos político-militares que o decorrer da investigação possa aconselhar e de ligação com o Sr. Almirante Rosa Coutinho na sua qualidade de Superintendente em nome do CR»: estas funções seriam «exercidas sem interferência no processo de investigação» — Resolução de 25 de Março cit. *in* Ramiro Correia (ed.), *Livro Branco da 5.ª Divisão. 1974–1975*, p. 265.

implicados no golpe, concedendo também ao Conselho poderes para «ordenar a passagem à situação de reserva dos militares que não ofereçam garantias de fidelidade ao Programa do MFA ou de competência profissional bastante»([139]).

O Relatório preliminar da Comissão de Inquérito é publicado a 22 de Abril de 1975.([140]) Teremos, no entanto, de esperar três meses para que nova legislação determine a criação de um Tribunal Militar Revolucionário para julgamento dos implicados no 11 de Março.([141])

Igualmente morosa foi a constituição dos Serviços de Polícia Judiciária Militar. Uma vez que, contrariamente ao que sucedia antes do 25 de Abril, a natureza do foro era determinada pelo crime, independentemente de quem o cometia, os Serviços da Polícia Judiciária Militar revestiam-se de uma importância fundamental na investigação e instrução a seguir.([142]) Introduzida por Costa Neves numa das reuniões do CR de finais de Maio de 1975([143]), a urgência de constituição deste serviço é sucessivamente evocada, traduzindo-se na publicação do decreto-lei n.º 520/75 de 23 de Setembro, que cria, na directa dependência do CR, o Serviço de Polícia Judiciária Militar (SPJM).([144])

Finalmente, é incontornável referir outras duas estruturas — a 5.ª Divisão e o COPCON —, que, apesar de dependerem hierarquicamente do EMGFA, foram dirigidas por conselheiros da revolução (Ramiro Correia e Otelo Saraiva de Carvalho, respectivamente). O relacionamento destes organismos com o CR irá pautar-se por

([139]) *A Capital*, 22–3–1975.

([140]) *Movimento*, n.º 16, 23–4–1975.

([141]) Lei n.º 9/75, de 7 de Agosto *in Diário do Governo*, Série I, n.º 181/1975 de 7 de Agosto de 1975.

([142]) Acta do Conselho da Revolução, 31–7–1975, Arquivo do Conselho da Revolução, Reuniões, Actas, vol. 1, caixa 1.

([143]) Cf. Acta do Conselho da Revolução, 21–5–1975. Sobre o mesmo assunto, ver, por exemplo, Acta do Conselho da Revolução, 27–6–1975, e Acta do Conselho da Revolução, 31–7–1975, Arquivo do Conselho da Revolução, Reuniões, Actas, vol. 1, caixa 1.

([144]) Decreto-lei n.º 520/75 *in Diário do Governo*, Série I, n.º 220/1975, de 23 de Setembro de 1975.

uma crescente tensão, como teremos oportunidade de analisar.([145]) Porque, observa Rosa Coutinho, apesar de existir uma ligação directa, «não havia obediência», nem mesmo a Costa Gomes.([146]) O então Presidente da República e CEMGFA vai mais longe e esclarece que muitas das actuações do COPCON «significaram uma subversão das orientações iniciais», tendo sido «praticadas acções hoje difíceis de aceitar tanto do ponto de vista social, como político»([147]). A falta de obediência hierárquica e o crescente radicalismo acabarão por ser um factor de instabilidade no interior do CR, comprometendo determinantemente a sua capacidade de direcção.

Impondo o poder militar? O IV Governo Provisório, o Pacto e as eleições

Concebido como um instrumento de intensificação da participação do Movimento na vida político-militar, a partir de Março de 1975 o CR ocupa o lugar cimeiro da estrutura constitucional revolucionária. Se alguma dúvida subsistia relativamente ao alcance dos seus poderes — deveria assumir a postura de «motor» ou, pelo contrário, de simples «garante» da Revolução —, rapidamente a situação se clarifica. A sua primeira medida é decretar a nacionalização da Banca e das companhias de seguros. Depois dos longos

([145]) Para o caso da 5.ª Divisão, ver ainda Ramiro Correia (ed.), *Livro Branco da 5.ª Divisão. 1974–1975*, p. 51, onde se relata o primeiro grande momento de tensão, em Março de 1975, entre este organismo e o CR. Relativamente ao COPCON, reveste-se de particular interesse o debate travado na reunião do CR de 2 de Julho de 1975, em que o próprio primeiro-ministro Vasco Gonçalves acusa este organismo de actuações que «roçavam os limites do esquerdismo» — Acta do Conselho da Revolução, 2-7-1975, Arquivo do Conselho da Revolução, Reuniões, Actas, vol. 1, caixa 1.

([146]) Maria Inácia Rezola, Entrevista a Rosa Coutinho, Lisboa, 3 de Julho de 2002.

([147]) Maria Manuela Cruzeiro, *Costa Gomes, o Último Marechal*, Lisboa, Editorial Notícias, 1998, p. 299.

debates nesta matéria, o recém-aprovado Programa de Política Económica e Social caía por terra.

A nacionalização da banca é apresentada como resposta à «necessidade de concretizar uma política económica antimonopolista que sirva as classes trabalhadoras e as camadas mais desfavorecidas»([148]). No mesmo sentido, decreta-se a nacionalização das companhias de seguros([149]), medida considerada urgente e necessária «tendo em conta» que estas «dispunham de avultados capitais utilizados, não para benefício das classes trabalhadoras, mas para aumentar ainda mais os lucros de uma minoria de privilegiados», explica o comunicado do CR distribuído à imprensa a 16 de Março.([150]) Finalmente, pelo decreto-lei n.º 203-C/75, o CR lança as bases gerais dos Programas de Medidas Económicas de Emergência (Programa Nacional de Emprego, Programa de Preços — Bens alimentares essenciais, Programa de Reforma Agrária, Programa de Controlo dos Sectores Básicos Industriais e Programa de Transportes e Comunicações).([151]) Estava aberto o caminho para a adopção de uma «via de transição para o socialismo». Menos de um ano depois do 25 de Abril, o processo revolucionário dava um salto gigantesco, não só pela sobreposição do poder político ao

([148]) Decreto-lei n.º 132-A/75, de 14 de Março *in Diário do Governo*, I série, n.º 62, 14-3-1975, suplemento. Nacionaliza todas as instituições de crédito com sede no continente e ilhas adjacentes, com excepção do Crédit Franco-Portugais, dos departamentos portugueses do Bank of London & South America e do Banco do Brasil, das caixas económicas e das caixas de crédito agrícola mútuo.

([149]) Decreto-lei n.º 135-A/75, de 15 de Março *in Diário do Governo*, I série, n.º 63, 15-3-1975, suplemento. Nacionaliza todas as companhias de seguros com sede no continente e ilhas adjacentes, definindo a metodologia a seguir. Não são nacionalizadas as seguintes companhias: Companhia de Seguros Europeia, Metrópole, Portugal, Portugal Previdente, A Social, Sociedade Portuguesa de Seguros e O Trabalho, dada a significativa participação de companhias de seguros estrangeiras no seu capital.

([150]) *Diário de Lisboa*, 17-3-1975.

([151]) Decreto-lei n.º 203-C/75, de 15 de Abril *in Diário do Governo*, I Série, n.º 88, 15-4-1975, 2.º Suplemento https://dre.pt/web/guest/pesquisa/-/search/534410/details/maximized?jp=true

económico, mas também pela inflexão à esquerda que estas medidas representavam. Mais bem organizados e dispondo de uma maior coesão ideológica, os sectores afectos ao primeiro-ministro Vasco Gonçalves tinham conseguido uma crescente influência na estrutura militar e no aparelho do Estado que o 11 de Março confirma e consolida. Assim o atesta também a recomposição do executivo então levada a cabo, em obediência ao determinado na «Assembleia Selvagem»([152]). Ainda que a consagração institucional do CR tenha representado um certo esvaziamento do executivo, este continuava a dispor de importantes poderes executivos, figurando entre os principais órgãos de soberania.

Mais uma vez chefiado por Vasco Gonçalves, o IV Governo Provisório mantém uma estrutura pluripartidária (PS, PPD, PCP, MDP/CDE, ex-MES) e uma lógica de coabitação entre ministros civis e militares. Denotam-se, no entanto, alterações significativas quer quanto à orgânica (com a criação de quatro novos ministérios) quer relativamente à correlação de forças. A este último respeito, assinale-se uma descida do peso da representação militar (38% dos lugares contra os 47% anteriormente detidos), beneficiando essencialmente os partidos à esquerda do PS (PCP, MDP/CDE e MES) que, no seu conjunto, detêm 5 das 21 pastas ministeriais, contra as duas atribuídas a socialistas. Reforçada com a inclusão de independentes e militares tidos como próximos da área comunista, a viragem à esquerda do IV Governo é amplamente denunciada pelo Partido Socialista na campanha «Socialisme contre dictature»([153]). De acordo com Mário Soares, a ala mais radical do MFA emergia «à luz do dia e dominava tudo, de mão dada

([152]) «Remodelação imediata do Governo para que se possa garantir a tomada de medidas adequadas à concretização da via socializante já definida pelo MFA, até à construção de uma sociedade socialista em Portugal» (*In* Carlos de Almada Contreiras, *A Noite que Mudou a Revolução...*, p. 147).

([153]) Cf. Dominique Pouchin e José Rebelo, «Le parti socialiste juge "inacceptable" la composition du nouveau gouvernement» in *Le Monde*, 24-3-1975. Sobre este assunto, ver ainda David Castaño, *Mário Soares e a Revolução*, Lisboa, Dom Quixote, 2013.

com os partidos da esquerda, sobretudo com o PCP»([154]). Igual inquietação se denota em alguns sectores do MFA, tidos como moderados, denunciando as manobras para afastar Ernesto Melo Antunes do executivo. Segundo Vítor Alves, o até então ministro sem pasta apenas foi mantido no elenco governamental porque «era impossível afastá-lo». Em causa, o ainda não concluído processo de descolonização.([155]) Curiosamente, caberá a Melo Antunes ocupar a pasta até então atribuída ao secretário-geral do PS: o ministério dos Negócios Estrangeiros. Publicamente a imagem que transparece é a de um MFA unido e determinado a assumir o comando da Revolução.

A nova conjuntura político-militar condiciona determinantemente a progressão das negociações entre o MFA e os partidos políticos, tendo em vista a celebração de uma Plataforma de Acordo Constitucional (Pacto MFA-Partidos). Se, até ao 11 de Março, o MFA tinha uma existência algo etérea, sendo sobretudo, como muitos dos seus mentores se lhe referem, um «estado de espírito», agora tornara-se uma realidade incontornável. Esta profunda alteração da correlação de forças condicionou decisivamente os termos da Plataforma como, aliás, a «Assembleia Selvagem» deixara antever.

De acordo com a maioria dos autores que se debruçam sobre este período, os partidos terão aceitado os termos da Plataforma de Acordo Constitucional como forma de garantir a realização das eleições.([156]) Esta posição é partilhada por alguns dos dirigentes partidários que protagonizaram as negociações. Segundo o então líder centrista Freitas do Amaral, assistiu-se a uma chantagem orquestrada pelo CR de que as eleições seriam adiadas no caso de recusa dos partidos em assinar o Pacto.([157]) Contestando tenazmente esta tese,

([154]) Maria João Avillez, *Ditadura e Revolução,* Lisboa, Círculo de Leitores, 1996, p. 419.

([155]) *Expresso*, 20–9–1975.

([156]) Veja-se, por exemplo, a posição de António Reis ou Medeiros Ferreira a este respeito — cf. António Reis, «A revolução de 25 de Abril de 1974», p. 43; José Medeiros Ferreira, *Portugal em Transe*, p. 209.

([157]) Cf. Diogo Freitas do Amaral, *O Antigo Regime e a Revolução,* pp. 355–356.

os militares que conduziram o processo argumentam que a realização de eleições era um compromisso inviolável e que qualquer recuo nesta matéria levantaria gravíssimos problemas ao MFA e à sua credibilidade. No inconclusivo e recorrente diálogo de surdos sobre esta matéria, uma questão se torna óbvia: as propostas do MFA e os termos do acordo apresentado em inícios de Abril aos partidos não se afastam muito do projecto discutido antes do 11 de Março. O que muda, de forma substancial, é a capacidade negocial dos partidos.

A questão do Acordo Constitucional ocupa um lugar de destaque nas primeiras reuniões do CR. A 27 de Março, por exemplo, o Conselho debruça-se sobre um primeiro projecto, ainda algo rudimentar (incidindo na definição dos objectivos da plataforma, normas relativas à futura Assembleia Constituinte, aos órgãos de soberania do período de transição e à estrutura e atribuições dos órgãos do poder), nomeando uma comissão (constituída por Rosa Coutinho, Pereira Pinto e Pezarat Correia), para ajustar alguns dos aspectos desta proposta.([158]) O trabalho desenvolvido por essa comissão é apreciado na reunião de 31 de Março, decidindo-se que a recém-criada Comissão Política do CR conduziria o processo a partir de então. Por um lado, cabia-lhe ultimar o projecto reunindo «com os peritos constitucionalistas a fim de darem forma mais elaborada»([159]). Paralelamente, deveria desencadear uma nova ronda de conversações com os partidos.

Gozando de ampla autonomia, esta comissão procede a um ajustamento do documento anteriormente debatido (nomeadamente nos itens relativos à estrutura dos órgãos do poder e às suas atribuições([160])) antes de, a 2 de Abril, iniciar uma nova

([158]) Acta do Conselho da Revolução, 27-3-1975, anexo C. Cf. Anexo V, Arquivo do Conselho da Revolução, Reuniões, Actas, vol. 1, caixa 1.

([159]) Acta do Conselho da Revolução, 31-3-1975, Arquivo do Conselho da Revolução, Reuniões, Actas, vol. 1, caixa 1. Sobre esta Comissão Política do CR, ver IV Parte.

([160]) Acta do Conselho da Revolução, 3 de Abril de 1975, Anexo G, Arquivo do Conselho da Revolução, Reuniões, Actas, vol. 1, caixa 1.

ronda de conversações. A composição da delegação do CR que preside aos trabalhos deixa patente a importância conferida a esse momento: Vasco Gonçalves, Rosa Coutinho, Martins Guerreiro, Almada Contreiras, Vítor Alves, Vasco Lourenço, Pereira Pinto, Canto e Castro, Miguel Judas, Luís Macedo e Graça e Cunha.([161]) Responderam à convocação um leque alargado de partidos (CDS, PCP, FSP, LCI, MDP/CDE, MES, PPD, PPM, PS, PUP e UDP), tendo a FEC (m-l) alegado «questões técnicas» para justificar a sua não comparência.([162])

O processo acelera-se vertiginosamente, sendo os partidos pressionados com estreitíssimos prazos para se pronunciarem (até às 17 horas de dia 4). Num momento em que o sigilo é relativamente bem mantido, especula-se não só sobre o conteúdo da proposta do CR como também sobre a posição dos partidos.

O PS foi dos primeiros a responder num extenso documento endereçado ao presidente do CR. As suas maiores objecções recaem sobre os pontos onde se denota uma supremacia do poder militar sobre o político (propondo, por exemplo, a eliminação de uma alínea onde se estipulava que a definição das linhas gerais da política interna e externa recairia sobre o CR) e sobre o que considera serem expressões menos felizes da proposta (pedindo, por exemplo, a eliminação da frase «compatível com a via socializante em que estamos empenhados» por a considerar desnecessária e até nociva «pelas especulações a que pode dar lugar»).([163]) Quanto ao CDS, o principal ponto de discordância foi o conceito de «Socialismo». Depois de um tenso debate e de uma ameaça de ruptura das conversações, o equilíbrio foi alcançado em torno

---

([161]) *Diário de Notícias*, 3-4-1975.

([162]) Cf. Acta do Conselho da Revolução, 3-4-1975 (informação prestada por Contreiras), Arquivo do Conselho da Revolução, Reuniões, Actas, vol. 1, caixa 1. Esta informação é também veiculada pelo jornal *Expresso*, que na sua edição de 5 de Abril informa que a FEC, apesar de ausente na reunião de 2 de Abril, teria mais tarde recolhido o documento e procedido à sua análise. Cf. *Expresso*, 5-4-1975.

([163]) Cf. Ofício de Salgado Zenha (pelo Secretariado Nacional do PS) ao presidente do CR, Lisboa, 4 de Abril de 1975. FMS, pasta 4385.083, imagem 45.

de uma nova formulação: «via original para um socialismo português»([164]).

O sigilo que rodeia esta etapa apenas é quebrado pelas declarações públicas dos partidos que decidem romper as negociações: LCI, UDP e MES. Em comunicado divulgado a 5 de Abril, a UDP recusa sancionar «qualquer espécie de ditadura militar», rejeitando «este pacto em nome de um outro pacto que desde a primeira hora estabelecemos com os operários, camponeses, soldados e marinheiros»([165]). O MES, por seu lado, fundamenta a sua posição nos seguintes termos: «o MFA propõe aos partidos um pacto que representa a tentativa de "controlo" pelo MFA da democracia burguesa. Ora, quanto ao MES, a democracia burguesa não se controla, ataca-se.»([166])

Concluídos os encontros bilaterais, na noite de 9 de Abril a comissão política do CR apresenta uma nova versão do Pacto. Nela destacam-se algumas alterações terminológicas (por exemplo, a expressão «dentro do pluralismo político compatível com a via socializante» é substituída por «dentro do pluralismo político e da via socializante»); a exclusão dos partidos da Comissão de acompanhamento dos trabalhos da futura Assembleia Constituinte; e, sobretudo, a desvalorização da legitimidade eleitoral. Se nas primeiras versões do documento se determinava que a constituição do Governo Provisório «não terá, obrigatoriamente, que atender à representatividade eleitoral dos diferentes partidos nas próximas eleições», nesta versão esclarece-se que

> «tendo em conta que as próximas eleições se destinam unicamente à designação de uma Assembleia Constituinte, cuja missão exclusiva será elaborar e aprovar a Constituição, as eventuais alterações à composição

([164]) Cf. Diogo Freitas do Amaral, *O Antigo Regime e a Revolução*, pp. 360–362. Esta versão dos acontecimentos foi-nos confirmada pelo próprio Rosa Coutinho: «O Freitas do Amaral reagiu um bocadinho à definição socialista da sociedade portuguesa mas acabou por ceder ao "socialismo à portuguesa"» — Cf. Maria Inácia Rezola, Entrevista a Rosa Coutinho, Lisboa, 2 de Julho de 2002.

([165]) *Diário Popular*, 5-4-1975.

([166]) *Diário de Notícias*, 8-4-1975.

do Governo Provisório, até à eleição da Assembleia Legislativa e à consequente formação do Governo, competirão, somente, à iniciativa do Presidente da República, ouvido o primeiro-ministro e o Conselho da Revolução»([167]).

Os partidos dispunham de apenas algumas horas para se manifestar, uma vez que a assinatura do acordo estava agendada para dia 11. Confrontados com uma situação extrema, a sua margem de manobra era limitada. Apenas um dos partidos envolvidos nas negociações — o PPM — recusa os termos do acordo auto-excluindo-se.

Tal como previsto, a cerimónia de assinatura da Plataforma de Acordo Constitucional realiza-se a 11 de Abril, no Palácio de Belém. Subscrevem-no o Presidente da República, em nome do CR, e representantes do PS, PPD, PCP, CDS, MDP/CDE e FSP. Com este acto simbólico fica consagrado que os partidos com maior implantação reconhecem não só a existência legal do MFA mas também, implicitamente, a sua legitimidade constituinte.

Analisando as disposições da Plataforma relativas à organização do poder político, é fácil percepcionar o lugar central do CR, apresentado como órgão nuclear e máximo da nova estrutura, a consagrar constitucionalmente, dotado de amplos poderes quer sobre o Presidente da República quer sobre o Governo. Se, a estas determinações, juntarmos as que consagram a existência de uma Assembleia do MFA, uma conclusão se torna evidente: estamos perante uma proposta de instituição de regime de dominante militar ou dele bastante próximo. O Pacto MFA-Partidos garantia que, independentemente do resultado das eleições, o CR mantinha a liderança durante o período de transição e seria consagrado como órgão de soberania no futuro texto constitucional. Cumpriam-se, assim, os seus desígnios porque, como justifica o Presidente da República, «tivemos um ano de experiências duras que bastariam para que o MFA, responsável histórico do 25 de Abril, se visse na necessidade de garantir constitucionalmente a sua presença

([167]) Cf. CR, Plataforma de Acordo Constitucional com os partidos. IAN/TT, CR, n.º 84, pasta «MFA- Partidos parte I», doc. 16.

Cerimónia de assinatura da Plataforma de Acordo Constitucional entre o MFA e os Partidos Políticos. Assina o documento o Secretário Geral do PCP, Álvaro Cunhal. 11 de Abril de 1975.

Cerimónia de assinatura da Plataforma de Acordo Constitucional entre o MFA e os Partidos Políticos. Assina o documento o Secretário Geral do PS, Mário Soares. 11 de Abril de 1975.

Cerimónia de assinatura da Plataforma de Acordo Constitucional entre o MFA e os Partidos Políticos. Assina o documento Sá Borges pelo PPD. 11 de Abril de 1975.

Assinatura do Acordo Constitucional. Assina o documento o Presidente do CDS, Freitas do Amaral. 11 de Abril de 1975.

dinâmica, mas estabilizadora, por um período dilatado»([168]). A revolução portuguesa encontrava, mais uma vez, uma via ímpar e algo heterodoxa, para a elaboração do novo texto constitucional. Uma solução híbrida porque se, em termos formais, a Constituição será o resultado dos trabalhos da Assembleia Constituinte, na prática, as suas linhas orientadoras foram pré-definidas pelo CR.

Sucessivamente adiadas, as prometidas eleições livres, por sufrágio directo e universal, realizam-se a 25 de Abril de 1975, data limite estabelecida pelo programa do MFA.

A campanha decorrera sem incidentes de vulto, sempre sob o olhar atento do CR. Além de mediar a «guerra de símbolos» protagonizada pelo PCP e vários partidos de extrema-esquerda (como o MRPP, a UDP ou a LCI) que se reclamavam do marxismo-leninismo([169]), terá uma intervenção decisiva ao suspender e afastar da corrida eleitoral o PDC, o MRPP e a AOC, argumentando que a sua acção e comportamento se tinha «caracterizado pelo emprego da violência ou pelo incitamento e provocação ao seu uso, contribuindo para a perturbação da ordem pública» e «desrespeito pelo Programa das Forças Armadas»([170]). Da mesma forma, segue atentamente os tempos de antena (rádio e televisão) dos partidos, emitindo uma série de resoluções que, em última análise, lhe garantiam um controlo sobre a campanha eleitoral. Destas destaca-se a que confere autoridade a Ramiro Correia para, em nome do CR, «fazer o controlo prévio dos programas eleitorais a difundir pelos partidos e obstar à sua difusão, se necessário»([171]).

O sucesso do acto eleitoral está patente na afluência às urnas (91% dos cidadãos recenseados) que faz destas as mais concorridas e participadas eleições da história da democracia portuguesa.

([168]) Orlando Neves (ed.), *A Revolução em Ruptura. Textos Históricos da Revolução II*, Lisboa, Diabril, 1975, p. 322.

([169]) Cf. IAN/TT, CR, Correspondência classificada do Secretariado Coordenador, vol. 5, n.º 91, docs. 4 e 8; Acta do Conselho da Revolução, 27–3–1975, Arquivo do Conselho da Revolução, Reuniões, Actas, vol. 1, caixa 1.

([170]) Decreto n.º 137-E/75 *in Diário do Governo*, 1.ª série, n.º 64/1975, 2.º Suplemento, de 17 de Março de 1975.

([171]) Cf. Acta do Conselho da Revolução, 11–4–1975, Arquivo do Conselho da Revolução, Reuniões, Actas, vol. 1, caixa 1.

Resultado das eleições para a Assembleia Constituinte
(25 de Abril de 1975)

Partidos	n.º de votos	%	n.º de deputados
PS	2 162 972	37,87	116
PPD	1 507 282	26,39	81
PCP	711 935	12,46	30
CDS	434 879	7,61	16
MDP/CDE	236 318	4,14	5
UDP	44 877	0,79	1
ADIM	1622	0,03	1
Nulos ou brancos	396 675	6,94	

Fonte: CNE, *Resultados eleitorais. Assembleia Constituinte. Assembleia da República.* Lisboa, CNE, 1995.

As previsões dos que, como Vasco Gonçalves, contavam com uma vitória do MDP/CDE e um bom resultado do PCP provam-se falsas perante o seu magro resultado (4,1% e 12%, respectivamente) e o inequívoco triunfo do PS que, com 37,9% dos votos, elege 116 deputados. Surpreendem também os resultados do PPD (26,4%, 81 deputados), dada não só a sua juventude como também o triunfalismo dos sectores de esquerda que então se sentia. Não obstante a difícil conjuntura que atravessara na sequência do 11 de Março, o CDS ocupa o quarto lugar e faz eleger 16 deputados. Finalmente, assinala-se também o fracasso da estratégia do apelo ao voto em branco atribuída a alguns sectores da 5.ª Divisão.([172])

Dispondo de um poder revolucionário que, nesse momento, ninguém ousa publicamente questionar, o CR estava consciente de quanto a realização do acto eleitoral o poderia debilitar e,

([172]) Sobre esta questão, ver David Castaño, *Mário Soares e a Revolução*, pp. 909–911.

sobretudo, colocar em causa o seu papel de motor da revolução. A inicial prudência no PS, não dando sinais de pretender explorar a sua vitória eleitoral, parece jogar em seu favor. No entanto, a efectivação das eleições abria novas perspectivas aos apologistas da via eleitoral e da instauração de uma democracia pluralista. Uma das questões que então se coloca é a de saber até que ponto a presença do MFA na vida política era compatível com esse modelo de democracia.

Da necessidade de um novo Programa do MFA

A Plataforma de Acordo Constitucional consagrara o princípio de que as eleições de 25 de Abril de 1975 se destinavam unicamente à designação de uma Assembleia Constituinte, o que significava que não determinariam alterações em termos governamentais. A composição do executivo continuaria a depender apenas da iniciativa dos órgãos de poder revolucionário. No mesmo sentido apontam as declarações e discursos dos membros do CR no rescaldo eleitoral, cuja tónica dominante é a desvalorização dos resultados da votação. O comunicado final da reunião do CR de 30 de Abril (a primeira depois das eleições) é paradigmático, interpretando a massiva participação no acto eleitoral como uma manifestação do apoio do povo português ao MFA e à «opção socialista da Revolução Portuguesa»([173]).

Definido o lugar do MFA no aparelho de Estado e garantida a sua consagração constitucional como órgão de soberania, novos desafios se apresentavam ao CR, nomeadamente os decorrentes de uma crescentemente sentida necessidade de definição programática. Ainda que importantes batalhas tivessem já sido vencidas, o caminho percorrido desde o 25 de Abril deixava antever que este não seria um processo fácil. O debate sobre o Programa de Política Económica e Social assim o provara.

([173]) Acta do Conselho da Revolução, 30-4-1975, anexo C, Arquivo do Conselho da Revolução, Reuniões, Actas, vol. 1, caixa 1.

A ideia da instauração do socialismo, apresentado como um novo projecto protagonizado pelo MFA, é então recorrente. A «via democrática» consagrada no Programa do Movimento fora progressivamente substituída por uma «via socialista», termo que, rapidamente, domina o léxico político. O discurso radicaliza-se, promovendo-se ideias avançadas e inflamadas tendo em vista encontrar a fórmula original — a «via socialista portuguesa» — consagrada na Plataforma de Acordo Constitucional. A dificuldade residia em elucidar quais os termos dessa via e em que moldes deveria ser implementada.

Os primeiros debates internos, no seio do MFA, sobre esta questão decorrem sob o signo de alguma discrição. No entanto, ao longo do mês de Maio, o ambiente começa a alterar-se. Programaticamente inseguro, o MFA defronta-se com crescentes dificuldades de gestão corrente num contexto que se adensa com os incidentes do 1 de Maio e o caso *República*.

É difícil apurar com precisão a sequência de acontecimentos que levaram ao confronto físico e verbal no decurso das celebrações do 1.º de Maio de 1975 em Lisboa. As denúncias e acusações formalizam-se numa «guerra de comunicados». De um lado os militantes socialistas, denunciando ter sido alvo de actos de violência e agressão.([174]) Do outro, Intersindical, MES, PCP, MDP//CDE e FSP, tecem fortes acusações ao PS, apresentando-o como o responsável e o fomentador dos incidentes.([175])

A questão é introduzida na sessão do CR de 7 de Maio pelo próprio Presidente da República. Numa intervenção em que fica patente uma tentativa de desvalorização do incidente, Costa Gomes atribuiu-o a problemas de organização e a uma má interpretação do significado das celebrações.([176]) Esta posição está, no entanto, longe de reunir consensos gerando uma divisão no CR. Uns, como Vasco Lourenço, Pinto Soares e Sousa e Castro, acusam o Conselho de ligeireza e falta de visão política, dado que deveria ter «estudado mais profundamente o assunto antes do Presidente da República e

([174]) *Portugal Socialista*, 9-5-1975.

([175]) Cf. *Diário de Notícias*, 2-5-1975 e 3-5-1975.

([176]) Acta do Conselho da Revolução, 7-5-1975, Arquivo do Conselho da Revolução, Reuniões, Actas, vol. 1, caixa 1.

primeiro-ministro terem aceitado o convite da Intersindical» para participar nas celebrações. Outros, como Vasco Gonçalves ou Miguel Judas, responsabilizam os socialistas pelo ocorrido, assinalando o peso das eleições neste contexto. Como então afirma Vasco Gonçalves, «o resultado eleitoral não foi favorável ao processo revolucionário»(177).

Arrogando-se do poder e autoridade para mediar o confronto, o CR convida os partidos da coligação governamental a pronunciarem-se sobre o caso, e, paralelamente, desencadeia um inquérito aos acontecimentos. Os resultados destas diligências estão condensados num documento da Comissão Política do CR onde, em linhas gerais, se atribui aos dirigentes socialistas um comportamento divisionista e hostil. Na sua interpretação dos factos, estes incidentes enquadram-se «numa perspectiva de luta política partidária entre o PS e o PC» em que o primeiro, aproveitando o seu peso eleitoral, «joga ao "ataque"», tendo o PCP e a Intersindical «adoptado uma táctica de "defesa" e "contra-relógio"»(178). Os acontecimentos do 1.º de Maio deixavam patente que o confronto entre a via eleitoral e a via revolucionária entrara numa nova fase assumindo, na perspectiva do CR, contornos preocupantes, passiveis de comprometer o progresso da revolução.

Ainda que tal não seja explicitamente referido, outro elemento deverá ter tido um peso determinante nas reflexões da Comissão Política do CR: a ampla capacidade de mobilização revelada pelo PS ao longo de todo o episódio. Paradigmática a este respeito é a gigantesca manifestação que convoca a 2 de Maio, onde se ouve pela primeira vez, de forma inequívoca, o *slogan* «O Povo não está com o MFA»(179).

Essa mesma capacidade de mobilização torna-se evidente quando, semanas depois, eclode o que ficou conhecido como o caso *República*. Assumindo a aparência de um conflito laboral entre a

---

(177) Acta do Conselho da Revolução, 7-5-1975, Arquivo do Conselho da Revolução, Reuniões, Actas, vol. 1, caixa 1.

(178) CD25A, CR, Comissão Política do CR, *Factos mais salientes do 1.º de Maio e sua interpretação*.

(179) Maria João Avillez, *Soares. Ditadura e Revolução*, p. 436.

comissão de trabalhadores e o director do jornal (apoiado pelos jornalistas), o confronto em torno ao *República* tem necessariamente de se inserir numa luta mais ampla pelo controlo dos órgãos de comunicação social e pela defesa de diferentes projectos ideológicos. Os *slogans* entoados durante a manifestação promovida pelo PS, a 19 de Maio, junto às instalações do jornal, são elucidativos a este respeito: «Rego, amigo, o povo está contigo», «Este jornal não é do Cunhal», «*República* é do povo, não é de Moscovo»([180]). O PS saía à rua, em defesa do *República*, da liberdade de informação, mas sobretudo em posição de ataque ao PCP que acusa de promover a ocupação.

Grande parte das iniciativas para solucionar a contenda são protagonizadas pelo ministro da Comunicação Social, estreitamente coadjuvado pelo COPCON. O CR acompanha atentamente o caso. A sua postura inicial é de condenação do PS, que acusa de ignorar as acções de mediação levadas a cabo por Correia Jesuino([181]) e de promover uma ampla campanha nacional e internacional visando retirar dividendos políticos da situação. Como se afirma no comunicado aprovado na sua reunião de 21 de Maio, «não pode o Conselho da Revolução deixar de estranhar a atitude assumida por forças partidárias, convocando inclusivamente manifestações de protesto e de desagravo, quando o problema se acha em curso de solução legal, a única aliás consentânea com a ordem democrática que se pretende ver consagrada no País»([182]).

A resposta socialista a estas e outras acusações é célere e incisiva. Através de uma «Carta ao Conselho da Revolução»([183]), denunciam

---

([180]) Maria João Avillez, *Soares. Ditadura e Revolução*, p. 439. Sobre o mesmo assunto, ver Fernando Dil; Carlos Pina, *Operação República — a política de uma crise, uma análise independente*, Lisboa, Ed. Terceiro Mundo, 1975; José Rebelo, «*República*, caso do jornal» *in* A. Reis, M. I. Rezola e P. B. Santos, *Dicionário de História de Portugal*, vol. 7, pp., 169–173.

([181]) CR, Acta da Reunião do CR de 21–5–1975, anexo B, Arquivo do Conselho da Revolução, Reuniões, Actas, vol. 1, caixa 1.

([182]) CR, Acta da Reunião do CR de 21–5–1975, anexo B, Arquivo do Conselho da Revolução, Reuniões, Actas, vol. 1, caixa 1.

([183]) Carta de 21 de Maio cit. *in Portugal Socialista*, 23–5–1975. Sobre a reacção do PS perante o caso *República*, ver ainda *Portugal Socialista*, 21–5–1975.

estar em curso uma campanha, de manipulação da opinião pública e do próprio CR, contra o PS. Paralelamente, procuram esclarecer os contornos do caso. Porque, como observa Mário Soares, no decurso de uma conferência de imprensa promovida a 22 de Maio, em causa estava um «problema político» que teria de «ser resolvido politicamente»([184]). O espectro de uma ruptura da coligação governamental emerge ameaçadoramente a partir desse momento, perante o anúncio de que os ministros socialistas não compareceriam às reuniões do governo enquanto o caso *República* não fosse solucionado.([185]) A imagem de subordinação ao poder militar revolucionário, que caracterizara a actuação do PS durante o primeiro ano da revolução, desvanece-se.

Consciente dos perigos que a situação encerrava, o CR desenvolve uma estratégia em várias frentes. Desde logo recebendo em audiência os dois principais partidos envolvidos na contenda. A audiência com delegados do PS decorre a 23 de Maio([186]), constituindo um momento importante de análise de temas prementes naquela conjuntura: as relações CR-PS, o caso *República*, o inquérito ao 1.º de Maio, a «apreciação pelo CR ao empenhamento do PS no processo revolucionário», o rumo da revolução, a situação da Comunicação Social, ... em suma, esta foi uma longa audiência onde quase todas as matérias da actualidade política nacional são abordadas. Jogando ao ataque, os dirigentes socialistas não poupam os seus opositores, denunciando uma ampla campanha de controlo da vida política e do aparelho de Estado que estaria a ser enceta pelo PCP e que atingiria o próprio CR: «o PC é a única organização que tem uma facção a funcionar dentro do MFA»([187]).

Recebido pelo CR em audiência nessa mesma noite, o PCP coloca a tónica na disputa entre a via revolucionária e a via eleitoral (esta última apresentada como um entrave ao processo revolucionário),

([184]) *Portugal Socialista*, 23-5-1975 (sublinhado nosso).

([185]) *Jornal Novo*, 2251975, e *Diário de Notícias*, 2251975.

([186]) Para mais detalhes sobre o encontro, ver Maria Inácia Rezola, *Os Militares na Revolução de Abril*, p. 223 e ss.

([187]) Acta do Conselho da Revolução, 23-5-1975, p. 9, Arquivo do Conselho da Revolução, Reuniões, Actas, vol. 1, caixa 1.

mas também na procura de soluções para a crise política.([188]) Deixando patente a sua descrença na viabilidade da coligação que suportava o executivo, os comunistas não descartam a possibilidade de um governo militar:

> «Tem-se falado muitas vezes na ameaça da ditadura militar. Pensamos que um governo militar pode assegurar as liberdades democráticas. É difícil definir as formas. Não pensamos que desde já sejam dispensáveis os partidos (julgamos que não é a solução acertada)»([189]).

O espectro de uma ruptura da coligação governamental leva o CR a convocar novamente os dirigentes socialistas para um encontro bilateral (30 de Maio). O comunicado final da reunião abre perspectivas animadoras («Ambas as partes concordaram que a autoridade democrática tem que ser reforçada por forma a fazerem-se cumprir as leis revolucionárias possibilitando deste modo o avanço do processo em curso»), anunciando-se que o PS retomava «a sua actividade normal no governo, garantindo ao MFA a sua total colaboração na edificação da sociedade socialista»([190]).

Apesar deste aparente sucesso, o CR não esmorece e diversifica a sua intervenção. Desde logo, encetando uma campanha internacional de promoção da imagem da Revolução, através de acções de «propaganda» como as levadas a cabo por Martins Guerreiro em Milão, Roma e Berna, em finais de Junho de 1975. Mas será sobretudo no plano interno que os seus esforços se concentram. É neste contexto que devemos integrar as iniciativas e negociações desencadeadas tendo em vista a elaboração de um documento político que definisse o modelo da «nova sociedade a constituir». Pensado como um novo Programa do MFA, o projecto revelava-se como uma via de conciliação de posições e definição do rumo a

---

([188]) Acta do Conselho da Revolução, 23-5-1975, Arquivo do Conselho da Revolução, Reuniões, Actas, vol. 1, caixa 1.
([189]) Acta do Conselho da Revolução, 23-5-1975, p. 23, Arquivo do Conselho da Revolução, Reuniões, Actas, vol. 1, caixa 1.
([190]) Acta do Conselho da Revolução, 30-5-1975, anexo A, Arquivo do Conselho da Revolução, Reuniões, Actas, vol. 1, caixa 1.

Reunião da Assembleia do MFA no Alfeite, 19 de Maio de 1975.
Na imagem os conselheiros da revolução Rosa Coutinho e Otelo Saraiva de Carvalho.

seguir, conferindo ao CR o papel liderante de *élan* aglutinador e impulsionador da mudança.

Coincidindo com a eclosão do caso *República*, o primeiro progresso significativo nesse sentido ocorre no decurso da reunião da Assembleia do MFA de 19 de Maio, em que se discutem as possibilidades de instauração de uma via revolucionária, traduzida numa «Aliança Povo-MFA».([191]) Longe de constituir uma novidade, a ideia fora pouco antes expressa pelo conselheiro da revolução Rosa Coutinho que, em declarações à televisão búlgara, se lhe refere como sendo uma «aliança natural», através da qual seria possível prosseguir «no nosso caminho, que é uma via original para o socialismo»([192]).

Uma semana depois (26 de Maio), assistimos à primeira discussão formal sobre os termos dessa aliança. Um debate difícil, como se perspectivava nas declarações de Otelo Saraiva de Carvalho à

([191]) *O Século*, 20-5-1975.
([192]) *Jornal Novo*, 23-4-1975.

entrada da reunião, dadas as opções em causa: «ou construímos o socialismo em Portugal, utilizando o MFA e os partidos» ou então «abolimos as cúpulas partidárias e ligamo-nos directamente ao povo»([193]). A proposta aprovada no final do encontro apontava para um reforço da Aliança Povo-MFA, através da ligação da estrutura do MFA às organizações populares de base. Segundo o comunicado então distribuído,

> «estas organizações entendem-se sob uma perspectiva unitária, tendente a superar quaisquer divergências partidárias e a garantir uma sequência correcta do processo revolucionário, tendo em conta que não se pretendem marginalizar as organizações de massas já existentes no País»([194]).

Avalizada pelos sectores mais próximos às posições do primeiro-ministro Vasco Gonçalves, a proposta divide as forças político-partidárias. De um lado, o PCP e organizações de extrema-esquerda, que lhe declaram o seu apoio promovendo uma ampla manifestação (28 de Maio). Do outro, o PS, que rotula a iniciativa de oportunista e de fomentadora do divisionismo. Os campos estavam demarcados, numa luta que então dava os seus primeiros passos. Prudentemente, o CR opta por colocar a tónica no carácter apartidário do MFA, evitando assumir publicamente uma posição quanto ao rumo da Revolução e, sobretudo, relativamente ao papel dos partidos e organizações políticas na mesma.

O primeiro sinal de que esta posição do CR era insustentável é dado pelo COPCON. No próprio dia da manifestação convocada pelo PCP, envia ao Conselho um documento preconizando que os termos da «via socialista» e da Aliança Povo-MFA se pautem pelos princípios informadores das democracias populares. Para si reservava o papel de promotor da ligação às estruturas populares.([195]) Divulgado num momento em que nenhuma decisão tinha sido

([193]) *Jornal Novo*, 26–5–1975.

([194]) *Movimento* n.º 20, 3–6–1975.

([195]) Acta do Conselho da Revolução, 28–5–1975, anexo C, Arquivo do Conselho da Revolução, Reuniões, Actas, vol. 1, caixa 1.

alcançada relativamente aos parâmetros da referida Aliança Povo-MFA e, em última análise, ao modelo de sociedade a instituir, este documento surge aos olhos de alguns observadores políticos como um ultimato. A proposta ganha nova dimensão quando apresentada no editorial do Boletim do MFA de 17 de Junho: a Aliança Povo-MFA deveria ser o motor da Revolução, porque o «processo revolucionário em curso não é propriedade de nenhum partido político, nem sequer do MFA» mas sim «obra das massas populares»([196]).

O CR procura então controlar o processo promovendo um debate interno sobre as possibilidades que se colocavam à Revolução. A hipótese de instauração de uma democracia popular, semelhante à que vigorava na União Soviética, Alemanha Oriental, Bulgária ou mesmo em Cuba, não é descartada. Mas sobre a mesa das conversações, na reunião-maratona realizada na Base do Alfeite, está igualmente a proposta de «uma via socialista original» que, mantendo o pluralismo, encontrasse um «caminho próprio» para o «caso português»([197]). Resultado do trabalho conjunto de conselheiros tidos como próximos do primeiro-ministro Vasco Gonçalves (Rosa Coutinho e Graça Cunha) e oficiais da ala moderada do MFA (Melo Antunes e Vasco Lourenço), esta proposta é aprovada na reunião do CR de 21 de Junho.

Com o título *Plano de Acção Política* (PAP), o documento representa uma solução de compromisso, aglutinando as diferentes tendências que se vinham definindo no Movimento. Reafirmando o seu «carácter suprapartidário», assim como a opção por uma «via pluralista para a construção da nova sociedade», apresenta o MFA como um «movimento de libertação do povo português» disposto a proceder a uma «descolonização interna». Em última análise, propõe a criação de uma sociedade socialista («sociedade sem classes, obtida pela colectivização dos meios de produção»), a atingir pela via pluralista e eleitoral, com a participação dos partidos políticos. A polémica «aliança Povo-MFA» também não é esquecida, prevendo-se o estabelecimento de «ligações com todas

([196]) *Movimento* n.º 21, 17-6-1975.
([197]) *Expresso*, 28-6-1975.

as organizações unitárias de base, cujos objectivos se enquadrem na concretização e defesa do programa do MFA para a construção da sociedade socialista»([198]). Em suma, esta era uma proposta ampla, visando promover um entendimento entre as diferentes correntes que se digladiavam no interior do MFA mas também entre estas e as forças político-partidárias.

Recorde-se que, nesse momento, o caso *República* conhecia perigosos desenvolvimentos. Os longos debates travados no CR a este respeito tinham resultado na determinação de que o jornal fosse reaberto. A deliberação, emanada da sua sessão extraordinária de 6 de Junho, fora inequívoca a este respeito:

> «1. O jornal *República* reabrirá logo que a administração assim o solicite às mesmas autoridades militares que, a seu pedido, procederam ao encerramento das instalações.
> 2. Não serão admitidos saneamentos da administração, direcção e conselho de redacção, conforme tem sido reivindicado pelos trabalhadores, na medida que aliás viria novamente pôr em causa a Lei de Imprensa em vigor.
> 3. Não serão igualmente admitidas transferências de trabalhadores conforme a administração tem exigido nas conversações (embora não se tenha pronunciado por despedimentos) a menos que os próprios trabalhadores, caso a caso, livremente desejem ser transferidos. (...)
> 4. A reabertura do jornal *República* nas condições acima estipuladas pressupõe a garantia, por parte do Conselho da Revolução, de que, enquanto não se proceder à sua revisão, se dará cumprimento integral à Lei de Imprensa.»([199])

O CR procurava assim não apenas solucionar o problema de fundo como também pôr termo à ameaça de ruptura da coligação governamental. Recorde-se, a este respeito, que, inserindo o

([198]) *Plano de Acção Política do MFA in* CR, *Acta da reunião,* 20–6–1975, anexo B, Arquivo do Conselho da Revolução, Reuniões, Actas, vol. 1, caixa 1.
([199]) Acta do Conselho da Revolução, 6–6–1975, anexo A, Arquivo do Conselho da Revolução, Reuniões, Actas, vol. 1, caixa 1.

problema num contexto mais vasto de sucessivas discriminações de que se dizem vítimas([200]), a 22 de Maio os ministros do PS decidem não comparecer nas reuniões do Governo enquanto o caso *República* não fosse solucionado.([201])

A determinação do CR não surtirá efeito dada a resistência do COPCON em cumpri-la e a incompreensível incapacidade do Conselho para gerir esta situação. O caso *República* estava reaberto, num momento em que o clima político se adensava com a tensão em torno à Rádio Renascença. Os confrontos em frente ao Patriarcado entre apoiantes dos trabalhadores (UDP e Sindicato dos Gráficos) e apoiantes das posições episcopais tinham exacerbado os ânimos (18 de Junho). Mas será depois da determinação do CR de anular a decisão governamental de devolver a Rádio Renascença à Igreja que a ruptura se consuma: os católicos mobilizam-se associando-se às manifestações promovidas pelo PS ou desenvolvendo iniciativas autónomas como as gigantescas mobilizações que agitarão o Norte e Centro do País: Aveiro (13 de Julho), Viseu (20 de Julho), Bragança (27 de Julho), Coimbra (3 de Agosto), Lamego e Braga (10 de Agosto), Leiria e Vila Real (24 de Agosto).

Note-se ainda que o optimismo que rodeia o PAP não pode esconder as ambiguidades que a proposta encerra. Como dias depois da sua aprovação sintetizará o Presidente Costa Gomes, na sua intervenção na cerimónia de abertura da Assembleia Constituinte, com este projecto pretendia promover-se «um socialismo pluripartidário, em simbiose fecunda entre as vias revolucionária e eleitoral»([202]). Por sondar estavam, no entanto, as possibilidades de coexistência de um pluralismo partidário com um socialismo colectivista.

Apesar das suas fragilidades, o documento é bem acolhido por praticamente todas as forças político-partidárias, à excepção do CDS, PPM e PRP/BR. Será, como veremos, o último a reunir um tão amplo consenso. Trata-se de um consenso mais aparente do que real e, por certo, bastante efémero. Não solucionando, de forma satisfatória, os problemas que se colocavam na definição de poderes

---

([200]) *Jornal Novo*, 22-5-1975.

([201]) *Diário de Notícias*, 22-5-1975.

([202]) *Diário da Assembleia Constituinte*, n.º 1, 3-6-1975.

e áreas de competência dos diferentes agentes da transição — MFA/ /Partidos/Poder Popular —, o PAP é rapidamente ultrapassado. A partir de então, assistimos a uma pulverização de projectos políticos — uma «planite aguda»([203]), no dizer de Vasco Gonçalves —, que são a tradução prática de uma luta fratricida que põe fim à paz dura e habilmente pactuada no interior do CR.

Uma epidemia de planos e a rebelião dos *Nove*

O desejo de explorar o sucesso do PAP leva o CR a intervir em dois domínios fundamentais. Primeiro, promovendo uma reestruturação interna tendo em vista obviar os sinais de inoperância que vinha manifestando. O tema ocupa um lugar importante nas sessões do Conselho de 20, 21–23 e 27 de Junho, resultando na estruturação do Conselho em cinco níveis ou comissões: Comissão Central, Política, Militar, Executiva e Plenário do CR.([204]) A possibilidade de constituição de um Directório restrito, sugerida por Rosa Coutinho e Vasco Gonçalves, é então rejeitada. A definição das «linhas gerais de orientação política» continuava a ser «domínio reservado ao Plenário do Conselho da Revolução»([205]).

Paralelamente, o CR propõe a realização de uma nova Assembleia do MFA pretendendo, desta forma, obter uma ampla mobilização em torno da sua nova proposta programática. Ao contrário das expectativas dos seus promotores, a iniciativa redundará num fracasso, dada a dispersão política a que se assiste. Além do PAP, a Assembleia é confronta com outros dois documentos. O projecto apresentado pelo primeiro-ministro Vasco Gonçalves preconiza a

---

([203]) Discurso na tomada de posse do V Governo Provisório (8–8–1975) *in* Vasco Gonçalves, *Discursos, Conferências de Imprensa, Entrevistas*, ed. de Augusto Paulo da Gama. Porto, s.e., 1976, p. 481.

([204]) Acta do Conselho da Revolução, 27–6–1975, Arquivo do Conselho da Revolução, Reuniões, Actas, vol. 1, caixa 1.

([205]) Acta do Conselho da Revolução, 27–6–1975, anexo A, Arquivo do Conselho da Revolução, Reuniões, Actas, vol. 1, caixa 1. Note-se, ainda, que é nesta reunião que se criam na dependência do CR os Serviços de Polícia Judiciária Militar.

construção de uma via socialista, apoiada numa vanguarda política. A terceira proposta, emanada da 5.ª Divisão e do COPCON, visava a «instauração do poder popular», através da constituição de uma extensa rede de associações, grupos, comissões, conselhos e assembleias estruturantes da «organização popular.([206]) Segundo o semanário *Expresso*, o documento foi aprovado por volta das 4 da manhã, graças a preponderância dos elementos da Marinha e à aliança, «nem sempre clara», entre «as chamadas esquerda e extrema-esquerda»([207]). Considerando o CR como o «órgão máximo da soberania nacional», este Documento-Guia de Aliança Povo-MFA excluía a participação das forças político-partidárias e sindicais, definindo um modelo de Estado contrário ao do sistema de democracia representativa.([208]) As contradições entre esta proposta e o PAP são evidentes, provocando vivas reacções dentro e fora da Assembleia. PS, PPD, PPM e CDS encontram-se entre as forças político-partidárias que abertamente se lhe opõem, denunciando «um desprezo formal pela vontade popular expressa nas eleições de 25 de Abril»([209]).

Apesar do clima divisionista que dominou esta Assembleia de 8 de Julho, a imagem pública que se procura transmitir é a de um movimento coeso e politicamente sintonizado. A este respeito é significativa a entrevista colectiva concedida à RTP por quatro membros da Comissão Política do CR (Vítor Crespo, Vasco Lourenço, Graça Cunha e Sousa e Castro) elogiando as três propostas aprovadas.([210]) A Revolução dera mais um passo à esquerda e a reacção do CR traduzia-se num cerrar de fileiras. O impasse em que se encontrava está patente nas palavras pronunciadas pelo

([206]) *Documento-Guia do projecto Aliança Povo-MFA in* Orlando Neves (ed.), *A Revolução em Ruptura*, p. 51.

([207]) *Expresso*, 12-7-1975.

([208]) Cf. Rui Bebiano, «Documento-Guia de Aliança Povo-MFA» *in* A. Reis, M. I. Rezola e P. B. Santos, *Dicionário de História de Portugal*, vol. 3, Porto, Figueirinhas, 2016, pp. 188-198.

([209]) Comunicado do PS de 9 de Julho cit. *in Diário de Notícias*, 11-7-1975. Ver ainda: Comunicado do PPD *in O Século*, 10-7-1975; Comunicado do PPM cit. *in A Capital*, 12-7-1975; Comunicado do CDS cit. *in A Capital*, 12-7-1975.

([210]) Cf. *Diário de Notícias*, 14-7-1975.

Presidente da República na inauguração da Assembleia do MFA de 25 de Julho:

> «A marcha da revolução tomou uma aceleração que o povo não tem capacidade de absorver. Coloco uma pergunta: devemos fazer um compasso de espera estendendo a mão aos que ficaram para trás ou devemos acelerar uma vanguarda que deslocará mais da coluna de marcha?»([211])

Há quem, como Vasco Gonçalves, não tenha dúvidas a esse respeito: estavam criadas as condições para enveredar pela via socialista, restando apenas «reforçar o poder», isto é, instituir «um poder político-militar fortemente centralizado e restrito, capaz de tomar decisões a curto tempo» sem «se embrenhar em longas disputas ideológicas»([212]). É nesse sentido que, nessa mesma Assembleia, se determina a «concentração do poder político-militar» em três conselheiros: Francisco da Costa Gomes, Vasco Gonçalves e Otelo Saraiva de Carvalho.([213])

Ausente em Cuba, Otelo elogia a iniciativa justificando-a com a necessidade de «conferir à Revolução Portuguesa uma verdadeira direcção política». A declaração de morte que passa ao CR está patente nas suas palavras: «o Conselho da Revolução não deu o que podíamos esperar dele, não mostrou a eficácia desejada»([1]). A decisão não fora, no entanto pacífica, nesta que é por muitos considerada uma das mais dramáticas Assembleias do MFA.([214])

Conhecida a decisão da Assembleia do MFA, cabia ao CR, como órgão máximo da Revolução, rectificar a criação do Directório. O assunto está no centro do debate travado na reunião de 30 de Julho que, segundo alguns dos presentes, «foi uma sessão tempestuosa que

---

([211]) *Expresso*, 26–7–1975.

([212]) Vasco Gonçalves, *Discursos, Conferências de Imprensa, Entrevistas*, pp. 430–439.

([213]) *Diário de Notícias*, 26–7–1975.

([214]) Maria Inácia Rezola, Entrevista a Vasco Lourenço. Lisboa, 25 de Junho de 2002.

se prolongou até às 5 ou 6 da manhã»([215]). Vasco Lourenço foi um dos que mais tenazmente se lhe opõe denunciando o esvaziamento do CR que tal medida acarretava. No final é aprovada a seguinte resolução:

> «Considerando a necessidade de dar mais eficiência e rapidez às decisões do Conselho da Revolução, de modo a conseguir-se um reforço de autoridade que permita levar a bom termo as tarefas consignadas no programa do MFA e no seu Plano de Acção Política, o Conselho da Revolução decidiu em sessão plenária:
>
> 1. Confiar a um Directório constituído pelo Presidente da República, General Costa Gomes, Primeiro-ministro, General Vasco Gonçalves, e Comandante do COPCON, General Otelo Saraiva de Carvalho, as decisões que cabem por lei ao Conselho da Revolução, delegando, portanto, os restantes membros os poderes que lhe competem nos membros do Directório designado.
> 2. Os restantes membros do Conselho da Revolução continuarão a desempenhar as funções específicas que lhes estão atribuídas fazendo igualmente parte das Comissões internas para que estão nomeados.
> 3. O Directório convocará, sempre que o julgar necessário, o Plenário do Conselho da Revolução ou as suas Comissões.»([216])

Em suma, o CR aprovara a criação do triunvirato mas rejeitava remeter-se para funções meramente consultivas. Apesar de conceder ao Directório a prerrogativa de convocar os plenários, o CR limita-se a delegar-lhe os seus poderes e não a conferir-lhos irreversivelmente. Paralelamente, as comissões anteriormente criadas mantinham-se em funções, o que significava que, na prática, o CR não era pura e simplesmente abolido. Esta era uma forma hábil de dar seguimento às deliberações da Assembleia do MFA sem se remeter para uma posição de completa subalternidade.

([215]) *O Jornal*, 25-4-80.
([216]) Acta do Conselho da Revolução, 30-7-1975, anexo A, Arquivo do Conselho da Revolução, Reuniões, Actas, vol. 1, caixa 1.

Apesar da ausência de Costa Gomes, que se deslocara a Helsínquia para participar na Conferência de Segurança e Cooperação Europeia([217]), o Directório reúne pela primeira vez a 31 de Julho. Durante o encontro, Vasco Gonçalves e Otelo convocam a São Bento vários oficiais do COPCON, entre os quais o chefe do respectivo Estado-Maior, coronel Artur Fernandes Baptista, e o major Dinis de Almeida, do Regimento de Artilharia de Lisboa (RALIS). O objectivo, segundo revela o porta-voz do gabinete do primeiro-ministro, era «fazer o ponto da situação política», trocando-se «informações de carácter geral»([218]).

O facto de o centro decisório se ter deslocado para o Directório não implicou a extinção do CR que, como observava Otelo, se transforma num «Estado-Maior susceptível de fornecer à Troika análises políticas sobre esta ou aquela questão»([219]). Na sua reunião de 5 de Agosto, o Conselho dá particular atenção à situação em Angola, território aonde se tinha deslocado uma delegação (Rosa Coutinho, Carlos Fabião e Canto e Castro) com o objectivo de analisar a extensão do conflito e a situação político-militar.([220]) No entanto, apesar da importância desta sessão plenária, o Directório era uma realidade, restando agora testar a sua eficácia, o alcance dos seus poderes e, sobretudo, o comportamento dos conselheiros que se opuseram à sua constituição.

Note-se que a proposta de criar uma direcção restrita, que assumisse o comando da Revolução, era há algum tempo ventilada. No início do Verão de 1975, ela ganhara nova pertinência, enquanto possibilidade de reforço da autoridade revolucionária de um CR que se debatia com crescentes dificuldades de comando. A Revolução acelerava o passo. A par da pulverização política que o minava, o CR confronta-se com outro grave problema: a queda do IV Governo Provisório.

([217]) Ver David Castaño, «"A practical test in the détente": International support for the Socialist Party in the Portuguese Revolution (1974–1975)», Cold War History, 15 (1), 1–26. DOI: 10.1080/14682745.2014.932349

([218]) *Diário de Notícias*, 1–8–1975.

([219]) *Diário de Lisboa*, 30–7–1975.

([220]) Acta do Conselho da Revolução, 5–8–1975, Arquivo do Conselho da Revolução, Reuniões, Actas, vol. 1, caixa 1.

A causa imediata para a ruptura da coligação que suportava o executivo é o caso *República*. Depois de semanas de indefinição, a 10 de Julho surge nas bancas um número do jornal, publicado sob a responsabilidade da comissão de trabalhadores. Considerando o compromisso assumido pelo CR de devolver o *República* aos seus proprietários, esta era uma situação intolerável a que os socialistas respondem com uma solução de força: os ministros e secretários de Estado socialista cessam a sua actividade no Executivo. Dias depois, o PPD toma uma posição semelhante a pretexto da recusa do CR em aceitar as suas exigências. Como Emídio Guerreiro explicará à imprensa, não era possível ao PPD «ignorar a gravidade da situação», apresentando, por isso, as «condições mínimas para permanecer com dignidade no Governo, para poder responder aos problemas do país» e «respeitar a vontade do Povo»([221]).

Se a pulverização programática e o decorrente processo de desagregação do MFA são uma das linhas de força do *Verão Quente* de 1975, a outra será, sem dúvida, a crescente pressão e agitação político-partidária. O confronto pelo poder, em curso nas mais altas esferas militares, é habilmente explorado no plano civil. O que se joga nesses momentos é não só o papel do CR na condução da vida política nacional mas também o lugar dos movimentos e organizações político-partidárias. Este é um combate decisivo para o qual havia que congregar todos os esforços e estratégias.

Liberto da última amarra que o ligava ao poder revolucionário, o PS volta em força às ruas impulsionando uma amplíssima mobilização que percorrerá todo o Verão de 1975, congregando militantes de diferentes forças e partidos (PS, PPD, CDS, Católicos).([222]) O processo é determinantemente impulsionado por Mário Soares ao exigir a demissão de Vasco Gonçalves (comício de Alameda D. Afonso Henriques, 19 de Julho). A resposta da 5.ª Divisão não se faz esperar, desencadeando uma campanha de apoio ao primeiro-ministro, de que faz parte o célebre cartaz de João Abel Manta «MFA/ /VASCO/POVO». Visivelmente desorientado, o CR insiste na sua missão de «motor» da Revolução e de mediador de conflitos,

([221]) *Jornal Novo*, 14-7-1975.

([222]) Cf. David Castaño, *Mário Soares e a Revolução*, p. 324 e ss.

anunciando o desenvolvimento de esforços «no sentido do MFA ser apoiado pelo Partido Comunista e Partido Socialista»([223]) (comunicado de 21 de Julho). O CR acreditava poder controlar a situação procurando uma solução para a crise decorrente da ruptura da coligação governamental. É neste contexto de algum dramatismo que devemos situar o debate travado na Assembleia do MFA de 25 de Julho e as resoluções dela emanadas visando uma concentração de poderes na Troika Costa Gomes-Otelo Saraiva de Carvalho-Vasco Gonçalves.

Antevendo a manobra, alguns conselheiros tinham procurado invalidar a proposta. Um dos mais activos neste domínio é Vasco Lourenço. De entre as suas iniciativas destacam-se a realização, a 23 de Julho, de uma reunião de Delegados de Infantaria na Escola Prática de Infantaria (EPI) de Mafra onde se aprova uma moção exigindo, entre outras coisas, a dissolução da 5.ª Divisão, a alteração da composição e competências da Assembleia do MFA e a demissão do primeiro-ministro. Depois, a 24 de Julho, numa longa e incisiva intervenção na Assembleia de Delegados do Exército, responsabiliza Vasco Gonçalves pela indefinição quanto ao rumo do processo revolucionário e procura sensibilizar os presentes para a forma pouco transparente como a proposta de constituição de um Directório político-militar estava a ser equacionada.([224])

Quebrando publicamente a imagem de unidade do CR, o impacto destas iniciativas é reforçado pela ausência na Assembleia do MFA de 25 de Julho de conselheiros como Melo Antunes, Vítor Crespo, Vítor Alves, Costa Neves e Sousa e Castro. O grupo fizera já saber da sua decisão ao Presidente da República, a quem tinham denunciado a inoportunidade do encontro e a sua oposição ao Directório. As especulações relativamente ao significado destas ausências adensam-se com o desenrolar dos trabalhos da Assembleia e o ambiente de tensão em que estas decorrem. Assumem particular protagonismo Vasco Lourenço, Franco Charais e Pezarat Correia

---

([223]) Acta do Conselho da Revolução, 21–7–1975, Arquivo do Conselho da Revolução, Reuniões, Actas, vol. 1, caixa 1.

([224]) Orlando Neves (ed.), *A Revolução em Ruptura*, pp. 212–214.

ao manifestarem com extrema dureza a sua resistência à linha então dominante do primeiro-ministro Vasco Gonçalves.

Se, há já algum tempo, os diferentes órgãos de imprensa vinham denunciando um crescente mal-estar no interior do MFA, agora a ruptura era inevitável.

A Constituição do Directório acelerou o processo de divisão do CR, cavando definitivamente um fosso entre as tendências que se vinham desenhando. Ainda que incorrendo no risco de alguma simplificação, percepcionam-se três grandes correntes: os *otelistas* (também designados de *copconistas*), os *gonçalvistas* e os *melo-antunistas* (também conhecidos por «moderados» ou *Grupo dos Nove*). O testemunho de César Oliveira a este respeito reveste-se de grande interesse, dado que não apenas identifica alguns dos protagonistas destas facções como também as suas ligações político-partidárias:

> «Um [grupo], liderado por Otelo Saraiva de Carvalho e que tinha por base militar essencial o COPCON e as unidades por ele controladas (e que se situava politicamente, nas áreas políticas do PRP/BR, MES, UDP, FSP); outro, liderado por Vasco Gonçalves e conotado com o PCP e o MDP/CDE, e finalmente um terceiro, que incluía Melo Antunes, Pezarat Correia, Franco Charais, Vítor Crespo, Sousa e Castro, Costa Neves, Vítor Alves, Vasco Lourenço e Canto e Castro — cujos líderes efectivos pareciam ser Melo Antunes e Vasco Lourenço — e que detinha apoios importantes nos quartéis situados fora da zona influenciada por Lisboa. A este último, penso, "colaram-se" todos os militares e todos os partidos que se não reviam nos dois primeiros grupos e que tentavam assegurar que os trabalhos da Constituinte pudessem ser levados a bom termo.»(225)

Este processo de fragmentação do CR acelera-se com o anúncio da tomada de posse do V Governo Provisório, consubstanciando-se na publicação do *Documento dos Nove*. Subscrito por nove conselheiros da Revolução — Vasco Lourenço, Canto e Castro,

(225) César Oliveira, *Os Anos Decisivos. Portugal 1962-1985: um testemunho.* Lisboa, Editorial Presença, 1993, p. 177.

Vítor Crespo, Costa Neves, Melo Antunes, Vítor Alves, Franco Charais, Pezarat Correia, Sousa e Castro — e publicado na 3.ª edição do *Jornal Novo,* de 7 de Agosto, o documento apresenta-se como uma proposta de superação da crise e definição de novos rumos para a Revolução.

Segundo Ernesto Melo Antunes, um dos principais responsáveis pela sua redacção, este documento era uma expressão de «revolta» contra «o caminho que as coisas estavam a tomar, isto é, o caminho de levar Portugal a tornar-se um país cada vez mais próximo do modelo soviético». Rejeitando a ideia de que o seu objectivo era «impor um certo modelo de socialismo militar», Melo Antunes esclarece que o princípio subjacente à iniciativa era «conseguir um entendimento à esquerda», do qual o PCP não estava à partida excluído (desde que colocasse de lado os seus intentos hegemónicos), de forma a «conduzir o país na ordem democrática e na ordem económica e social». Um projecto suficientemente amplo para congregar todos os que não se reviam nas propostas do *Documento Guia de Aliança Povo-MFA* e olhavam com crescente preocupação os rumos que a Revolução seguia.

Na sua essência, o *Documento dos Nove* sugere um caminho original que rejeita simultaneamente o modelo da Europa de Leste e da social-democracia de vários países da Europa Ocidental. Trata-se de um projecto político que aponta para a construção de uma sociedade socialista — «isto é, uma sociedade sem classes, onde tenha sido posto fim à exploração do homem pelo homem» —, alcançada de uma forma gradual — «aos ritmos adequados à realidade social portuguesa» — e através de democracia política.

Para atingir este objectivo e superar a «crise gravíssima que o país atravessa», era indispensável que o MFA se afirmasse como movimento «suprapartidário» e desenvolvesse «uma prática política realmente isenta de toda e qualquer influência dos partidos». Só assim, concluem os autores do *Documento dos Nove*, se reuniriam as condições para que o MFA recuperasse «a sua credibilidade» e cumprisse «a sua vocação histórica de árbitro respeitado e motor do processo revolucionário» ([226]).

([226]) *Jornal Novo*, 7-8-1975, 3.ª edição.

O documento é distribuído por unidades de todo o país e pelos principais órgãos de imprensa. O Directório, por seu lado, determina a imediata suspensão dos conselheiros que o haviam subscrito. À saída de Belém, depois de lhe ter sido comunicada esta decisão, Melo Antunes responde a esta «declaração de guerra»: «Nós não fazemos acordos; defendemos posições»(227). O Documento circulava já por todo o país, conhecendo uma adesão que superou as expectativas dos seus autores.

Por muitos considerado como uma «pedra no charco», o *Documento dos Nove* teve efeitos imprevisíveis quer no campo militar quer no civil. Em termos político-partidários, destaca-se o apoio que, de imediato, recebeu do Partido Socialista. Apesar de, anos mais tarde, Mário Soares ter confessado não se identificar com as ideias propostas, o texto correspondia, em muitos aspectos, às críticas que o seu partido vinha manifestando. Na verdade, o documento permitiu a constituição de uma plataforma agregadora de todos os que, insatisfeitos com a crescente hegemonia do PCP e do *gonçalvismo*, preconizavam uma alteração no rumo tomado pelo processo revolucionário. Se ao PS se juntam muitas outras vozes, também no plano militar deixa de ser tabu dizer que existiam divisões no seio do MFA. Em pleno Verão de 1975, a Revolução entrava num dos seus momentos mais quentes.

CR, um poder questionado à procura de novas soluções

Depois de um longo processo negocial, a 8 de Agosto, toma posse o V Governo Provisório, novamente, e apesar de toda a contestação, chefiado por Vasco Gonçalves. No seu curto discurso, o primeiro-ministro procura a conciliação: «A todos os portugueses e forças políticas patriotas e progressistas, ao Povo Português, faço um apelo à reconciliação, à unidade em volta da Forças Armadas.»(228) As possibilidades de sucesso deste que é, sem dúvida, o mais provisório dos governos empossados desde o 25 de Abril, eram,

(227) *Diário de Lisboa*, 11-8-1975.
(228) *Diário de Notícias*, 9-8-1975.

no entanto, limitadas. A crise político-militar, desencadeada pelos *Nove*, é já amplamente explorada pelos socialistas que, apelando a uma mobilização de todos os descontentes com o rumo do país, exigem a constituição de um Governo de Salvação Nacional. Os esforços de Costa Gomes no sentido de travar os seus ímpetos e evitar novas perturbações não têm qualquer efeito, a julgar pela manifestação socialista de 15 de Agosto que, em Belém, reclama a queda do executivo, o desmantelamento da 5.ª Divisão e a imediata reintegração dos *Nove* no CR.

O cerco ao *gonçalvismo* aperta-se e mesmo o seu mais forte aliado, o PCP, repensa a sua estratégia. É neste contexto que, a 10 de Agosto, o Comité Central do PCP convoca, no seu Centro de Trabalho de Alhandra, uma reunião de emergência com um único ponto de trabalho: o exame da crise política e «as tarefas do Partido dela decorrentes»([229]). Na análise que então apresenta, Álvaro Cunhal denuncia o desencadeamento de uma ampla «ofensiva militar e política da direita» contra Vasco Gonçalves e a incapacidade revelada pelo CR na direcção da Revolução. Segundo o secretário-geral do PCP, a constituição do V Governo Provisório não respondia satisfatoriamente ao «problema geral do poder político no seu conjunto»([230]). Ou seja, Vasco Gonçalves já não oferecia garantias de levar a cabo o tão desejado reforço de poder.

A indefinição político-militar intensifica-se quando, a 13 de Agosto, é publicado um novo documento programático, produzido por um grupo de oficiais do COPCON e militantes de extrema-esquerda([231]): a *Autocrítica Revolucionária do COPCON e Proposta de Trabalho para um Programa Político*. Publicamente apoiado por Otelo Saraiva de Carvalho, o documento faz a apologia do poder popular e da democracia directa, apresentando-se como a «única proposta viável e realista» para a construção da «sociedade

([229]) *Avante*, 11-8-1975 (n.º especial).

([230]) Álvaro Cunhal, *A Crise Político-militar. Discursos políticos n.º 5*. Lisboa, Edições Avante, 1976, p. 129 e ss.

([231]) Como o oficial do COPCON capitão Álvaro Fernandes, o 2.º comandante do Regimento de Política Militar Mário Tomé ou os dirigentes do PRP Isabel do Carmo e Carlos Antunes.

socialista que se pretende alcançar», tendo em vista a «real emancipação das classes trabalhadoras». Em suma, um projecto em que, tal como no *Documento dos Nove,* se nega o modelo soviético e a social-democracia mas em que, ao contrário deste, se propõe um modelo assente no poder popular basista, uma «alternativa de esquerda» entre o PCP e os *gonçalvistas* de um lado, e o *grupo dos Nove* do outro. A coincidência entre estas propostas e algumas das ideias preconizadas por organizações como o PRP/BR, MES ou a UDP é evidente.

Depois do *Documento Guia* e do *Documento dos Nove*, também o COPCON afirma a sua identidade apresentando uma proposta quanto ao rumo da Revolução. Em menos de uma semana, o MFA e o CR ficam divididos em três grupos, com programas e apoios partidários distintos: o *Grupo dos Nove* ou «moderados», liderado por Melo Antunes e próximo do PS; o *Grupo Gonçalvista,* alinhado com o PCP; e a esquerda radical populista, de Otelo Saraiva de Carvalho, apoiada pela extrema-esquerda. A tão apregoada unidade do MFA cai definitivamente por terra.

Percepcionando os perigos que a situação encerra, comprometendo determinantemente o papel do CR como «motor da Revolução», são muitos os que, ao longo do mês de Agosto, se empenham em iniciativas tendo em vista a conciliação de posições. Destaca-se, neste domínio, a reunião de 13 de Agosto entre oficiais do COPCON e «moderados» (*Nove*). Embora inconclusivo, o encontro abria perspectivas de um futuro entendimento.

No centro das conversações encontra-se um documento de compromisso preparado por Melo Antunes — o *Plano Político do MFA* —, que Otelo aprova «com uma ou outra correcção de forma» para reforçar o seu «sabor revolucionário»([232]). Obtida esta plataforma de entendimento, os *Nove* e Otelo pedem uma audiência a Costa Gomes, que os recebe a 19 de Agosto no Forte de São Julião da Barra. O seu objectivo era pressionar o Presidente da República a demitir o primeiro-ministro. Não descartam,

([232]) Cf. José Gomes Mota, *A Resistência.* Lisboa, Jornal *Expresso*, 1976 (2.ª ed.), p. 138.

no entanto, a possibilidade de forçar o afastamento do próprio Presidente, fazendo diligências nesse sentido.([233])

Marginalizados do processo, os *gonçalvistas* acusam os *Nove* de boicotar qualquer tentativa de diálogo mais alargada. Como reacção, a 5.ª Divisão promove uma série de sessões de esclarecimento junto das populações e principais unidades militares. É neste contexto que, a 18 de Agosto, se realiza o célebre comício de Almada onde o tom exaltado e desconexo do discurso do primeiro-ministro([234]) é interpretado como um suicídio político. O golpe de misericórdia acabará por vir de Otelo Saraiva de Carvalho quando, em carta de 20 de Agosto, lhe proíbe a visita às unidades militares sob a sua jurisdição e o aconselha a abandonar a vida política: «Peço-lhe que descanse, repouse, serene, medite e leia.»([235]) Há muito anunciada, a morte política de Vasco Gonçalves parecia agora iminente. Analisando a nova correlação de forças em presença, Costa Gomes abandona a sua tradicional isenção envolvendo-se nas conversações em curso entre os «moderados» e o comandante do COPCON. O encontro, realizado a 19 de Agosto, em São Julião da Barra, salda-se por um verdadeiro sucesso. Concordando com os argumentos que lhe são apresentados contra a permanência de Vasco Gonçalves à frente do executivo, o Presidente procura dominar a situação exigindo uma transição pacífica. A sua escolha relativamente à sucessão estava já feita e encarrega Carlos Fabião([236]), que ocupava então o cargo de chefe de Estado-Maior do Exército, de formar governo.

Apesar das suas resistências iniciais, Fabião aceita o desafio, delegando em Melo Antunes a competência para levar a cabo as diligências necessárias para a constituição do novo executivo. Em entrevista ao *Quotidien* de Paris, Fabião deixa patente a ideia de que este deveria ser um Governo unitário, empenhado numa política

([233]) Cf. José Gomes Mota, *A Resistência*, p. 139.

([234]) Vasco Gonçalves, *Discursos, Conferências de Imprensa, Entrevistas*, pp. 475 e 476.

([235]) *Expresso*, 30–8–1975.

([236]) Para mais detalhes sobre a constituição do Governo Fabião, ver Maria Inácia Rezola, *Melo Antunes. Uma Biografia Política*, p. 337 e ss.

global e não partidária, capaz de superar a crise.([237]) Note-se, no entanto, que a viabilidade deste executivo assentava numa aliança muito frágil que, em breve, será quebrada. O primeiro sinal de perturbação é a manifestação de apoio ao documento do COPCON, organizada por várias forças de extrema-esquerda (UDP, MES, LUAR, PRP-BR, LCI, CMPL, OCMLP, PRT) a que se juntam a FSP, o MDP/CDE e o PCP. E se é óbvia a crescente pressão sobre Otelo Saraiva de Carvalho para que assuma a liderança das «forças revolucionárias», os sectores *gonçalvistas* desenvolvem iniciativas autónomas tendo em vista recuperar posições.

A ruptura entre os *Nove* e o COPCON ocorre na noite de 21 de Agosto, numa reunião convocada com o intuito de analisar o programa do Governo Fabião. Rotulando a proposta de reaccionária, os elementos do COPCON exigem a adopção do *Documento do COPCON* como base programática para o novo executivo. As negociações tinham fracassado. Os *Nove* avançam então sozinhos e ultimam os preparativos para a constituição do executivo. A surpresa final virá do próprio Fabião que, a 24 de Agosto, recua. Apesar das dúvidas que ainda subsistem sobre este episódio, é óbvia a pressão de que Fabião é alvo e também a fragilidade do seu Executivo. A hipótese de que tenha sido vítima de ameaça de morte também não é descartada.

O fracasso do Governo Fabião coincide com o nascimento da Frente Unida Revolucionária (FUR) — a frente unitária antifascistas há muito propagandeada pelo PCP.([238]) Esta efémera frente integra organizações tão diversas como a FSP, LCI, MUAR, MES, MDP/CDE, PCP, PRP/BR e Grupo 1.° de Maio. O seu momento de fundação é particularmente confuso. O então capitão Álvaro Fernandes recorda que o ponto de partida foi um encontro, realizado em sua casa, em Lisboa, entre elementos da UDP e do PRP. O grupo alarga-se progressivamente até que, na madrugada de 24 de Agosto, no Centro de Sociologia Militar, é assinada a «Plataforma

---

([237]) Cf. cit. *in Jornal Novo*, 20-8-1975. Sobre as iniciativas de Melo Antunes tendo em vista a constituição do novo executivo, ver César Oliveira, *Os Anos Decisivos*, p. 187.

([238]) Ver, por exemplo, Álvaro Cunhal, *A Crise político-militar*, p. 183.

de criação da FUR»([239]). Carlos Brito, o principal interlocutor do PCP nas negociações, terá de se bater duramente para fazer valer os pontos de vista do seu partido. Esta será uma aliança de curta duração (a 28 de Agosto o PCP abandona o projecto), mas com pesadas consequências: a pretexto de ter patrocinado a constituição da FUR, Costa Gomes ordena o encerramento da 5.ª Divisão (26 de Agosto). A operação, levada a cabo por forças dos Comandos de Jaime Neves, põe fim a um dos núcleos duros do *gonçalvismo*.

Em finais de Agosto, a situação era já insustentável. Os rumores sobre a situação político-militar intensificam-se. Alguns jornais dão conta de contactos entre os *Nove* e o embaixador norte-americano Frank Carlucci e da audiência concedida por Costa Gomes a este último. Outros alimentam especulações sobre a demissão de Vasco Gonçalves e as possibilidades de constituição de um governo de Fabião.([240]) Nesse momento, novas propostas estavam já sobre a mesa, apontando para a nomeação de Pinheiro de Azevedo como primeiro-ministro e atribuindo a Vasco Gonçalves a chefia do EMGFA. A solução, resultante de um encontro do Directório com os chefes de Estado-Maior, é analisada e aprovada na reunião do CR de 29 de Agosto, conforme consta em um comunicado divulgado pela Presidência da República.([241]) Depois de quase um mês em que o CR não se tinha pronunciado colectivamente, este poderia ser um prenúncio de que novas mudanças estariam para ocorrer. Assim o revelam as diligências então efectuadas tendo em vista a própria reestruturação do CR e a reintegração dos nove conselheiros suspensos. É neste âmbito que, a 25 de Agosto([242]), o Conselho determina a convocação de uma Assembleia do MFA para os primeiros dias de Setembro.

Tendo como epicentro a Assembleia do MFA de 5 de Setembro (*Assembleia de Tancos)*, a reestruturação do CR é habilmente

([239]) Cf. Álvaro Fernandes, Depoimento a Maria Inácia Rezola, 11 de Janeiro de 2007.

([240]) *Diário de Notícias*, 26-8-1975; *Jornal Novo*, 25-8-1975.

([241]) *Diário de Lisboa*, 30-8-1975.

([242]) *Diário de Notícias*, 26-8-1975. Note-se que, para o período durante o qual durou a suspensão dos *Nove*, não dispomos de actas das reuniões do CR.

preparada. Empenhados em fazer valer as suas posições, os diferentes grupos do MFA mobilizam-se.

Jogando forte na Assembleia do Exército (2 de Setembro), os *Nove* concentram a sua atenção em dois pontos fundamentais: impedir a nomeação de Vasco Gonçalves como CEMGFA e contestar a representatividade da Assembleia do MFA por forma a forçar a sua recomposição. Ainda que, no final, as suas moções tenham sido aprovadas, o debate foi intenso, nesta que é provavelmente a mais agitada e determinante assembleia preparatória. Em causa, não apenas uma ampla diversidade de pontos de vista mas também a força da contestação ao primeiro-ministro. Segundo o semanário *Expresso,* das 14 horas que durou a reunião, «as mais dramáticas terão sido as três horas e dez minutos que Vasco Gonçalves esteve presente»([243]). Notoriamente enfraquecido, Vasco Gonçalves abandona a sessão antes do seu termo.

Os resultados da Assembleia da Armada (Escola Naval do Alfeite, 3 de Setembro) deixam patente uma correlação de forças diferente. Um dos mais proeminentes elementos do *Grupo dos Nove* — Vítor Crespo —, é alvo de um forte ataque (a ponto de lhe ter sido retirada a confiança militar e política), abandonando a reunião. No final, o encontro salda-se por um incontestável apoio às decisões do Presidente da República: a nomeação de Vasco Gonçalves como CEMGFA e de Pinheiro de Azevedo como primeiro-ministro.

Finalmente, da Assembleia da Força Aérea (Base Aérea n.º 1, Sintra, 3 de Setembro) resultam duas conclusões centrais: a sua participação na Assembleia do MFA ficava condicionada à decisão do Exército nessa matéria; recusa da nomeação de Vasco Gonçalves como CEMGFA. Esta última resolução surge na sequência de um comunicado emitido por Morais da Silva (CEMFA) nesse sentido.([244])

As posições expressas pelo Exército e Força Aérea não demovem Costa Gomes, que mantém a convocatória da Assembleia do MFA. Alertados para esse facto, os delegados do Exército voltam a reunir-se na manhã de 5 de Setembro. Perante a profunda divisão

([243]) *Expresso*, 6–9–1975.
([244]) *Diário de Notícias*, 2–9–1975.

relativamente à estratégia a adoptar, a palavra final caberá a Carlos Fabião, consentindo a participação na Assembleia dos que quisessem, desde que o fizessem a título individual e na qualidade de observadores.

Os trabalhos da Assembleia do MFA iniciam-se na tarde de 5 de Setembro, com a presença de 60 delegados da Armada, de Carlos Fabião (em representação do Exército), de Morais da Silva (representando a Força Aérea), Otelo Saraiva de Carvalho, Eurico Corvacho, Vasco Gonçalves e outros delegados que assistiam a título individual. A crise político-militar e a reestruturação do CR estão no centro das atenções, neste encontro em que se confirma a nomeação de Pinheiro de Azevedo como primeiro-ministro e se assiste à recusa de Vasco Gonçalves do cargo de CEMGFA.

O debate sobre a situação político-militar é intensíssimo, incidindo sobre questões como o associativismo nas unidades, os saneamentos nas Forças Armadas ou a situação em Angola. Quanto à reestruturação do CR, tema que gerou enérgicas intervenções, a sua discussão é protelada dada a ausência dos delegados do Exército e da Forças Aérea. Isto não impede que cada um dos chefes de Estado-Maior apresente os nomes que tinham sido vetados pelos respectivos ramos e que, por isso, não integrariam o novo CR: Vasco Gonçalves, Eurico Corvacho, Ferreira de Sousa e Ferreira de Macedo do Exército; Vítor Crespo, da Armada. Morais da Silva anuncia não estarem previstas alterações quanto aos representantes da Força Aérea. Isto significava que o Exército pretendia o afastamento de elementos conotados com o sector *gonçalvista*, a Armada propõe a expulsão de um moderado e, já dominada por elementos afectos aos *Nove*, a Força Aérea não apresenta alterações.([245])

O primeiro balanço da Assembleia de Tancos reflecte o seu amplo significado. O afastamento de Vasco Gonçalves determinava a morte do Directório (com a consequente recuperação de poderes por parte do CR) e a perda de influência dos militares que lhe eram afectos. Procurando tirar partido da nova conjuntura, os *Nove* conquistavam posições. Ainda que, em breve, deixe patentes os

([245]) Acta da Assembleia do MFA, 5-9-1975, Arquivo do Conselho da Revolução, Reuniões, Actas, vol. 1, caixa 1.

Assembleia do MFA, Tancos, 5 de Setembro de 1975.

seus limites, operara-se uma importante alteração da correlação de forças no aparelho político-militar.

O processo de reestruturação do CR, que decorre das resoluções da Assembleia de Tancos, tem por base um projecto onde se determina que, para além dos membros inerentes (Presidente da República, primeiro-ministro se militar, CEMGFA, CEMA, CEME, CEMFA e comandante do COPCON), os elementos do CR tivessem a proporcionalidade correspondente à constituição da Assembleia do MFA estabelecida na Plataforma de Acordo Constitucional. Desta forma, o número de conselheiros eleitos pelos ramos passava a ser: Exército — seis, Armada — três, Força Aérea — três. Tudo indicava um reforço das posições dos *Nove*, cuja influência no Exército era inequívoca. O mesmo projecto estabelece a possibilidade de acumulação de funções para os conselheiros que viessem a ser nomeados para cargos ministeriais.([246])

([246]) Acta do Conselho da Revolução, 11-9-1975, Arquivo do Conselho da Revolução, Reuniões, Actas, vol. 1, caixa 1. O projecto é da autoria de Martins Guerreiro e Marques Júnior.

Representando uma substancial redução do número de conselheiros, a proposta é aprovada na reunião do CR de 11 de Setembro, cabendo aos Ramos indicar os seus representantes. A Força Aérea designará Pinho Freire, Costa Neves e Canto e Castro. Tidos como afectos à «linha» *gonçalvista,* Costa Martins, Pereira Pinto e Graça e Cunha são excluídos. Diversa é a situação na Armada, onde o domínio desse sector se confirma com as nomeações de Rosa Coutinho, Martins Guerreiro e Almada Contreiras. No Exército, a influência dos *Nove* revelar-se-á determinante, a julgar pelos oficiais escolhidos para integrar o CR: Franco Charais, Pezarat Correia, Melo Antunes, Vasco Lourenço, Marques Júnior e Sousa e Castro. A reestruturação estava concluída.

Composição do CR, 18 de Setembro de 1975

	Exército	Armada	Força Aérea
Membros inerentes	Costa Gomes Carlos Fabião Otelo S. Carvalho	Pinheiro de Azevedo Filgueiras Soares	Morais da Silva
Membros nomeados	Franco Charais Pezarat Correia Melo Antunes Vasco Lourenço Sousa Castro Marques Júnior	Rosa Coutinho Martins Guerreiro Almada Contreiras	Pinho Freire Canto e Castro Costa Neves

Fonte: elaboração própria.

Além dos membros por inerência, integram-no: Franco Charais, Pezarat Correia, Melo Antunes, Vasco Lourenço, Sousa Castro e Marques Júnior (pelo Exército); Rosa Coutinho, Martins Guerreiro e Contreiras (Armada); Pinho Freire, Canto e Castro e Costa Neves (Força Aérea). Ficava assim consagrada uma nova correlação de forças: até então maioritários, os *gonçalvistas* passam a dispor de apenas três elementos (Rosa Coutinho, Martins Guerreiro e Almada Contreiras) porque mesmo Pinheiro de Azevedo e Morais da Silva, até aí conotados com esse grupo, assumem cada vez mais posições que os aproxima dos «moderados». Os *Nove*, por seu lado, além de amplamente representados no novo Conselho (Franco Charais, Pezarat, Melo Antunes, Vasco Lourenço, Sousa e Castro, Canto e Castro, Costa Neves), contam com o apoio de Pinho Freire, Marques Júnior e Carlos Fabião. Por definir estavam as posições de Otelo Saraiva de Carvalho, Costa Gomes e de Filgueiras Soares, o oficial designado para substituir Pinheiro de Azevedo na Chefia da Armada. Finalmente destaque-se o facto de nesta reorganização, tornada pública a 18 de Setembro, o CR retomar a sua orgânica inicial, estruturando-se em duas Comissões: a Militar e a Política.

No dia seguinte a ser conhecida esta reestruturação, novos passos são dados tendo em vista a clarificação da situação político-militar. Depois de um turbulento processo negocial, dominado pela falta de entendimento entre o PPD e o PCP, o VI Governo toma posse (19 de Setembro). Uma das surpresas do novo executivo é a nomeação de Vítor Alves como ministro da Educação. Segundo interpretação do próprio, ficava mais uma vez evidente a falta de preparação dos partidos políticos.(247) Integrando sete militares (dos quais quatro eram conselheiros da revolução) e dois independentes, igualmente inesperado é o método adoptado na distribuição das pastas ministeriais pelos partidos políticos: ao PS são atribuídas quatro, ao PPD duas e ao PCP uma. Esta opção, que procurava plasmar o resultado das eleições de 25 de Abril de 1975, revestia-se de um amplo significado, representando uma primeira vitória da via eleitoralista sobre a revolucionária.

À beira do precipício

Com estas alterações no CR e no executivo, pensa-se ter posto cobro ao *Verão Quente*. A ilusão rapidamente se desfaz quando o país é assolado com as dramáticas imagens do assalto à Embaixada de Espanha em Lisboa. No meio de chamas, populares

(247) Maria Inácia Rezola, Entrevista a Vítor Alves, 10 de Outubro de 2002.

vandalizam e saqueiam o edifício. A imagem do assalto ao Palácio de Inverno encenado pelo realizador soviético Eisenstein vem à memória de alguns dos que presenciaram esses momentos.([248]) A vitória dos *Nove* revelava a sua fragilidade: o seu domínio sobre o CR e os principais centros de decisão não tem correspondência em termos de controlo das unidades militares e da «rua», campos privilegiados da acção da esquerda revolucionária, militar e civil. Apesar da sua fraca representatividade no CR e no governo, esta desenvolve uma nova estratégia tendo em vista uma inversão da correlação de forças. Desde logo, tentando aliciar Otelo Saraiva de Carvalho para a sua causa. O plano acaba por redundar num fracasso, uma vez que, reagindo mal às tentativas hegemónicas do PCP, Otelo se alia tendencialmente às iniciativas da extrema-esquerda.

PCP e extrema-esquerda parecem, no entanto, unidos no propósito de impedir a estabilização da situação político-militar, fundamental para consolidar a hegemonia dos *Nove*. Por um lado, minando a disciplina militar, apoiando os SUV e iniciativas como as jornadas de luta dos deficientes das Forças Armadas. Por outro, promovendo movimentações de rua e acções de agitação. Vive-se um momento altamente conturbado, com o país à beira de uma guerra civil que o CR parece não conseguir evitar. Ainda que se torne evidente a sua tentativa de controlar a situação, cedo se denotam o quão limitados eram os equilíbrios alcançados em Tancos. Mais do que motor, o CR actuará como um moderador cuja capacidade de intervenção é cada vez mais restrita. Mais do que no CR, o poder residirá nesta fase nos próprios conselheiros.

As denúncias de casos de indisciplina nas Forças Armadas chegam diariamente ao CR. Como explica o CEME, Carlos Fabião, na primeira sessão do CR depois da Assembleia de Tancos, a situação era particularmente preocupante no Regimento da Polícia Militar dado que, a par da recusa em embarcar para Angola, os seus membros se envolviam em «manifestações de rua, gravemente

([248]) Cf. Marcelo Rebelo de Sousa, *A Revolução e o Nascimento do PPD*, vol. II, pp. 894–895.

atentatórias de uma verdadeira disciplina revolucionária»([249]). Os actos de indisciplina sucedem-se([250]) nesta e outras unidades, assistindo-se a uma escalada da contestação entre os soldados. Os esforços do CR centram-se então na busca de soluções tendo em vista a restauração da disciplina e o restabelecimento da cadeia de comando tradicional. O afastamento de Eurico Corvacho do comando da Região Militar Norte (por alguns apontado como um «saneamento à esquerda»([251])) e a sua substituição por Pires Veloso integra-se neste processo. Conhecido do grande público pelas funções que desempenhara como alto-comissário de São Tomé e Príncipe, Pires Veloso parecia oferecer garantias de estabilização numa região agora ameaçada também com a possibilidade de uma sublevação militar comandada, a partir de Espanha, por António de Spínola.([252]) Independentemente do fundamento desses rumores, era cada vez mais óbvia a escalada terrorista desencadeada pelo Movimento Democrático de Libertação de Portugal (MDLP)([253]) e Exército de Libertação de Portugal (ELP), com episódios tão violentos como o rebentamento de uma bomba na EFACEC([254]), em Matosinhos, os ataques a gestores das Unidades Colectivas de Produção e a Centros de Trabalho do PCP, etc. Segundo o líder comunista Álvaro Cunhal, o espectro de um regresso em força da direita voltava a pairar ameaçadoramente, num momento em que as forças de esquerda tinham perdido importantes posições no aparelho de Estado e militar.([255])

([249]) Acta do Conselho da Revolução, 8–9–1975, anexo C, Arquivo do Conselho da Revolução, Reuniões, Actas, vol. 1, caixa 1.

([250]) Ver, por exemplo, Acta do Conselho da Revolução, 11–9–1975, Arquivo do Conselho da Revolução, Reuniões, Actas, vol. 1, caixa 1; *Jornal Novo*, 24–9–1975.

([251]) *Jornal Novo*, 13–9–1975.

([252]) *Le Monde*, 13–9–1975.

([253]) Grupo terrorista contra-revolucionário de acção política anticomunista, fundado por um grupo de portugueses em Espanha e liderado a partir do Brasil por António de Spínola.

([254]) Empresa Fabril de Máquinas Eléctricas, S.A.R.L.

([255]) Discurso de Álvaro Cunhal num comício no Campo Pequeno, em 16 de Setembro de 1975, *in* Álvaro Cunhal, *A Crise Político-militar*, p. 205; Nota do CC do PCP sobre os atentados bombistas do fim-de-semana *in* PCP, *Documentos*

Essa perda de posições é, no entanto, compensada com o desenvolvimento de outras estratégias e novas organizações, de que os «Soldados Unidos Vencerão» (SUV) são exemplo. Esta organização militar esquerdista, ligada ao PCP, é criada no início do Verão de 1975 e realiza o seu primeiro comício no Porto, a 21 de Setembro desse mesmo ano. Propondo-se solucionar os problemas com que se debatiam os soldados, apresenta-se como uma alternativa ao MFA. Apesar de pouco expressiva em termos numéricos, esta estrutura clandestina tem enorme impacto junto da opinião pública, dadas as acções de desestabilização que protagoniza, mas também nos meios militares. De facto, os SUV constituíam uma potencial ameaça no interior dos quartéis, ao proporcionarem fortes reacções no corpo de oficiais e ao abrirem caminho a confrontos violentos entre grupos de soldados. O problema agrava-se a partir do momento em que se constituem outras organizações congéneres, disputadas pelas diferentes forças e movimentos da esquerda civil.

Carlos Fabião debate-se com crescentes dificuldades em levar a cabo a missão de que fora incumbido pelo CR tendo em vista o fim da indisciplina e desacatos nas e das unidades militares. Disciplina, ordem, unidade de acção, combate às «aventuras» são as palavras de ordem do CEME num momento em que é dado a conhecer o desvio de mil espingardas G3 de Beirolas.([256]) A situação agrava-se perigosamente com o anúncio de novas jornadas de luta, desta vez protagonizadas pelos Deficientes das Forças Armadas. As acções são desencadeadas na noite de 21 para 22 de Setembro, com a ocupação da ponte 25 de Abril. No dia seguinte, cercam o governo em São Bento, numa tentativa de sequestro, apenas evitada graças à intervenção do Regimento de Comandos da Amadora. Os Deficientes das Forças Armadas voltam a fazer manchete, depois

---

Políticos do Comité Central do PCP. 3.º vol. Julho/Dezembro de 1975. Lisboa, Ed. Avante, 1976, pp. 125–126.

([256]) Dinis de Almeida afirma ter sido aliciado a participar no desvio das armas, a entregar ao PRP, mas ter-se negado — Dinis de Almeida, *Ascensão, Apogeu e Queda do MFA*, vol. II, pp. 276–277. Em entrevista ao *Diário de Notícias,* o próprio capitão Fernandes reconhece publicamente o seu envolvimento no desvio das armas e revela que estas foram «entregues a revolucionários» — *Diário de Notícias*, 24–9–1975.

de ocuparem os estúdios da Emissora Nacional. Nesse mesmo dia (25 de Setembro), as ruas de Lisboa são palco de nova manifestação dos SUV, com a participação da FUR, naquela que, o *Jornal Novo* diz ser a «maior manifestação de soldados jamais realizada no nosso país»([257]).

Numa situação cada vez mais insustentável, que parece condenar ao fracasso o recém-empossado executivo, a credibilidade do CR é posta em causa. Os centros de poder multiplicam-se, acentuando a profundíssima crise da autoridade do Estado. É neste contexto que, na sua reunião de 25 de Setembro, o CR determina a dissolução do Regimento da Polícia Militar e a criação, na dependência directa do Presidente da República, do Agrupamento Militar de Intervenção (AMI).([258]) Apresentado como uma resposta ao ambiente de indisciplina, insegurança e falta de autoridade do executivo, o AMI integraria forças operacionais altamente treinadas do Exército, Marinha e Força Aérea. O oficial escolhido para a comandar, Melo Egídio, dirigia então a Arma de Infantaria, e era tido como muito próximo de Vítor Alves, com quem trabalhara em Moçambique. Na complexa correlação de forças que então se desenhava, este era um sinal público da falta de confiança dos *Nove* em Otelo Saraiva de Carvalho, dado que as funções atribuídas ao AMI se sobrepunham às que, até então, o COPCON dispunha.

A determinação do CR provoca a imediata reacção do comandante do COPCON questionando a viabilidade do AMI e as intenções do primeiro-ministro ao promover a sua constituição.([259]) Esta posição é assumida numa Assembleia de Delegados da RML realizada no Centro de Sociologia Militar a 27 de Setembro. Decorria ainda a reunião quando, ao início da noite, chegam as primeiras notícias de que a Embaixada e consulados de Espanha em Lisboa estavam a ser alvo de ataques.

Se rapidamente se torna evidente que as pretensas movimentações espontâneas das massas populares são dirigidas por organizações

---

([257]) *Jornal Novo*, 26-9-1975.

([258]) Acta do Conselho da Revolução, 25-9-1975, Arquivo do Conselho da Revolução, Reuniões, Actas, vol. 1, caixa 1.

([259]) Dinis de Almeida, *Ascensão, Apogeu e Queda do MFA*, vol. II, p. 291.

de extrema-esquerda, menos óbvia é a actuação do COPCON neste episódio, pautando-se por uma ostensiva passividade. Seria este um sinal da sua inoperância e conivência com estas iniciativas ou, pelo contrário, uma reacção à criação do AMI? Menos equívoca é a resposta de Pinheiro de Azevedo que, na ausência de Costa Gomes, em visita oficial à Polónia e URSS, ocupa interinamente a Presidência da República: ordena a ocupação das emissoras de rádio e da televisão.

Pinheiro de Azevedo escuda-se no aval dado pelo Conselho a esta medida de excepção. No entanto, a informação não é completamente verídica, uma vez que, dias depois, Rosa Coutinho apresenta ao CR um protesto, subscrito por vários membros do Conselho, «pelo facto de numa reunião acidental efectuada em 28 de Setembro de 1975 na Messe de Cascais se ter concedido o aval do CR para a ocupação militar das Estações Emissoras». Segundo este conselheiro, «tal tipo de decisões só podem ser tomadas em reunião do CR com suficiente *quórum* e sem a presença de elementos estranhos como foi o caso»([260]). Ou seja, a determinação não tinha sido avalizada pelo colectivo do CR, mas apenas por um grupo restrito, no qual depreendemos terem imperado membros do *Grupo dos Nove*.

A decisão reveste-se ainda de maior delicadeza se tivermos em conta as reacções que desencadeia. Interpretando a medida como uma provocação, algumas organizações de extrema-esquerda mobilizam-se junto ao Ministério da Comunicação Social e exigem a Otelo a tomada do poder. A iniciativa fracassará dada a recusa do comandante do COPCON em nela se envolver. O campo oposto, o dos apoiantes do governo, escolhe também a rua para expressar a sua posição: a 30 de Setembro, PS e PPD mobilizam-se e invadem as ruas de Lisboa. Os gritos dos manifestantes, «Lei e ordem», têm correspondência directa nas palavras que lhes são dirigidas por Pinheiro de Azevedo: «Temos de reconquistar a disciplina para vencer a anarquia em que este país tem vivido.»([261])

([260]) Acta do Conselho da Revolução, 210–1975, Arquivo do Conselho da Revolução, Reuniões, Actas, vol. 1, caixa 1.

([261]) *Diário de Notícias*, 1–10–1975.

Num momento em que é evidente o poder da rua e em que as posições relativamente ao VI Governo se polarizam, o *Diário de Notícias*, anuncia que a situação político-militar tendia «para uma certa estabilização»(262). Esta análise não deixa de ser irónica porque publicada a 1 de Outubro, dia em que «oficialmente» se inicia uma verdadeira psicose golpista: enquanto no RALIS, as unidades controladas pelo COPCON e *gonçalvistas* ultimam os preparativos para responder a um eventual golpe das forças moderadas, na imprensa é denunciado um «Plano dos Coronéis», isto é, um plano, da responsabilidade dos *Nove*, tendo em vista o controlo da situação.(263)

A imprensa divide-se quanto à interpretação a dar à notícia: uma ameaça real ou apenas uma má interpretação de um plano de reestruturação do Exército? A julgar pelas revelações de Rosa Coutinho, autor da denúncia, trata-se sobretudo de uma «manobra de diversão»: «era uma denúncia daquilo que eu sentia que eram os objectivos da conspiração dentro do MFA»(264). Em causa, o plano de operações militares que começara a ser gizado no Verão de 1975, na sequência de contactos desenvolvidos pelos *Nove* junto dos comandantes das Regiões Militares Centro e Sul. Depois de Tancos, o projecto ganha nova actualidade e a missão de elaborar um plano militar, para fazer face a um eventual golpe de estado promovido pelas forças de esquerda, é delegada num grupo (que ficara conhecido como o grupo dos operacionais) onde pontificam os nomes de Ramalho Eanes, Tomé Pinto e Garcia dos Santos.

Independente da veracidade da informação, a denúncia funciona como motor para outras, inaugurando uma psicose golpista que se arrastará até ao 25 de Novembro. Imediatamente depois do «Plano dos Coronéis», o PS delata um golpe de esquerda em preparação, com base no RALIS e apoiado pelos trabalhadores da Rádio Renascença.(265) Os boatos sucedem-se, numa crescente onda de provocações, nestes primeiros dias de Outubro, com a entrada

(262) *Diário de Notícias*, 1-10-1975.

(263) *O Século*, 1-10-1975.

(264) Maria Inácia Rezola, Entrevista a Rosa Coutinho, 3 de Julho de 2002.

(265) Cf. *Diário de Notícias*, 2-10-1975.

em prevenção da Região Militar Norte e dos Comandos de Jaime Neves. O ambiente adensa-se com a radicalização das posições em torno da Rádio Renascença; o anúncio do regresso à clandestinidade das Brigadas Revolucionárias; o agravamento das tensões na Região Militar Norte (RMN)([266]), nos Açores([267]) e também em Angola([268]); a declaração de estado de alerta do COPCON, na sequência de novos atentados bombistas; sucessão de greves, assim como de manifestações pró e contra o VI Governo.

A estratégia da mobilização «popular», encetada pelo PCP e pela extrema-esquerda, constituía uma ameaça permanente. Em resposta a esta ofensiva, PS e PPD saem em apoio do executivo e dos *Nove*. O mote é dado a 26 de Outubro, na monumental manifestação que promovem no Porto. O cenário repete-se ao longo de todo o mês de Novembro: de um lado, PCP e extrema-esquerda, com o apoio da Intersindical e do operariado da cintura industrial de Lisboa. Do outro, PS e PPD, a que progressivamente se vai juntando o CDS, tentando capitalizar o descontentamento e medos dos que temem a instauração de uma ditadura comunista. A ideia de que a data marcada para a transmissão de poderes em Angola (11 de Novembro) serviria de pretexto para um golpe de estado em Portugal entra na ordem do dia, adensando o ambiente. E, observa

---

([266]) A este respeito, em 24 de Outubro, o *Jornal Novo* noticiava que a situação militar no Norte voltava «a ocupar o lugar central na crise geral vivida pelo país, prova de que as tentativas levadas a cabo pelo CEME no sentido de alcançar uma solução para o problema do CICAP-RASP só poderiam dar resultado se fossem enquadradas por medidas tendentes à resolução de uma questão que é afinal contextual e não de simples circunstância» — *Jornal Novo*, 24–10–1975. Nesse mesmo dia, Pires Veloso coloca todas as unidades da RMN em alerta para impedir a realização da Assembleia Plenária de Soldados da Região Norte.

([267]) O tema é abordado em várias reuniões deste mês, tendo o primeiro-ministro anunciado ao CR a sua decisão de fazer deslocar ao arquipélago uma equipa ministerial para tentar pacificar a situação — Cf. Acta do Conselho da Revolução, 23–10–1975, Arquivo do Conselho da Revolução, Reuniões, Actas, vol. 1, caixa 1.

([268]) A situação em Angola é por várias vezes analisada no CR, tendo em conta não só os confrontos entre os movimentos de libertação como também a necessidade de acelerar o retorno dos portugueses que ainda se encontram em território angolano. Ver, a este respeito, Acta do Conselho da Revolução, 25–9–1975, Arquivo do Conselho da Revolução, Reuniões, Actas, vol. 1, caixa 1.

o *Jornal Novo*, «sendo o MFA um organismo que se pretende vivo, revolucionário, sendo o CR a sua expressão de cúpula, nada mais natural que esperar-se dele a condução efectiva da Revolução»([269]). Porque, comenta o *Expresso*, o «CR marca passo» enquanto as «manobras políticas continuam»([270]). Referindo-se à reunião do Conselho de 16 de Outubro, este semanário observa que,

> «apesar de ter sido uma das mais longas reuniões de sempre, não será exagerado afirmar-se que a última reunião do Conselho da Revolução foi também das que menos avançou na resolução dos problemas concretos e imediatos sobre que se debruçou. Isto é tanto mais grave quanto é verdade que os próprios conselheiros reconhecem o extremo melindre da actual situação político-militar que não se compadecerá com mais períodos de hesitação»([271]).

A par da manifesta incapacidade de antecipar e solucionar os problemas concretos que se colocavam à ordem revolucionária, o CR debate-se com crescentes dificuldades de definição da estratégia a seguir. Como revela Pinheiro de Azevedo, em entrevista ao semanário *Expresso*, «O problema que se põe ao CR é: até onde devemos ir? Qual o significado dessa mudança de linha dominante do CR, resultante do pronunciamento dos oficiais que estiveram presentes em Tancos? A questão é, insisto, muito delicada»([272]). Enquanto Carlos Fabião e Otelo Saraiva de Carvalho defendem uma estratégia assente na emergência dos «comandantes militares revolucionários» e na criação de «focos progressistas em diversas unidades que permitam, mais tarde, generalizar essas experiências às próprias Regiões Militares», outros, como Pinheiro de Azevedo, advogam a recuperação de alguns dos princípios de disciplina militar e de «um certo perfil militar» que garanta «as condições mínimas de estabilidade militar face às orientações políticas dos

---

([269]) *Jornal Novo*, 16-10-1975.
([270]) *Expresso*, 18-10-1975.
([271]) *Expresso*, 18-10-1975.
([272]) *Expresso*, 4-10-1975.

órgãos estritamente políticos e governamentais» (273). O debate, que, em determinados aspectos, tem subjacente diferentes perspectivas quanto ao próprio curso da revolução, acaba por fazer de Carlos Fabião a sua primeira vítima.

Finalmente, a encerrar o mês de Outubro, registam-se novos rumores de um golpe de estado em preparação. A 25, o *Expresso* dá conta da onda de boatos que tinha dominado a semana, levando as unidades militares a entrarem em prevenção. Depois, a 29, *O Século* e o *Diário de Notícias* publicam um documento da Comissão de Vigilância Revolucionária da Força Aérea, onde é denunciada a preparação de um novo 11 de Março. «Eram as provocações permanentes», comenta Vasco Lourenço, com «eles a acusarem-nos de estar a preparar um golpe, com o "Plano dos Coronéis", ... e connosco a prepararmo-nos para responder a reacções se houvesse um golpe do outro lado» (274). A interrogação do *Expresso* «viver assim até quando?», tinha toda a pertinência. (275)

As crescentes dificuldades de manutenção da ordem pública levam o Conselho de Ministros a solicitar ao CR uma reunião conjunta. O encontro, realizado a 6 de Novembro, deixa patente a necessidade de criação de condições de governabilidade (276), num momento em que os confrontos diários nas ruas, nos quartéis e na imprensa atingem inevitavelmente o CR. Frente a frente os dois blocos já definidos: de um lado os *Nove*, com o governo, o PS e «toda a direita atrás dele» (277); do outro, *gonçalvistas*, PCP e toda a extrema-esquerda. A dura troca de palavras entre Vasco Lourenço e Martins Guerreiro numa sessão do conselho de início de Novembro é paradigmática a este respeito. Vasco Lourenço acusa Martins Guerreiro de ser um agente do PCP e um «traidor do MFA». As acusações, até aí pensadas, mas nunca antes

---

(273) *Expresso*, 18–10–1975.

(274) Maria Inácia Rezola, Entrevista a Vasco Lourenço. Lisboa, 25–6–2002.

(275) *Expresso*, 25–10–1975.

(276) Acta do Conselho da Revolução, 6–11–1975, Arquivo do Conselho da Revolução, Reuniões, Actas, vol. 2, caixa 2.

(277) Vasco Lourenço confessa que, apesar de tudo, «estávamos conscientes de que estávamos a ser bandeiras de muitas forças com as quais não tínhamos nada» — Vasco Lourenço, 25 de Junho de 2002.

proferidas frontalmente, acabam por originar uma dura resposta de Martins Guerreiro, tido como um dos homens fortes do grupo gonçalvista.([278])

A radicalização das posições de Otelo constitui um grave entrave à coesão deste último grupo. A imagem mais frequentemente invocada nesse momento era a de um Portugal profundamente dividido: «Há fracturas nas Forças Armadas porque há fracturas nas forças políticas. Há fracturas nas forças políticas porque há fracturas nas Forças Armadas», são as conclusões do conselheiro Canto e Castro. Um «manicómio em autogestão»([279]). Segundo o semanário *Expresso*, alguns dos temas debatidos no CR manifestavam «o jogo das manobras político-militares que, do exterior, procuram destruir a unidade do CR e, assim, impedir uma direcção política eficaz»([280]). Muitas destas acusações dirigem-se directamente ao comandante do COPCON, que, dias antes, na reunião do CR de 31 de Outubro, desferira um forte ataque a Costa Neves e à sua actuação nos Serviços Prisionais Militares. Perante a coincidência entre essas denúncias e as contidas num comunicado da Comissão de Vigilância da Força Aérea (3 de Novembro), alguns conselheiros consideram tratar-se de uma acção concertada.([281])

A desagregação da situação no interior do CR, e a sua profunda divisão, está também patente no facto de alguns conselheiros se arrogarem de iniciativas em seu nome. É o caso de Almada Contreiras que, respondendo à acusação que lhe é feita pelo jornal *A Luta* de, na qualidade de director do SDCI, gastar avultadas verbas públicas em escutas telefónicas([282]), emite um comunicado em nome do CR revelando que a notícia «é falsa, mistificadora e caluniosa, denotando integral ausência de ética jornalística»([283]).

([278]) Acta do Conselho da Revolução, 10–11–1975, Arquivo do Conselho da Revolução, Reuniões, Actas, vol. 2, caixa 2.

([279]) *Jornal Novo*, 30–10–1975.

([280]) *Expresso*, 5–11–1975.

([281]) *Expresso*, 5–11–1975.

([282]) O artigo em causa intitulava-se «Noventa mil contos para ouvir as nossas conversas?» e foi publicado no jornal *A Luta* a 3 de Novembro de 1975.

([283]) *Diário de Notícias*, 4–11–1975.

O debate televisivo Soares–Cunhal, de 6 de Novembro, corporiza a contenda que então se trava no seio do CR, das forças político-partidárias e da sociedade portuguesa em geral. Duas concepções diferentes de democracia, dois modelos, duas propostas de superação da crise. Soares coloca o acento tónico na dinâmica eleitoral. Cunhal, por seu lado, apresenta-se como a encarnação dos ideais e das conquistas da Revolução e do MFA, procurando arrastar atrás de si a extrema-esquerda revolucionária. No dia seguinte, numa arriscada prova de autoridade, o Governo e o CR ordenam a destruição dos emissores da Rádio Renascença. A decisão, ainda hoje controversa e ambígua, tem consequências inesperadas. Antes de mais, ao proporcionar o pretexto para a radicalização da contestação que se vinha desenvolvendo nas ruas. Depois, como veremos, pelo descontentamento que gera entre os soldados e sargentos pára-quedistas que haviam executado a operação, levando-os a actos extremos de insubordinação. Entramos em contagem decrescente.

A escalada para o confronto final

Ao longo do mês de Novembro, as provocações sucedem-se, numa cadência vertiginosa, nem sempre fácil de acompanhar, mas onde se torna evidente a iminência de um golpe de estado. Directa ou indirectamente, o CR está constantemente no centro dos acontecimentos, como o prova a já mencionada destruição dos emissores da Rádio Renascença. A operação, levada a cabo por uma força do AMI integrando 60 pára-quedistas da Base de Tancos (BETPT), tinha como objectivo silenciar uma estação tida como porta-voz da esquerda revolucionária e fomentadora da desordem pública. As instruções de Costa Gomes, no sentido de retirar os cristais aos emissores, são desvirtuadas pelo primeiro-ministro que, com o aval do CEMFA Morais da Silva, determina a destruição dos emissores. Confrontado com um facto consumado, o CR acaba por dar cobertura legal à acção assumindo colectivamente a sua responsabilidade. A imagem que passa para o exterior é a de um reforço do apoio do CR ao Executivo e do seu empenho no accionamento de medidas de força para o restabelecimento da ordem. Os efeitos da intervenção serão, no entanto, imprevisíveis, com o pedido de cerca de dois mil pára-quedistas para serem colocados sob as ordens do COPCON e, sobretudo, a revelação das profundas fracturas que minavam o CR. A primeira provocação estava consumada, ainda que remetendo o CR para uma posição polémica e delicada. Neste contexto é fácil entender a prudência do Conselho quando, na sessão extraordinária de 10 de Novembro, se debruça sobre a questão da independência de Angola. Depois de um polarizado debate, decide-se aguardar a formação do Governo em Angola, de forma a verificar tratar-se de um executivo de unidade nacional, com a participação da UNITA e FNLA. Apenas nesse caso seria reconhecido pelo CR.([284])

Na escalada de provocações que domina este mês de Novembro, o passo seguinte cabe a Otelo e traduz-se numa aberta contestação da credibilidade do CR. Declarando ter perdido «totalmente» o interesse pelas reuniões do Conselho, o comandante do COPCON manifesta a sua intenção de não as voltar a frequentar enquanto estas «não se debruçarem sobre os problemas reais do país, sobretudo problemas de direcção político-militar, que não existe». Porque, acrescenta, «eu não estou realmente para perder o meu tempo com Conselhos da Revolução que de Revolução tem muito pouco»([285]). Neste contexto, ganham outra dimensão as suas deslocações ao aquartelamento das Caldas da Rainha e ao Depósito Geral de Material de Guerra, em Beirolas. Segundo Otelo, as visitas inseriam-se num programa mais vasto, a estender a todas as unidades da RML, tendo em vista o esclarecimento e motivação de oficiais, sargentos e praças para a «causa revolucionária». A «contagem de espingardas» tinha começado.

Em Tancos (BETPT), vive-se uma situação explosiva. De um lado, soldados e alguns sargentos protestando contra o seu envolvimento na operação de destruição dos emissores da RR e, por isso mesmo, tecendo fortes críticas ao CEMFA, Morais da Silva. Do outro, os oficiais que, a pretexto de estarem em curso manobras da esquerda para tomar a unidade, decidem apresentar-se no

([284]) Acta do Conselho da Revolução, 10-11-1975, Arquivo do Conselho da Revolução, Reuniões, Actas, vol. 2, caixa 2.

([285]) *Jornal Novo*, 11-11-975.

EMGFA e requerem a sua passagem aos respectivos quadros de origem. Esta acção, que envolve 123 oficiais pára-quedistas, constitui uma provocação aos soldados, inserindo-se no âmbito da guerra administrativa que o CEMFA lhes move nesse momento. Otelo Saraiva de Carvalho, por seu lado, apressa-se a manifestar o seu apoio aos soldados e sargentos da base-escola de Tancos, na tentativa de alargar a frente de contestação ao AMI.([286])

O clima de pré-guerra civil que, há algum tempo, vinha sendo denunciado, torna-se cada vez mais preocupante. Assim o atestam os incidentes que rodeiam a manifestação de apoio ao VI Governo Provisório de 9 de Novembro — a multidão congregada na Praça do Comércio, em Lisboa, é subitamente invadida pelo pânico devido à explosão de uma bomba de gás lacrimogéneo. Os apelos do primeiro-ministro à calma — «É só fumaça!», «O Povo é sereno!» — não são suficientes para tranquilizar um país que, em directo, na TV, assiste a esses momentos.

Dias depois, a tensão sobe com os acontecimentos que rodearam a greve dos trabalhadores da construção civil, a 12 de Novembro, e que resultaram no cerco ao Palácio de São Bento e no sequestro dos deputados da Assembleia Constituinte, durante 36 horas. No mesmo dia, o *Diário de Notícias* anunciava, na primeira página, que «Oficiais reaccionários ameaçam marchar sobre Lisboa e Alentejo» e, em Rio Maior, a CAP, o PS e o PPD organizam barricadas conjuntas como resposta à greve da construção civil. Reunidos em Belém, alguns membros do CR seguem atentamente os acontecimentos, numa sessão em que a ausência de *quórum* impede a tomada de resoluções quanto aos pontos da agenda de trabalhos.([287])

([286]) Cf. Dinis de Almeida, *Ascensão, Apogeu e Queda do MFA,* Vol. II, p. 336, e *Expresso*, 12-11-1975 .

([287]) Da ordem de trabalhos da reunião do CR de 13 de Novembro constavam os seguintes pontos: Análise da situação, Reestruturação do COPCON, Reestruturação interna do CR, Proposta de reestruturação dos vários Comandos, entregue ao CEME e a membros do Exército. Segundo a Acta do encontro, «devido a ausências momentâneas por parte de alguns membros do CR, não foram tomadas quaisquer resoluções, tendo, no entanto, a respeito da necessidade de reestruturação dos vários comandos, ficado o CEME em conjunto com os membros do Exército de apresentar em próxima reunião, propostas com vista a normalizar a

Profundamente embaraçante para o executivo e para o CR, o episódio do cerco à Constituinte tem um amplíssimo impacto na opinião pública nacional e internacional. O espectro da *Comuna de Lisboa* paira ameaçadoramente no ar, generalizando-se a ideia de que a extrema-esquerda domina a Capital. Assinale-se ainda a ruptura entre o comandante do COPCON e o primeiro-ministro: as suas já tensas relações degradam-se com a recusa de Otelo de proteger a Assembleia e reprimir a manifestação. Para Pinheiro de Azevedo torna-se evidente que só com o apoio dos *Nove* conseguiria manter o seu executivo. Finalmente, é necessário destacar, neste contexto, que a conspiração em curso, envolvendo o PS, alguns militares com ligações à FMU([288]), e elementos do próprio CR, acaba por ser abortada. O projecto de levar a cabo uma espécie de golpe de estado, transferindo os poderes do CR para a Assembleia Constituinte, era, nesse momento, demasiado arriscado.([289])

Perante a tensão gerada pelo cerco à Constituinte, Costa Gomes dirige uma mensagem à Nação apelando à união «em torno das Forças Armadas, da autoridade e dos ideais revolucionários»([290]). O Conselho de Ministros, por seu lado, regista «a extrema gravidade» dos acontecimentos apresentando-os «como meio intolerável de pressão sobre o Governo»([291]). Os receios de que a situação

---

situação» — Acta do Conselho da Revolução, 13-11-1975, Arquivo do Conselho da Revolução, Reuniões, Actas, vol. 2, caixa 2.

([288]) Grupo militar «fantasma» tido como próximo do *Grupo dos Nove* cuja constituição não pode ser dissociada da crescente influência do PCP e da extrema-esquerda nas unidades militares. Em última análise, a FMU é a resposta dos «moderados» aos SUV. Segundo o historiador César Oliveira, trata-se de «uma estrutura militar "paralela" à cadeia de comando militar vigente, capaz de organizar a resistência e o contra-ataque militares a uma eventual tentativa de sublevação para repor a situação anterior à Assembleia de Tancos ou, inclusivamente, conquistar o poder no âmbito da FUR» — César Oliveira, *Os Anos Decisivos*, p. 198.

([289]) Sobre o assunto, ver Maria Inácia Rezola, *Os Militares na Revolução de Abril*, pp. 452–453.

([290]) «Costa Gomes ao país (13-11-75)» *in* Orlando Neves (ed.), *E Agora que Fazer? Textos Históricos da Revolução III*. Lisboa, Diabril, 1976, pp. 40–42.

([291]) *Expresso*, 15-11-1975.

se torne incontrolável levam os líderes, direcções partidárias e grupos parlamentares do PS, do PPD e do CDS a refugiarem-se no Porto. Segundo Mário Soares, a ideia de transferir a Assembleia Constituinte para essa cidade, onde seria possível organizar uma «resistência», é já amplamente debatida.(292)

É no Porto que, nesse mesmo dia 14, PS, PPD e CDS organizam uma manifestação de apoio ao VI Governo, que termina com o assalto e destruição da sede da União de Sindicatos. Dois dias depois, uma gigantesca manifestação de sinal contrário enche o Terreiro do Paço, organizada pelas comissões de trabalhadores da cintura industrial de Lisboa, com a participação do proletariado rural alentejano. Segundo o órgão oficial do PCP, esta era a «resposta às manobras reaccionárias e à aliança das forças da direita»(293), isto é, aos que manifestavam o seu apoio ao executivo de Pinheiro de Azevedo. A «bola de neve» tinha sido lançada, aguardando-se que um dos «lados» saísse. Começara a contagem decrescente para o golpe final.

O encontro de cerca de três dezenas de oficiais afectos à linha dos *Nove* no Palácio das Laranjeiras, em Lisboa, a 15 de Novembro, reveste-se de extrema importância neste contexto. Antes de mais porque senta à mesma mesa alguns dos *Nove*, elementos do seu grupo operacional e outros oficiais que, progressivamente, tinham vindo a aderir ao seu projecto (como Jaime Neves, Ramalho Eanes, Loureiro dos Santos, Mário de Aguiar, Tomé Pinto, etc.). No centro do debate, a situação político-militar, concluindo-se pela necessidade de «disciplinar a actividade de alguns órgãos de comunicação social», reforçar «a posição militar do Movimento» armando «as forças paramilitares» e, finalmente, a «urgência de promover a consolidação do VI Governo Provisório»(294). A eventual retirada para o Norte é também ventilada, assim como a substituição de Otelo na RML e tomada de uma posição de força do executivo.

A questão da autoridade do executivo é também debatida em mais uma reunião conjunta do CR com o Conselho de Ministros

(292) Maria João Avillez, *Soares. Ditadura e Revolução*, pp. 483–484.
(293) *Avante*, 20-11-1975.
(294) Gomes Mota, *A Resistência*, p. 179.

(16 de Novembro)([295]), que decorre sob o espectro de uma transferência da Assembleia Constituinte para o Porto. É neste contexto que, a 18 de Novembro, Mário Soares e alguns elementos dos *Nove* se reúnem com o objectivo de dar a conhecer, de parte a parte, estratégias e acções.([296]) O encontro, realizado no mesmo dia em que é revelada a determinação de Morais da Silva de passar os mil e duzentos pára-quedistas de Tancos à situação de licença registada, reveste-se de grande importância. A possibilidade de suspensão do Governo, como forma de pressionar o poder militar a clarificar a sua posição, é equacionada, colhendo o imediato apoio entre grande parte dos presentes. Quando, no dia seguinte, Pinheiro de Azevedo apresenta a proposta de auto-suspensão do executivo em Conselho de Ministros tem já a garantia de que a decisão é apoiada pelo *Grupo dos Nove* e pelo PS. O seu gabinete acaba por concordar maioritariamente com a decisão, apesar da oposição do comunista Veiga de Oliveira.

Reacção semelhante terá Costa Gomes, para quem aquela era uma atitude inconcebível.([297]) A sua discussão com Pinheiro de Azevedo foi intensa, sobretudo depois de este último exigir a demissão de Otelo e Fabião como condição para o regresso à actividade do Governo. Prudentemente, o Presidente da República exime-se de uma decisão final sobre a greve do governo antes da reunião do CR agendada para esse dia.([298]) É nestas conversas de bastidores que se revela a estratégia de Pinheiro de Azevedo. Podia ter optado por se demitir. Não o fez. Pretendendo acabar com a pressão das ruas como elemento político, Pinheiro de Azevedo anuncia a auto-suspensão do governo até existirem condições para o pleno exercício do poder. Esta decisão pode ainda ser interpretada como um elemento de pressão sobre o Presidente da República. Segundo o comunicado então distribuído à imprensa,

---

([295]) *A Luta*, 18-11-1975.

([296]) Sobre este encontro no restaurante Chocalho, em Santos, ver a descrição de Gomes Mota, *A Resistência*, pp. 181-183, ou depoimento de Vasco Lourenço *in História*, n.º 14, Novembro de 1995, p. 35.

([297]) Cf. Maria Manuela Cruzeiro, *Costa Gomes, o Último Marechal*, p. 336.

([298]) Cf. Dinis de Almeida, *Ascensão, Apogeu e Queda do MFA*, p. 342.

> «com vista à necessária e inadiável clarificação da situação política e militar indispensável à resolução da gravíssima crise que o País atravessa, resolveu o Governo, suspender o exercício da sua actividade governativa até que Sua Excelência o Presidente da República e CEMGFA lhe possa efectivamente garantir as condições indispensáveis ao exercício das suas funções e autoridade»([299]).

Independentemente da interpretação que dermos à medida, ela constitui, inegavelmente, uma das maiores provocações então produzidas.

Como seria inevitável, o anúncio da greve do VI Governo abala profundamente a Assembleia Constituinte, cuja sessão de 19 de Novembro é assinalada por vários incidentes e distúrbios, que culminam na sua suspensão. No final, a declaração apresentada pelo PS, exigindo ao Presidente da República condições mínimas de segurança democrática no funcionamento dos órgãos de soberania, é aprovada com a abstenção do PCP e o voto contra do MDP//CDE e da UDP([300]), num reflexo da divisão que atingia o hemiciclo de São Bento.

Finalmente, a última provocação que nos conduz ao 25 de Novembro: a decisão de afastar Otelo da RML e dissolver o COPCON (20 de Novembro). A hipótese era há algum tempo ventilada. Fora, por exemplo, debatida na reunião militar realizada, em Belém, no dia seguinte ao levantamento do cerco à Constituinte. A ideia, avançada por Costa Gomes, de nomear Otelo vice-CEMGFA e integrar o COPCON no EMGFA parece, no entanto, não ter tido um bom acolhimento por parte do Comandante.([301]) O impasse arrasta-se num momento em que Otelo e o COPCON são alvo de crescente contestação e começam a circular rumores quanto à possibilidade de Vasco Lourenço vir a substituí-lo na RML.

([299]) «O governo suspende a sua actividade (19–11–1975)» *in* Orlando Neves (ed.), *E Agora que Fazer?*, pp. 42–44.

([300]) *Diário da Assembleia Constituinte*, n.º 82, 19–11–1975.

([301]) Cf. *Jornal Novo*, 18–11–1975.

O tema do comando da RML está também no centro do debate do encontro realizado, em Belém, a 18 de Novembro, em que participam o Presidente da República, os chefes dos três ramos das Forças Armadas, o comandante do COPCON, Melo Antunes, Vasco Lourenço, Sousa e Castro e Marques Júnior. Otelo é então confrontado com três cenários possíveis para a resolução da crise político-militar: «os *Nove* tomarem o poder, com consequente afastamento de Otelo; Otelo tomar o poder com o afastamento dos *Nove* [...] ou então Otelo assumiria o cargo de vice-CEMGFA» e o COPCON seria extinto. Esta última hipótese, que apontava para uma resolução pacífica da contenda, é rejeitada por Otelo que, em alternativa, propõe uma reestruturação do COPCON e a assunção de um compromisso por parte do CR e do Governo de enveredar por uma «política de esquerda que favoreça realmente as classes trabalhadoras»(302). Ou seja, as negociações fracassam, mantendo-se a crise e o problema dos comandos militares. Segundo o *Jornal Novo*, as três linhas do MFA estavam «mais separadas, e nem o profundo sentimento de camaradagem que (alguns) mantêm, as parece poder salvar de confronto»(303). São nesse momento tornados públicos vários apoios a Otelo, nomeadamente da Escola Prática de Transmissões, do Ralis e da Polícia Militar.(304)

A crise político-militar conhece novos desenvolvimentos a 20 de Novembro. No Regimento de Comandos, Jaime Neves dá conta dos preparativos desenvolvidos pelo grupo Melo Antunes-Eanes, e da correlação de forças existente: de um lado, os *Nove*, os Comandos, o CIAAC, parte da EPI, da RMN e grande parte da Força Aérea; do outro, Otelo, Fabião, o Ralis, e a Polícia Militar.(305) Estando ainda por esclarecer a posição do Presidente da República, em moção apresentada na parada do Regimento de Comandos, transmitida e empolada pela RTP, Jaime Neves lança-lhe um ultimato no sentido de que fossem tomadas medidas para acabar com a instabilidade e a «desordem».

(302) *Expresso*, 19-11-1975.

(303) *Jornal Novo*, 19-11-1975.

(304) Cf. *Diário de Notícias*, 20-11-1975.

(305) Cf. Dinis de Almeida, *Ascensão, Apogeu e Queda do MFA*, vol. II, p. 341.

A situação complexifica-se quando publicamente o COPCON declara o seu apoio à luta dos pára-quedistas. As ruas de Lisboa são palco de uma nova manifestação contra a determinação do VI Governo em suspender a sua actividade, convocada pelo Secretariado Provisório das Comissões de Trabalhadores da Cintura Industrial de Lisboa, com o apoio do PCP e da extrema-esquerda. Crescentemente pressionado pelas forças que se digladiavam no terreno, Costa Gomes revela, mais uma vez, a sua habilidade. Perante os manifestantes que reclamam o «avanço do poder popular», o Presidente da República promete evitar a todo o custo a guerra civil e contesta as acusações de indecisão e hesitação que partidos como o PS e PPD e os próprios elementos dos *Nove* lhe teciam. Esta era a resposta directa aos desafios que, pouco antes, Jaime Neves e Pinheiro de Azevedo lhe haviam lançado, mas também uma forma hábil de desmontar a tentativa de golpe palaciano que a manifestação dos trabalhadores da cintura industrial de Lisboa representava.

Finalmente, nesse mesmo dia 20, reúne-se o CR. Segundo alguns observadores políticos, a presença de Otelo no encontro poderia representar um desanuviamento da situação político-militar.([306]) A ideia de que, depois de semanas de manifesta incapacidade de suster a situação, o CR pretendia recuperar a liderança está patente no seu comunicado final:

> «1. O CR estudou atentamente a actual crise política, reconhecendo a sua gravidade e os grandes inconvenientes que poderia trazer para a estabilização e desenvolvimento do País e da revolução, se não for rapidamente resolvida.
>
> 2. No âmbito de uma estratégia global para resolução da crise resolveu recomendar que se encetem imediatamente negociações com os partidos políticos, de forma a encontrar-se uma plataforma de equilíbrio para satisfazer as justas preocupações das classes trabalhadoras e que poderá envolver convenientes remodelações do Governo.

([306]) *Jornal Novo*, 21–11–1975.

3. Quanto ao VI Governo, reconhecendo embora as dificuldades que se tem levantado ao seu exercício e reprovando certas formas de luta de que tem sido alvo, reprovou igualmente a sua atitude de suspensão de actividades (...), e decidiu que, por intermédio do Primeiro-Ministro, se consiga que retome o seu exercício normal até resolução da crise actual.
4. Sobre a projectada reestruturação dos comandos militares, foi decidido nomear, com a concordância do CEME e do Comandante do COPCON, o Capitão Vasco Lourenço para Comandante da Região Militar de Lisboa, o qual, para o efeito, é graduado em brigadeiro.
   O Comando do COPCON continua entregue ao General Otelo Saraiva de Carvalho (...). No mesmo âmbito foi decidido dissolver imediatamente o AMI. (...)
6. O CR apreciou também um pedido do Presidente da Assembleia Constituinte para prorrogação do prazo de elaboração e aprovação da Constituição e aprovou uma lei constitucional e um decreto que permitem a prorrogação desse prazo por mais 90 dias.» (307)

Ainda que reprove a auto-suspensão do governo, o CR limita-se a recomendar o estabelecimento de negociações entre os partidos políticos, tendo em vista a sua eventual remodelação. Mais uma vez, opta pela via do compromisso, protelando a resolução do problema. O país continuava sem governo, aguardando-se que o próprio executivo avaliasse quando estariam reunidas as condições para poder retomar funções.

No plano estritamente militar procura-se conciliar o inconciliável, determinando-se a dissolução do AMI, a nomeação de Vasco Lourenço para o comando da RML e, ainda, a reafirmação de Otelo como comandante do COPCON. O objectivo final, que justificava as concessões, era colocar Vasco Lourenço na direcção da Região Militar de Lisboa. Acreditava-se, assim, por termo à instabilidade político-militar e inverter a correlação de forças em presença, reposicionando o CR e, dentro deste, os *Nove*.

(307) Acta do Conselho da Revolução, 20-11-1975, anexo B, Arquivo do Conselho da Revolução, Reuniões, Actas, vol. 2, caixa 2.

O golpe está em marcha

Como era previsível, as reacções não se fazem esperar. No dia seguinte, no RALIS, Carlos Fabião assiste ao polémico juramento de bandeira, no qual os soldados, de punho cerrado, se comprometem a «estar sempre, sempre ao lado do Povo, ao serviço da classe operária, dos camponeses e do povo trabalhador». Enquanto isso, várias unidades contestam a decisão do CR sobre a liderança da RML, julgando que Otelo fora afastado coercivamente. Nessa mesma noite, no seu quartel-general no Alto do Duque, o COPCON debate o problema. Otelo revela alguns detalhes das negociações levadas a cabo, gerando uma onda de indignação entre os comandantes das unidades presentes.

É neste contexto que, apesar de se ter comprometido a aceitar a nomeação de Vasco Lourenço, Otelo recua.([308])

Perante o impasse criado por esta mudança de posição de Otelo, Costa Gomes adia uma tomada de posição sob o pretexto de pretender ouvir o CR sobre esta matéria. Vasco Lourenço, pelo contrário, renuncia ao cargo para que fora nomeado, justificando a decisão com «a falta de confiança da maior parte das unidades do sector que lhe caberia comandar»([309]). Segundo o *Século*, estas afirmações eram no mínimo inquietantes, não só pela forma como Lourenço «interpretava a contestação que era feita por certas unidades à sua nomeação para a chefia da RML», como ainda pela «actividade saneadora» que deixam subentender, acabando por dar «credibilidade e força à argumentação dos militares que se lhe opõem»([310]).

Esta polémica em torno da nomeação de Vasco Lourenço para o comando da RML acentua as já existentes cisões. Segundo o *Expresso*, a esquerda militar denuncia estar em curso uma acção de «saneamento à esquerda» visando neutralizar algumas unidades militares, sendo várias as que se manifestam abertamente contra o afastamento de Otelo da RML (é o caso do Regimento de Artilharia

([308]) Cf. *Expresso*, 22-11-1975 e *Jornal Novo*, 24-11-1975.

([309]) *Jornal Novo*, 22-11-1975.

([310]) *O Século*, 24-11-1975.

de Costa, da EPAM e dos Ralis).([311]) No campo oposto, o comando da Região Militar do Norte distribui, a 22 de Novembro, um comunicado de apoio a Vasco Lourenço e ao CR.([312]) No mesmo dia, em declarações à imprensa, Pezarat Correia considera «extremamente desagradável» não ter sido aceite a nomeação de Vasco Lourenço porque «ele é um dos oficiais mais batalhadores e interessados pelo avanço da Revolução»([313]). Paralelamente, Jaime Neves e Lobato Faria, 1.° e 2.° comandantes do Regimento de Comandos, respectivamente, informam Costa Gomes da sua recusa em continuar sob a alçada do COPCON. Reunidos no Quartel-General da RML, vários comandantes de unidade contestam a validade e representatividade da reunião realizada, no dia anterior, no Alto do Duque.([314])

A par desta complexa questão das chefias militares, por solucionar está ainda o problema do Executivo. Enquanto na Assembleia Constituinte e na Comunicação Social os campos se extremam, entre os que apoiam a suspensão do governo e os que exigem a sua demissão, preparam-se grandes manifestações de rua.

Antes de mais, com os sucessivos apelos socialistas à mobilização popular e a convocação de comícios em várias capitais de distrito, no fim-de-semana de 22-23 (Porto, Braga, Vila Real, Viseu, Coimbra, Santarém, Castelo Branco, Faro, Portalegre e Lisboa). O PS procurava trazer para a rua os descontentes, constituindo uma frente de apoio a Pinheiro de Azevedo e aos «moderados». O comício da Alameda Afonso Henriques, em Lisboa, marca o ponto alto desta mobilização, sendo protagonizado pelas denúncias de Mário Soares sobre a tentativa de instauração de uma ditadura totalitária em Portugal.([315])

([311]) *Expresso*, 22-11-1975.

([312]) *A Capital*, 24-11-1975; *O Século*, 24-11-1975.

([313]) *República*, 22-11-1975.

([314]) *Jornal Novo*, 24-11-1975. Segundo este jornal, no encontro estiveram presentes os comandantes de 12 unidades, num total de 16 que integram a RML. Sobre o assunto, ver ainda a descrição de Dinis de Almeida segundo a qual na reunião Ramalho Eanes terá pressionado Otelo a aceitar a sua substituição por Vasco Lourenço — Cf. Almeida, Dinis, *Ascensão, Apogeu e Queda do MFA*, vol. II, pp. 353-354.

([315]) Cf. *Jornal Novo*, 24-11-1975, e *Comércio do Porto*, 23-11-1975.

Paralelamente, o Secretariado Provisório das Comissões de Trabalhadores da Cintura Industrial de Lisboa convoca uma greve de solidariedade para com os pára-quedistas de Tancos e contra a nomeação de Vasco Lourenço. Os SUV, por seu lado, condenam a nomeação de Vasco Lourenço e manifestam o seu apoio a Otelo, num comunicado em que o CR é acusado de pretender dissolver várias unidades (PM, EPAM, EPSM e RE1) de maneira a «separar os soldados e marinheiros dos seus irmãos de classe, os operários e camponeses» e impor nos quartéis «a velha ordem e disciplina militarista»([316]).

A 24 de Novembro, as atenções centram-se na reunião do CR agendada para esse dia que se prevê seja «a mais dura e a mais tensa de todas as reuniões até agora realizadas»([317]). A crise estava longe de solucionada e a posição do Conselho revestia-se de grande delicadeza, nomeadamente face ao recuo de Otelo e a consequente recusa de Vasco Lourenço de aceitar o comando da RML. Nas páginas de *A Capital,* a hipótese de um confronto armado é abertamente equacionada([318]). Chegara a hora da verdade, «em que cada um tem de dizer claramente aquilo que pretende e as posições que serve, em termos de opção de classe»([319]).

A agravar o já notório ambiente de tensão, as acções desencadeadas pelos agricultores de Rio Maior, nesse mesmo dia 24, erguendo barricadas na Estrada Nacional n.º 1 e fazendo tocar os sinos das Igrejas a rebate, num convite à população para que aderisse à sua iniciativa. As barricadas acabarão por ser desmontadas, na madrugada de 25 de Novembro, por acção do CR.([320]) No entanto,

---

([316]) *O Século*, 24-11-1975.

([317]) *Diário de Lisboa*, 24-11-1975.

([318]) *A Capital*, 24-11-1975.

([319]) *Diário de Lisboa*, 24-11-1975.

([320]) Durante a reunião do CR, Vasco Lourenço e Pezarat Correia recebem uma delegação de agricultores que lhes apresentam as suas reivindicações: revisão imediata da Lei da Reforma Agrária, proibição das ocupações selvagens, saneamento do secretário de Estado da Reestruturação Agrária António Bica, etc. Segundo Vasco Lourenço, a aceitação de algumas destas reivindicações permite alcançar um acordo e, já cerca das 3h da madrugada, os agricultores deixam Belém com a

segundo Vasco Lourenço, este foi um episódio determinante no processo de «contagem de espingardas» em curso e no reforço da posição dos «moderados»([321]). Enquanto isso, nas unidades militares da Região Militar de Lisboa, «aumentava a tensão e as intercomissões de soldados tomavam posição recusando-se a aceitar outro comandante da Região Militar de Lisboa que não seja o general Otelo»([322]).

A reunião do CR rodeia-se de amplas medidas de segurança, patentes, por exemplo, na presença de alguns chaimites do regimento de Comandos da Amadora junto ao Palácio de Belém. Um dos primeiros a intervir será Pinheiro de Azevedo, sugerindo o estabelecimento de um «acordo entre as linhas desavindas do MFA» e propondo a publicação de «um regulamento de disciplina revolucionária»([323]). A conciliação era, no entanto, impossível, como o demonstram as declarações para a Acta então proferidas. Em causa, a polémica da nomeação de Vasco Lourenço para o comando da RML. Particularmente incisivas serão as intervenções de Almada Contreiras, Martins Guerreiro e Otelo Saraiva de Carvalho, desvinculando-se das decisões do CR quanto ao COPCON e ao seu comandante.([324]) A determinação do CR parece, no entanto, reunir um amplo apoio, num momento em que as críticas a Otelo Saraiva de Carvalho sobem de tom. Desde logo, dos oficiais do EME que, em moção, exigem a demissão de Otelo e Fabião. Pinheiro de Azevedo, por seu lado, apresenta o seu «veemente protesto pela crítica feita na TV pelo Gen. Otelo ao CR». Numa declaração subscrita por Canto e Castro, Pinho Freire denuncia a incompetência de Otelo, afirmando que «o comandante

---

garantia de que iriam suspender as barricadas — Maria Inácia Rezola, Entrevista a Vasco Lourenço. Lisboa, 9 de Julho de 2002.

([321]) Maria Inácia Rezola, Entrevista a Vasco Lourenço. Lisboa, 9 de Julho de 2002.

([322]) *Diário de Lisboa*, 25-11-1975.

([323]) Acta do Conselho da Revolução, 24-11-1975, Arquivo do Conselho da Revolução, Reuniões, Actas, vol. 2, caixa 2.

([324]) Acta do Conselho da Revolução, 24-11-1975, Arquivo do Conselho da Revolução, Reuniões, Actas, vol. 2, caixa 2.

da Região Aérea não apoia o COPCON enquanto o Gen. Otelo for Comandante»([325]).

Depois de temas como a reestruturação dos Comandos Militares, o COPCON ou a nomeação de um novo comandante para a RML terem estado novamente sobre a mesa, os resultados do encontro são tornados públicos: repudiando-se «as sucessivas e inadmissíveis interferências de forças políticas partidárias, sindicatos e mesmo entidades civis isoladas, nas decisões militares tomadas pelos vários escalões da hierarquia das Forças Armadas, sobretudo as que revestem formas de contestação de figuras militares», anuncia-se que o «Presidente da República e chefe do Estado-Maior das Forças Armadas, ouvido o Conselho da Revolução, decidiu manter a nomeação do Sr. Capitão Vasco Correia Lourenço para Comandante da Região Militar de Lisboa conforme decisão da reunião de 20 de Novembro do CR»([326]).

Neste comunicado, divulgado cerca das 4 da madrugada de 25 de Novembro, reprova-se ainda «o acenar contínuo do fantasma da guerra civil». A determinação do CR em «se opor por todos os meios, incluindo uma decidida acção militar, contra quem quer que seja que desencadeie acções de rebelião armada ou guerra civil», é explicitada.([327]) A possibilidade da confirmação de Vasco Lourenço como comandante da RML se poder transformar num rastilho de pólvora não é, de todo, descartada.

A mais longa reunião do CR

Numa operação relâmpago, que visava a neutralização dos meios aéreos e o controlo das comunicações da Força Aérea, os pára-quedistas da Base-Escola ocupam as bases aéreas de Tancos,

([325]) Acta do Conselho da Revolução, 24-11-1975, Arquivo do Conselho da Revolução, Reuniões, Actas, vol. 2, caixa 2.

([326]) Acta do Conselho da Revolução, 24-11-1975, anexo A, Arquivo do Conselho da Revolução, Reuniões, Actas, vol. 2, caixa 2.

([327]) Acta do Conselho da Revolução, 24-11-1975, anexo A, Arquivo do Conselho da Revolução, Reuniões, Actas, vol. 2, caixa 2.

Monte Real e Montijo e o Estado-Maior da Força Aérea. Pouco depois, o RALIS monta um dispositivo militar nos acessos à auto--estrada do Norte, ao Aeroporto da Portela e na zona de Beirolas, onde estava o depósito de material de guerra. Tropas da EPAM ocupam os estúdios da RTP e tomam posições nas portagens da auto-estrada do Norte. O SDCI é posto em estado de alerta. Cerca das 7 horas, os *páras* ocupam o comando da 1.ª Região Aérea, em Monsanto, detendo o seu comandante. Detido, mas não incomunicável, Pinho Freire contacta Morais da Silva e a Presidência da República. O alerta é dado: o golpe está «na rua». De acordo com um plano previamente estabelecido, o CEMFA começa a concentrar os pára-quedistas fiéis em Cortegaça. Os «moderados» preparam-se para entrar em acção.

Não sendo, nesse momento possível, deslindar os contornos do «golpe» — as movimentações dos *páras*, RALIS e EPAM podiam fazer parte de um plano mais vasto da esquerda revolucionária envolvendo outras unidades, como o COPCON e a Polícia Militar —, os *Nove* dirigem-se a Belém. Determinados a manter-se no campo institucional, procurarão o aval de Costa Gomes para accionar o seu Plano.

Face à indefinição do momento, e à crescente ameaça de guerra civil, Costa Gomes assume o comando. Tornava-se urgente sondar posições e controlar as armas. É nesse sentido que, cerca das nove horas da manhã, convoca para Belém uma reunião extraordinária do CR com a presença dos chefes militares. Simultaneamente, inicia os preparativos para a instalação, no Palácio, de um posto de comando, cuja direcção o próprio assume. Coadjuvam-no, nesta acção, Rocha Vieira, chefe de Estado-Maior do posto de comando, e Vasco Lourenço, comandante da RML. Com a atribuição do comando das Forças Armadas ao CEMGFA, grande parte das decisões do CR para controlar as movimentações em curso serão tomadas através deste órgão.([328])

Confrontado com o plano de operações dos «moderados», Costa Gomes pondera. Uma «luz verde» ao plano implicaria novas acções

([328]) Cf. Acta do Conselho da Revolução, 25 a 29-11-75, Arquivo do Conselho da Revolução, Reuniões, Actas, vol. 2, caixa 2.

e, sobretudo, o decretar do estado de sítio. Temendo que qualquer precipitação fosse fatal, Costa Gomes abre várias frentes de acção. Antes de mais, procurando negociar com os *páras*. Neste sentido, incumbe Costa Martins de obter a retirada das bases ocupadas mediante a promessa de que a sua situação seria revista. Perante a ausência de uma resposta, e o desaparecimento do próprio emissário, Costa Gomes desencadeia uma nova iniciativa: em nota oficiosa avisa os *páras* de que usará da força «se se mantiver esse aventureirismo irresponsável»([329]). Paralelamente, e dada a necessidade de assumir directamente o comando das tropas, contacta telefonicamente os diferentes regimentos para averiguar que não existia qualquer objecção a essa medida. Tenta ainda localizar Otelo, cujo paradeiro era, nesse momento, desconhecido. Voltará a utilizar a via telefónica para comunicar com alguns dirigentes da Intersindical e com Álvaro Cunhal, iniciativa que se revelará fundamental ao garantir a desmobilização dos populares que se tinham concentrado junto ao Forte de Almada, ao Regimento de Comandos da Amadora, aos fuzileiros do Alfeite e ao RALIS.

A habilidade de Costa Gomes, e o seu papel central na gestão desta crise, está ainda patente no facto de, durante toda a crise, ter conseguido manter reunido, em permanência, o CR. A presença dos conselheiros em Belém, durante os cinco dias que dura a crise, impede-os de tomar partido ou, eventualmente, dirigir movimentações. O mesmo tenta fazer em relação aos comandantes de algumas unidades militares, sobretudo daquelas sobre as quais havia dúvidas quanto à posição que iriam assumir.

Decisivo é, também, o momento em que Otelo Saraiva de Carvalho, que muitos temiam que fosse, ou que viesse a ser, o líder da «sublevação», chega a Belém. Seguro, nesse momento, da sua posição, Costa Gomes decreta o estado de sítio na RML. Eram 16h30 quando a notícia é divulgada.([330]) Só então dá luz verde aos

([329]) Comunicado do EMGFA cit. *in* Orlando Neves (ed.), *E Agora que Fazer?*, p. 46.

([330]) Comunicado do EMGFA cit. *in* Orlando Neves (ed.), *E Agora que Fazer?*, pp. 46–47.

«moderados», com quem mantivera longas conversações por forma a inteirar-se do seu plano de operações.([331])

Começava então a tornar-se óbvia a ausência de uma liderança consensual, de um plano e de coordenação das acções dos sublevados que, cerca das 17h30, tentam inverter a situação. Na rádio da Polícia Militar, ouve-se um apelo no sentido de serem enviados reforços para a Emissora Nacional. Pouco depois, saem tropas da Polícia Militar e o SDCI (onde, segundo Varela Gomes, terá funcionado o posto de comando *gonçalvista*) distribui armas e fardamentos a civis. Varela Gomes instala-se no COPCON na tentativa de comandar as operações. Por seu lado, Duran Clemente, que dirigia a ocupação da RTP, solicita, pela TV, que as massas populares se mobilizem junto dos quartéis, da RTP e da Emissora Nacional (18h).

Nesse momento fora já desencadeada a ofensiva dos «moderados» a partir do posto operacional da Amadora, dirigido por Ramalho Eanes. Um pelotão blindado do RC do Porto desloca-se para a Base Aérea da Cortegaça, onde se encontravam já os 123 oficiais que tinham abandonado Tancos há uma semana. Pouco depois das 19 horas, uma força do regimento de Comandos da Amadora, liderada por Jaime Neves, cerca as instalações da Forças Aérea em Monsanto e obtém a rendição dos seus ocupantes.

A atenção centra-se então no controlo dos meios de comunicação. Primeiro, a Emissora Nacional, que, a partir das 20h45 passa a sua emissão para o Porto. Quinze minutos depois, o Sindicato dos Trabalhadores da Construção Civil convoca, através do RCP, os seus membros para uma concentração junto às instalações do sindicato. O CR intervém, avisando que um destacamento da Escola Prática de Cavalaria de Santarém estava a caminho do Porto Alto onde estavam instalados os emissores de onda média. Cerca das 22h10, o RCP cessa as suas emissões. Nesse momento, e depois do

([331]) Ramalho Eanes revela que ao princípio da tarde informara Costa Gomes da inferioridade das suas forças e de como era fundamental desencadear de imediato uma acção. Segundo Eanes, Costa Gomes continuava à espera da chegada de Costa Martins, o que o leva a atrasar a ordem de saída — revista *Pública*, 19-11--2000.

caricato episódio Duran Clemente/«Danny Kaye», já as emissões da RTP eram feitas a partir do Porto. A situação é cada vez mais desfavorável aos sublevados, sobretudo depois da bem-sucedida intervenção de Rosa Coutinho e Martins Guerreiro no sentido de desmobilizar os *fuzos*.

Ao longo da noite a situação começa a normalizar-se. Pouco depois das 21h, é escutada na rádio e na TV uma mensagem de Costa Gomes ao País, declarando que «na área geograficamente definida pelos limites da Região Militar de Lisboa passa a vigorar o estado de sítio parcial»([332]). Pinho Freire retoma o comando da I Região Aérea e as bases de Monte Real e da OTA são desocupadas. As movimentações civis que se sentem em Lisboa, sobretudo na Rua Castilho (sede do SDCI) e na Calçada da Ajuda (Polícia Militar), começam a ser controladas.

Apesar da situação dos sublevados ser cada vez mais precária, as movimentações militares prosseguem na madrugada de 26 de Novembro. É então que o CR decide a dissolução do COPCON, exigindo a apresentação de todos os seus comandantes em Belém. A rendição da Polícia Militar será conseguida ainda na manhã desse dia, num dos episódios mais dramáticos do 25 de Novembro. Apesar dos escassos metros que os separavam, há uma falha na comunicação entre as forças sitiantes de Jaime Neves e o Palácio de Belém. Vasco Lourenço conseguira já, depois de vários contactos telefónicos com Campos Andrada, garantir a sua apresentação em Belém. Mas não consegue suspender o ataque. A troca de tiros que se seguiu provoca três mortes. O Comando da Polícia Militar (Campos Andrada, Cuco Rosa e Mário Tomé) é conduzido a Belém, onde chegará também, ainda durante a manhã, Dinis de Almeida. No RALIS, a situação é instável, apesar de se manterem as posições defensivas.

A situação dos «moderados» é cada vez mais sólida, obtendo apoios de várias unidades. Uma força da EPC, comandada por Salgueiro Maia, estava estacionada a 5 km de Lisboa. A unidade de Cavalaria de Estremoz avançava sobre Setúbal. Outro reforço virá da RMN: ao princípio da tarde, tropas dos Regimentos de

---

([332]) Orlando Neves (ed.), *E Agora que Fazer?*, pp. 47–48.

Cavalaria e Infantaria do Porto saem em direcção a Mafra para reforçar a EPI. Finalmente, recebem o apoio de várias unidades da Região Militar Centro (Aveiro, Viseu e Tomar).

Uma a uma, as posições dos sublevados vão caindo. A situação no Forte de Almada, cujo comandante anunciara na véspera estar disposto a armar a população, tende a normalizar-se. Os fuzileiros dispersam os populares que se haviam concentrado junto à unidade, cujo comando é entretanto substituído. O mesmo se verifica no RALIS: os populares retiram-se progressivamente e os soldados regressam ao quartel. A própria EPAM acaba por ceder, regressando ao comando da RML. Nas unidades da Armada, continuam as reuniões de esclarecimento interno.

A 27 são dados mais alguns passos para a normalização da situação. Ao fim da tarde, os comandos da Amadora cercam e ocupam o COPCON. São efectuadas novas prisões, a juntar-se às dezenas de oficiais já enviados para Custóias, nessa madrugada: Dinis de Almeida, Faria Paulino, Marques Pinto, sargentos da Comissão Coordenadora de Sargentos da Força Aérea...([333]) Nesse mesmo dia, procurando transmitir uma imagem de progressiva normalização da situação, o CR recebe em audiência alguns membros do executivo.([334]) Destaca-se, neste domínio, a reunião com o ministro da Comunicação Social, Almeida Santos, que resultará numa série de disposições tendentes a solucionar a crise do sector da imprensa.([335]) Entre outras coisas, é determinada a suspensão da publicação dos jornais estatizados (*O Século*, *Diário de Notícias*, *A Capital*, *Jornal de Notícias*, *Diário de Lisboa*, *Diário Popular*, *O Comércio do Porto* e *Jornal do Comércio*), assim como a demissão de todos os membros do Conselho de Administração, Direcção e Conselho de Redacção desses mesmos periódicos.([336]) A decisão é

([333]) Para uma lista completa dos militares detidos, consultar *25 de Novembro. Breve panorama gráfico e noticioso duma crise*, Lisboa, Terra Livre, 1976 (2.ª ed.), pp. 137–138.

([334]) Acta do Conselho da Revolução, 25 a 29–11–75, Arquivo do Conselho da Revolução, Reuniões, Actas, vol. 2, caixa 2.

([335]) *Diário do Governo*, I série, n.º 275, 27 de Novembro de 1975, 2.º suplemento.

([336]) Acta do Conselho da Revolução, 29–11–1975, anexo B, Arquivo do Conselho da Revolução, Reuniões, Actas, vol. 2, caixa 2.

justificada pelo incumprimento da Lei de imprensa, isto é, um abuso da liberdade de imprensa, com «efeitos contra-revolucionários, nomeadamente na situação de grave crise política e financeira que o País atravessa»([337]). Depois de meses de feroz luta em torno da Comunicação Social, o CR determinava um novo rumo neste domínio.

À noite, a situação no Montijo regulariza-se: os *sublevados* abandonam a base e regressam a Tancos. Na Televisão, sucedem-se as comunicações de figuras militares tranquilizando a população: Costa Gomes, Morais da Silva, Melo Antunes, Pires Veloso... Apesar de ainda não dominarem, por completo, todas as unidades, a vitória dos «moderados» era certa.

O CR manter-se-á reunido até 29 de Novembro. No entanto, depois de controlada a situação em unidades como o RALIS e a Base-Escola de Tancos, começava a poder-se falar em «vitória». De quem? Esta é ainda uma questão controversa mas, como afirma Eduardo Lourenço, «não sei quem ganhou ao certo, embora creia que tenha sido a Revolução possível e lúcida. Mas sei quem perdeu — o verbalismo, o mimetismo ultra-revolucionário e a sua miragem frenética de sovietizar em dois tempos estes País.»([338])

([337]) Acta do Conselho da Revolução, 29–11–1975, anexo B, Arquivo do Conselho da Revolução, Reuniões, Actas, vol. 2, caixa 2.

([338]) *Jornal Novo*, 3–12–1975.

III.

NEGOCIANDO O PODER MILITAR E A DEMOCRACIA

(DEZEMBRO DE 1975–JULHO DE 1976)(*)

Uma das primeiras e mais óbvias consequências do 25 de Novembro é a alteração da correlação de forças, no domínio político-militar, que então se opera. Neutralizado o poder das ruas e dos quartéis, *gonçalvistas* e *otelistas* perdem as posições que ainda detinham na estrutura do Estado e nas Forças Armadas. A possibilidade de sucesso dos seus projectos políticos afigura-se cada vez mais remota, senão mesmo impossível.

Apesar de aparentemente favorável aos *Nove*, este processo de desmantelamento da esquerda militar propicia um triunfalismo da direita, civil e militar, traduzido numa autêntica «caça às bruxas». Conscientes dos perigos que a situação encerrava, os sectores «moderados» do MFA conseguem evitar o contragolpe que visava, no imediato, a ilegalização do PCP. Esta atitude terá fortes consequências políticas, dentro e fora do aparelho militar, num momento em que se acentua a pressão para a completa transferência do poder às forças civis. As negociações tendo em vista a revisão da Plataforma de Acordo Constitucional revelar-se-ão difíceis e atribuladas.

Paralelamente, tornava-se urgente redefinir o papel das Forças Armadas. Em causa, não apenas o futuro do MFA como também o do CR. Que função cabia aos militares na nova conjuntura? Qual o peso da legitimidade revolucionária? Quais as possibilidades de conciliar a legitimidade revolucionária com a eleitoral? Estas são apenas algumas das questões que dominam a vida política nacional

(*) Maria Inácia Rezola.

depois do 25 de Novembro, um momento em que se procuram criar as condições para a transição entre a revolução e a institucionalização da ordem democrática. Confrontado com um ambiente que lhe é crescentemente desfavorável, o CR luta tenazmente por manter um lugar no aparelho de Estado.

Uma difícil superação da crise

No decurso da crise do 25 de Novembro, as intervenções públicas de alguns dos mais destacados membros do CR apresentam duas notas dominantes. Antes de mais, procuram esclarecer o país sobre o alcance do golpe e as acções já desencadeadas, tendo em vista a sua contenção. Depois, revelam o empenho do CR em assegurar a continuação do «processo de transição para o socialismo» dentro de uma via «pluralista e democrática»([339]). Assim o atesta a intervenção do Presidente da República, a 26 de Novembro, garantindo a realização de eleições para a Assembleia Legislativa e apelando aos portugueses «no sentido de serem "mais democraticamente tolerantes"»([340]).

É impossível ignorar o papel fundamental desempenhado por Costa Gomes na gestão e resolução desta crise, assim como a importância destas palavras proferidas num momento em que os contornos do golpe ainda não estavam completamente esclarecidos. O protagonista desse dia será, no entanto, outro: Ernesto Melo Antunes. Ainda que o teor geral das suas declarações à RTP, nesse mesmo dia 26, seja semelhante ao do Presidente da República, dois detalhes fazem com que monopolize todas as atenções: as referências explícitas à indispensabilidade do PCP na «construção do socialismo»([341]) e, paralelamente, as suas alusões ao papel do MFA nesse mesmo processo.

Como reacção a estas declarações, PPD e CDS apressam-se a responsabilizar o PCP pelo golpe. O anticomunismo, que pautara

([339]) *Jornal Novo*, 27-11-1975, ed. especial.

([340]) *Jornal Novo*, 27-11-1975, ed. especial.

([341]) *Jornal Novo*, 27-11-1975, ed. especial.

muitas das movimentações do *Verão Quente* e que fora, durante os meses de Setembro a Novembro, insistentemente assumido por diferentes dirigentes popular-democratas, era agora recuperado numa exigência de completa erradicação do Partido Comunista do espectro político nacional. Como afirma Galvão de Melo, num comício do CDS em Rio Maior, a 8 de Dezembro: «Que os comunistas só parem no mar.»([342])

Dispondo de uma posição dominante no CR, os oficiais «moderados» procuram travar os ímpetos mais exaltados, uma missão complexa para a qual conta com o apoio do PS. Ainda que impondo condições à permanência do PCP no executivo (exigindo que este renunciasse às suas estratégias hegemónicas e adoptasse um comportamento democrático), os socialistas procuram evitar medidas violentas.([343]) A derrota do PCP deveria ser determinada no campo político, pelos meios legais e normais em luta política. Confortavelmente respaldados com a vitória eleitoral de 25 de Abril de 1975, os socialistas adoptam uma atitude conciliatória que representa uma excepção nesses momentos.

Na sua intervenção, Melo Antunes aludira que o estabelecimento de uma plataforma de «avanço democrático para o socialismo» pressupunha a criação de condições para que o MFA recuperasse «o seu prestígio e a sua capacidade de direcção». Apresentando o CR como portador de um «projecto alternativo de esquerda», advoga a sua permanência na direcção política nacional.([344]) Mas se até ao 25 de Novembro poucos tinham ousado questionar o lugar cimeiro do CR na estrutura constitucional revolucionária, agora a realidade é bem diversa. A contestação à presença dos militares na vida política vem de quase todos os quadrantes, correndo em paralelo com a reivindicação da rápida instauração de uma plena democracia política. O que está em causa, nesse momento, é a sobrevivência do Pacto MFA-Partidos. O MFA como «motor da Revolução» é abertamente contestado, numa polémica que apenas dava os seus primeiros passos.

([342]) *Jornal Novo*, 9-12-1975.

([343]) Sobre o assunto, ver David Castaño, *Mário Soares e a Revolução*, p. 409 e ss.

([344]) *Jornal Novo*, 27-11-1975, ed. especial.

Perante a crescente pressão de partidos como o PS, o PPD e o CDS para que fossem imediatamente entabuladas conversações tendo em vista rever a Plataforma de Acordo Constitucional de Abril de 1975, o CR toma uma posição na expectativa de controlar o processo. O tema é introduzido na sua reunião de 3 de Dezembro por Pinheiro de Azevedo que, com a frontalidade que sempre o caracterizou, apresenta a revisão do Pacto como uma prioridade. Na intensa discussão a que então se assiste, rapidamente se denota a constituição de dois grupos. De um lado, os oficiais que, como Franco Charais, Vasco Lourenço, Pezarat Correia ou Martins Guerreiro, conferem aos militares um papel de grande responsabilidade política, não aceitando o abandono da condução do processo à democracia formal. Do outro lado, um grupo liderado por Ramalho Eanes que, a pretexto da perigosidade das lutas partidárias nas Forças Armadas, advoga a retirada dos militares da cena política, a revisão do Pacto e a imediata outorga do poder aos civis. Subjacente a esta última posição está a defesa de uma recondução das Forças Armadas às suas funções tradicionais e da completa abolição das estruturas de base do MFA. Depois de horas de debate, alcançam-se alguns consensos relativamente à necessidade de clarificar a missão das Forças Armadas e à urgência em promover a revisão do Pacto.([345])

A determinação do CR de desencadear a revisão do Pacto coincide com o endurecimento das posições partidárias na Assembleia Constituinte. Veja-se, a título de exemplo, a intervenção do socialista Sottomayor Cardia, denunciando que os partidos teriam assinado o Pacto coagidos, como forma de garantir a realização de eleições, exigindo assim a sua imediata revisão: «Não queremos mais vanguardas!» A sua proposta passa por uma completa reformulação do papel do MFA na vida política nacional e pelo fim de todos os entraves que limitavam o pleno exercício do poder por parte dos partidos políticos.([346]) Quase todas as forças com assento parlamentar se pronunciam no mesmo sentido. Uma das

([345]) Acta do Conselho da Revolução, 3-12-1975, Arquivo do Conselho da Revolução, Reuniões, Actas, vol. 2, caixa 2.

([346]) *Diário da Assembleia Constituinte*, n.º 89, 4-12-1975.

raras excepções é o PCP que, pela voz de Vital Moreira, reafirma a sua fidelidade «à ideia fundamental de manutenção do papel político de um movimento militar progressista como estímulo e garante da acção revolucionária das massas populares»([347]). Uma posição isolada, numa assembleia que quase unanimemente exige a retirada dos militares da vida política.

A radicalização do debate leva o CR a clarificar a sua posição, escolhendo novamente como porta-voz Ernesto Melo Antunes. Em conferência realizada no Palácio das Necessidades, a 9 de Dezembro, o então ministro dos Negócios Estrangeiros reafirma a proposta de manutenção da intervenção política do MFA como forma de impulsionar «as grandes transformações políticas, sociais e económicas deste país» e «profundas reformas revolucionárias, que sejam a alavanca da transformação do modo de produção capitalista puro no modo de produção socialista». Relativamente ao Pacto, advoga a sua revisão mas não eliminação. Finalmente, revela estar em preparação de um amplo projecto de revisão da organização das Forças Armadas, das «suas missões» e da «estrutura do próprio MFA»([348]).

O regresso aos quartéis

É neste contexto que se integram as transformações levadas a cabo nas Forças Armadas no imediato pós-25 de Novembro, traduzidas não apenas na recomposição das chefias militares e na depuração dos quartéis, como sobretudo num vasto processo de restabelecimento da disciplina tradicional e de reformulação do papel das Forças Armadas, no sentido de as reconduzir às suas funções habituais. Saliente-se, desde já, a iniciativa dos *Nove* de promover um dos operacionais do 25 de Novembro, Ramalho Eanes, que substitui Carlos Fabião na chefia do Estado-Maior do Exército e cujo nome é indissociável deste processo.

([347]) *Diário da Assembleia Constituinte*, n.º 89, 4-12-1975.
([348]) *Jornal Novo*, 9-12-1975.

Usufruindo de uma posição confortável, que lhe advém do facto de reunir consenso não só no seio do grupo dos «moderados», como também nos sectores castrenses conservadores, Ramalho Eanes define como prioridade a reposição da disciplina, coesão e eficiência técnica no Exército. Uma das suas primeiras iniciativas enquanto CEME traduz-se na anulação do juramento de bandeira realizado no RALIS em 21 de Novembro. Um gesto simbólico a assinalar a sua determinação em acabar com os «desmandos revolucionários». Paralelamente, a prisão de muitos dos militares presumivelmente implicados no 25 de Novembro, e o afastamento de outros, abre novas perspectivas quanto ao sucesso do projecto. Em causa o afastamento ou neutralização de todos aqueles que tinham praticado a disciplina revolucionária, assumindo e corporizando um outro conceito de Forças Armadas e das suas funções sociais e políticas. Este será um processo longo e moroso que, apesar de já anteriormente discutido, é determinantemente condicionado pela conjuntura do pós-25 de Novembro, ultrapassando as próprias previsões e o controlo dos *Nove*.

O processo é dinamizado com a directiva do CEMGFA, de 1 de Dezembro de 1975, em que se definem as missões prioritárias e os princípios fundamentais por que se devem reger os três ramos. Nela se determina que as Forças Armadas (a) «devem manter-se impermeáveis à manipulação demagógica que nos últimos tempos as vinham desagregando»; (b) «os muros dos quartéis (...) devem constituir também muralhas intransponíveis à penetração de todos os oportunistas camuflados de vanguardismo revolucionário»; (c) «devem opor-se firmemente à irresponsabilidade, tanto dos pseudo-revolucionários oportunistas como daqueles que, por fraqueza, a eles se aliaram»([349]).

A prioridade dada ao fim da manipulação ideológica das unidades militares é igualmente assinalada na reunião do CR de 3 de Dezembro por Ramalho Eanes, apresentando-a como fundamental para tornar as unidades «verdadeiramente militares»([350]). Dias

([349]) *Jornal Novo*, 2–12–75, ed. da manhã.

([350]) Acta do Conselho da Revolução, 3–12–1975, Arquivo do Conselho da Revolução, Reuniões, Actas, vol. 2, caixa 2.

depois (10 de Dezembro), através de uma mensagem-rádio, o CEME suspende todos os organismos de base e dinamização criados nas unidades do Exército, numa acção que prenunciava a sua morte([351]). O objectivo de restauração da disciplina e da hierarquia teria assim mais hipóteses de rápida concretização, num momento em que se anuncia o bom andamento dos trabalhos da comissão encarregada de estudar a reestruturação das Forças Armadas.([352]) Finalmente, a 11 de Dezembro, caberá novamente a Ramalho Eanes apresentar ao CR a proposta de Lei Constitucional elaborada pela sua equipa. O projecto, contendo as *Bases Fundamentais para a Reorganização das Forças Armadas*, é acompanhado por outros documentos fundamentais na sua preparação: o «Código Disciplinar», «Tarefas» e «Gestão das Forças Armadas»([353]). Apesar de, no decurso do debate, ser patente uma clivagem entre defensores da manutenção do MFA como «motor da Revolução» e partidários do «regresso aos quartéis», o documento é aprovado e amplamente aplaudido.

As *Bases Fundamentais para a Reorganização das Forças Armadas* que servem de preâmbulo ao projecto, são inequívocas quanto aos seus propósitos: definir o papel das instituições militares e conferir aos órgãos do poder político «um instrumento de força capaz de garantir a autoridade revolucionária». Ao longo do texto, definem-se os novos conceitos orientadores das Forças Armadas: submissão aos princípios constitucionais, apartidarismo, competência técnica, eficiência militar, unidade, disciplina, restabelecimento da cadeira de comando hierárquica.([354]) Fundamental ainda o facto de se esclarecer que, até à entrada em vigor da Constituição, as Forças Armadas «obedecem ao CR, por intermédio do CEMGFA»([355]),

([351]) Cit. *in* Avelino Rodrigues, Cesário Borga e Mário Cardoso, *Abril nos Quartéis de Novembro*, Lisboa, Bertrand Editora, 1979, p. 171.

([352]) *Jornal Novo*, 9-12-75.

([353]) Acta do Conselho da Revolução, 11-12-75, anexos H, I, J e K, Arquivo do Conselho da Revolução, Reuniões, Actas, vol. 2, caixa 2.

([354]) Acta do Conselho da Revolução, 11-12-75, anexo H, Arquivo do Conselho da Revolução, Reuniões, Actas, vol. 2, caixa 2.

([355]) Acta do Conselho da Revolução, 11-12-75, anexo H, Arquivo do Conselho da Revolução, Reuniões, Actas, vol. 2, caixa 2.

ficando a sua posterior dependência hierárquica subordinada ao consagrado no texto constitucional. Ao contrário do que fora estabelecido na Plataforma de Acordo Constitucional de 1975, onde se previa a autonomia das Forças Armadas em relação ao poder civil, esta era uma disposição que abria portas a várias possibilidades.

Independentemente das leituras que se possam fazer sobre a proposta do grupo de trabalho presidido por Ramalho Eanes, a sua consequência mais imediata era óbvia: o MFA, enquanto agente político e vanguarda revolucionária, terminava. O caminho definido apontava para a reestruturação da instituição militar no sentido da sua subordinação ao poder político, reconduzindo-a aos seus moldes tradicionais. A eliminação das estruturas basistas e o regresso a uma estrutura militar «clássica», semelhante à que vigorava antes do 25 de Abril de 1974, são dimensões fundamentais deste processo de reestruturação das Forças Armadas. Para ele concorre também o desencadeamento de acções de saneamento a que se assiste no imediato pós-25 de Novembro. Segundo alguns órgãos de imprensa, uma mera visita às unidades da Região Militar de Lisboa permitia ter uma ideia da extensão das purgas efectuadas: a «maioria dos comandos foi mudada e o número de militares, oficiais e sargentos e praças, reduzidíssimo», como consequência das prisões verificadas e das passagens compulsivas à disponibilidade.([356]) A 15 de Dezembro, o saneamento alarga-se com a aprovação de nova legislação prevendo a aplicação de sanções aos militares que, pelas suas actuações, contribuam «para a discórdia e a divisão nas Forças Armadas» e prejudiquem «o bom empenho das especiais responsabilidades e tarefas que lhes incumbem»([357]). Num momento em que a situação dos oficiais presos na sequência do 25 de Novembro não estava totalmente esclarecida e em que o processo de reestruturação das Forças Armadas fora assumido pelo CR, esta medida assume um amplo significado.

([356]) *República*, 5-12-1975.

([357]) Acta do Conselho da Revolução, 15-12-1975, Arquivo do Conselho da Revolução, Reuniões, Actas, vol. 2, caixa 2 (cf. decreto-lei 730/75 *in Diário do Governo*, I série, n.º 295, 23 de Dezembro de 1975).

Finalmente, a 26 de Dezembro é publicada a Lei n.º 17/75 que aprova as bases fundamentais para a reorganização das Forças Armadas.([358]) Num contexto de crescente contestação ao Pacto e à intervenção política do MFA, esta iniciativa serena os ânimos. De forma cada vez mais evidente, perspectiva-se o propagado «regresso aos quartéis». A última peça do processo era a reestruturação do próprio CR que, tendo em conta as determinações da Plataforma de Acordo Constitucional, continuava a ser o condutor supremo e órgão máximo do poder político.

O CR reestrutura-se

A crise político-militar provocara um profundo abalo no Conselho, criando as condições propícias à sua remodelação. As primeiras baixas assinaladas decorrem directamente dos acontecimentos do 25 de Novembro: Otelo Saraiva de Carvalho e Almada Contreiras. O caso de Almada Contreiras foi dos primeiros a ser debatido, depois de o próprio ter solicitado a dispensa das reuniões do CR.([359]) O seu afastamento é ditado a 3 de Dezembro como resultado «de um Inquérito segundo o qual aquele Oficial estaria fortemente implicado no golpe de 25 NOV.»([360]). Quanto a Otelo, é também o próprio a levantar a questão da sua permanência no CR: na sequência da decisão de extinguir o COPCON, a 26 de Novembro Otelo decide declinar qualquer cargo no EMGFA e solicita um período de licença.([361])

Diversa é a situação de Rosa Coutinho que, por sua iniciativa, renuncia ao cargo por alegadas divergências com Pinheiro de Azevedo. Para o grande público, a imagem que transparece é a

([358]) *Diário do Governo*, I série, n.º 296, 26-12-1975.

([359]) Acta do Conselho da Revolução, 25 a 29-11-1975, Arquivo do Conselho da Revolução, Reuniões, Actas, vol. 2, caixa 2.

([360]) Resolução. Acta do Conselho da Revolução, 3-12-1975, Arquivo do Conselho da Revolução, Reuniões, Actas, vol. 2, caixa 2.

([361]) Cf. Acta do Conselho da Revolução, 29-11-1975, Arquivo do Conselho da Revolução, Reuniões, Actas, vol. 2, caixa 2.

de um conselheiro, há muito conotado com os sectores *gonçalvistas*, cuja posição se torna insustentável. Finalmente, outros dois pedidos de demissão marcam esses momentos: Carlos Fabião (CEME) e Filgueiras Soares (CEMA).

Estes dois últimos lugares são, de imediato, preenchidos. Segundo alguns autores, a substituição de Fabião por Ramalho Eanes traduz uma manobra de antecipação dos *Nove* relativamente «aos seus aliados de direita», que projectavam colocar naquele cargo o general Galvão de Figueiredo.([362]) Na cerimónia da sua tomada de posse como CEME, realizada no mesmo dia em que Vasco Lourenço assume formalmente o cargo de comandante da RML, Costa Gomes apresenta a nomeação de Eanes como a consequência directa da «necessidade de reestruturação dos altos escalões das Forças Armadas»([363]). Filgueiras Soares, por seu lado, é substituído por Souto Cruz nas funções que desempenhava no CR e na chefia da Armada, medida que, segundo alguns órgãos de imprensa, foi amplamente saudada pelo ramo.([364]) Mais difícil se revela o preenchimento dos lugares deixados vagos por Otelo, Rosa Coutinho e Almada Contreiras, tanto mais porque se opera num contexto em que se equaciona uma reorganização mais profunda tendo em vista conferir uma maior representatividade ao Exército.

De facto, a reestruturação do CR de Dezembro de 1975 obedece a dois princípios fundamentais: a efectiva proporcionalidade dos três ramos das Forças Armadas e «as últimas modificações operadas devido à tentativa de golpe militar de 25 de Novembro»([365]). De acordo com a composição então definida, fazem parte do CR (a) o Presidente da República; (b) o primeiro-ministro, se militar; (c) o chefe de Estado-Maior General das Forças Armadas; (d) os chefes dos Estados-Maiores dos três Ramos das Forças Armadas;

([362]) Avelino Rodrigues; Cesário Borga; Mário Cardoso, *Abril nos Quartéis de Novembro*, p. 161.

([363]) *Jornal Novo*, 6–12–1975.

([364]) *Expresso*, 1–12–1975.

([365]) Resolução, Acta do Conselho da Revolução, 11–12–1975, anexo M, Arquivo do Conselho da Revolução, Reuniões, Actas, vol. 2, caixa 2.

(e) Catorze oficiais, sendo oito do Exército, três da Armada e três da Força Aérea, designados pelos respectivos Ramos.(366) Na sequência desta proposta, que eleva o número de conselheiros de 18 para 20, passam a integrar o CR Ramalho Eanes (CEME, em substituição de Carlos Fabião), Souto Cruz (CEMA, substituindo Filgueiras Soares), Vítor Crespo (em substituição de Rosa Coutinho), Almeida e Costa (que substitui Almada Contreiras) e dois novos elementos nomeados pelo Exército: Pires Veloso e Vítor Alves.

Composição do CR depois do 25 de Novembro

	Exército	Armada	Força Aérea
Membros inerentes	Costa Gomes Ramalho Eanes(1)	Pinheiro de Azevedo Souto Cruz(2)	Morais da Silva
Membros nomeados	Franco Charais Pezarat Correia Melo Antunes Vasco Lourenço Sousa Castro Marques Júnior Pires Veloso Vítor Alves	Martins Guerreiro Vítor Crespo(3) Almeida e Costa(4)	Pinho Freire Canto e Castro Costa Neves

Fonte: elaboração própria

Legenda:

(1) substitui Carlos Fabião

(2) substitui Filgueiras Soares

(3) substitui Rosa Coutinho — nomeação aceite na reunião de 22/12

(4) substitui Almada Contreiras — nomeação aceite na reunião de 22/12

Novos elementos; participam pela primeira vez na reunião de 15/12

(366) Resolução, Acta do Conselho da Revolução, 11-12-1975, anexo M, Arquivo do Conselho da Revolução, Reuniões, Actas, vol. 2, caixa 2.

Segundo Pezarat Correia, esta remodelação traduziu-se «numa maior homogeneização», dado que «a quase totalidade dos membros conotados com as alas gonçalvista e otelista» abandonam o CR.([367])

No que diz respeito aos dois novos elementos do Exército, a sua escolha não causa qualquer surpresa. Vítor Alves fora, desde os primeiros momentos, um activíssimo elemento da Coordenadora do MFA, tendo exercido funções de conselheiro até à remodelação de Setembro de 1975. Quanto a Pires Veloso, a sua integração no Conselho não pode ser dissociada da sua intervenção na contenção do 25 de Novembro, mas também do facto de ser o único comandante de Região Militar a não ter assento naquele organismo.

A reestruturação do CR manifesta-se também em mudanças nos organismos dele dependentes. Uns, como o SCDI, são desmantelados, sob suspeita de envolvimento no 25 de Novembro.([368]) Outros, como o Serviço de Coordenação de Extinção da PIDE/DGS, são integrados em novas estruturas como a Comissão de Análise de Recursos de Saneamento e Reclassificação (CARSR). Paralelamente, por proposta de Vasco Lourenço, é ordenada uma inspecção administrativa a vários serviços dependentes do CR. Integram a lista os SACR, a CODICE, a 5.ª DIV., a par do já mencionado SDCI e da Comissão de Extinção da Ex-PIDE/DGS/LP. A missão será levada a cabo por comissões constituídas especialmente para o efeito, nomeadas pelos Gabinetes dos CEM sob a coordenação do Gabinete do CEMGFA.([369])

Desencadeado num momento em que se intensificam as reivindicações de uma rápida normalização democrática, este processo de

---

([367]) Pedro Pezarat Correia, *Questionar Abril*, p. 158.

([368]) Cf. Acta do Conselho da Revolução, 3–12–1975, Arquivo do Conselho da Revolução, Reuniões, Actas, vol. 2, caixa 2. Esta determinação do CR é amplamente noticiada tanto mais que coincide com a divulgação da demissão de Almada Contreiras do CR — Cf. *Jornal Novo*, 4–12–1975.

([369]) Resolução do Conselho da Revolução: inspecção de alguns serviços militares (ofício do secretário permanente do CR, Nuno Alexandre Lousada, aos chefes de gabinete do CEME, CEMA, CEMFA, EMGFA) — Acta do Conselho da Revolução, 15–12–1975, Anexo, Arquivo do Conselho da Revolução, Reuniões, Actas, vol. 2, caixa 2.

reestruturação altera radicalmente a feição do CR. Segundo Rosa Coutinho, o CR passou a ser o «Conselho da contra-revolução»([370]), perdendo vertiginosamente a sua influência. Esta posição é partilhada por conselheiros como Otelo Saraiva de Carvalho e oficiais como Dinis de Almeida. De acordo com o ex-segundo comandante do RALIS, o CR «perderá vertiginosamente a sua influência, impotente até para reagir à vaga de calúnias, ataques e pressões que lhe advêm dos meios conservadores e reaccionários civis, quando não oriundos directamente das Forças Armadas»([371]). Indo mais longe nas suas apreciações, Vasco Gonçalves faz radicar o processo na Assembleia de Tancos de 5 de Setembro de 1975, momento em que, em seu entender, o CR terá perdido «muito do anterior poder político-militar», passando a ser, praticamente, «um órgão de cúpula sem ligação às bases»([372]).

Vasco Lourenço, por seu lado, apresenta uma visão diametralmente oposta, assinalando a extrema importância do CR no novo momento político.([373]) Não escamoteando o facto de, no imediato pós-25 de Novembro, se desenharem «novas clivagens, agora com elementos do *Grupo dos Nove* a serem contestados por continuarem fiéis à letra e ao espírito do Programa do MFA», Pezarat Correia destaca a relativa quietude desses momentos: o CR «passaria a viver numa relativa tranquilidade e com a preocupação dominante de assegurar condições de eficácia, quer aos órgãos de soberania, quer à instituição militar»([374]). Ainda que, como teremos oportunidade de analisar, esta «quietude» seja apenas relativa, o quadro traçado por Pezarat Correia apenas é compreensível se tivermos em conta os termos do novo pacto firmado com os partidos políticos, em Fevereiro de 1976.

([370]) Maria Inácia Rezola, Entrevista a Rosa Coutinho. Lisboa, 3 de Julho de 2002.

([371]) Dinis de Almeida, *Ascensão, Apogeu e Queda do MFA*, vol. II, p. 392.

([372]) *Diário de Notícias*, 15-6-81.

([373]) Maria Inácia Rezola, Entrevista a Vasco Lourenço, Lisboa, 16 de Julho de 2002.

([374]) Pedro Pezarat Correia, *Questionar Abril*, pp. 157-158.

O poder revolucionário em questão

A revisão do Pacto é uma das questões dominantes da vida política nacional de Dezembro de 1975 a fins de Fevereiro de 1976. Melo Antunes é um dos primeiros conselheiros a pronunciar-se publicamente sobre o tema, a 9 de Dezembro, afirmando que o Pacto deveria ser flexibilizado e despojado de «certos aspectos mais chocantes», como «a noção de motor da revolução»([375]). Dois dias depois, o CR anuncia a sua determinação em iniciar conversações com os signatários da Plataforma de Acordo Constitucional, delegando no então ministro dos Negócios Estrangeiros a responsabilidade de preparar um documento que lhes servisse de base.([376])

A missão de Melo Antunes revestia-se de algum melindre, dada a crescente pressão das forças político-partidárias. O debate centra-se então em três aspectos fundamentais: a Assembleia do MFA, o processo de eleição do Presidente da República e os poderes atribuídos ao CR. No que diz respeito ao primeiro ponto, é evidente a hostilidade de partidos como o PS, PPD e CDS à ideia de que a Assembleia do MFA permaneça como órgão de soberania. A tese do «regresso aos quartéis» dirigia-se, em primeiro lugar, e directamente, ao MFA, cuja extinção é amplamente reivindicada. Relativamente à eleição do Presidente da República, as críticas recaem essencialmente sobre o processo proposto no I Pacto, que aponta para a sua realização através de um colégio eleitoral constituído pela Assembleia do MFA e pela Assembleia Legislativa. Finalmente, os amplos poderes atribuídos ao CR pela Plataforma de Acordo Constitucional que as principais forças político-partidárias também contestam.

Reunido a 15 de Dezembro, o CR toma conhecimento das *Notas sobre a revisão do Pacto Constitucional* preparadas por Melo Antunes. Trata-se de um longo documento de 22 páginas que, tendo subjacente a preocupação de garantir a intervenção do MFA na «vida política e na defesa do curso da Revolução», gravita em torno de duas questões: a forma de eleição do Presidente da República

([375]) *Jornal Novo*, 9-12-1975.

([376]) CR, Acta da reunião do CR de 11-12-1975, Arquivo do Conselho da Revolução, Reuniões, Actas, vol. 2, caixa 2.

e as funções do CR.([377]) Relativamente à primeira dimensão, a proposta aponta no sentido da eleição indirecta do Presidente da República, a operar em duas instâncias: Assembleia Legislativa e CR. A definição das competências e funções do CR estaria, de acordo com as *Notas* apresentadas por Melo Antunes, dependente da decisão a este respeito, prevendo-se algumas cedências no caso de a intervenção do MFA na eleição do Presidente da República ser aceite pelos partidos políticos.

Procurando antever as posições destes últimos, e as dificuldades que daí poderiam advir, Melo Antunes não deixa de advogar a abolição de muitas das prerrogativas atribuídas ao CR, nomeadamente no que diz respeito ao poder de dissolução da Assembleia, de pronúncia sobre a escolha do primeiro-ministro e membros do governo e de definição das linhas gerais de política interna e externa. A este último respeito, propõe a abolição de todas as funções de direcção política, que deveriam ser remetidas «para o controlo da constitucionalidade, através de um controlo positivo das omissões do legislador»([378]).

O primeiro ponto da proposta de Melo Antunes gera um intenso debate no CR. De um lado os que, como Franco Charais, Pezarat Correia, Pinho Freire e Martins Guerreiro, advogam a não realização de eleições presidenciais durante o período de vigência do Pacto. Diversa é a posição dos que, como Costa Gomes, consideram a eleição do Presidente da República essencial, devendo realizar-se por sufrágio directo. Finalmente, uma terceira opinião, veiculada por Pinheiro de Azevedo, que, considera a possibilidade de um adiamento das eleições presidenciais sob o argumento de que o País «não suporta duas eleições no mesmo ano»([379]).

Relativamente às funções do CR, a tese que colhe maiores apoios é a que propõe que funcione como Tribunal Constitucional. Ramalho

([377]) Ernesto Melo Antunes, «Notas sobre a Revisão do Pacto Constitucional» — DGARQ, PT-TT-EMA, n.º 133, pasta 8.

([378]) Ernesto Melo Antunes, «Notas sobre a Revisão do Pacto Constitucional» — DGARQ, PT-TT-EMA, n.º 133, pasta 8.

([379]) Acta do Conselho da Revolução, 15-12-1975, Arquivo do Conselho da Revolução, Reuniões, Actas, vol. 2, caixa 2.

Eanes e Pinho Freire são partidários da limitação das funções do CR neste domínio. Outros postulam o seu alargamento: o Conselho não deveria «abdicar da função de moderador e aglutinador dos Partidos Políticos» (Souto Cruz), dispondo de capacidade de intervenção «na vida Constitucional» (Sousa e Castro) e de poderes em termos de aprovação do programa do Governo (Pinheiro de Azevedo).([380])

A última parte do debate é dominada pelo problema das relações do CR com as Forças Armadas. Costa Gomes opõe-se à eliminação «pura e simples» da Assembleia do MFA, sugerindo, contudo, que esta se reúna «só de tempos a tempos e com funções específicas». Esta posição encontra-se, no entanto, debilitada perante os argumentos de Pires Veloso e Ramalho Eanes, chamando a atenção para o facto de a Assembleia ser «um elemento nocivo e perturbador», dados os «vírus políticos inoculados nas Forças Armadas»([381]).

No final da sessão, de 15 de Dezembro de 1975, um único aspecto parece reunir um consenso alargado: o CR estava disposto a «aceitar a forma de eleição da Presidente da República que das negociações com as Partidos se concluísse como mais conveniente», exigindo, como contrapartida, que o Presidente da República fosse da sua confiança.([382])

Um diálogo difícil

As conversações iniciam-se dois dias depois num encontro entre os signatários da primeira Plataforma de Acordo Constitucional (CDS, MDP/CDE, PCP, PPD e PS) e os cinco elementos destacados pelo CR para o efeito (Ramalho Eanes, Vasco Lourenço, Martins Guerreiro, Canto e Castro e Melo Antunes). Como porta-voz da Comissão do CR, cabe a Melo Antunes orientar os trabalhos, confrontando os seus interlocutores com duas premissas: 1) a situação

---

([380]) Acta do Conselho da Revolução, 15–12–1975, Arquivo do Conselho da Revolução, Reuniões, Actas, vol. 2, caixa 2.

([381]) Acta do Conselho da Revolução, 15–12–1975, Arquivo do Conselho da Revolução, Reuniões, Actas, vol. 2, caixa 2.

([382]) Acta do Conselho da Revolução, 15–12–1975, Arquivo do Conselho da Revolução, Reuniões, Actas, vol. 2, caixa 2.

política proporcionava uma revisão do Pacto «em termos mais brandos e cordatos»; 2) a intransigência quanto à separação do poder militar e do poder civil.([383]) Enunciados estes princípios, a proposta do CR aponta no sentido de serem os partidos a apresentar os seus projectos de revisão do Pacto, concedendo-lhes como prazo limite 30 de Dezembro.

As coordenadas fornecidas pelo CR tinham-se limitado ao mínimo e, por isso, as propostas dos partidos caracterizam-se pela sua heterogeneidade, quer em termos formais, quer de conteúdo. As do PCP e MDP/CDE sugerem poucas alterações ao acordo de Março de 1975. Segundo estes partidos, o MFA deveria manter uma intervenção na vida política «como factor de equilíbrio, unidade e garantia activa do respeito pelos objectivos democráticos e socialistas da nossa revolução»([384]). Radicalmente diversa é a posição plasmada nos documentos apresentados pelas restantes forças político-partidárias envolvidas no processo, apontando para uma profunda revisão do anterior acordo. A mais radical é a do PPD advogando a sua completa anulação.([385]) Finalmente, uma referência às *Linhas gerais da revisão da Plataforma de Acordo Constitucional* do Partido Socialista, que se destaca por ser a mais sucinta proposta então apresentada.([386]) De acordo com este documento, era admissível que a instituição militar dispusesse «transitoriamente de uma presença política no quadro constitucional», defendendo uma concepção das Forças Armadas como garantes da defesa das instituições democráticas. Refira-se, no entanto, que esta proposta enviada ao CR é bastante diferente da inicialmente colocada à discussão no interior do Partido onde, logo no início, se afirmava: «Defensor da plena soberania da Assembleia Constituinte, o Partido Socialista entende que seria ela o único órgão representativo do Povo Português». Nessa mesma proposta, o CR perdia a sua autonomia, sendo os seus membros integrados num Conselho de Estado.([387])

([383]) Cf. *Expresso*, 20–1–21975.
([384]) IAN/TT,CR, n.º 84, pasta «Pacto MFA-Partidos parte II», doc. n.º 10.
([385]) IAN/TT,CR, n.º 84, pasta «Pacto MFA-Partidos parte II», doc. n.º 13.
([386]) IAN/TT,CR, n.º 84, pasta «Institucionalização do MFA», doc. 34.
([387]) Cf. Arq. pessoal de António Reis — PS, Plataforma de Acordo Constitucional.

Os conselheiros encarregados de conduzir as negociações iniciam então um período de reflexão. Apesar dos apelos para que o processo se mantivesse sigiloso, o debate sobre a permanência do MFA enquanto agente político entra decisivamente na ordem do dia. Porque, como observa Luís Filipe de Castro Mendes, «mais do que abertura para uma real divisão de poderes, isenta de aspectos de contrato leonino», a revisão do Pacto «constitui uma luta do MFA pela sua própria existência e pela definição de um espaço político de intervenção própria e autónoma»([388]).

Depois de um breve adiamento, decorrente das dificuldades sentidas na elaboração de uma contraproposta, a 12 de Janeiro o grupo de trabalho apresenta as suas conclusões ao CR. Dando particular atenção ao processo de eleição do Presidente da República e aos poderes do CR, a comissão rejeita peremptoriamente a pretensão de alguns partidos relativamente à completa outorga do poder aos civis.([389]) No que diz respeito ao primeiro aspecto, a proposta aponta para a eleição por sufrágio universal secreto e directo, opção considerada, mas não ambicionada, por Melo Antunes. A hipótese de «um civil vir a ocupar a cadeira de Belém»([390]) é à partida excluída, prevendo-se, por isso, algumas reacções partidárias. O mesmo se poderá dizer em relação aos poderes do CR, descrito, no plano dos princípios, como o garante da fidelidade ao espírito da revolução democrática e socialista. Apesar da suavização de alguns dos termos do acordo ainda em vigor, a contraproposta sugere que lhe sejam atribuídas competências legislativas e jurisdicionais, nomeadamente no âmbito da fiscalização da constitucionalidade das leis. Prevê-se ainda a constituição de uma Comissão Constitucional, integrando militares e magistrados, com o objectivo de auxiliar o CR no exercício das funções de garante do cumprimento da Constituição. Finalmente, a par do poder de assistir o Presidente da República na nomeação do primeiro-ministro, o CR reserva para si competência legislativa e executiva em matéria militar.([391])

([388]) *Jornal Novo*, 3–1–1976.

([389]) *O Diário*, 13–1–1976.

([390]) *Diário de Notícias*, 14–1–1976.

([391]) CR, n.º 84, pasta «Pacto MFA-Partidos parte II», doc. n.º 1.

Aprovado pelo CR com a indicação de que fosse entregue aos partidos «para apreciação»(392), o documento provoca vivas reacções. Segundo o CDS, «o que existe de bom na contraproposta não é inédito e o que é inédito (sobre o Conselho da Revolução) não é minimamente aceitável»(393). O PCP é dos pouco a elogiar o documento, afirmando que o MFA é «uma barreira militar contra a ofensiva da direita reaccionária e do fascismo, pela defesa das principais conquistas revolucionárias, pela instauração em Portugal de um regime democrático rumo ao socialismo»(394). Num momento em que o partido é alvo de fortes ataques, e em que a sua própria sobrevivência política dependia, em grande medida, da permanência dos militares no poder, esta posição é mais que compreensível.

É num ambiente de confronto que, a 20 de Janeiro, se inicia a segunda fase das negociações do Pacto. Na base dos encontros, agora bilaterais, a contraproposta do CR que, como referimos, atribuía amplos poderes políticos aos militares. Segundo alguns observadores, as perspectivas não eram as melhores, dada a hipótese de o Pacto se poder transformar numa «impossibilidade» caso o CR não alterasse os aspectos com os quais o PS, PPD e CDS dificilmente concordariam.(395)

O tom pessimista que muitos utilizam ao perspectivar o desenlace das negociações é superado quando, na última semana de Janeiro, o Conselho apresenta uma segunda contraproposta. Parte dos aspectos mais controversos do anterior documento, nomeadamente os relativos aos poderes do CR, são anulados, verificando-se, como contrapartida, uma significativa ampliação dos poderes presidenciais.(396)

As negociações ganham então novo fôlego. As declarações proferidas no final dos sucessivos encontros bilaterais então promovidos

---

(392) Acta do Conselho da Revolução, 12-1-1976, Arquivo do Conselho da Revolução, Reuniões, Actas, vol. 2, caixa 2.

(393) *Expresso*, 17-1-1976.

(394) *Diário de Notícias*, 14-1-1976.

(395) *Expresso*, 24-1-1976. Segundo Marcelo Rebelo de Sousa, o aspecto mais polémico da proposta residia nos poderes atribuídos ao CR em matéria de fiscalização da inconstitucionalidade das leis.

(396) «Revisão do Pacto: segunda contraproposta do CR» — IAN/TT, CR, n.º 84, pasta «Pacto MFA-Partidos parte II», doc. n.º 3.

são animadoras, dando conta de que importantes progressos foram alcançados tendo em vista um acordo final. Satisfeito com a salvaguarda do «papel do CR nesta fase transitória da vida nacional», a 3 de Fevereiro Melo Antunes anuncia a preparação de um novo documento em que se procuraria conciliar posições.([397])

Um novo Pacto

A revisão do Pacto está novamente no centro das atenções na reunião de 9 de Fevereiro. Melo Antunes informa o Conselho sobre o andamento das negociações, revelando alguns aspectos que tinham sofrido alterações e apresentando uma nova versão do documento que admite corresponder, genericamente, «ao que virá a ser assinado»([398]). A par dos poderes e forma de eleição do Presidente da República, nele se enunciam os domínios de intervenção e competências a conferir ao CR no futuro acordo. Como assinala Sousa e Castro à imprensa à entrada dessa reunião, entre as diferenças mais significativas em relação à proposta inicial destacam-se a abolição do veto do CR sobre a nomeação do primeiro-ministro e «uma diminuição marcada» das suas funções. Estas são importantes conquistas para alguns dos partidos envolvidos nas negociações a quem, no entanto, continuava a ser imposta a ideia de que «o Presidente da República deverá ser o presidente do CR», determinação que implicava que o futuro Presidente da República fosse um militar.([399])

Acreditando ainda na possibilidade de o Pacto vir a ser assinado nessa mesma semana, Melo Antunes desencadeia a última ronda negocial. Duas questões farão com que as suas expectativas saiam goradas. Antes de mais, os problemas decorrentes da questão do reconhecimento da República Popular de Angola. Depois, a rejeição do texto apresentado pelo CR como preâmbulo ao Pacto. Introduzindo várias considerações tendo em vista clarificar alguns

([397]) *Diário de Notícias*, 4-2-1976.

([398]) Acta do Conselho da Revolução, 9-2-1976, Arquivo do Conselho da Revolução, Reuniões, Actas, vol. 2, caixa 2.

([399]) *O Dia*, 10-2-1976.

2.ª Plataforma de Acordo Constitucional entre o MFA e os Partidos Políticos (Pacto MFA-Partidos), 26 de Fevereiro de 1976. Discursa o Presidente da República, Francisco da Costa Gomes.

aspectos da legitimidade da intervenção das Forças Armadas na vida política, o texto acentua a sua «missão histórica de garantir as condições que permitam a transição pacífica e pluralista da sociedade portuguesa para a democracia e o socialismo»([400]). Mesmo partidos até aqui aparentemente satisfeitos com o acordo alcançado, como o PS ou o PPD, manifestam agora a sua recusa em assinar o Pacto.

Este incidente obriga a um recuo do CR que, a 25 de Fevereiro, anuncia a eliminação do preâmbulo. Tendo obtido a concordância de todos os partidos envolvidos([401]), esta medida põe termo a quase dois meses de negociações. Finalmente, a 26 de Fevereiro, tem lugar a cerimónia de assinatura da nova Plataforma de Acordo Constitucional.

([400]) *Diário de Notícias*, 26-2-1976.

([401]) *Diário de Notícias*, 26-2-1976. Segundo o *Diário de Notícias*, o preâmbulo tinha sido contestado pelo PS, PPD e CDS, que levantaram objecções ao seu conteúdo.

No discurso que profere nessa ocasião, Costa Gomes acentua tratar-se de «um acordo harmónico entre os poderes político e militar», ainda que «o encontro de posições comuns» não tenha sido «tão rápido como desejaríamos»([402]). Apesar de todos os recuos a que fora forçado, o CR continuava a figurar entre os órgãos de soberania no período de transição, com amplíssimos poderes enquanto Conselho do Presidente da República, garante do regular funcionamento das instituições democráticas e do cumprimento da Constituição, garante da fidelidade ao espírito da Revolução portuguesa e, finalmente, na qualidade de órgão político e legislativo em matéria militar. Em causa, um conjunto apreciável de competências e poderes que garantem ao CR um lugar de relevo na vida política nacional, mantendo-se a tutela militar sobre o poder civil. Assinala-se, no entanto, o abandono do conceito de um MFA enquanto «motor da Revolução», sendo o CR remetido para um papel de salvaguarda das instituições democráticas e das conquistas do 25 de Abril.

No que diz respeito aos poderes presidenciais, o acordo final não constitui grande surpresa. O Presidente da República vê os seus poderes aumentados a expensas do CR e consagra-se a eleição por sufrágio universal e directo. No entanto, o novo Pacto estabelece que o Presidente da República ocupe, em simultâneo, a presidência do CR, uma determinação com implicações múltiplas. Por um lado, assenta no pressuposto que o Presidente da República a ser eleito seria um militar. Paralelamente, faz tacitamente recair sobre a figura do Presidente a gestão do relacionamento entre o poder militar e civil, tornando-o numa peça fundamental do período de transição. O acordo estabelece ainda algumas determinações relativamente às relações entre o Presidente da República, a Assembleia Legislativa e o Governo. No entanto, um ponto não pode ser ignorado: a ausência de considerações de cunho especificamente político ou programático. Finalmente, refira-se a obrigatoriedade de este Pacto ser inserido no texto da Constituição, não sendo passível de revisões «sem o acordo do Conselho de Revolução» enquanto durasse o período de transição (quatro anos).

([402]) *Diário de Notícias*, 27–2–1976.

Depois das dificuldades sentidas no decurso do processo negocial, o compromisso alcançado parece reunir amplo consenso. Segundo Vasco Lourenço, a solução encontrada correspondia plenamente às expectativas do *moderados*:

> «nós queríamos que os militares, enquanto tal, só tivessem o poder necessário para garantir a consolidação democrática, e queríamos, portanto, que o poder fosse para os órgãos eleitos, fossem eles militares ou civis, [...]. Isso depois consubstanciou-se numa solução que era muito polémica na altura, e de que o Melo Antunes era um grande adepto, que era o semipresidencialismo»([403]).

Em suma, conclui Miguel Galvão Teles, o Pacto «saíu muito bem, realmente... Naturalmente houve uns pequenos sobressaltos, mas funcionou muito bem, deu-nos um quadro de relação entre várias instâncias do poder militar e do poder democrático que permitiu uma passagem para o futuro que teve sucesso.»([404])

O reconhecimento da República Popular de Angola

Os primeiros meses de 1976 são igualmente dominados pelo problema do reconhecimento da República Popular de Angola (RPA), tema que ocupa longamente o CR.

A proclamação da independência de Angola, a 11 de Novembro de 1975, constituíra um momento de tensão para as autoridades portuguesas. De um lado encontramos os que, como o então ministro dos Negócios Estrangeiros Ernesto Melo Antunes, eram favoráveis ao imediato reconhecimento do novo estado. Opõem-se-lhes frontalmente os que, como o primeiro-ministro Pinheiro de Azevedo, afirmavam não ser desejável entregar o poder ao MPLA. Neste contexto, e uma vez que o debate foi inconclusivo,

([403]) Maria Inácia Rezola, Entrevista a Vasco Lourenço, Lisboa, 13 de Julho de 2010.

([404]) António Araújo, «A construção da justiça constitucional portuguesa: o nascimento do Tribunal Constitucional», p. 11.

a fórmula encontrada para formalizar a transferência de poder é no mínimo *sui generis* — a 11 de Novembro, o alto-comissário Leonel Cardoso proclama, em nome do Presidente da República Portuguesa, a independência de Angola e entrega o poder ao «povo de Angola». Segue-se a proclamação pelo MPLA da República Popular de Angola (RPA), numa cerimónia em que não esteve presente nenhum representante do Estado português. Como resposta, no mesmo dia, a FNLA e a UNITA proclamam, em Nova Lisboa, a República Democrática e Popular de Angola. Perante a complexidade da situação, a opção de Lisboa recai no não reconhecimento de nenhum dos dois governos proclamados, limitando-se a retirar os símbolos nacionais de Luanda.

O tema tem uma forte presença no debate político nacional nos meses de Janeiro e Fevereiro de 1976. As duas tendências detectadas nas vésperas do 11 de Novembro acentuam-se, opondo os que advogam o imediato reconhecimento do novo Estado (sob o argumento de o MPLA ocupar já grande parte do território angolano e ser largamente representativo da população) e os que consideram não existir motivo para tal atitude (fundamentando a sua posição nos princípios estabelecidos pelo Acordo do Alvor e nas divisões que a questão provocava na sociedade portuguesa). O confronto entre os dois grupos atinge também o CR, dando lugar a duras trocas de palavras, em que estes e outros argumentos são explorados.

A reunião do CR de 14 de Fevereiro, expressamente convocada para debater a questão, é paradigmática a este respeito. O tema é introduzido por Melo Antunes que, dando conta de uma correlação de forças favorável ao MPLA, alerta para a urgência de uma tomada de posição. Esta era uma decisão histórica que deveria recair sobre o CR, cabendo-lhe «recomendar ao Presidente da República que nessa qualidade exerça influência junto do primeiro-ministro e do Governo para que este ainda hoje reconheça a República Popular de Angola»([405]).

([405]) Acta da reunião do CR de 14-2-1976, Arquivo do Conselho da Revolução, Reuniões, Actas, vol. 2, caixa 2.

A primeira objecção a esta proposta parte de Pinheiro de Azevedo ao observar que os Governos provisórios «não têm que decidir sobre a política externa», tanto mais que, nesse momento, não dispunha de «qualquer indicação sobre o que pensam os Partidos». Costa Gomes decide, então, convocar o PS para uma reunião de emergência, tendo em vista apurar a sua posição sobre esta matéria. O debate alarga-se, denotando-se fortes resistências à aceitação da proposta de Melo Antunes por parte de conselheiros como Morais da Silva, Pinho Freire, Pires Veloso ou Souto Cruz. No campo oposto encontram-se os que, como Vítor Crespo e Pezarat Correia, procuram evidenciar as vantagens do reconhecimento da RPA. Esta última posição é reforçada quando, regressado ao Conselho depois de conversar com o secretário-geral do PS, Costa Gomes clarifica a orientação socialista a este respeito:

> «a opinião actual do Partido Socialista é de que devemos realmente chegar ao reconhecimento da RPA mas antecedido da satisfação das seguintes condições: — conversações prévias com alguns Países — EUA, França, os «nove» da Europa, RFA — sobretudo com aqueles que prometeram prevenir-nos da atitude política que fossem tomar relativamente a Angola; — preparação dos retornados para o reconhecimento, tendo em atenção que não estão mentalizados para tal e até pensam que os prejudicará; — diligências do Ministro dos Negócios Estrangeiros e do Ministro da Cooperação junto do MPLA, com vista a tentar prevenir que o Presidente do MPLA, num assomo de sobranceria, nos sujeite a uma desconsideração para com a nossa atitude»([406]).

A partir deste momento, mesmo conselheiros como Ramalho Eanes ou Marques Júnior, até então relativamente silenciosos, manifestam-se pela irreversibilidade do reconhecimento da RPA, multiplicando-se as intervenções quanto às eventuais contrapartidas a impor a Luanda.

O tema é retomado na sessão extraordinária de 18 de Fevereiro. Perante a mudança no posicionamento de muitos estados

([406]) Acta da reunião do CR de 14-2-1976, Arquivo do Conselho da Revolução, Reuniões, Actas, vol. 2, caixa 2.

relativamente a esta questão (a França, a Suécia, a Finlândia, a Inglaterra, já tinham reconhecido o governo de Luanda e outros preparavam-se para assumir uma posição idêntica), uma última questão entravava o seu desenlace: a resistência ao reconhecimento da RPA de partidos como o PPD. Para alguns dos presentes, tratava-se de uma simples estratégia eleitoral. Para outros, um sinal do seu receio em se comprometerem com uma decisão deste tipo, dadas as suas prováveis consequências. O espectro de uma ruptura da plataforma governamental não é excluído, impondo prudência na gestão da situação.([407])

Dois dias depois, em nova reunião extraordinária do CR (a terceira no espaço de uma semana), um dado novo aponta para um desfecho: embora preocupado com a influência soviética e cubana em Angola, o partido maioritário no executivo (PS) revela-se agora adepto do estabelecimento de acordos.([408]) Por solucionar estavam, no entanto, questões de ordem técnica, nomeadamente as relativas às condições que o Governo português deveria impor a Luanda como contrapartida pelo seu reconhecimento.

Apesar de ainda se ouvirem algumas vozes discordantes, como a de Pires Veloso, a opinião dominante no CR incide nos amplos benefícios de tal medida, nomeadamente em termos da salvaguarda dos interesses dos «retornados». Reunido um consenso sobre tão polémica matéria, a sessão encerra com a determinação de que a decisão final fosse tomada pelo Presidente da República, depois de ouvido o Conselho da Ministros.([409]) Agendada para essa mesma noite, a reunião do Conselho de Ministros salda-se por um sucesso. No final, cabe a Melo Antunes, anunciar a decisão: na sequência das consultas que efectuara junto dos representantes de vários partidos políticos, e depois de ouvir as opiniões do CR e do Conselho de Ministros, o Presidente da República decidira reconhecer o Governo

([407]) Acta do Conselho da Revolução, 18-2-1976, Arquivo do Conselho da Revolução, Reuniões, Actas, vol. 2, caixa 2. Esta é, aliás, a única conclusão tornada pública pelo CR a respeito desta reunião — Cf. *Diário de Notícias*, 19-2-1976.

([408]) Declarações de Mário Soares ao jornal *A Luta*, 19-2-76.

([409]) Acta do Conselho da Revolução, 20-2-1976, Arquivo do Conselho da Revolução, Reuniões, Actas, vol. 2, caixa 2.

da República Popular de Angola.([410]) Finalmente, a 22 de Fevereiro de 1976, Portugal reconhecia o Governo da RPA, sendo o 82.º país a fazê-lo.([411])

Os primeiros marcos da institucionalização da democracia

De Junho a Novembro de 1975, os trabalhos da Assembleia Constituinte tinham sofrido vários reveses, processando-se de acordo com a conjuntura e sendo sucessivamente bloqueados pela agitação político-militar que percorre o país. A superação da crise do 25 de Novembro, assim como a revisão da Plataforma de Acordo Constitucional, abriram novas possibilidades permitindo imprimir um novo ritmo com vista à rápida conclusão do processo constituinte.

Apesar de a imprensa assinalar que grande parte das matérias são aceites «por unanimidade e sem debate»([412]), nem todos os aspectos do articulado constitucional são pacíficos. O constitucionalista e deputado popular-democrata Jorge de Miranda, por exemplo, faz incidir as suas críticas sobre «a forma de que se revestiram alguns preceitos e até alguns capítulos», assim como sobre «a linguagem que aí se emprega, por marcá-los de uma conotação ideológica manifestamente contrária ao espírito pluralista da Constituição»([413]). Esta posição é partilhada por comentadores políticos como Manuel Lucena, para quem muitos dos textos aprovados «se ressentem do clima esquerdista» que envolveu grande parte dos trabalhos da Constituinte.([414])

([410]) *Diário de Notícias*, 23-2-1976, pp. 1 e 7.

([411]) Mensagem de Melo Antunes ao Ministro das Relações Exteriores da RPA, entregue pelo chefe dos Serviços de Instalação da representação Diplomática Portuguesa em Luanda — DGARQ, PT-TT-EMA, n.º 62, pasta 1 — *Boletim de Informação Diplomática* n.º 39/76.

([412]) *Diário de Notícias*, 10-3-1976.

([413]) *Diário de Notícias*, 24-2-1976.

([414]) *Diário de Notícias*, 23-1-1976.

O novo texto constitucional é aprovado a 2 de Abril de 1976, com os votos favoráveis do PS, PPD, PCP, MDP/CDE, independentes, UDP e do deputado de Macau (ADIM). O momento é apenas toldado pela votação contrária do CDS que, nessa ocasião, expressa o seu «inconformismo e a frustração» pela oportunidade perdida de «mais democracia e de mais autêntico pluralismo», dada a «amarra socialista» que prendia o texto constitucional.([415]) Ouvido o CR sobre a matéria, cabe ao Presidente da República promulgar a Constituição, por si rotulada como um «marco fundamental da história iniciada em 25 de Abril de 1974». A sua garantia é a de que as Forças Armadas «agirão com escrupuloso respeito» do novo texto constitucional, «acatando as decisões dos órgãos do Poder que, nos seus termos, forem legitimamente investidos e serão o garante último da sua defesa»([416]).

Segundo o historiador António Reis, um dos aspectos mais interessante do texto constitucional de 1976 reside no estabelecimento de «um prudente sistema de pesos e contrapesos para o exercício do poder central». Ao adoptar «um sistema semipresidencialista, ou de parlamentarismo mitigado, operou uma sábia divisão de poderes ao mais alto nível do Estado, criando, assim, um obstáculo institucional à tentação de um presidencialismo do primeiro-ministro». Paralelamente, observa o mesmo autor, a consagração de um sistema eleitoral proporcional pela média mais alta de Hondt, «tornou difíceis as maiorias monopartidárias, num convite implícito à formação de governos de coligação, sob pena de risco de instabilidade política»([417]).

Do longo articulado constitucional, destaca-se o seu preâmbulo. Aí se afirma ser Portugal uma «república soberana» empenhada na construção de uma «sociedade sem classes» (art.° 1). Um estado «democrático, baseado na soberania, no respeito e na garantia

([415]) *Diário da Assembleia Constituinte* n.° 132, 3–4–1976. Ver ainda, no mesmo diário, a declaração de voto dos popular-democratas onde, apesar do seu voto favorável ao novo texto constitucional, deixam subentendida a sua discordância quanto às determinações relativas à economia.

([416]) Cit. *in* Orlando Neves (ed.), *E Agora que Fazer?*, pp. 175 e 176.

([417]) António Reis, «O Poder central» *in* António Reis (coord.), *Portugal — 20 anos de Democracia,* p. 74.

Encerramento da Assembleia Constituinte (2 de Abril de 1976).
Na imagem, Morais da Silva, Melo Antunes e Mário Soares.

dos direitos e liberdades fundamentais». Um país em «transição para o socialismo mediante a criação de condições para o exercício democrático do poder pelas classes trabalhadoras» (art.º 2). A linguagem revolucionária, de forte inspiração marxista, repete-se noutro ponto do articulado: o relativo à organização económica (parte II). Cite-se, a título de exemplo, o art.º 80 onde se determina que «a organização económico-social da República Portuguesa assenta no desenvolvimento das relações de produção socialistas, mediante a apropriação colectiva dos meios de produção e solos, bem como dos recursos naturais, e o exercício do poder democrático das classes trabalhadoras».

Como seria expectável, dadas as circunstâncias em que foi produzido e aprovado, o texto constitucional é condicionado pelo novo Pacto MFA–Partidos. Integralmente inscrito na Constituição, este acordo garante a permanência do CR na estrutura dos órgãos de soberania, com amplos poderes em termos de apreciação da constitucionalidade das leis. Este facto leva o então dirigente centrista a afirmar que «nos planos constitucional, institucional e político, a Revolução não acabou (...) com o 25 de Novembro». Segundo Freitas do Amaral, o nome *Conselho da Revolução* «não podia ser mais revelador»([418]).

Ainda que marcada pelos sinais da revolução, a nova Constituição institui um regime democrático e pluralista traduzindo um compromisso entre os defensores de um modelo de democracia liberal e os que postulam uma opção pelo «socialismo democrático». Dado este passo decisivo para a normalização democrática, as atenções centram-se na realização das eleições legislativas que, simbolicamente, são marcadas para 25 de Abril de 1976.

Apesar de a campanha ser perturbada por episódios como o *Caso Walraff*([419]) ou as cenas de violência física e verbal que marcaram alguns comícios (levando o CR a anunciar medidas cautelares e de intervenção contra actos de violência([420])), o acto eleitoral decorre sem incidentes.

Resultado das eleições legislativas de 1976 (25 de Abril de 1976)

Partidos	n.º de votos	%	n.º de deputados
PS	1 911 769	35%	107
PPD	1 336 697	24%	73
CDS	877 494	16%	42
PCP	786 701	14%	40
UDP	91 691	1,7%	1

Fonte: CNE, *Resultados eleitorais. Assembleia Constituinte. Assembleia da República*. Lisboa, CNE, 1995.

([418]) Diogo Freitas do Amaral, *O Antigo Regime e a Revolução*, p. 514.

([419]) Caso desencadeado com a publicação de uma reportagem do jornalista alemão Gunther Walraff, na revista *Stern*, denunciando a intenção de António de Spínola de organizar um sangrento golpe de estado em Portugal. Walraff fez-se passar por representante de uma empresa que estaria disposta a financiar a operação e obteve relevações inesperadas sobre o MDLP e suas actividades — Cf. Gunther Walraff, *A Descoberta de uma Conspiração*, Lisboa, Bertrand, 1976.

([420]) *Diário de Notícias*, 23-4-76.

A vitória do PS é inequívoca, ainda que o seu resultado seja sensivelmente inferior ao que obtivera nas eleições para a Assembleia Constituinte. A descida de três pontos percentuais pode ser explicada pelo abandono do voto útil por parte do eleitorado mais conservador. Igual argumento pode esclarecer a descida do número de votantes no PPD (menos 2%), partido que, desde finais de 1975, atravessava dificuldades internas que resultaram numa cisão. De destacar também o facto de, beneficiando da não participação do MDP/CDE, o PCP ter subido percentualmente (2%). É, no entanto, ultrapassado pelo CDS, único partido que conhece uma considerável subida eleitoral (de 7,5% para 16%). Ficava assim patente não apenas o processo de desgaste que o PCP sofria desde o 25 de Novembro mas também que a nova conjuntura favorecia uma melhor definição dos eleitores conservadores, agora reforçados com a chegada de 600 mil retornados das ex-colónias portuguesas.

Os primeiros comentários partidários quanto ao resultado eleitoral são bastante optimistas, salientando quase invariavelmente a vitória da democracia.([421]) Agora, um novo desafio se colocava: a celebração das eleições presidenciais.

Eanes, o candidato não oficial do CR

As eleições presidenciais tinham sido um tema quente do decurso do debate da revisão da Plataforma de Acordo Constitucional. Em causa, aspectos como a forma de eleição, mas também o facto de o cargo ser ou não ser obrigatoriamente ocupado por um militar, dada a determinação do Pacto de que o Presidente da República fosse, por inerência de funções, presidente do CR. Um último aspecto ficara, no entanto, por determinar: a escolha dos candidatos presidenciais.

Ao longo dos primeiros meses de 1976, as especulações sucedem-se. Pinheiro de Azevedo, Costa Gomes ou Ramalho Eanes estão entre os nomes mais ventilados, não se descartando a possibilidade

([421]) Cf. *Jornal Novo*, 26-4-76, *Diário de Notícias*, 27-4-76, ou ainda *Jornal Novo*, 27-4-76, onde se dá conta dos resultados de uma mesa-redonda entre os representantes do PS, PPD, CDS e UDP na televisão.

de outras candidaturas militares como as de Melo Egídio, Franco Charais, Pires Veloso ou Firmino Miguel. Apesar de minoritária, a hipótese de uma candidatura civil é também considerada, apresentando-se Henrique de Barros e Mário Soares como os candidatos preferenciais. Inicialmente acalentada pelo próprio secretário-geral socialista([422]), a ideia acaba por ser abandonada: o cargo deveria ser «preenchido por um militar», dado que «o País não estava ainda preparado — nem maduro — para ter um civil no topo da hierarquia do Estado»([423]). Tornada pública em conferência de imprensa de 26 de Março, esta posição do PS é partilhada por outras forças político-partidárias. Segundo o PPD, «uma personalidade militar, além de ser apartidária, oferece a vantagem de uma mais fácil ligação com as Forças Armadas»([424]). Finalmente, uma outra questão domina o debate: deveria o CR apresentar um candidato próprio? Esta possibilidade é avançada por vários órgãos de imprensa que acompanham atentamente todas as movimentações do CR, nomeadamente dos seus membros identificados com o *Grupo dos Nove*.([425])

As pressões sobre o CR adensam-se depois das eleições legislativas. Enquanto vencedor do escrutínio, o PS poderia ter uma palavra a dizer neste domínio. É neste contexto que devemos inserir o encontro entre Mário Soares e alguns dos mais influentes elementos do *Grupo dos Nove*, em que o líder socialista indica aos seus «aliados objectivos» quatro nomes possíveis de candidatos à Presidência da República: Costa Braz, Firmino Miguel, Pires Veloso e Ramalho Eanes.([426]) A proposta foi aceite com o compromisso de que um deles seria o nome indicado pelo CR e a promessa de que se iria realizar uma consulta prévia aos três ramos das Forças Armadas. Como resultado deste processo, que se traduziu na promoção de uma série de plenários, envolvendo dezenas de militares, dois nomes ficam sobre a mesa: Costa Braz e Ramalho Eanes. Tratando-se de oficiais do Exército, decide-se que a última palavra

([422]) Cf. David Castaño, *Soares...*, pp. 431–432.

([423]) Maria João Avillez, *Soares. Democracia.* Lisboa: Público, 1996, pp. 23 e 24.

([424]) Declarações de Rui Machete *in Diário de Notícias*, 13–4–1976.

([425]) Ver, a título de exemplo, *Expresso*, 14-2-1976, e *O Dia*, 16–2–1976.

([426]) Maria João Avillez, *Soares. Democracia*, pp. 24–25.

deveria caber aos representantes daquele ramo no CR que, para o efeito, se reúnem a 27 de Abril em São Julião da Barra. O debate é vivo e, ainda hoje, subsistem dúvidas quanto seus detalhes. Os resultados são, no entanto, inequívocos: depois de uma votação, de braço no ar, Ramalho Eanes ganha por 7–2.([427])

Apesar de todas as manobras de bastidores então em curso, não é o PS mas sim o PPD o primeiro partido a anunciar o seu apoio à candidatura de Ramalho Eanes. A decisão, tornada pública a 28 de Abril, é acompanhada de um apelo para que «se procure conjugar, em torno da candidatura do Presidente da República, o consenso dos principais partidos políticos democráticos», de forma a garantir que o futuro Presidente da República «assuma uma dimensão nacional», e «suprapartidária»([428]). Esta antecipação do PPD é possível devido a uma fuga de informação dos resultados do encontro de São Julião da Barra. Sentindo-se ultrapassado neste processo, Sá Carneiro marca assim uma posição e suplanta o PS, retirando-lhe a possibilidade de reivindicar a paternidade da candidatura.

A partir desse momento, e até ao seu anúncio formal (14 de Maio), os apoios a Ramalho Eanes multiplicam-se. Primeiro do PS e do CDS. Depois do MRPP, AOC e SEDES. Como reflexo deste amplo consenso, a comissão política da candidatura é bastante diversificada, integrando nomes como Jorge Miranda (PPD), Carlos Macedo (MSD), Maria José Sampaio (CDS) José Carlos Vasconcelos, Medeiros Ferreira e alguns elementos militares. Ainda que Eanes venha a afirmar a sua candidatura como não partidária([429]), é óbvio o empenhamento de todos estes partidos no processo, apostados em fazer vencer o seu candidato.

Impulsionado pelo anúncio da candidatura de Eanes a 14 de Maio, o processo de clarificação das restantes acelera-se. Desde logo,

---

([427]) José Amaro Dionísio, «Eanismo» *in Público Magazine*, 25–11–1990. Os dois votos contra foram os de Vasco Lourenço e do próprio Eanes. Justificando a posição então assumida, Vasco Lourenço alega que, no contexto que se vivia, lhe parecia fundamental a continuação de Ramalho Eanes à frente do Estado-Maior do Exército.

([428]) *Diário de Notícias*, 29–4–1976.

([429]) *Le Monde*, 21–5–1976.

a de Pinheiro de Azevedo, por muitos tido como o adversário mais credenciado de Eanes. No mesmo dia em que Pinheiro de Azevedo formaliza a sua candidatura (18 de Maio), o PCP (único dos quatro partidos mais votados para a Assembleia da República que não tinha definido a sua posição([430])), apresenta Octávio Pato como seu candidato. Ainda que há algum tempo se considerasse a hipótese do PCP apostar num civil, a surpresa é geral levando o secretário-geral do partido a justificar a decisão: «dada a complexidade da situação e a falta de clareza que as posições de partidos reaccionários introduzem no processo», o PCP resolveu não apoiar «qualquer candidatura militar, sem prejuízo do apoio que possa vir a dar a um militar que venha a ser eleito Presidente da República»([431]). Encontrando-se numa posição de alguma fragilidade, o PCP opta por uma prudência estratégica.

Mais complexa se revela a candidatura de Otelo Saraiva de Carvalho, apenas formalizada dois dias antes do fecho do prazo legal estabelecido para o efeito. Ainda que há muito circulassem rumores nesse sentido, impedimentos legais decorrentes do seu envolvimento no processo-crime do 25 de Novembro entravam o processo. Obtida a autorização do Supremo Tribunal de Justiça e da Polícia Judiciária Militar, a 27 de Maio Otelo anuncia a sua intenção de entrar na corrida eleitoral.([432]) Nesse mesmo dia é também anunciado que «apesar de todas as probabilidades de êxito», Costa Gomes declinara a possibilidade de se candidatar a Belém.([433]) Ainda que por motivos diferentes, duas outras candidaturas acabarão por não vingar: a de Arlete Silva (apoiada pelas organizações trotskistas LCI e PRT), que se retira depois de ser descoberto que forjara o seu passado, e a de Fernando Macedo de Sousa (PCP ml), que renuncia em favor de Ramalho Eanes.

Terminado o prazo legal, é dado a conhecer o nome dos candidatos cujos processos tinham dado entrada no Supremo Tribunal de Justiça: Ramalho Eanes, Pinheiro de Azevedo, Octávio Pato,

---

([430]) *Le Monde*, 7–5–1976.

([431]) *Jornal Novo*, 19–5–1976.

([432]) *Diário de Notícias*, 28–5–1976.

([433]) *Diário de Notícias*, 28–5–1976.

Otelo Saraiva de Carvalho e Pompílio da Cruz, que constitui a única surpresa. Apresentando-se à última hora, Pompílio da Cruz declara-se um candidato independente, apesar do rótulo de «candidato dos retornados» que alguma imprensa lhe atribui.([434]) Acabará por desistir antes da conclusão do processo eleitoral.

Três dias antes do início oficial da campanha eleitoral, o semanário *Expresso* divulga os resultados de uma sondagem. Se, em inícios de Maio, Eanes era praticamente um desconhecido, nesta sondagem são 84% os inquiridos que afirmam conhecê-lo e 33% os que revelam a intenção de nele votar.([435]) Seguem-se-lhe Pinheiro de Azevedo (com 14% das intenções de voto), Otelo (11%) e Octávio Pato (3%). Ainda que possa ter surpreendido algum observador menos atento, este resultado era o reflexo da actividade desenvolvida na pré-campanha.

A 12 de Junho tem oficialmente início a campanha eleitoral. Empenhados numa verdadeira «volta a Portugal», os quatro candidatos promovem comícios em diversos pontos do país, participam em programa de rádio e TV, concedem entrevistas... Dez dias depois, um episódio inesperado causa enorme consternação: Pinheiro de Azevedo é hospitalizado na sequência de um ataque cardíaco. A campanha aproximava-se do seu fim e o seu tom altera-se:

> «A doença de Pinheiro de Azevedo não determinou a paralisação das actividades da sua comissão de apoio, e veio certamente dar um tom mais moderado, menos quente, aos ataques mútuos entre os candidatos, que todos nós já estávamos a nos acostumar. Perde-se um pouco do sensacionalismo, ganha-se talvez a visão de um final de campanha mais digno.»([436])

As eleições de 27 de Junho saldam-se numa estrondosa vitória de Ramalho Eanes, que obtém 61,6% dos votos. Otelo Saraiva de Carvalho posiciona-se em segundo lugar, com 16,5%, o que

([434]) *Jornal Novo*, 29-5-1976. Sobre esta candidatura e seus propósitos, ver ainda *Diário de Notícias*, 31-5-1976.

([435]) Cf. *Expresso*, 9-6-1976.

([436]) *Jornal Novo*, 24-6-1976.

constitui um reflexo do fraccionamento que a sua candidatura operara no PCP. Apesar de ainda internado, Pinheiro de Azevedo obtém o resultado surpreendente de 14,4%. Finalmente, Octávio Pato, recolhe 7,6% dos votos.([437])

Um dos primeiros comentários sobre as eleições provém do CR que, no final da sua reunião de 29 de Junho, emite um comunicado em que se congratula «com a forma como as mesmas decorreram»([438]). Apesar de oficiais como Melo Antunes sempre terem rejeitado a ideia de que os militares de Abril se deveriam contentar com a democracia eleitoral e política, esse era um momento central da institucionalização da nova ordem. Nesse mesmo comunicado, o CR anuncia a aprovação do estatuto que regula o funcionamento da Comissão Constitucional, nos termos do artigo n.º 285 da Constituição da República.([439]) O tema fora previamente debatido no Conselho([440]), tendo-se determinado que a referida comissão seria presidida por Melo Antunes.([441]) O Estatuto da Comissão Constitucional é publicado em *Diário da República* a 30 de Junho([442]) e, dias depois, são divulgados os nomes dos seus primeiros membros.([443]) Ainda que este fosse um passo importante para o cumprimento das disposições constitucionais, a Comissão apenas será empossada em Novembro de 1976.

([437]) Comissão Nacional de Eleições, Presidente da República — 27/06/1976. eleicoes.cne.pt/raster/detalhe.cfm?eleicao=pr&dia=27&mes=06&ano=1976&codreg=0&local=0

([438]) CR, Acta da reunião do CR de 29-6-1976, anexo 5, Arquivo do Conselho da Revolução, Reuniões, Actas, vol. 3, caixa 3.

([439]) CR, Acta da reunião do CR de 29-6-1976, anexo, Arquivo do Conselho da Revolução, Reuniões, Actas, vol. 3, caixa 3 — Cf. Decreto-lei n.º 503-F/76, de 30 de Junho (promulga o Estatuto da Comissão Constitucional) *in Diário do Governo*, I série, n.º 151, 30-6-76.

([440]) Cf. Actas do Conselho da Revolução, 5-4-1976, 21-4-1976, 4-5-1976 e 7-6-1976, Arquivo do Conselho da Revolução, Reuniões, Actas, vol. 3, caixa 3.

([441]) Acta do Conselho da Revolução, 23-6-1976, Arquivo do Conselho da Revolução, Reuniões, Actas, vol. 3, caixa 3.

([442]) Cf. decreto-lei 503-F/76 *in Diário de República*, I série, n.º 151, 30 de Junho de 1976.

([443]) *Diário de Notícias*, 3-7-76.

A última reunião do Conselho antes da tomada de posse no novo Presidente da República (12 de Junho) reveste-se de amplo interesse. Ainda que outros pontos integrassem a sua agenda de trabalho, o centro das atenções é Costa Gomes. Segundo alguns dos presentes, Costa Gomes era nesse momento alvo de fortes ataques. O editorial do *Diário de Notícias*, desse dia, assim o atestava, denegrindo «de forma primária» a imagem de Costa Gomes.([444]) A forma como gerira o complexo processo revolucionário não fora esquecida, sendo por muitos interpretada como tendo favorecido os sectores mais extremistas. A «caça às bruxas» parecia não ter acabado.

Aproveitando o facto de presidir, pela última vez, a uma reunião do CR, Costa Gomes faz um balanço dos 16 meses percorridos. Em seu entender, o Conselho desempenhara um «papel importante», mas a sua missão não estava concluída. Por isso, o fundamental era manter a «coesão nas Forças Armadas» e garantir o respeito pelas «balizas essenciais consignadas no Programa do MFA e na Constituição». Segundo Costa Gomes, os ataques de que o CR era alvo revelavam o «interesse que nisso têm partidos políticos que entendem que os militares devem sair do processo». No final, todos os conselheiros subscrevem uma mensagem em que manifestam a sua gratidão «pela forma extraordinária» como Costa Gomes conseguira «em momentos tão graves, tão difíceis e tão críticos que se viveram, poupar as Forças Armadas e o País a uma inimaginável gama de inúteis sacrifícios»([445]). Era um ciclo que se encerrava.

([444]) Acta do Conselho da Revolução, 12-7-1976, Arquivo do Conselho da Revolução, Reuniões, Actas, vol. 3, caixa 3.

([445]) Acta do Conselho da Revolução, 12-7-1976, Arquivo do Conselho da Revolução, Reuniões, Actas, vol. 3, caixa 3.

IV.

VIVER EM DEMOCRACIA TUTELADA
(JULHO 1976-1979)(*)

O mês de Julho de 1976 constitui um marco no processo de transição para a democracia em Portugal. A tomada de posse do primeiro Presidente da República eleito democraticamente por sufrágio directo, secreto e universal é a primeira de uma série de mudanças, que marcariam os destinos do país e do CR.

O novo Presidente tinha ideias muito concretas sobre o papel do CR e não perderia tempo a colocá-las em prática. Eanes assumir-se-ia como elemento-chave da transição e da consolidação democrática e uma das suas prioridades passou por assegurar o fim das ligações directas entre o CR e as estruturas das Forças Armada e por manter o Conselho e os militares afastados das questões políticas. Nesse sentido, promoveu uma reestruturação do CR e introduziu alterações nas altas chefias e nos comandos militares. Estas alterações provocaram uma divisão do CR em dois grandes grupos: o grupo dos conselheiros históricos, que defendiam um Conselho activo e interventivo, na sua dupla qualidade de órgão político-militar, e o dos conselheiros que partilhavam a visão do Presidente e que entendiam que o Conselho era, essencialmente, um órgão político de aconselhamento do PR.

Estas duas visões não colidiam com a Constituição que determinava que o CR, além de ser o órgão consultivo do PR e de deter a exclusividade política e legislativa nos assuntos militares, como garante do cumprimento da Constituição, deveria pronunciar-se sobre a constitucionalidade de quaisquer diplomas

(*) David Castaño.

antes de serem promulgados ou assinados e velar pela emissão das medidas necessárias ao cumprimento das normas constitucionais, podendo, para esse efeito, formular recomendações. A Constituição consagrava ainda que o CR tinha o poder de apreciar a constitucionalidade de quaisquer diplomas publicados e declarar a sua inconstitucionalidade e atribuía-lhe a competência para se pronunciar junto do Presidente sobre a nomeação e exoneração do primeiro-ministro e sobre o exercício do direito de veto suspensivo. A lei fundamental estipulava também que, para coadjuvar o CR na apreciação da constitucionalidade, seria criada uma Comissão Constitucional (CC). Ou seja, o CR dispunha de vastos poderes, mas o modo como estes seriam exercidos e o relacionamento com os restantes órgãos de soberania dependiam, em grande parte, das dinâmicas internas e dos impulsos ou dos freios que lhe eram transmitidos.

Este período ficaria assim marcado por uma permanente medição de forças de duas visões distintas sobre o papel e intervenção do CR na vida política e militar do país. Apesar de consagrada formalmente, a tutela militar não chegou a ter a influência pretendida por alguns e temida por muitos.

O CR no início da transição constitucional

No dia em que Ramalho Eanes foi investido Presidente da República (14 de Julho), realizou-se uma reunião extraordinária do CR. Nesta primeira reunião em que, como determinava a Constituição, Ramalho Eanes assumiu a presidência deste órgão de soberania, o Presidente foi também nomeado chefe do Estado-Maior-General das Forças Armadas (CEMGFA).([446]) Com esta decisão, Eanes passava a assumir três legitimidades: a legitimidade democrática, conferida pelo voto directo e universal; a legitimidade revolucionária, como Presidente do Conselho da Revolução; e a legitimidade funcional, na qualidade de chefe das Forças

([446]) Acta do Conselho da Revolução, 14-7-1976, Arquivo do Conselho da Revolução, Reuniões, Actas, vol. 3, caixa 3.

Armadas.[447] Esta acumulação de funções iria também ter, como veremos, um profundo impacto no CR.

Nessa mesma reunião, os conselheiros da revolução defenderam que o Presidente deveria convidar o líder do partido mais votado a formar governo e pronunciaram-se a favor da indicação do brigadeiro Rocha Vieira para o cargo de chefe do Estado-Maior do Exército (CEME).[448] Rocha Vieira, que era à data director da Arma de Engenharia, fora um dos operacionais do 25 de Novembro e era muito próximo de Eanes, que só aceitara ser candidato presidencial depois de ter assegurado duas condições: poder conciliar a presidência da República com a chefia do Estado-Maior-General das Forças Armadas e ter uma palavra determinante na escolha do seu sucessor na liderança do Estado-Maior do Exército.[449]

Depois de aprovada a Constituição, de realizadas as primeiras eleições legislativas e presidenciais, com a tomada de posse do Presidente da República e a sua nomeação como CEMGFA, a que se seguiram as tomadas de posse do novo CEME e do I Governo Constitucional, abre-se um novo ciclo, o ciclo da transição constitucional.

O I Governo foi empossado a 23 de Julho. Nesse mesmo dia realizou-se a segunda reunião do CR sob a presidência de Eanes. O novo Presidente não perdeu tempo e revelou que pretendia promover mudanças, fazendo algumas considerações sobre o modo como decorriam as reuniões e como deveria funcionar este órgão de soberania. Entre as preocupações manifestadas por Eanes destacavam-se: a necessidade de «confiança mútua entre os membros do Conselho»; o problema das fugas para a imprensa e a questão das entrevistas concedidas pelos seus membros, que, em seu entender, contribuíam para «criar divisões e degradar a

---

(447) Thomas Bruneau e Alex Macleod, *Politics in Contemporary Portugal: Parties and the Consolidation of Democracy*, Boulder, Colorado, Lynne Rienner Publishers, 1986, p. 120. Esta acumulação de funções iria marcar o primeiro mandato presidencial de Ramalho Eanes. David Castaño, *Eanes e a Democracia*, Lisboa, Penguin Random House, 2018.

(448) Acta do Conselho da Revolução, 14-7-1976, Arquivo do Conselho da Revolução, Reuniões, Actas, vol. 3, caixa 3.

(449) David Castaño, *Eanes e a Democracia*, pp. 35-36.

imagem do Conselho». No decorrer da reunião, referindo-se aos ataques que eram dirigidos ao CR por «diversas forças políticas», o conselheiro Franco Charais propôs que fosse dada «uma resposta política demonstrativa da força e coesão do Conselho», sugerindo, para esse efeito, «a graduação em general» dos conselheiros que estavam a comandar regiões militares.([450])

Esta proposta não chegou a ser discutida, uma vez que a reunião foi interrompida para que os membros do CR pudessem assistir à tomada de posse do Governo. A reunião seria retomada três dias depois, tendo o conselheiro Vasco Lourenço, chamado a atenção para a necessidade de se tomarem «posições firmes face aos ataques das forças antidemocráticas» dirigidos ao CR. No mesmo sentido, Pezarat Correia referiu-se às preterições de oficiais que tinham pertencido à Comissão Coordenadora do Programa de Angola, e Franco Charais voltou a defender a graduação a general dos comandantes das regiões militares. Intervindo também no debate, Melo Antunes defendeu que o CR discutisse «as questões de valor político elevado», de modo a evitar que nos ramos das Forças Armadas se tomassem «orientações díspares com reflexos políticos» que pudessem criar situações de divisionismo e quebra de coesão, afirmando que deveria haver «unidade de doutrina» e que deveria ser o CR a estabelecer essa doutrina, pelo que sugeriu a reactivação da 5.ª Divisão do EMGFA, órgão que deveria «ter capacidade para difundir nas Forças Armadas as linhas de orientação definidas pelo Conselho da Revolução». Melo Antunes entendia que esse órgão deveria ser superentendido por um membro do CR e sugeriu o nome de Vítor Alves para desempenhar essas funções. No fundo, este conselheiro estava a sugerir a reabilitação de um organismo que tinha desempenhado um papel determinante no PREC e que tinha sido desarticulado após o 25 de Novembro, tendo subjacente a ideia de um CR ideologicamente empenhado e que seria o vértice de uma pirâmide onde se deveriam integrar os três ramos das Forças Armadas. Era, uma nova tentativa de reabilitação da ideia de um MFA como motor da revolução, que tinha sido rejeitada pelos

([450]) Acta do Conselho da Revolução, 23 e 26-7-1976, Arquivo do Conselho da Revolução, Reuniões, Actas, vol. 3, caixa 3.

partidos políticos durante as negociações para a formalização do II Pacto MFA/Partidos.([451])

Posição semelhante seria preconizada, na reunião realizada na semana seguinte, pelo conselheiro Almeida e Costa, que apresentou um documento com um conjunto de sugestões relativo ao funcionamento interno do Conselho e ao estatuto dos seus membros, que definia o CR como um «órgão híbrido», através do qual se pretendia: «manter o impulso revolucionário»; «empenhar as Forças Armadas na constituição de um Estado democrático, pluralista, em transição para o socialismo»; e «reconhecer às Forças Armadas uma responsabilidade e peso excepcional na vida política»([452]).

O Presidente do CR também manifestara preocupação pela existência no interior das Forças Armadas de «grupos de ideologia partidária antagónica que pelas suas actuações» favoreciam o «divisionismo»([453]). No entanto, o caminho que preconizava para combater este fenómeno era bastante distinto da via que estes conselheiros pretendiam seguir.

No dia 11 de Agosto de 1976, ainda não tinha completado o seu primeiro mês na presidência, Ramalho Eanes apresentou aos conselheiros da revolução uma proposta para a reestruturação deste órgão de soberania que revelaria a importância da conjugação das três legitimidades no Presidente da República e que marcaria de modo indelével o curso da transição constitucional.

Começando por defender que era urgente «estabilizar as Forças Armadas e defender o Conselho da Revolução» dos ataques que lhe eram dirigidos, o Presidente sustentou que um dos factores que alimentavam esses ataques prendia-se com «a permanência de alguns conselheiros desempenhando simultaneamente funções políticas e funções militares, pelo que se tornava necessário que os conselheiros em tais condições optassem por uma das funções».

([451]) Acta do Conselho da Revolução, 23 e 26-7-1976, Arquivo do Conselho da Revolução, Reuniões, Actas, vol. 3, caixa 3.

([452]) «Apreciação sobre a reorganização do CR», s/d, anexo à acta de 6-8-1976, Arquivo do Conselho da Revolução, Assuntos tratados nas reuniões do CR, vol. 7, caixa 25.

([453]) Acta do Conselho da Revolução, 23 e 26-7-1976, Arquivo do Conselho da Revolução, Reuniões, Actas, vol. 3, caixa 3.

Nesta situação encontravam-se Pires Veloso, comandante da Região Militar Norte (RMN), Franco Charais, comandante da Região Militar Centro (RMC), Pezarat Correia, comandante da Região Militar Sul (RMS), Vasco Lourenço, comandante da Região Militar de Lisboa (RML) e Pinho Freire, da 1.ª Região Aérea. Estes cinco oficiais foram colocados perante um facto consumado, uma vez que na mesma ocasião o Presidente informou já ter transmitido esta posição a Pires Veloso, que já não esteve presente nesta por ter optado manter-se no comando da RMN. Confrontados com a necessidade de darem uma resposta imediata, os conselheiros indicaram as suas escolhas. Tal como Pires Veloso, Pinho Freire optou por abandonar o CR e continuar a desempenhar funções militares. Posição diferente foi seguida por Charais, Pezarat e Vasco Lourenço, que preferiram manter-se no Conselho. Relativamente a este último caso, a maioria dos conselheiros defendeu que fosse aberta uma excepção, por entenderem que o comando da RML era de natureza político-militar, pelo que teria de ser exercido por um membro do CR.([454]) Vasco Lourenço acabou, assim, por permanecer no CR e no comando da RML. Para esse efeito foi graduado a general e foi criado o cargo de governador militar de Lisboa. Esta acumulação de funções irá, a médio prazo, revelar as suas fragilidades e estará na origem de um conflito com o novo CEME.

A medida imposta pelo Presidente foi acatada, mas alguns dos visados não esconderam as suas reservas. Ao despedir-se do comando da RMS, Pezarat Correia lembrou a via socialista preconizada na Constituição, defendendo que a revolução só continuaria se os militares assegurassem o seu cumprimento. Por seu lado, Franco Charais referiu-se às mudanças nas Forças Armadas como meras «divergências de carácter técnico», mas afirmou que a especulação alimentada pela Comunicação Social em torno desta questão poderia ajudar a que o Verão de 1976 voltasse a ser quente.([455]) Anos mais tarde, Pezarat deixaria expressas as suas críticas à solução

([454]) Acta do Conselho da Revolução, 11–8–1976, Arquivo do Conselho da Revolução, Reuniões, Actas, vol. 3, caixa 3.
([455]) *Diário de Lisboa*, 27–8–1976, p. 5.

preconizada por Ramalho Eanes: «como órgão político-militar», o CR «só poderia ter algum peso institucional se estivesse investido de representatividade e de capacidade de ligação à instituição militar, através dos seus membros com comando efectivo. Ao retirar-se-lhe estas funções, procurou isolar-se o órgão da estrutura militar»(456).

Fora precisamente essa a intenção do Presidente da República, que nesta fase tinha como prioridade promover e assegurar a reinstitucionalização das Forças Armadas. Em seu entender, este processo passava pela recuperação de uma cadeia de comando, que tinha como vértice o Estado-Maior-General e as chefias dos três ramos das Forças Armadas e não o CR. Este modelo visava, em última análise, preparar as Forças Armadas para a subordinação ao poder civil e tinha em consideração o carácter transitório do CR. É que quanto mais relevante, mais problemático seria o seu desmantelamento.

O modelo preconizado por Ramalho Eanes chocava com aquele que era defendido por muitos dos conselheiros que, pelo contrário, entendiam que apenas um CR interventivo, com efectivo poder militar e capaz de utilizar em toda a plenitude os poderes constitucionais que lhe tinham sido atribuídos, poderia assegurar a transição, não apenas democrática mas para o socialismo, como determinava a lei fundamental. O comunicado aprovado pela maioria dos conselheiros no final da reunião realizada no dia 11 de Agosto era, aliás, muito claro a este respeito. Nele se faziam longas referências às funções do CR e à sua importância para que «o processo de transformação da sociedade portuguesa em direcção ao socialismo» fosse efectuado «com respeito pela Constituição». No mesmo sentido, afirmava-se que «tanto a consolidação da democracia como o avanço para o socialismo» só seria possível, «se o próprio Conselho da Revolução, como órgão de soberania» tivesse «condições de actuação eficaz». Ou seja, a maioria dos conselheiros resolveu explicar publicamente as alterações propostas pelo Presidente como uma necessidade para que o CR pudesse ficar «inteiramente devotado ao exercício das suas funções, estruturado de tal modo que o seu papel político» viesse a «ser integralmente cumprido» e não fosse

(456) Pedro Pezarat Correia, *Questionar Abril*, p. 159.

alienada «qualquer parcela da sua responsabilidade própria» nem da responsabilidade que tinha «perante o povo português»([457]). A maioria dos conselheiros abria assim mão do poder militar do CR para se concentrar nos amplos poderes políticos que a Constituição tinha consagrado. No entanto, também neste campo a situação não iria evoluir como pretendiam os conselheiros históricos. O CR não passaria a ter um papel político mais activo como pretendiam alguns dos seus membros. Fica assim patente, logo no início da transição constitucional, a existência de duas grandes tendências no interior do CR que se iriam confrontar ao longo dos anos seguintes.

Paralelamente, nesta reunião decisiva, Eanes apresentou também dois projectos de decretos-lei que contribuíam para afastar a influência do CR sobre a instituição militar e reforçavam os seus próprios poderes e dos chefes militares. O primeiro atribuía aos chefes dos ramos um papel preponderante na designação dos novos conselheiros.([458]) O segundo determinava que a escolha do CEMGFA cabia ao PR, depois de ouvido o CR, e que as restantes chefias passariam a ser nomeadas pelo Presidente, sob proposta do CEMGFA, depois de ouvido o CR.([459]) Deste modo, além de reservar para si próprio a nomeação das chefias militares, Ramalho Eanes relegava para segundo plano o CR, atribuindo-se o poder de nomeação das chefias militares. Esta medida permitia-lhe colocar oficiais da sua confiança em pontos-chave das Forças Armadas e gerir o complexo processo das graduações e promoções, tendo como objectivo final reconduzir a hierarquia aos esquemas tradicionais.

Foi já neste novo quadro legislativo que se processaram as substituições de Pires Veloso e de Pinho Freire, que se traduziram numa nova recomposição do CR. Estes processos foram conduzidos pelas respectivas chefias, do Exército, no caso de Pires Veloso, e da Força Aérea, no caso de Pinho Freire. Relativamente à substituição

---

([457]) Comunicado final da reunião do CR de 11–8–1976, anexo à Acta do Conselho da Revolução, 11–8–1976, Arquivo do Conselho da Revolução, Reuniões, Actas, vol. 3, caixa 3.

([458]) Decreto-lei n.º 668/76 de 11 de Agosto.

([459]) Decreto-lei n.º 669/76 de 11 de Agosto.

de Pires Veloso, a missão foi incumbida a Rocha Vieira que, para tal, indicou dois nomes: Carlos Azeredo e Garcia dos Santos. A primeira sugestão, envolvendo um oficial conotado com a direita spinolista, causou algum espanto entre os conselheiros, tendo o CEME optado por designar o coronel engenheiro de comunicações, Amadeu Garcia dos Santos([460]), um oficial muito próximo do Presidente e um dos elementos do grupo dos operacionais do 25 de Novembro. No caso da Força Aérea, o CEMFA, Morais da Silva, limitou-se a informar o CR, na reunião realizada no primeiro dia de Setembro, de que a Força Aérea decidira designar como membro do Conselho o tenente-coronel Ribeiro Cardoso.([461])

Composição do CR depois da remodelação de 11 de Agosto de 1976

Exército	Armada	Força Aérea
Ramalho Eanes	Souto Cruz	Morais da Silva
Franco Charais	Martins Guerreiro	Canto e Castro
Pezarat Correia	Vítor Crespo	Costa Neves
Melo Antunes	Almeida e Costa	Ribeiro Cardoso
Vasco Lourenço		
Sousa Castro		
Marques Júnior		
Vítor Alves		
Garcia dos Santos		
Rocha Vieira		

Fonte: elaboração própria.

Ao optarem pelo exercício de funções políticas, Franco Charais e Pezarat Correia deixaram vagos os cargos de comandantes da RMC e da RMS, tendo sido substituídos, por indicação do CEME,

([460]) Acta do Conselho da Revolução, 25-8-1976, Arquivo do Conselho da Revolução, Reuniões, Actas, vol. 3, caixa 3.
([461]) Acta do Conselho da Revolução, 1-9-1976, Arquivo do Conselho da Revolução, Reuniões, Actas, vol. 3, caixa 3.

respectivamente por Hugo Santos e por Artur Beirão. A estas mudanças nas chefias militares deve acrescentar-se também a nomeação de Melo Egídio (então adjunto do CEMGFA) para o cargo de vice-CEME([462]); a indicação de Galvão Figueiredo e de Lino Miguel para os cargos de ministros da República para os Açores e para a Madeira; e a introdução de mudanças nos comandos militares dos Açores e da Madeira, no comando-geral da PSP e no comando-geral da Guarda-fiscal. Fechava-se assim um ciclo, iniciado na sequência do 25 de Novembro, que provocara uma sucessão de alterações no interior das Forças Armadas, nos comandos militares e no próprio CR. Com este conjunto de medidas, Eanes assumiu-se verdadeiramente como Presidente do Conselho da Revolução e não como um mero *primus inter pares*. Este posicionamento iria permitir ao Presidente moldar progressivamente o Conselho de acordo com a visão estratégica global que lhe era conferida pela acumulação dos três cargos que desempenhava e pelas suas respectivas legitimidades.

Foi neste contexto que, no final de 1976, se processaria a substituição do chefe do Estado-Maior da Força Aérea, Morais da Silva, por Lemos Ferreira, e, meses mais tarde, se registaria a entrada de mais um elemento para o CR, com a nomeação do então tenente-coronel José Loureiro dos Santos para o lugar de vice-chefe do Estado-Maior-General das Forças Armadas. A proposta, que foi apresentada, sem qualquer consulta prévia([463]), pelo Presidente aos restantes conselheiros no final de Março de 1977, permitiu-lhe colocar um homem da sua inteira confiança a tratar da gestão corrente do Estado-Maior-General e, ao mesmo tempo, introduzia no CR um aliado, quando se tornava cada vez mais evidente a existência de duas visões distintas sobre o papel e modo de actuação do

([462]) Melo Egídio tinha sido director da Arma de Infantaria e tinha comandado o Agrupamento Militar de Intervenção (AMI), criado em Setembro de 1975 para garantir o exercício de autoridade que o COPCON não oferecia. Nesse contexto fora o responsável pela destruição, à bomba, dos emissores da Rádio Renascença, então controlada pela extrema-esquerda.

([463]) António Ramalho Eanes, *Sociedade Civil e Poder Político*, texto policopiado, tese de doutoramento, Universidade de Navarra, 2006, cap. 4, p. 91.

Conselho enquanto órgão de soberania. Com a entrada de Loureiro dos Santos passava a existir mais um conselheiro por inerência, acentuando-se a clivagem entre os conselheiros históricos e os novos membros que integram o CR como representantes da hierarquia das Forças Armadas.

Paralelamente, no dia 1 de Abril de 1977, o CR aprovou duas importantes peças legislativas que separavam o foro militar do foro pessoal e que contribuíram para o restabelecimento da disciplina nas Forças Armadas e dos canais hierárquicos tradicionais (reforço da autoridade do Estado-Maior-General e dos chefes dos três ramos). A primeira, o Código de Justiça Militar (decreto-lei n.º 141/77, de 9 de Abril), punha termo a uma situação vigente desde 1875, que estabelecia que os militares estavam sujeitos à jurisdição castrense fosse qual fosse a natureza do delito cometido. Ou seja, os militares acusados de delitos comuns passavam a responder perante os tribunais ordinários e, por outro lado, tanto os civis como os militares ficavam sujeitos à jurisdição militar sempre que estivessem em causa crimes de natureza militar. A segunda, o Regulamento de Disciplina Militar (decreto-lei n.º 142/77, também de 9 de Abril), interditava «a prática de actividades políticas aos elementos das Forças Armadas na efectividade de serviço», exigia a todos os militares «um rigoroso apartidarismo político» e repunha os princípios hierárquicos e de disciplina, tidos como indispensáveis para o cumprimento da missão constitucional atribuída à Instituição Militar.

Foi no seguimento da aprovação destes decretos que vários processos disciplinares foram apreciados pelos chefes dos Estados-Maiores que, para o efeito, dispunham de amplos poderes (podendo, por exemplo, ignorar os pareceres emitidos pelos Conselhos de Disciplina). Estes processos, entre os quais se incluíam os dos antigos conselheiros da revolução Almada Contreiras e Rosa Coutinho, contribuíram para acentuar as divergências entre o grupo dos conselheiros históricos e os conselheiros por inerência. Particularmente polémica foi a decisão do CEMA, Souto Cruz, que, contrariando o parecer do Conselho Superior de Disciplina da Armada, decretou a passagem à reserva compulsiva de Rosa Coutinho por entender que este oficial manifestava uma «clara falta de isenção, de espírito de disciplina, civismo e de respeito pela ética militar» e que o mesmo continuava a «afirmar intencional e deliberadamente o seu empenho num projecto político revolucionário contrário aos quadros institucionais e militares vigentes»([464]). Esta decisão foi contestada por alguns membros do CR que, além de a questionarem e de a considerarem demasiado severa por não ter em atenção factores atenuantes (como o facto das faltas terem sido cometidas durante um «período especial do processo revolucionário»), criticaram a exclusão do CR do processo.([465])

Esta polémica extravasou as paredes do CR, dando origem a uma campanha que visava a destituição do CEMA. Souto Cruz sobreviveria a esta crise, contando com o apoio declarado de Ramalho Eanes([466]) que, aliás, o viria a designar vice-CEMGFA no final de 1978.

Este conjunto de medidas reforçava a autoridade dos chefes militares em detrimento do CR que, progressivamente, foi perdendo poder e influência sobre as Forças Armadas. Os chefes militares estavam empenhados em garantir que a política não voltaria a entrar nos quartéis. Os seus grandes objectivos eram a reinstitucionalização das Forças Armadas, que tinham sido profundamente afectadas pelo processo revolucionário. Esta estratégia entrava em claro conflito com a posição de um importante grupo de conselheiros, para quem era fundamental manter o legado da Revolução.

([464]) Despacho de passagem compulsiva de Rosa Coutinho à reserva, 23-8-1977. Anexo à Acta da Reunião de 16-9-1977, Arquivo do Conselho da Revolução, Reuniões, Actas, vol. 4, caixa 5, IAN/TT. Noutros dois casos em que o Conselho Superior de Disciplina da Armada entendera não invocar a incapacidade moral dos oficiais, o CMA considerou também que existiam motivos para tal e decidiu pela sua passagem à reserva. Acta da Reunião de 16-9-1977, Arquivo do Conselho da Revolução, Reuniões, Actas, vol. 4, caixa 5, IAN/TT.

([465]) Actas das Reuniões 31-8-1977 e 21-9-1977, Arquivo do Conselho da Revolução, Reuniões, Actas, vol. 4, caixa 5, IAN/TT.

([466]) Acta da Reunião 16-9-1977, Arquivo do Conselho da Revolução, Reuniões, Actas, vol. 4, caixa 5, IAN/TT.

Um Conselho, diferentes perspectivas

Não obstante a habilidade revelada pelo Presidente Eanes nos processos de substituições que tinha levado a cabo, a verdade é que as alterações promovidas provocaram algum mal-estar, principalmente entre os elementos que se tinham envolvido directamente no 25 de Abril de 1974. Marques Júnior foi um dos primeiros a chamar a atenção para esta questão, ao observar que, como resultado das mudanças levadas a cabo, a «máquina administrativa/burocrática do exército» favorecia «as forças conservadoras, hostilizando os militares do 25 de Abril». Em seu entender, assistia-se a uma divisão dos militares em dois grupos: «os que fizeram o 25 de Abril identificados como os "capitães" e os que não tiveram nada a ver com o 25 de Abril». Estes últimos, que designou por «coronéis», estariam, «preparados para se fazerem pagar dos "vexames" que o período revolucionário» tinha imposto à sua classe etária, e o problema residia no facto de, em seu entender, o Conselho se limitar a dizer "amén" a estes, servindo de "travão" dos anseios dos capitães»([467]).

Estas observações foram feitas depois conhecida a decisão do CR de impedir a realização de um encontro comemorativo do 2.º aniversário da reunião de Évora de 1973, com o argumento de que pretendia evitar «possíveis inconvenientes de ordem pública»([468]). Seguem-se também ao polémico regresso do antigo Presidente António de Spínola a Portugal, que, embora tenha sido detido pelas autoridades no aeroporto de Lisboa, foi rapidamente libertado por não existirem fundamentos legais para tal prisão. Fortemente contestada por partidos e sindicatos, a decisão do juiz-instrutor da Polícia Judiciária Militar gerou uma intensa polémica no interior do CR.([469])

([467]) Acta da Reunião 22-9-1976, Arquivo do Conselho da Revolução, Reuniões, Actas, vol. 3, caixa 3, IAN/TT.

([468]) Acta da Reunião 25-8-1976, Arquivo do Conselho da Revolução, Reuniões, Actas, vol. 3, caixa 3, IAN/TT.

([469]) Dois conselheiros apresentaram propostas de demissão do juiz. Estas propostas não foram aprovadas. Costa Neves alertou para o impacto negativo de uma decisão dessa natureza tomada em cima do acontecimento. Acta da Reunião 11-8-1976, Arquivo do Conselho da Revolução, Reuniões, Actas, vol. 3, caixa 3, IAN/TT.

Estes factos levaram a uma reacção de Melo Antunes que, a pretexto da necessidade do CR «dispor de meios para transmitir a verdade das atitudes», recupera a ideia de revitalizar a 5.ª Divisão.([470]) Era uma forma de responder às críticas que a imprensa dirigia quer ao CR, como órgão de soberania, quer aos seus membros, que eram frequentemente debatidas nas reuniões do Conselho. Mas não era a única, sendo frequente a apresentação de casos que, segundo alguns conselheiros, deveriam conduzir ao encerramento de certas publicações.([471]) O CR sentia-se acossado por uma imprensa que devia a sua liberdade aos militares e os debates em torno do tipo de resposta a dar nestes casos revelam, também neste domínio, visões diferentes sobre qual o tipo de intervenção que este órgão de soberania deveria adoptar.([472])

Estas divergências voltaram a revelar-se quando o Conselho analisou um projecto de regulamento interno apresentado por Vítor Crespo.([473]) Esse projecto previa a criação de um comité permanente e de grupos de trabalho temáticos (economia e trabalho; educação e cultura; assuntos sociais), e foi interpretado pela imprensa e sectores militares conservadores como uma forma de os conselheiros

([470]) Acta da Reunião 25–8–1976, Arquivo do Conselho da Revolução, Reuniões, Actas, vol. 3, caixa 3, IAN/TT.

([471]) Por exemplo, na reunião de 22 de Setembro de 1976, Vítor Crespo defendeu esse procedimento em relação ao jornal *A Rua* e ao *Jornal de Economia e Finanças*. Almeida e Costa, Marques Júnior e Melo Antunes manifestaram a mesma opinião. No entanto, não foi nesse sentido a decisão do CR. Acta da Reunião 22–9–1976, Arquivo do Conselho da Revolução, Reuniões, Actas, vol. 3, caixa 3, IAN/TT.

([472]) Por exemplo, um editorial publicado no *Diário de Notícias* de 12–7–1976 sobre Costa Gomes levou Melo Antunes a lamentar que o CR não pudesse «produzir uma decisão que levasse a demitir nesse mesmo dia o director interino do *Diário de Notícias*, Mário Mesquita», Acta da Reunião 12–7–1976, Arquivo do Conselho da Revolução, Reuniões, Actas, vol. 3, caixa 3, IAN/TT. Sobre as relações entre o CR e a imprensa, ver David Castaño, «O Conselho da Revolução e a imprensa (1976-1982)», *Media & Jornalismo*, vol. 19, n.º 35, pp. 133–147. DOI: 10.14195/2183-5462_35_9

([473]) Projecto de regulamento interno do CR, Arquivo do Conselho da Revolução, Assuntos tratados nas reuniões do CR, vol. 7, caixa 25, 25–8–1976, doc. 4.

«políticos» assegurarem uma espécie de poder paralelo ao do governo e expandirem a actividade política do CR.[474]

Curiosamente, este modelo aproximava-se da solução preconizada pelo líder do Partido Comunista que, por essa altura, em declarações ao jornal do Comité Central do Partido Comunista Búlgaro, defendeu o envolvimento das Forças Armadas na construção da «democracia» e afirmou que, ao contrário do que se pensava no exterior, Portugal não se encontrava «dotado de um regime democrático semelhante ao de certos países da Europa Ocidental», já que, apesar de existir um parlamento, o regime português não era parlamentar na medida em que o Presidente do CR detinha «largos poderes» e as Forças Armadas desempenhavam um «importante papel na vida política do país»[475].

Foi neste contexto que começaram a circular rumores sobre movimentações na direita militar, encabeçadas pelo comandante da RMN, Pires Veloso. Em carta ao CEME, este rejeitará qualquer tipo de envolvimento em conspirações e reafirma a sua lealdade aos «princípios consignados na Constituição da República» e à hierarquia das Forças Armadas. Não deixa, no entanto de repudiar os «vanguardismos» que alguns teimavam em «inventar». Nesse sentido, Pires Veloso afirmava que os membros do CR não partilhavam uma «identidade de pontos de vista», dando conta da existência de uma «cisão»[476]. Dias mais tarde, Pires Veloso acusou alguns conselheiros de estarem «desligados das bases»[477]. O comandante da RMN não se limitou a fazer críticas. Segundo Sá Carneiro, Pires Veloso tinha promovido a circulação de uma petição que apelava à reestruturação do CR, que deveria passar a ser constituído apenas pelos chefes do Estados-Maiores das Forças

---

[474] «Controversy over RC political role», telegrama da embaixada dos EUA em Lisboa para o Departamento de Estado, 16-9-1976, Lisbon06360, State Department Cables.

[475] *Diário de Lisboa*, 13-9-1976, p. 2.

[476] Carta de Pires Veloso a Rocha Vieira, *Pires Veloso. Vice-Rei do Norte: Memórias e revelações*, Lisboa, Âncora Editora, 2008, pp. 368-369.

[477] Acta da Reunião 20-10-1976, Arquivo do Conselho da Revolução, Reuniões, Actas, vol. 3, caixa 3, IAN/TT.

Tomada de posse da Comissão Constitucional, 2 de Novembro de 1976.

Armadas.([478]) É neste clima de tensão e divergência que devem ser interpretadas as considerações feitas pelo conselheiro Melo Antunes ao tomar posse, no dia 2 de Novembro de 1976, como Presidente da Comissão Constitucional.

Aquele que era apontado como o líder dos conselheiros históricos afirmou que o CR era «a encarnação do espírito revolucionário do 25 de Abril» e que, por isso, não podia «trair» esse «impulso primitivo» que tinha animado os capitães do MFA. Na opinião de Melo Antunes, o Conselho não deveria assumir uma posição

([478]) «Sa Carneiro on political situation», telegrama da embaixada dos EUA em Lisboa para o Departamento de Estado, 15–10–1976, Lisbon07064, State Department Cables. O conselheiro Sousa e Castro também se referiu a uma eventual alteração à composição do CR. Na reunião de 20 de Outubro de 1976 referiu-se à «existência de tendências que procuram levar a cabo um golpe de Estado constitucional através da modificação da composição do Conselho da Revolução», Acta da Reunião 20–10–1976, Arquivo do Conselho da Revolução, Reuniões, Actas, vol. 3, caixa 3, IAN/TT.

de neutralidade enquanto continuava a «luta pela transformação estrutural da sociedade», e quando se assistia a «infames campanhas de certa imprensa, da calúnia, da difamação e da intriga sistemática, visando pessoas e instituições». O recém-empossado sublinhou ainda que, com a entrada em funções da Comissão Constitucional, ficavam reunidas as condições para o «pleno exercício das competências atribuídas ao Conselho da Revolução» e enviou recados ao Governo e à Assembleia da República, a quem, em seu entender, caberia garantir «as transformações de estrutura da nossa sociedade, em direcção a uma sociedade socialista feita por portugueses e para Portugal» ([479]).

Este discurso revelava uma visão que não era partilhada pelo Presidente da República e Presidente do CR, que, na mesma ocasião, criticou aqueles que se arvoravam como «defensores exclusivos» da Constituição e defendeu que a Comissão Constitucional era, em parte, como um Tribunal Constitucional, procurando deste modo contrariar a imagem militar deste organismo, que, apesar de presidido por um militar, era composto por juristas idóneos e reconhecidos.([480])

CAPÍTULO II
Comissão Constitucional

ARTIGO 283.º
(Comissão Constitucional)

1. Junto do Conselho da Revolução funciona a Comissão Constitucional.
2. Compõem a Comissão Constitucional:

   a) Um membro do Conselho da Revolução, por ele designado, como presidente e com voto de qualidade;
   b) Quatro juízes, um designado pelo Supremo Tribunal de Justiça e os restantes pelo Conselho Superior da Magistratura, um

([479]) *Diário de Lisboa*, 3-11-1976, pp. 1-2.
([480]) *Diário de Lisboa*, 3-11-1976, pp. 1-2.

dos quais juiz dos tribunais da Relação e dois dos tribunais de primeira instância;

c) Um cidadão de reconhecido mérito designado pelo Presidente da República;

d) Um cidadão de reconhecido mérito designado pela Assembleia da República;

e) Dois cidadãos de reconhecido mérito designados pelo Conselho da Revolução, sendo um deles jurista de comprovada competência.

3. Os membros da Comissão Constitucional exercem o cargo por quatro anos, são independentes e inamovíveis e, quando no exercício de funções jurisdicionais, gozam de garantias de imparcialidade e da garantia de irresponsabilidade própria dos juízes.

ARTIGO 284.º
(Competência)

Compete à Comissão Constitucional:

a) Dar obrigatoriamente parecer sobre a constitucionalidade dos diplomas que hajam de ser apreciados pelo Conselho da Revolução, nos termos do artigo 277.º e n.º 1 do artigo 281.º;

b) Dar obrigatoriamente parecer sobre a existência de violação das normas constitucionais por omissão, nos termos e para os efeitos do artigo 279.º;

c) Julgar as questões de inconstitucionalidade que lhe sejam submetidas, nos termos do artigo 282.º

ARTIGO 285.º
(Organização, funcionamento e processo)

1. A organização, o funcionamento e o processo da Comissão Constitucional são regulados pelo Conselho da Revolução.
2. As normas de processo podem ser alteradas pela Assembleia da República.

Constituição da Comissão Constitucional
(1.º Mandato)

Data de posse	Conselheiro	Entidade designante				
		PR	CR	AR	STJ	CSM
2–11–1976	Ernesto Melo Antunes (presidente)		X			
2–11–1976	Carlos Alberto da Mota Pinto*	X				
2–11–1976	Jorge Manuel de Moura Loureiro de Miranda**		X			
2–11–1976	Luís César Nunes de Almeida***		X			
2–11–1976	Isabel Maria Moreira de Almeida Tello Magalhães Collaço****			X		
2–11–1976	José António Fernandes				X	
17–5–1977	Afonso Manuel Cabral de Andrade					X
17–5–1977	Fernando Amâncio Ferreira					X
17–5–1977	Joaquim da Costa Aroso					X

* substituído por Eduardo Henrique da Silva Correia (data de posse: 31–05–1977), que será substituído por Jorge de Figueiredo Dias (data de posse: 19–01–1979)
** substituído por Rui Nogueira Lobo de Alarcão e Silva (data de posse: 30–9–80)
*** substituído por Armindo António Lopes Ribeiro Mendes (data de posse: 30–9–80)
**** substituída por Joaquim Jorge de Pinho Campinos (data de posse: 31–8–79)

Fonte: Antunes, Miguel Lobo, «A fiscalização da constitucionalidade das leis no primeiro período constitucional: a Comissão Constitucional» in *Análise Social*, vol. XX (81–82), 1984, pp. 309–336.

O discurso do novo Presidente da Comissão Constitucional teve um profundo impacto dentro e fora do CR. Segundo os serviços de apoio do Conselho, que entre outras atribuições, analisavam diariamente a Comunicação Social, «toda a imprensa à direita do

PS», tinha censurado o discurso de Melo Antunes, que foi considerado «desestabilizador e orientado para a imposição de poderes paralelos». Por exemplo, no semanário *Expresso*, o presidente da Comissão Constitucional foi descrito por Marcelo Rebelo de Sousa como «o *enfant terrible* da militança». Outros órgãos de comunicação não lhe deram tanta importância, interpretando as considerações de Melo Antunes como «uma espécie de canto de cisne»([481]).

No meio militar destacam-se as reacções de Morais da Silva (CEMFA), interpretando o discurso de Melo Antunes como «uma manobra» para «ressuscitar o vanguardismo do CR» e projectar a Comissão Constitucional para funções que não lhe tinham sido atribuídas pela Constituição.([482]) Pela mesma altura, o CEMFA confidenciou a um alto responsável da embaixada norte-americana em Lisboa que fazia parte de um grupo de conselheiros que se opunham fortemente à facção liderada por Melo Antunes. Dando conta das profundas divisões existentes no CR, Morais da Silva revela-se preocupado com uma nova politização no interior das Forças Armadas.([483])

Também os conselheiros Almeida e Costa e Ribeiro Cardoso se manifestaram contra as declarações de Melo Antunes, mas fizeram-no de um modo mais discreto. Após a tomada de posse, solicitaram uma audiência com o Presidente Eanes e disseram-lhe que as palavras do recém-empossado Presidente da Comissão Constitucional eram consideradas «inaceitáveis» pela maioria das Forças Armadas, uma vez que colocavam em causa o caminho para a almejada democracia civil. Eanes terá procurado dissuadir estes dois conselheiros de levarem essa questão ao CR, onde Melo Antunes contava com vários apoios. No entanto, Almeida e Costa e

---

([481]) Relatório dos SACR «situação política e militar do ponto de vista da leitura da imprensa», 9–11–1976, Arquivo do Conselho da Revolução, Documentos apresentados ao CR, caixa 7, n.º 325.

([482]) Maria Inácia Rezola, *Melo Antunes. Uma Biografia Política*, p. 551.

([483]) «Antunes speech draws fire», telegrama da embaixada dos EUA em Lisboa para o Departamento de Estado, 4–11–1976, Lisbon07589, State Department Cables.

Ribeiro Cardoso avisaram o Presidente de que nesse caso teriam de repensar a sua permanência no Conselho, temendo que este se transformasse num «veículo transmissor da Comissão Constitucional» que tinha como «teorizador o major Melo Antunes» que queria transformar o CR num órgão «altamente interventor na vida política portuguesa»([484]).

Apesar desta posição moderadora, o Presidente do CR também não gostou da postura adoptada por Melo Antunes. Segundo informações recolhidas pela embaixada dos Estados Unidos junto da Presidência da República, Eanes tinha ficado irritado e estava a considerar levar a cabo uma purga que afastasse Melo Antunes e outros conselheiros do CR. O seu chefe da casa civil considerou as palavras de Melo Antunes como um desafio ao Presidente, já que estas questionavam a linha que defendia o princípio da representatividade. Em causa estava o facto de Melo Antunes continuar a persistir na ideia de que os militares deveriam desempenhar um papel importante na vida política e de ver a Comissão Constitucional como um órgão essencialmente político, contrariamente ao que defendiam os partidos democráticos, muitos dos conselheiros e o próprio Presidente da República.([485])

Como seria de esperar, também os maiores partidos, exceptuando o PCP, reagiram negativamente às palavras de Melo Antunes([486]), e o assunto chegaria a ser analisado no CR. Na reunião realizada no dia 3 de Novembro, Almeida e Costa sublinhou o contraste entre os discursos de Melo Antunes e de Ramalho Eanes e chamou a atenção para o ressurgimento do «vanguardismo revolucionário». Na reunião seguinte, Rocha Vieira afirmaria que o discurso

([484]) Maria Inácia Rezola, *Melo Antunes. Uma Biografia Política*, p. 552.

([485]) «Political developments: Antunes calls for militar role in politics», telegrama da embaixada dos EUA em Lisboa para o Departamento de Estado, 3-11-1976, Lisbon07541, State Department Cables.

([486]) Manuel Alegre lembrou que o PS rejeitava qualquer modelo de «democracia militarizada», o PSD considerou que as declarações de Melo Antunes recuperavam ideias de hegemonia militar desactualizadas e o CDS considerou que o discurso era «desestabilizador» e visava diminuir o papel do Presidente da República. «Antunes speech draws fire», telegrama da embaixada dos EUA em Lisboa para o Departamento de Estado, 4-11-1976, Lisbon07589, State Department Cables.

do Presidente da Comissão Constitucional provocara um «certo descontentamento» em várias entidades e órgãos militares do ramo que comandava.([487])

Poucos meses depois, Melo Antunes voltaria a estar no centro de uma polémica que revelava as divisões e divergências existentes no interior do CR. Numa entrevista concedida a uma revista espanhola, o Presidente da Comissão Constitucional afirmou que «o modelo de sociedade proposta pelo Partido Socialista» se afastava, «bastante e cada vez mais, do modelo contido no Programa do Movimento das Forças Armadas», pelo que defendeu que o CR deveria exercer «um papel fundamental na defesa da democracia e da Constituição», sob o risco de a democracia poder vir a desaparecer.([488])

Apesar de Melo Antunes ter esclarecido, depois de uma nova onda de críticas na imprensa, que teria havido problemas na transcrição da entrevista, as suas declarações voltaram a ser analisadas no CR. Eanes frisou que era necessário que os conselheiros pesassem e medissem o impacto das suas declarações à Comunicação Social e que era necessário assegurar a «confiança plena» entre o Presidente e todos os membros do CR.([489])

Tendo também provocado vivas reacções nos meios castrenses (nomeadamente de Carlos Azeredo, advogando o afastamento de Melo Antunes([490])), as declarações do Presidente da CC voltavam a colocar em evidência o fraccionamento das Forças Armadas e do próprio CR. De um lado encontram-se os apoiantes de Melo Antunes que referiam a existência de uma campanha, sediada na RMN, que visa afastar este conselheiro da presidência da CC. Do outro lado, surgiam rumores de que os *melo-antunistas* estavam empenhados em fazer ressuscitar o MFA e em promover uma aproximação com os derrotados do 25 de Novembro.([491])

([487]) Actas das Reuniões de 3–11–1976 e de 10–1–1976, Arquivo do Conselho da Revolução, Reuniões, Actas, vol. 3, caixa 3, IAN/TT.

([488]) Maria Inácia Rezola, *Melo Antunes. Uma Biografia Política*, p. 570.

([489]) Acta da Reunião 2–3–1977, Arquivo do Conselho da Revolução, Reuniões, Actas, vol. 4, caixa 5, IAN/TT.

([490]) Inácia Rezola, *Melo Antunes. Uma Biografia Política*, p. 570.

([491]) Acta da Reunião 16–3–1977, Arquivo do Conselho da Revolução, Reuniões, Actas, vol. 4, caixa 5, IAN/TT; «March 11: a different atmosphere», telegrama

Pouco depois, o terceiro aniversário do 25 de Abril ficaria marcado por novas declarações do Presidente da Comissão Constitucional, desta vez concedidas à agência noticiosa húngara. Nelas Melo Antunes defende que, apesar do avanço das forças conservadoras, ainda seria possível edificar em Portugal «uma sociedade socialista que no futuro aponta para uma sociedade sem classes», e advoga o desenvolvimento de «verdadeiras formas práticas de aliança entre os partidos da esquerda, entre formações políticas que desenvolvem a sua actividade à esquerda e mesmo os elementos das Forças Armadas que foram inicialmente responsáveis pelo 25 de Abril» e que continuavam «a ser um fermento bastante importante na Revolução Portuguesa». Esse era, em seu entender, o único caminho que permitiria «cumprir completamente a Constituição Portuguesa, na direcção da democracia e do socialismo»([492]).

Fermento e revolução eram duas palavras que utilizadas em conjunto na conjuntura que o país atravessava adquiriam uma dimensão explosiva. Curiosamente, ou talvez não, o comunicado oficial do CR para marcar a efeméride não fazia nenhuma referência ao socialismo como meta a atingir, reafirmando apenas que «a vontade do povo português livremente expressa» era «a fonte de poder legítimo» com que se identificavam as Forças Armadas.([493]) Também o Presidente da República se demarcou da ideia de que as Forças Armadas deveriam assegurar o caminho para o socialismo. Dirigindo-se às tropas naquele que foi o primeiro grande desfile militar realizado em Lisboa depois do 25 de Abril, Eanes afirmou que os militares só estavam vinculados «à vontade democraticamente expressa» pelo povo, e que as Forças Armadas só obedeciam ao comandante supremo «quando legitimado pelo sufrágio popular», cabendo-lhes «respeitar os objectivos da vida nacional» definidos exclusivamente pelo povo.([494])

---

da embaixada dos EUA em Lisboa para o Departamento de Estado, 11-3-1977, Lisbon01983, State Department Cables.

([492]) *Diário de Lisboa*, 25-4-1977, p. 15.

([493]) Acta da Reunião 25-4-1977, Arquivo do Conselho da Revolução, Reuniões, Actas, vol. 4, caixa 5, IAN/TT.

([494]) *Diário de Lisboa*, 26-4-1977, p. 5.

Na primeira reunião do CR depois da publicação da entrevista de Melo Antunes assistiu-se a um intenso debate. O tema foi introduzido por Loureiro dos Santos, que alertou para as contradições entre essas declarações e o conceito preconizado pelo CEMGFA e por ele próprio relativamente ao posicionamento das Forças Armadas perante o «desenvolvimento da vida política do país». Nesse sentido, sugeriu que o CR esclarecesse o posicionamento assumido por Melo Antunes e que, no final da sessão, fosse divulgado um comunicado onde ficaria expresso que as declarações erradamente transcritas seriam corrigidas. Rejeitando a inserção de qualquer referência à sua entrevista no comunicado, Melo Antunes prontificou-se a esclarecer as suas declarações com o intuito de «anular erróneas interpretações» que estavam a ser feitas. Esta solução foi aprovada pela maioria dos conselheiros, mas os chefes da Armada e da Força Aérea e o vice-CEMGA deixaram claro que reservavam o direito de se pronunciarem publicamente sobre este tema.([495]) Esta votação revelava bem a divisão existente no CR. Ao lado do vice-CEMGFA, votaram o Presidente, os chefes militares e outros dois conselheiros que tradicionalmente votavam ao lado do também designado grupo dos «tenentes-coronéis de Novembro». Ao lado de Melo Antunes posicionaram-se os «capitães de Abril»([496]).

Como acordado, o esclarecimento foi feito poucos dias depois. Em declarações à ANOP, Melo Antunes explicou que a entrevista à agência húngara apenas exprimia a sua «opinião pessoal quanto à forma como, de acordo com o espírito e a letra da Constituição, a sociedade portuguesa» poderia «reforçar e conciliar a democracia e caminhar para o socialismo» e que com isso não pretendera «provocar qualquer ideia de uma solução possível para os problemas políticos» do país. No entanto, afirmou também:

> «isto quer dizer que o projecto de transformação da sociedade portuguesa no momento actual, a solução possível para o cumprimento da Constituição, seria a de um projecto político global entre forças políticas diversas, sendo as próprias Forças Armadas, a quem

([495]) Acta da Reunião 27–4–1977, Arquivo do Conselho da Revolução, Reuniões, Actas, vol. 4, caixa 5, IAN/TT.

([496]) *Diário Popular*, 2–5–1977.

constitucionalmente compete, pelo artigo 273 da Constituição, a defesa e garantia da marcha para o socialismo e a consolidação da democracia, um fermento de todo este projecto»([497]).

Ou seja, ao invés de procurar sanar atritos, o esclarecimento serviu para Melo Antunes reforçar as suas ideias sobre o futuro político do país e sobre o papel a desempenhar pelas Forças Armadas.

Todos estes debates acabavam por ser transmitidos à opinião pública através de constantes fugas de informação sobre o que se passava nas reuniões do CR. Foi nesse sentido que os conselheiros decidiram emitir um comunicado que procurava contrariar a ideia, veiculada pela Comunicação Social, de um Conselho profundamente dividido, e que reafirmava os princípios de apartidarismo das Forças Armadas e de respeito pela hierarquia:

> «o Conselho da Revolução reafirma que as Forças Armadas Portuguesas cumprem apenas as missões que lhes estão constitucionalmente cometidas e obedecem somente aos órgãos de soberania que a Constituição da República consagra, nomeadamente ao seu comandante supremo — o Presidente da República —, garantindo, assim, a convivência democrática entre todos os portugueses»([498]).

Mas não era isso que estava em causa. O que as declarações de Melo Antunes revelavam era a existência de divergências em relação à interpretação do texto constitucional que, de facto, atribuía ao CR um vasto campo de acção que, na sua óptica, não estava a ser suficientemente preenchido.

Ainda que não partilhasse dessa posição, Ramalho Eanes procurou evitar um confronto directo com os defensores de um CR interventivo. A sua opção passava pelo progressivo apagamento do papel político-militar deste órgão de soberania e pela procura de soluções que evitassem uma ruptura nas Forças Armadas e no interior do CR, ruptura essa que poderia colocar em causa o processo de transição constitucional.

([497]) *Diário de Lisboa*, 2-5-1977, p. 2.

([498]) Comunicado do CR, 4-5-1977, Acta da Reunião 4-5-1977, Arquivo do Conselho da Revolução, Reuniões, Actas, vol. 4, caixa 5, IAN/TT.

É esta preocupação que explica o modo como foi gerido o conflito que opôs Vasco Lourenço e Rocha Vieira. A solução encontrada para a manutenção de Vasco Lourenço no CR e no comando da RML era propícia ao desenvolvimento de atritos com o CEME. Os dois oficiais eram conselheiros da revolução, um por inerência e o outro na qualidade de membro do MFA, o que fazia com que o chefe do Exército não tivesse sobre Vasco Lourenço o mesmo poder e tipo de relação hierárquica que tinha sobre os demais comandantes das regiões militares. Por outro lado, era evidente que os dois não partilhavam as mesmas ideias sobre o envolvimento dos militares e do CR na vida política do país.

Há muito que eram conhecidas as posições de Vasco Lourenço. No final de 1976, por exemplo, defendera que, embora «apartidárias», as Forças Armadas não poderiam «estar votadas a um apoliticismo». Em Março de 1977, numa cerimónia de juramento de bandeira, retoma o tema defendendo que às Forças Armadas competia garantir as condições para a construção da «nova sociedade»([499]). Embora não contrariassem o que estava consagrado na Constituição, estas afirmações iam no sentido oposto ao que vinha sendo defendido pelo Presidente do CR e pelos principais chefes militares. Nos meses seguintes, o conflito entre os dois conselheiros conheceria novos episódios que acabariam por ditar, numa solução salomónica, quer o afastamento de Vasco Lourenço do cargo de governador da Região Militar de Lisboa quer de Rocha Vieira da chefia do Exército. Este desenlace, directamente relacionado com a não promoção de Vasco Lourenço ao posto de major, voltou a revelar as divergências existentes no CR, tendo Marques Júnior questionado se a não promoção de Vasco Lourenço não teria sido uma acção política que teria como finalidade conduzir ao seu afastamento e Franco Charais voltado a afirmar que considerava que o Exército não estava identificado com as missões constitucionais que lhe tinham sido atribuídas.([500])

([499]) *Diário de Lisboa*, 29-3-1977, p. 1.

([500]) Acta da Reunião 31-3-1978, Arquivo do Conselho da Revolução, Reuniões, Actas, vol. 5, caixa 6, IAN/TT.

Para o lugar de Rocha Vieira, o Presidente e CEMGFA escolheu o general Pedro Cardoso, para o comando da Região Militar de Lisboa, designou o general Oliveira Rodrigues. Os nomes indicados por Eanes não mereceram qualquer comentário dos conselheiros que decidiram, por consenso, revogar a legislação que determinava que o cargo de governador militar de Lisboa fosse desempenhado por um elemento do CR.([501]) Sublinhe-se que se a decisão de exoneração do CEME cabia ao CEMGFA, a do governador exigia o beneplácito do Conselho. Daí a importância desta medida, que não poderia ser imposta ao CR. Com esta alteração no comando da RML, na chefia do Exército e na composição do Conselho, fechava-se o ciclo que tinha sido iniciado com o 25 de Novembro de 1975.

Chegavam assim ao fim as ligações directas entre o CR e as estruturas das Forças Armadas através de conselheiros com efectivo poder militar que não passavam pelos canais hierárquicos tradicionais. O CR não sofreu nenhuma alteração drástica na sua composição, como defendiam os seus críticos, mas perdeu qualquer capacidade de influir directamente na condução dos destinos das Forças Armadas. As divergências no seu interior deixavam de ter reflexos directos na instituição militar. No entanto, o CR continuava a ser um elemento central da vida política nacional.

O CR e o I Governo Constitucional

As relações entre o Conselho e o governo minoritário do Partido Socialista não começaram da melhor forma. Na sessão da Assembleia da República em que o primeiro-ministro apresentou o Programa de Governo não havia lugares reservado para os conselheiros no hemiciclo. Este episódio é revelador das dificuldades de articulação entre os diversos órgãos de soberania e das tensões, sempre latentes, entre o poder civil, detentor da legitimidade democrática, e o poder

([501]) Acta da Reunião 31-3-1978, Arquivo do Conselho da Revolução, Reuniões, Actas, vol. 5, caixa 6, IAN/TT.

militar, detentor da legitimidade revolucionária. No entanto, apesar deste mau prenúncio, o relacionamento entre o CR e o I Governo não seria particularmente problemático.

Ao contrário do que fizeram todos os partidos da oposição, não existe registo de que o CR se tivesse manifestado contra a nomeação de um governo minoritário. Limitou-se a aconselhar o Presidente a nomear o líder do partido mais votado como primeiro-ministro, sem que fosse questionada a capacidade de actuação de um executivo que apenas dispunha de uma maioria parlamentar simples. Mas rapidamente se tornaram evidentes as dificuldades com que um governo minoritário se deparava.

Escassos dois meses depois de estar em funções, começaram a surgir as primeiras dúvidas relativamente à capacidade do executivo em implementar medidas capazes de fazer frente à crise económica e financeira que o país atravessava. Foi neste contexto que o conselheiro Almeida e Costa comentou, num encontro com o embaixador dos Estados Unidos em Lisboa, a necessidade de formação de um governo de coligação e que defendeu que, se tal hipótese não tivesse viabilidade, a solução poderia passar pela nomeação de um governo de independentes e pela suspensão da Assembleia da República.[502] Esta era uma opinião pessoal de um membro do CR que não pode ser alargada a todo o Conselho. No entanto, a difícil situação económica e financeira do país começava a motivar intervenções nas reuniões do CR e fora dele.

Em finais de Setembro de 1976, Ribeiro Cardoso manifestou ao CR a sua preocupação com a «situação económico-financeira do país» e afirmou que essa situação poderia «pôr em causa a democracia e a própria independência nacional». Duas semanas depois, Vítor Alves propôs que o primeiro-ministro fosse convidado a participar periodicamente nas reuniões do CR a fim de fazer a «análise da situação política». Na primeira reunião do mês de Novembro, Almeida e Costa fez um conjunto de comentários sobre a situação política, destacando que a sobrevivência do governo

[502] «Political prospects: two views from the top», telegrama da embaixada dos EUA em Lisboa para o Departamento de Estado, 10-9-1976, Lisbon06219, State Department Cables.

dependia da eficácia no combate à crise económica. Em causa, estavam problemas como o «combate à inflação», o «aumento da produtividade», a «melhoria das relações de trabalho», mas também a adopção de medidas que possibilitassem uma maior confiança nos investidores, a dinamização do sector público, ou o aumento das exportações.(503)

Estas manifestações de preocupação com o rumo político do país fizeram-se dentro de portas, nas reuniões semanais do CR. No entanto, depois de ultrapassado o período crítico da aprovação do orçamento para o ano de 1977, Vasco Lourenço afirmaria publicamente que a situação não poderia permanecer como estava, que era necessário encontrar «soluções» que ainda não tinham sido postas em prática, advogando que o terceiro aniversário do 25 de Abril deveria ser «devidamente» comemorado e aproveitado «para uma jornada nacional fortemente antifascista, uma jornada nacional de mobilização das pessoas e de arranque para uma reconstrução que já tarda um pouco, mas que ainda estamos a tempo de realizar»(504).

Na sexta-feira, dia 25 de Fevereiro de 1977, o governo aprovou um conjunto de medidas através do qual pretendia reduzir o défice da balança comercial e fomentar a poupança. O pacote de medidas passava pela desvalorização da moeda em 15%, pela atribuição de incentivos às exportações e pela constituição de um cabaz de compras com preços fixos subsidiados. Nesse mesmo dia, o primeiro-ministro participou numa reunião extraordinária do CR. Dirigindo-se aos conselheiros, Mário Soares fez uma exposição, enquadrando politicamente a desvalorização do escudo e as outras medidas de carácter económico, financeiro e social que o executivo pretendia implementar. As palavras do primeiro-ministro foram bem recebidas por Ramalho Eanes, que defendeu a imediata promulgação dos decretos governamentais. Para tal, foi agendada uma reunião extraordinária do CR para domingo, 27 de Fevereiro. Reunidos novamente, os conselheiros não levantaram dúvidas

(503) Actas das Reuniões de 29-9-1976, 13-10-1976 e 3-11-1976, Arquivo do Conselho da Revolução, Reuniões, Actas, vol. 3, caixa 3, IAN/TT.

(504) *Diário de Lisboa*, 3-2-1977, p. 20.

sobre a constitucionalidade dos diplomas, tendo apenas sido feitos reparos pontuais a alguns dos textos.([505]) Neste domínio o governo não tinha qualquer capital de queixa em relação ao CR. O Conselho não foi um obstáculo à acção do executivo e os diplomas foram publicados dentro do apertado calendário apresentado.

Os meses foram passando sem que fossem alcançados os objectivos previstos. Pelo contrário, a situação financeira e económica do país continuou a agravar-se. A desvalorização produziu efeitos inflacionistas, fez aumentar em capital e em juros o ónus da dívida externa, não atenuou o crescimento das importações e teve pouco impacto no desejado aumento das exportações.([506]) O governo seria então forçado a tomar um novo conjunto de medidas anunciadas pelo primeiro-ministro no Verão de 1977.

No final de Março, registou-se uma remodelação governamental que consagrava uma orientação política do governo já ensaiada com a saída de Lopes Cardoso (substituído por António Barreto na conflituosa pasta da Agricultura). Lopes Cardoso não empreendeu, com o vigor pretendido pelo primeiro-ministro, as alterações à Lei da Reforma Agrária e abandonou o governo no início de Novembro de 1976. Nos meses seguintes, António Barreto acumulou as suas funções de ministro do Comércio e Turismo com as de ministro da Agricultura e Pescas, mas em Março passou a ocupar-se exclusivamente deste último ministério. Com esta remodelação entraram para o governo Carlos Mota Pinto, um dissidente do PPD e antigo líder parlamentar deste partido, que abraçou a pasta do Comércio; Alfredo Nobre da Costa, um conceituado gestor que iniciara a sua carreira no grupo Champalimaud e que fora ministro da Indústria Pesada no VI Governo Provisório, que passou a dirigir o Ministério da Indústria e Tecnologia. Saiu Marcelo Curto, ministro do Trabalho, que foi substituído pelo seu secretário de Estado, Maldonado Gonelha, um defensor do fim da existência de uma única central sindical. Estas alterações no executivo tinham uma

([505]) Acta da Reunião 25 e 27-2-1977, Arquivo do Conselho da Revolução, Reuniões, Actas, vol. 4, caixa 5, IAN/TT.

([506]) António de Sousa Franco, «A economia», *in* António Reis (dir.), *Portugal: 20 anos de democracia*, Lisboa, Círculo de Leitores, 2004, p. 219.

notória conotação política: a entrada de um socialista moderado e de dois independentes situados à direita do PS indicava qual o rumo que o governo pretendia seguir.

Esta opção não era bem vista por alguns conselheiros, entre os quais se encontrava Melo Antunes, que numa reunião do CR realizada cinco dias antes do terceiro aniversário do 25 de Abril fez uma análise muito crítica da situação política, sugerindo a procura de alternativas.([507]) A acta desta reunião é particularmente sucinta, não permitindo conhecer quais as alternativas indicadas, mas, no espólio de Melo Antunes encontra-se um documento intitulado «Notas sobre um projecto para a actual situação política» que revela mais detalhadamente o posicionamento deste conselheiro que continuava apostado em garantir a construção de um modelo de sociedade socialista. Nesse sentido, Melo Antunes, preconizava a existência de um período de «transição para a transição» que visava preparar o país para a implantação de um novo «modelo de sociedade». Entre as várias medidas, Melo Antunes sublinhava a importância de se impedir a formação de uma segunda central sindical, que o governo estava empenhado em concretizar, e defendia: um maior envolvimento do Presidente na «elaboração dum projecto de saída da crise e de reconstrução nacional na perspectiva de futuras transformações em direcção ao socialismo democrático»; a «formação de um governo capaz de elaborar e pôr em prática um programa de reforma suficientemente enquadrado no projecto nacional para ser mobilizador»; e uma acção «no plano militar por forma a que a "correlação de forças" neste campo» se tornasse «mais favorável a um projecto de desenvolvimento democrático da sociedade portuguesa». Ou seja, Melo Antunes defendia a formação de um novo governo e sugeria que o mesmo, além de dever ter um núcleo central do PS, deveria também integrar «elementos progressistas do PSD» e «elementos de outras correntes políticas da esquerda independente», sugerindo mesmo um modelo de orgânica do governo, que viria a ser em parte posto em prática no governo

([507]) Acta da Reunião 20-4-1977, Arquivo do Conselho da Revolução, Reuniões, Actas, vol. 4, caixa 5, IAN/TT.

de Maria de Lourdes Pintasilgo.([508]) Foi nesta mesma semana que Melo Antunes concedeu a polémica entrevista à agência de notícias da Hungria, onde preconizou a formação de uma aliança entre os partidos de esquerda e os militares responsáveis pelo 25 de Abril, para se alcançar a democracia e o socialismo.

Acontece que as alterações no governo iam no sentido oposto. Nos meses seguintes, com o apoio do PSD, foram aprovadas três importantes peças legislativas: a lei de Delimitação dos Sectores([509]), a lei de Bases da Reforma Agrária([510]), mais conhecida como Lei Barreto e a lei das Indemnizações.([511]) O governo minoritário inclinava-se para a direita, não para a esquerda, contrariamente ao que prognosticava Franco Charais, que, numa análise sobre a situação politica apresentada ao CR no início de Junho, previa, com agrado, que perante a aproximação verificada entre o PSD e o CDS([512]), o país encaminhava-se para uma situação de bipolarização que forçaria o PS a procurar um entendimento com o PCP.([513]) Posição distinta manifestou Almeida e Costa, a quem coube, quinze dias depois, fazer a análise da situação política.

([508]) Ernesto Melo Antunes, «Notas sobre um projecto alternativo para a actual situação política», Arquivo Melo Antunes, PT-TT-EMA, n.º 134, pasta 17.

([509]) Lei n.º 46/77, de 8 de Julho.

([510]) Lei n.º 77/77, de 29 de Setembro.

([511]) Lei n.º 80/77, de 26 de Outubro.

([512]) No dia 27 de Maio de 1977, o PSD e o CDS realizaram uma cimeira que procurava alcançar uma «convergência democrática». O PS foi convidado a participar, mas recusou com o argumento de que não poderia contribuir para uma marginalização do PCP. No entanto, a maior preocupação do PS era a de manter-se como partido-charneira, que ficaria em causa caso integrasse um bloco PS-PSD-CDS. Desta cimeira resultou um comunicado onde os dois partidos afirmavam que não estavam disponíveis para contribuir para a manutenção do governo com base em acordos pontuais e deixaram um apelo à formação de uma «convergência democrática» capaz de garantir uma «maioria estável». *Diário de Lisboa*, 26–5–1977, p. 2.

([513]) Acta da Reunião 1–6–1977, Arquivo do Conselho da Revolução, Reuniões, Actas, vol. 4, caixa 5, IAN/TT; Apontamento manuscrito de Franco Charais «Missão — defender e fazer cumprir a Constituição», 1–6–1977. Arquivo do Conselho da Revolução, Assuntos tratados nas reuniões do CR, vol. 16, caixa 34, doc. 4.

Na opinião deste conselheiro, o sistema político estava à beira da ruptura, e uma série de factores (bloqueio decisório, *deficit* da balança de pagamentos, reivindicações dos trabalhadores, aumento do custo de vida) poderia contribuir para essa ruptura.([514])

Foi neste quadro que, gorada a ideia da «convergência democrática», os dois maiores partidos realizaram, no dia 21 de Julho de 1977, um encontro e se comprometeram a «prosseguir consultas e trocas de informações» em relação aos «domínios fundamentais da vida nacional» tendo em vista «assegurar uma maior estabilidade às instituições»([515]). No dia seguinte, PS e PSD votariam favoravelmente a nova lei da Reforma Agrária, que contaria também com o apoio do CDS. Parecia que estavam reunidas as condições para a constituição, mesmo que informalmente, de um bloco central, no entanto, no PSD esta abertura manifestada pelo grupo parlamentar não foi bem vista líder do Partido, Sá Carneiro, que simbolicamente faltou à votação da lei.

O Verão de 1977 ficaria marcado pela procura de um entendimento entre os dois maiores partidos, apadrinhada pelo Presidente da República, com vista a estabelecer o equilíbrio das contas públicas e o relançamento da economia. A solução passaria pelo prévio estabelecimento de um compromisso interpartidário abrangendo os domínios económicos e sociais, e por uma posterior remodelação do governo que permitisse a entrada de militantes do PSD e de independentes. No entanto, mais uma vez esta alternativa não foi bem recebida pelo líder do PSD, que não via com bons olhos que a entrada no governo ficasse condicionada à existência de acordos programáticos prévios.([516])

O governo foi obrigado a apresentar, no final de Agosto, um novo conjunto de medidas impopulares, que ficaria conhecido como

([514]) Apontamento manuscrito de Almeida e Costa «Alguns tópicos sobre a situação política actual para desenvolvimento e debate», 17-6-1977. Arquivo do Conselho da Revolução, Assuntos tratados nas reuniões do CR, vol. 17, caixa 35, doc. 3.

([515]) Comunicado conjunto PS/PSD, *Diário de Lisboa*, 22-7-1977, p. 1.

([516]) «President Eanes on current impasse», telegrama da embaixada dos EUA em Lisboa para o Departamento de Estado, 23-11-1977, Lisbon09036, State Department Cables.

«segundo pacote», e que, entre outras, determinava: uma nova desvalorização do escudo; reduções, de 10% a 20% nas despesas do orçamento geral do Estado; aumento dos impostos sobre os combustíveis e um aumento das taxas de juro. Tal como sucedera com o primeiro, as medidas foram previamente apresentadas ao CR. Desta vez, além do primeiro-ministro, compareceram também na reunião o ministro das Finanças, Medina Carreira, e o ministro do Planeamento Económico, Sousa Gomes. Cinco dias depois, em reunião extraordinária, os conselheiros analisaram os diplomas remetidos pela Presidência do Conselho de Ministros e voltaram a não levantar qualquer dúvida em matéria de constitucionalidade.([517]) Conhecedores da gravidade da situação financeira em que o país se encontrava, os conselheiros não podiam vir a ser acusados de terem contribuído para o protelamento de medidas, tidas como necessárias e urgentes, quer pelo governo quer pelo Presidente da República.

Entendimento diferente foi seguido em relação à lei de bases da Reforma Agrária. Na mesma reunião em que o CR decidiu não levantar qualquer dúvida de constitucionalidade aos diplomas relativos às medidas de carácter económico e financeiro, a maioria dos conselheiros decidiu solicitar um parecer à Comissão Constitucional ao decreto sobre as bases da Reforma Agrária. Acresce que, para este e outros dois diplomas([518]), o Presidente manifestou a intenção de conhecer a opinião do CR relativamente à sua promulgação, tendo sido constituídos três grupos de trabalho, que ficaram encarregados de realizar os estudos necessários para aconselhar o Presidente.([519])

A Comissão Constitucional não viria a declarar inconstitucional o decreto sobre as bases gerais da Reforma Agrária, não obstante o voto de vencido do seu Presidente, o conselheiro Melo Antunes.([520])

([517]) Actas das Reuniões de 24–8–1977 e 29–8–1977, Arquivo do Conselho da Revolução, Reuniões, Actas, vol. 4, caixa 5, IAN/TT.

([518]) Lei das indemnizações e lei das atribuições das autarquias locais (Lei n.º 79/77, de 25 de Outubro).

([519]) Acta da Reunião de 29–8–1977, Arquivo do Conselho da Revolução, Reuniões, Actas, vol. 4, caixa 5, IAN/TT.

([520]) Na declaração de voto apresentada, Melo Antunes elencou um conjunto de argumentos que defendiam que o artigo dedicado às reservas já demarcadas

No entanto, este parecer não era vinculativo, pelo que o Conselho poderia decretar a sua inconstitucionalidade. O CR era assim posto à prova num momento decisivo. Uma eventual declaração de inconstitucionalidade abriria um litígio com a Assembleia da República e com o governo, num momento particularmente sensível.

O tema foi debatido na reunião realizada no dia 16 de Setembro de 1977. As declarações de votos apresentadas constituem uma excelente radiografia do CR e do posicionamento dos conselheiros, especialmente daqueles que eram próximos de Melo Antunes, mas que nesta ocasião se dividiram.

Declarando que embora estivesse «mais inclinado» a considerar a lei inconstitucional e que a mesma era «bastante injusta no campo da justiça social», Vasco Lourenço decidiu seguir o parecer da Comissão. Para este conselheiro, esta decisão provocava «menos problemas que a decisão contrária», uma vez que era necessário ter «uma visão de conjunto quanto ao projecto colectivo em curso e à possibilidade da sua prossecução»([521]).

Posição semelhante foi manifestada por Vítor Alves, que deixou patente as suas dúvidas quanto à inconstitucionalidade da lei e a sua concordância com a declaração de voto de vencido de Melo Antunes. No entanto, tendo em consideração «razões políticas referentes à actual situação» e a «presumível sequência que a

(art.° 65.°) abria caminho à reversibilidade das expropriações já efectuadas, contrariando assim a Constituição que, no n.° 1 do artigo 83.°, estipulava que «todas as nacionalizações efectuadas depois de 25 de Abril de 1974» eram «conquistas irreversíveis das classes trabalhadoras». Este não foi o entendimento da maioria dos membros da Comissão que, por seis votos a favor e três votos contra, decidiu que o CR não deveria pronunciar-se pela inconstitucionalidade do decreto em causa, na medida em que este não infringia a Constituição nem os princípios nela consignados. Além de Melo Antunes, votaram vencidos Luís Nunes de Almeida e Fernando Amâncio Ferreira. Parecer n.° 24/77. Pareceres da Comissão Constitucional, 3.° volume, Tribunal Constitucional de Portugal, 2012, pp. 86–90. Disponível em: www.tribunalconstitucional.pt/tc/content/files/biblioteca/cc/cc_volume_03.pdf

([521]) Declaração de voto de Vasco Loureço sobre a lei de bases da reforma agrária. Anexa à Acta da Reunião de 16–9–1977, Arquivo do Conselho da Revolução, Reuniões, Actas, vol. 4, caixa 5, IAN/TT.

declaração de inconstitucionalidade desencadearia», optou por votar pela constitucionalidade do diploma.([522])

A mesma preocupação foi referida por Marques Júnior, que, embora tenha afirmado que a lei entrava «em contradição com o projecto global» presente na Constituição, receou que a declaração de inconstitucionalidade pudesse desencadear «um clima de agitação capaz de pôr em causa a curto prazo a democracia (ainda que formal) neste país». Marques Júnior manifestou-se ainda esperançado que na fase posterior, de regulamentação e aplicação da lei, se tivessem em consideração «os princípios de justiça e de equidade» e que fossem salvaguardados «os interesses dos trabalhadores rurais e o interesse geral do povo e da Nação Portuguesa»([523]).

Ainda mais claro, Costa Neves afirmou que a lei era inconstitucional, mas que não votara nesse sentido por temer que se essa fosse a decisão final do CR abrir-se-ia uma «grave crise». Referindo-se à existência de uma «predominante componente conservadora» no interior das Forças Armadas, aludiu à possibilidade de as Forças Armadas reagirem «com determinação» a «tomadas de posição progressistas». Nesse sentido, antevendo «a inevitabilidade de abertura de uma crise militar simultânea com uma crise governamental», decidiu votar pela não inconstitucionalidade do diploma, deixando no entanto claramente expresso o seu ponto de vista e a sua angústia:

> «após este voto contra a minha consciência, face à rápida evolução dum processo que se vai afastando cada vez mais dos interesses dos mais desfavorecidos que tantas vezes afirmámos deverem ser intransigentemente protegidos, resta-me esperar ter a capacidade necessária para determinar com lucidez o momento em que devo abandonar

([522]) Declaração de voto de Vítor Alves sobre a lei de bases da reforma agrária. Anexa à Acta da Reunião de 16-9-1977, Arquivo do Conselho da Revolução, Reuniões, Actas, vol. 4, caixa 5, IAN/TT.

([523]) Declaração de voto de Marques Júnior sobre a lei de bases da reforma agrária. Anexa à Acta da Reunião de 16-9-1977, Arquivo do Conselho da Revolução, Reuniões, Actas, vol. 4, caixa 5, IAN/TT.

definitivamente atitudes pactuantes, às vezes ditas políticas, por estar ameaçada a minha própria dignidade de homem e militar»([524]).

Também Franco Charais manifestou preocupação com uma eventual resposta das Forças Armadas perante uma declaração de inconstitucionalidade do CR. Charais concordava com as razões expressas pelos três membros da Comissão Constitucional que tinham votado contra o parecer, mas declarou que votava a favor da constitucionalidade por três razões: por considerar que o diploma voltaria a ser votado, sem alterações, pela Assembleia; por entender que as Forças Armadas encarariam a declaração de inconstitucionalidade «não como um regular funcionamento das Instituições democráticas, mas como um afrontamento do CR aos outros órgãos de soberania»; e por acreditar que, no futuro, novas leis poderiam «vir a minimizar perigos de negação de objectivos constitucionais que a presente lei pode encerrar»([525]).

Diferente foi o posicionamento dos outros conselheiros históricos que, tendo votado pela inconstitucionalidade da lei, deixaram expressas as suas preocupações sobre o rumo político do país. Vítor Crespo afirmou que a referida lei era contrária «às grandes linhas de orientação» da Constituição e que esta, em vez de contribuir para regular, de modo mais completo, a reforma agrária, a fazia retroceder «do ponto de vista de justiça social», dando «guarita à tendência para a reposição de seculares injustiças e para o fortalecimento das forças sociais outrora dominantes», afirmando ainda que não se podia colocar em causa «o significado das votações na chamada "zona de intervenção"»([526]).

([524]) Declaração de voto de Costa Neves sobre a lei de bases da reforma agrária. Anexa à Acta da Reunião de 16-9-1977, Arquivo do Conselho da Revolução, Reuniões, Actas, vol. 4, caixa 5, IAN/TT.

([525]) Declaração de voto de Franco Charais sobre a lei de bases da reforma agrária. Anexa à Acta da Reunião de 21-9-1977, Arquivo do Conselho da Revolução, Reuniões, Actas, vol. 4, caixa 5, IAN/TT.

([526]) Declaração de voto de Vítor Crespo sobre a lei de bases da reforma agrária. Anexa à Acta da Reunião de 16-9-1977, Arquivo do Conselho da Revolução, Reuniões, Actas, vol. 4, caixa 5, IAN/TT.

Pezarat Correia, que na qualidade de antigo comandante da Região Militar Sul tinha uma especial ligação ao processo da Reforma Agrária, além de rejeitar os argumentos jurídicos apresentados pela Comissão Constitucional, lembrava que ao CR não cabia apenas apreciar as razões de natureza jurídica, pelo que mesmo que esses fossem considerados válidos os conselheiros poderiam, e deveriam, ter em consideração outros factores. Nesse sentido, sublinhando que «toda a filosofia e sentido político» da lei contrariava «frontalmente o espírito programático da Constituição» e afirmando que em seu entender aquela visava «favorecer o sector privado», sacrificando o sector público e inviabilizando as Unidades Colectivas de Produção, aconselhou o Presidente da República a utilizar o seu poder de veto. Para Pezarat, além dos «enormes custos sociais», uma eventual entrada em vigor do diploma exigiria o empenhamento de «fortes efectivos policiais», teria «reflexos negativos no sector produtivo agrícola», minaria a possibilidade «de se criar um clima de paz social» e envolveria «graves riscos para a consolidação da democracia, mesmo no seu aspecto particular da democracia política»([527]).

Começando por lembrar que fora o CR a entidade responsável pela adopção de um conjunto de medidas legislativas que visavam nacionalizar as grandes empresas e expropriar e nacionalizar as terras na área onde se concentravam os latifúndios, Sousa e Castro, sublinhou o «carácter revolucionário, socialmente necessário e justo» e «historicamente imperativo» dessas iniciativas. Depois, não escondendo o seu desagrado pelo facto de pertencer a um Conselho, que entretanto tinha sofrido várias alterações por «factores de conjuntura», afirmou que se estava a assistir «a uma iniciativa maciça, por parte do partido no poder, no campo legislativo», que em seu entender «se não anula totalmente, condiciona perigosamente as expectativas» que tinha criado perante as medidas tomadas pelo CR em Março de 1975, que considerava serem «as traves mestras de um futuro diferente no sentido de ser mais justo e mais livre para

([527]) Declaração de voto de Pezarat Correia sobre a lei de bases da reforma agrária. Anexa à Acta da Reunião de 16-9-1977, Arquivo do Conselho da Revolução, Reuniões, Actas, vol. 4, caixa 5, IAN/TT.

os portugueses». A declaração de voto de Sousa e Castro terminava com uma análise muito crítica relativamente à acção desempenhada pelo CR, que reflectia o profundo mal-estar existente no interior deste órgão de soberania:

> «O Conselho da Revolução é hoje um órgão que perdeu toda a capacidade de iniciativa política, espartilhado entre os seus problemas de consciência e os fantasmas da sua existência num tempo por enquanto e ainda só não-revolucionário. Depois de ceder toda a sua capacidade política aos partidos políticos, refugiando-se talvez de modo certo na chamada "legitimidade democrática das instituições vigentes", o Conselho da Revolução pode a curto prazo, num tempo pós-revolucionário que bem pode ser contra-revolucionário, cair pelo ridículo criado pela sua própria situação. Isto é: existir denominado Conselho da Revolução para servir os interesses contrários àquela.»

Questionando se não era isso que o CR estava a fazer ao votar maioritariamente pela não inconstitucionalidade da lei, Sousa e Castro declarava que preferia manter a sua coerência, pelo que se pronunciava pela inconstitucionalidade do diploma.([528])

Posição semelhante foi adoptada pelo conselheiro Martins Guerreiro. Concordando com a argumentação dos vencidos na votação da Comissão Constitucional, Martins Guerreiro entendia que a lei contrariava «a transição para o socialismo» ao optar pelos interesses dos latifundiários em detrimento dos trabalhadores rurais e prejudicava «gravemente o objectivo constitucional da reforma agrária de promover a melhoria da situação económica, social e cultural dos trabalhadores rurais e dos pequenos e médios agricultores». Por outro lado, considerava que em vez de contribuir para o aumento da produção e da produtividade agrícola, a lei iria ter os efeitos contrários, na medida em que beneficiava «a antiga classe exploradora» que já demonstrara não ter capacidade

([528]) Declaração de voto de Sousa e Castro sobre a lei de bases da reforma agrária. Anexa à Acta da Reunião de 16-9-1977, Arquivo do Conselho da Revolução, Reuniões, Actas, vol. 4, caixa 5, IAN/TT.

para promover essas alterações. Resumindo, em sua opinião, a lei contradizia «frontalmente o espírito e os objectivos constitucionais», tanto no campo jurídico, como nos domínios social, político e económico»([529]).

Estas declarações de voto revelam que a Lei da Reforma Agrária apenas não foi declarada inconstitucional pelo CR porque se verificou uma divisão no grupo dos conselheiros históricos. Todos eles a consideravam inconstitucional e revelaram concordar com a minoria dos elementos da Comissão Constitucional, da qual fazia parte o seu Presidente, que votaram contra o parecer elaborado pelo relator, mas alguns conselheiros optaram por votar pela constitucionalidade do diploma por motivos político-militares. Este episódio revela que no espaço de um ano se tinham registado profundas mudanças. Parte do CR sentia-se manietado e vários dos seus membros não escondiam que tinham tomado uma posição contra a sua própria consciência.

A Lei de Bases Gerais da Reforma Agrária foi promulgada pelo Presidente da República a 21 de Setembro de 1977. Nesse mesmo dia realizou-se uma reunião do Conselho, durante a qual Almeida e Costa fez a análise da situação política, seguindo-se intervenções de vários membros do CR sobre o funcionamento do sistema partidário e sobre possíveis formas de actuação do Presidente da República no contexto político então vivido.

A análise de Almeida e Costa partia da ideia de que o governo minoritário do PS era insustentável a curto prazo e enumerava uma série de hipóteses alternativas, capazes de garantir uma maioria parlamentar. Entre os vários cenários possíveis considerava-se que a hipótese PC/PS era «improvável»; que a hipótese PS/PSD era «possível mas inconveniente», na medida em que favorecia os extremos; que a hipótese PS/CDS era «possível mas improvável» e que existiam ainda três hipóteses possíveis: PS/PSD/PCP; PS/PSD/CDS e PS/PSD/CDS/PCP. É sobre estas últimas que se desenvolve a análise.

([529]) Declaração de voto de Martins Guerreiro sobre a lei de bases da reforma agrária. Anexa à Acta da Reunião de 16–9–1977, Arquivo do Conselho da Revolução, Reuniões, Actas, vol. 4, caixa 5, IAN/TT.

Relativamente a um entendimento PS/PSD/PCP, considerada a hipótese «teoricamente mais correcta do ponto de vista constitucional formal», eram apontadas como fragilidades o facto de não poder ser o Presidente a impulsioná-lo, por não ter sido essa a base de apoio à eleição presidencial, e os riscos com que se confrontaria o PSD, que perderia à direita para o CDS e à esquerda para o PS. Por outro lado, um acordo deste tipo beneficiaria o PS, que ganharia espaço de manobra à esquerda e à direita e seria também vantajoso para o PCP que voltaria a ter representantes no governo. Como conclusão, era considerado «pouco exequível» e precário, antevendo-se que a sua ruptura conduziria à dissolução da Assembleia da República.

Um acordo PS/PSD/CDS era visto como a «consagração da leitura restritiva de parte programática da Constituição». Tal cenário resultaria num «enfraquecimento do PS em favor do PSD e do PC», e num descrédito dos socialistas por optarem por uma aliança à direita que atenuava a sua importância como partido charneira. Esta hipótese era considerada vantajosa para o CDS, que assegurava a entrada no governo, e muito vantajosa para o PSD que se tornaria o partido-charneira. Ao contrário da anterior, o Presidente poderia impulsionar esta solução, que era «coerente» com a sua eleição, mas era considerada «pouco exequível», «precária» e «transitória».

Finalmente, um acordo envolvendo os quatro maiores partidos era descrito como impossível de obter se obrigasse a existência de um «consenso activo» de todos os partidos, mas previa-se que poderia ser conseguida a sua adesão ou neutralidade perante um «programa nacional», desde que o processo fosse conduzido com habilidade e forçasse os partidos a aderir na base de uma «convergência programática».

Tendo como base estes cenários, o documento apresentado e debatido no CR, sublinhava o papel do Presidente da República, que ganhava maior capacidade e legitimidade para «intervenções correctivas». Nesse sentido, defendia-se que a solução passava «cada vez mais pelo Presidente da República», que deveria ser o guia de uma solução que envolvesse os partidos políticos. Relativamente aos problemas económicos e financeiros, defendia-se que a sua solução era política e que a existir um sentido para a austeridade e para a saída da crise, ela requeria «a mobilização de sectores importantes em torno de objectivos claros», mas que não existiam soluções economicistas.

Em relação a uma maior intervenção do Presidente, defendia-se que ainda não se esgotara o tempo, que o mecanismo parlamentar ainda não se exaurira e que, «mesmo que a experiência governativa pareça ter chegado ao fim», tal facto ainda não se tinha tornado explícito. Nesse sentido, afigurava-se como possível uma «fase transitória», que seria construída pelos partidos com uma «muito pequena e sobretudo discreta "pressão" presidencial. A análise terminava como uma observação: «é indispensável ter presente a flexibilidade do regime constitucional que, com imaginação e oportunidade, tem capacidade para comportar soluções que permitam salvaguardar a democracia e impedir a degradação do nível de vida e o agravamento das tensões sociais»([530]).

Não era apenas no interior do CR que se defendia uma maior intervenção do Presidente da República. O líder do PSD, Sá Carneiro, defendia a formação de um governo que espelhasse a «maioria presidencial», ou seja, que envolvesse os partidos que tinham apoiado a candidatura de Ramalho Eanes, mas que contasse também com um forte apoio do Presidente. Foi neste contexto que, em meados de Outubro de 1977, o chefe do Estado-Maior do Exército se encontrou com o embaixador dos Estados Unidos em Lisboa. Rocha Vieira era muito próximo de Eanes e o embaixador americano ficou convencido de que o encontro tinha como finalidade sondar a posição dos Estados Unidos perante um maior envolvimento presidencial. Depois de analisada a situação económica, financeira e política portuguesa, Rocha Vieira perguntou quais seriam, na opinião do embaixador, os limites do processo democrático. Frank Carlucci afirmou que a Constituição, apesar das suas falhas, era um bom guia e foi então que Rocha Vieira

([530]) «Elementos esquemáticos de referência sobre a exposição respeitante à análise política feita no Conselho da Revolução de 21 Setembro 977», anexo à acta de 21-9-1977, Arquivo do Conselho da Revolução, Assuntos tratados nas reuniões do CR, vol. 20, caixa 38.

questionou como seria interpretado um fortalecimento do CR. O embaixador Carlucci respondeu sublinhando que esse órgão era uma «anomalia constitucional», que a opinião pública tinha grande influência nos regimes democráticos e que havia determinadas normas que eram aceites e compreendidas neste tipo de regimes. Segundo Carlucci, os países ocidentais aceitariam qualquer solução que se enquadrasse nas normas democráticas mas não uma que representasse, ou que pudesse ser interpretada, como um reforço do poder dos militares.([531])

Conhecedor da posição dos Estados Unidos sobre este delicado e fundamental aspecto, o Presidente fez, um dia depois desse encontro, um importante discurso na sessão solene de abertura da segunda sessão legislativa da Assembleia da República, durante o qual insistiu na necessidade de se promover um entendimento partidário e afastou a hipótese de corresponder aos diversos apelos «bonapartistas» que lhe eram dirigidos.([532]) Apesar das várias pressões, oriundas de diferentes sectores da sociedade, na opinião do Presidente da República a solução para o impasse continuava a residir nos partidos e no parlamento.

A primeira crise governativa e as resistências à chegada do CDS ao poder

É com um Presidente e um CR afastados da primeira linha de acção política que, no final de Outubro de 1977, o governo anunciou que a única saída para a crise económica e financeira que assolava o país passava pela celebração de um acordo com o FMI. Nesse sentido, o executivo propunha constituir uma plataforma mínima de entendimento com os partidos da oposição e os parceiros sociais, mas deixava claro que não estava disposto

([531]) «Eanes sends out more political feelers», telegrama da embaixada dos EUA em Lisboa para o Departamento de Estado, 14-10-1977, Lisbon07985, State Department Cables.

([532]) *Diário de Lisboa*, 15-10-1977, pp. 1 e 16.

a partilhar o poder.([533]) Apesar da oposição manifestada por Sá Carneiro, o PS contava vir a conseguir um entendimento com o PSD que não passava pela formação de um novo governo. No entanto, esse objectivo não foi alcançado e o PS apresentou, no dia 15 de Novembro de 1977, as condições para um acordo que viabilizasse a conclusão da legislatura, que dificilmente poderia ser celebrado à esquerda.([534])

O memorando apresentado pelo governo aos partidos e aos parceiros sociais foi amplamente analisado na reunião do CR de 17 de Novembro. Os conselheiros debateram a «inevitabilidade de contracção de empréstimos externos, dada a gravidade dos problemas financeiros e económicos», abordaram a necessidade de criação de um clima político estável que permitisse «o regular funcionamento das instituições democráticas» e «a recuperação económica e a superação das graves dificuldades financeiras» do país. Entre as preocupações manifestadas pelo Conselho, destacava-se a necessidade de se evitar um «aumento das tensões sociais» que pudessem criar condições que favorecessem o «aparecimento de soluções de tipo autoritário» e a preocupação em que fosse alcançado um acordo «entre os partidos políticos e as forças sociais como primeira meta a procurar atingir para a superação da crise». Os conselheiros abordaram também o perigo que um prolongamento da situação acarretaria, as consequências da não aceitação,

([533]) Comunicado do Primeiro-Ministro sobre negociações com o FMI e projecto de acordo ou de plataforma mínima entre partidos e/ou parceiros sociais, 31–10–1977, FMS, Arquivo Mário Soares, IGC, Primeiro-Ministro, pt. 0519.01.

([534]) O memorando apresentado aos partidos e parceiros sociais tinha como principal finalidade viabilizar os acordos com o FMI que, por sua vez, visavam promover uma redução do défice externo, mas que a curto prazo teriam impactos negativos no crescimento económico e no emprego. Entre as exigências apresentadas pelo PS, destacavam-se a aceitação de alguns diplomas votados recentemente pela Assembleia (Lei de delimitação dos sectores público e privado, lei das indemnizações e lei de bases da reforma agrária), o apoio à opção europeia no domínio da política externa e ainda a existência de acordos prévios em relação à aprovação de novos diplomas (lei da reforma administrativa e lei da imprensa). «Memorando aos parceiros sociais», 15–11–1977, FMS, Arquivo Mário Soares, IGC, Primeiro-Ministro, pt. 0519.01.

por parte do PS, em participar em qualquer governo de coligação, a posição preferencial em que se encontrava o PS para negociar empréstimos externos, o recurso a eleições antecipadas, e, finalmente, «as alternativas possíveis e oportunidade de as pôr em prática», bem como as possíveis formas de governo caso se viesse a verificar a queda do governo.([535])

Nenhum dos partidos respondeu, nas condições pré-estabelecidas, ao repto lançado pelo PS. Para ultrapassar o impasse, no último dia de Novembro o primeiro-ministro anunciou que o executivo iria apresentar uma moção de confiança, convicto de que a oposição não iria formar uma coligação negativa capaz de provocar a queda do governo.([536]) Nesse mesmo dia, o CR reuniu-se e analisou as consequências que poderiam advir da votação da moção de confiança. Concretamente, debateu a hipótese de a moção passar apenas com o apoio do PS e do PCP. O debate travou-se então tendo como principal cenário a aprovação da moção de confiança e a maioria dos conselheiros defendeu que nesse caso «seria de deixar permanecer o dr. Mário Soares como Primeiro-ministro continuando-se a proporcionar-lhe garantias para tomar as medidas que entender para o executivo poder governar eficazmente». Ficou também assente que, caso o governo viesse a «mostrar-se incapaz de aplicar soluções adequadas para a saída da grave crise», o Presidente da República deveria tomar as soluções que viessem a ser consideradas necessárias. Entendimento diferente foi manifestado por Garcia dos Santos, que defendeu que o Presidente deveria demitir o primeiro-ministro e apresentar aos partidos um programa ou plataforma que servisse de base para um entendimento entre os partidos, convidando então o líder do partido mais votado para formar um novo governo que ficaria responsável pela execução do programa previamente acordado.([537]) Esta posição exprimia o ponto de vista do Presidente que, ao contrário de muitos dos membros do CR, não acreditava

([535]) Acta da Reunião de 17-11-1977, Arquivo do Conselho da Revolução, Reuniões, Actas, vol. 4, caixa 5, IAN/TT.

([536]) Maria João Avillez, *Soares. Democracia*, pp. 68-69.

([537]) Acta da Reunião de 30-11-1977, Arquivo do Conselho da Revolução, Reuniões, Actas, vol. 4, caixa 5, IAN/TT.

que o PS e o PCP chegassem a um entendimento que viabilizasse a moção de confiança.([538]) Tinha razão. Na madrugada do dia 8 de Dezembro caía o I Governo Constitucional. A moção de confiança apresentada pelo governo minoritário socialista foi chumbada com os votos de todos os partidos da oposição. A iniciativa passava agora para o Presidente da República, que conduziu o processo remetendo o CR para uma posição subalterna. É que Eanes exigia uma maioria parlamentar com o envolvimento do PS mas, ao contrário de muitos elementos do CR, não queria que o novo governo ficasse dependente do apoio do PCP.([539])

Esgotadas as várias hipóteses que foram sendo discutidas e apreciadas no final de 1977, começou a desenhar-se um entendimento entre o PS e o CDS que garantia a exigida maioria na Assembleia, que deveria ser compensada com um entendimento paralelo entre o PS e o PCP sem incidência governativa. Foi com base neste cenário que o Presidente ouviu o CR sobre a sua intenção de designar o líder do PS como primeiro-ministro. A proposta teve o apoio de Franco Charais, Melo Antunes, Vítor Alves e Sousa e Castro e nenhum outro conselheiro se opôs a este rumo.([540])

O CR voltou a reunir-se no mesmo dia em que foi anunciado que tinha sido atribuída a Mário Soares a responsabilidade de formar um novo governo. Durante esse encontro, Vítor Alves apresentou um projecto de comunicado que atribuía aos partidos políticos responsabilidades pelo impasse político. O texto começava por minimizar a crise, considerando que esta não tinha as proporções nem se previa tão duradoura como as que por vezes ocorriam «em países com estruturas democráticas experimentadas de séculos». A crise era assim apenas «o resultado normal da democracia» e provinha «do livre jogo das opções partidárias» que encarnavam

([538]) «Eanes contemplates post-Soares alternatives», telegrama da embaixada dos EUA em Lisboa para o Departamento de Estado, 5–12–1977, Lisbon09298, State Department Cables.

([539]) «Remarks by Eanes on political scene», telegrama da embaixada dos EUA em Lisboa para o Departamento de Estado, 28–12–1977, Lisbon09776, State Department Cables.

([540]) Acta da Reunião extraordinária de 26–12–1977, Arquivo do Conselho da Revolução, Reuniões, Actas, vol. 5, caixa 6, IAN/TT.

a vontade dos portugueses e a «queda do governo através dos mecanismos constitucionais» constituía «a prova» de que o país vivia em democracia, sendo mesmo «garantia dessa democracia». No entanto, depois destas considerações, o projecto de comunicado criticava directamente os partidos que, ao terem recusado qualquer compromisso e «não tendo solução de alternativa num quadro de maioria democrática, passavam a ter a «obrigação indeclinável» de se apresentarem disponíveis para entendimentos. A questão da realização de eleições antecipadas também era abordada, mas era tida como uma má solução porque, além de poder vir a afectar a «acalmia social», acentuando as «divergências partidárias», considerava-se «duvidoso que a sua realização viesse a alterar significativamente a fisionomia da Assembleia da República». Igualmente alvo de crítica eram aqueles que procuravam «constantemente novos projectos políticos e sociais a pretexto de problemas conjunturais», pelo que se proclamava que a Constituição não podia «ser posta em questão a todo o momento como se o seu não cumprimento fosse a chave para resolução de todos os problemas». Além destas considerações, o projecto de comunicado fazia ainda também referência a uma eventual acção das Forças Armadas que estariam preparadas para «pôr em prática com toda a segurança as decisões que o Presidente da República e os órgãos legítimos do poder» viessem a tomar dentro do quadro constitucional.([541])

Ao contrário da parte inicial do comunicado, que não era motivo de discórdia, o resto do texto, em vez de contribuir para serenar os ânimos, seria mais um elemento para alimentar a crise política. O Conselho preparava-se para se pronunciar sobre a situação política, que tanto era descrita como normal como grave, assumir uma postura paternalista em relação aos partidos e aventar a hipótese de recurso à utilização das Forças Armadas. O texto foi debatido, mas o Presidente considerou que a sua divulgação era inconveniente. Nesse sentido, Vítor Alves retirou o projecto de comunicado que

([541]) Projecto de comunicado apresentado por Vítor Alves na reunião do Conselho da Revolução realizada a 28-12-1977. Anexo à Acta da Reunião de 28-12-1977, Arquivo do Conselho da Revolução, Reuniões, Actas, vol. 5, caixa 6, IAN/TT.

tinha elaborado e o mesmo não chegou a ser votado.([542]) O CR permanecia, assim, como um mero espectador da crise política aberta com a queda do I Governo Constitucional.

Poucos dias depois num artigo da autoria de António Beirão([543]), publicado no semanário *O País*, lia-se que nas semanas anteriores se tinha assistido a «mais uma tentativa de relançar o CR e levá-lo a assumir um papel de "vanguarda" ou de "motor" do processo político português» e que este órgão de soberania tinha perdido a credibilidade e os «resquícios de prestígio e de respeito que ainda lhe era devido da parte do povo português». O mesmo artigo referia que, devido à acção do Presidente, o CR deixara de ser o «centro nervoso» de onde emanavam quase todas as acções de maior impacto político, que sofrera um «progressivo apagamento» e fora «relegado para segundo plano» passando apenas a desempenhar «meras funções deliberativas» em relação a questões militares, não obstante as tentativas levadas a cabo por alguns membros do CR que insistiam em tecer «considerações de ordem ideológica e programática, com o claro intuito de apontar caminhos e soluções aos políticos». O episódio do comunicado era assim descrito como uma derrota «daqueles que por mero instinto de sobrevivência política e social» procuravam «prolongar indefinidamente situações insuportáveis e sem razão de ser», porque a maioria dos membros do Conselho tinha optado por «não voltar a interferir nos aspectos da vida política que, por definição e competência», transcendiam as atribuições desse órgão de soberania»([544]). De facto, assistiu-se a esse processo de apagamento conduzido pelo Presidente. No entanto, aqueles que defendiam um CR mais interventivo não estavam a agir à margem da Constituição. Pelo contrário, estavam apenas a procurar cumprir o que esta, numa óptica abrangente, não apenas permitia mas determinava.

O Conselho limitou-se assim a actuar como órgão de consulta do Presidente da República. Foi nesse âmbito que a 11 de Janeiro, o

---

([542]) Acta da Reunião de 28–12–1977, Arquivo do Conselho da Revolução, Reuniões, Actas, vol. 5, caixa 6, IAN/TT.

([543]) Pseudónimo de António Joaquim Ramos.

([544]) *O País*, 11–1–1978.

Presidente manifestou o desejo de ouvir a opinião dos conselheiros sobre a possível indigitação de um governo do «Partido Socialista com personalidades», baseado num entendimento com o CDS, que poderia ou não ser acompanhado por um acordo interpartidário do PS com o PCP. A proposta dividiu o Conselho em dois grandes grupos. O primeiro defendia que o Presidente deveria aceitar a formação de um governo PS-CDS sem que fosse exigido qualquer entendimento com o PCP. Foi essa a posição manifestada, entre outros, por Sousa e Castro, Garcia dos Santos e Costa Neves. O segundo grupo, pelo contrário, entendia que uma solução assente exclusivamente num acordo PS-CDS deveria ser rejeitada. Foi esta a posição manifestada abertamente pelos conselheiros Melo Antunes e Pezarat Correia. Melo Antunes aconselhou o Presidente a rejeitar um acordo exclusivo com o CDS e Pezarat sugeriu um «bloqueamento prévio», defendendo o recurso a eleições. Para o antigo comandante da Região Militar Sul, um governo PS-CDS não constituía solução, não resolvia os problemas e apenas adiava as eleições. Além de censurar o Presidente por este ter colocado as eleições como último recurso, Pezarat criticou também que Eanes tivesse manifestado à partida a sua oposição a um acordo PS-PCP e não tivesse manifestado semelhante posicionamento perante um acordo PS-CDS.

Os conselheiros não se limitaram a responder à pergunta concreta que fora colocada pelo Presidente. Alguns aproveitaram a ocasião para manifestarem as suas ideias sobre o papel e intervenção do CR e do Presidente da República na vida política. Durante esse debate, Garcia dos Santos defendeu que o Presidente deveria ter sido mais interventivo no decurso da crise política, e Martins Guerreiro afirmou que «os partidos políticos só por si» não eram suficientes para resolver os problemas, pelo que se deveria «conjugar a sua acção com a acção das Forças Armadas por intermédio do Presidente da República e/ou do Conselho da Revolução». Nesse sentido, este conselheiro advogou «uma adequada conjugação das várias forças políticas e dos órgãos de soberania». Particularmente crítico, Vítor Crespo, afirmou que a situação de impasse a que se tinha chegado era, «em grande parte, devido ao não funcionamento efectivo do pacto MFA/Partidos inscrito na Constituição». Lembrando as «razões ponderosas» que tinham determinado que se «mantivesse operante um órgão central político-militar que desse coesão, continuidade e amparo ao processo de democratização», Vítor Crespo elencou «os precários graus de desenvolvimento económico, social e cultural da sociedade portuguesa; as sequelas resultantes de 48 anos de obscurantismo político e a consequente natural precariedade da estratificação partidária». Crespo referiu-se também à estrutura económica monopolista do anterior regime e às «fundas transformações» que o processo de democratização tinha introduzido neste domínio e, «ainda e principalmente», às características peculiares do processo histórico que tinha conduzido à democratização do país. Sucede que, na opinião deste conselheiro, o pacto só tinha funcionado «formalmente», uma vez que o CR tinha mantido um «grande afastamento» da vida política portuguesa, «mesmo nos aspectos para que tinha mais vocação». Esse afastamento teria deixado a democracia portuguesa «quase só ao saber dos arranjos conjunturais partidários», conduzindo ao impasse então vivido. Subescrevendo esta intervenção, Vasco Lourenço afirmou que o CR deveria «ter sido muito mais utilizado na procura da solução para a crise governamental», deixando expresso que teria preferido um acordo PS-PCP ao acordo PS-CDS. Lourenço antecipava mesmo «fortes convulsões sociais» que poderiam ter como consequência uma «forte repressão» e consequente solução totalitária, ou um «enorme reagrupamento partidário» que previsivelmente conduziria a «uma forte diminuição do PS», que teria um impacto «desastroso para o projecto constitucional». A intervenção de Vasco Lourenço terminava com uma série de questões reveladoras do estado de espírito dos conselheiros históricos: «Porquê admitir-se que só o PCP estaria na disposição de não cumprir os acordos que pudesse subscrever? Será que a sua prática, nesse aspecto, é diferente da dos outros partidos? Estarão os membros deste Conselho da Revolução convencidos de que a massa popular que elegeu o actual Presidente da República é a mesma que hoje o apoia e nele deposita as suas esperanças? Não terá havido deslocações?([545])

([545]) Anexos à acta da Reunião de 11–1–1978, Arquivo do Conselho da Revolução, Reuniões, Actas, vol. 5, caixa 6, IAN/TT.

Apesar destas reticências, o processo de formação do novo governo foi essencialmente conduzido pelo líder socialista. No dia 18 de Janeiro, o Presidente informou o CR de que Mário Soares tinha finalmente reunidas as condições para formar governo e manifestou o desejo de ouvir o Conselho, nos termos e para os efeitos do artigo 190.º da Constituição, sobre a nomeação do primeiro-ministro. A hipótese de um entendimento paralelo entre os socialistas e os comunistas tinha sido definitivamente afastada depois de o CDS ter feito um ultimato ao PS: O CDS só celebraria um acordo com o PS se não se realizasse qualquer entendimento entre os socialistas e os comunistas. A direcção do PS optou pelo CDS e conseguiu que a Comissão Política do partido aprovasse esta estratégia.

Embora esperada, esta decisão não foi bem acolhida por alguns membros do Conselho. Pezarat Correia voltou a destacar-se nas críticas, afirmando que um governo PS-CDS não resolveria as tensões sociais, não garantiria a estabilidade necessária para atrair investimento externo e não seria capaz de resolver os problemas financeiros e económicos que afectavam o país. Pezarat lembrou que o CDS tinha sido o único partido com representação parlamentar que tinha votado contra a Constituição, questionou a manifestação de fidelidade do Presidente do CDS ao texto fundamental, pronunciou-se contra a nomeação de Mário Soares e sugeriu o recurso a eleições.

Martins Guerreiro também reagiu negativamente à formação de um governo baseado apenas num acordo com o CDS. Para este conselheiro, esta era «a pior de todas as soluções partidárias possíveis, a mais instável e incoerente», que poderia inclusivamente, a breve prazo, «fazer perigar a própria democracia» devido aos confrontos e choques sociais que poderia originar.

Igualmente crítico relativamente à solução encontrada, Franco Charais emitiu duas opiniões. Na primeira, dirigida a Eanes na qualidade de Presidente de República, defendeu que o governo PS com personalidades do CDS, garantia apoio maioritário na Assembleia e era por isso uma solução democrática e estável. Na segunda, dirigida a Eanes na qualidade de Presidente do CR, Charais começou por sustentar que o «fenómeno revolucionário português» não tinha terminado, que a solução apresentada era «instável e incoerente», não conduziria à mobilização do país para a resolução dos seus graves problemas, e agudizaria a luta de classes. Ou seja, Franco Charais antecipava o recurso a eleições a curto prazo e alertava para a necessidade de se preparar com urgência a publicação da lei de recenseamento eleitoral e da lei eleitoral, pois, tal como Pezarat, entendia que o recurso a eleições era o caminho que poderia minimizar os inconvenientes elencados. Charais chamou ainda a atenção para o artigo 10.º da Constituição. Este era o artigo inserido na parte dos princípios fundamentais dedicado ao processo revolucionário que referia que era «a aliança entre o Movimento das Forças Armadas e os partidos e organizações democráticas» quem assegurava «o desenvolvimento pacífico do processo revolucionário» e que este impunha, «no plano económico, a apropriação colectiva dos principais meios de produção»([546]).

Também o conselheiro Almeida e Costa alertou para a «duvidosa» estabilidade da nova maioria e considerou a sua coerência «controversa», pois, embora fosse satisfatória do «ponto de vista jurídico político formalista», escamoteava as questões sociológicas, pelo que previa um agravamento das tensões sociais.

Idêntica preocupação foi manifestada por Costa Neves, que considerava que a solução PS-CDS era «a pior dentro do quadro constitucional». Para este conselheiro, as tensões sociais conduziriam à breve destruição desta fórmula e não seria possível encontrarem-se outras soluções democráticas a curto e médio prazo caso o Presidente não interviesse logo que se verificasse a sua insustentabilidade.

Para Vasco Lourenço, a consulta levada a cabo pelo Presidente era «apenas um pró-forma», uma vez que a solução estava encontrada e não seria o CR a modificá-la. Não obstante, manifestou a sua oposição à solução encontrada pelo primeiro-ministro indigitado e pronunciou-se contra a possibilidade de o presidente do CDS vir a ser eleito Presidente da Assembleia da República. Segundo Vasco Lourenço, a solução PS-CDS era o resultado da posição inicial

---

([546]) Constituição da República Portuguesa. Artigo 10.º do texto originário da Constituição, aprovada em 2 de Abril de 1976.

assumida pelo Presidente Eanes, que manifestara a sua oposição a um acordo entre os socialistas e os comunistas.

No mesmo sentido foram as declarações de Vítor Crespo. No entanto, segundo este conselheiro, ainda poderia ser possível evitar-se a nomeação de Mário Soares como primeiro-ministro, caso o Presidente viesse a entender que o acordo estabelecido entre os dois partidos punha em causa «o projecto constitucional». Em sua opinião, o Presidente deveria «ter em atenção a dinâmica social gerada depois do 25 de Abril» já que a Constituição não era «apenas um conjunto de preceitos reguladores da actividade do Estado», mas era também «a expressão jurídica da dinâmica social em curso». Nesse sentido, o não acatamento do projecto constitucional iria «necessariamente interferir nessa dinâmica com imprevisíveis efeitos na estabilidade social». Tal como Vasco Lourenço, também Vítor Crespo se referiu negativamente perante a possibilidade de Freitas do Amaral vir a ser eleito Presidente da Assembleia da República, eventualidade que justificava a não nomeação de Mário Soares, pelo que aconselhava o Presidente «a pensar muito seriamente no assunto».

Apesar destes reparos, avisos e manifestações de oposição em relação à solução apresentada pelo secretário-geral socialista, a maioria dos membros do Conselho entendeu que o Presidente deveria nomear Mário Soares para o cargo de primeiro-ministro.([547]) Os críticos desta solução conseguiram, no entanto, evitar que o acordo entre o PS e o CDS previsse a eleição de Freitas do Amaral para o cargo de Presidente da Assembleia da República, ponto que chegou a ser proposto ao líder do CDS durante as negociações que este manteve com Mário Soares. Ficava assim afastada a hipótese, repudiada por alguns conselheiros, de que Freitas do Amaral pudesse um dia vir a presidir ao Conselho da Revolução, já que a Constituição determinava que, em caso de ausência do Presidente da República, o CR seria presidido pelo Presidente da Assembleia.

([547]) Acta e respectivos anexos da Reunião de 18-1-1978, Arquivo do Conselho da Revolução, Reuniões, Actas, vol. 5, caixa 6, IAN/TT.

O acordo estabelecido entre o PS e o CDS consagrava o respeito pela Constituição, que não contara com os votos favoráveis dos representantes do CDS na Constituinte, pela opção europeia e pela fidelidade à NATO. Determinava também o empenho dos dois partidos na luta contra a crise económica e financeira, reconhecendo o papel fundamental a desempenhar pela iniciativa privada e fazia referência à Lei de Bases da Reforma Agrária, que deveria ser aplicada respeitando a «autoridade democrática»(548).

A condução do processo por parte do Presidente da República, que exigiu uma solução governativa capaz de garantir apoio maioritário na Assembleia mas que recusou que essa solução implicasse que o PS ficasse exclusivamente dependente do PCP, causou mal-estar no interior do Conselho da Revolução. Acresce que ao não se envolver directamente na condução do processo negocial, deixando aos partidos, nomeadamente ao partido mais votado, a liderança desse processo, o Presidente optou por se colocar num papel secundário que, por sua vez, contribuía para colocar o Conselho da Revolução numa posição ainda mais distante das grandes decisões políticas, diminuindo a capacidade de acção deste órgão de soberania numa das tarefas que a Constituição lhe atribuíra. Os conselheiros históricos tiveram plena consciência dessa estratégia e criticaram-na. Nas semanas e meses seguintes, um conjunto de iniciativas procurou inverter essa tendência de apagamento. Além de manifestarem o seu descontentamento através de declarações de voto mais ou menos angustiadas e amarguradas, alguns conselheiros procuram demonstrar esse descontentamento de outras formas.

(548) «Acordo político interpartidário, de alcance parlamentar e governamental», celebrado entre o PS e o CDS, Diogo Freitas do Amaral, *A Transição para a Democracia. Memórias Políticas II,* Lisboa, Bertrand Editora, 2008, pp. 395–406.

O encontro de Miraflores, um comunicado dos SACR, o comunicado do 4.º aniversário do 25 de Abril e o «documento Charais»

O novo executivo tomou posse no dia 30 de Janeiro de 1978 (II Governo Constitucional). Doze dias depois, o programa de governo foi aprovado pela Assembleia da República, que não validou as propostas de rejeição apresentadas pelo PCP e pelo PSD. Uma vez confirmada a solução PS-CDS, alguns membros do CR decidiram realizar um encontro na residência atribuída ao governador militar, Vasco Lourenço, que ficaria conhecida como a reunião de Miraflores.

A reunião, realizada no dia 13 de Fevereiro, contou com a presença de Costa Neves, Franco Charais, Marques Júnior, Melo Antunes, Pezarat Correia, Sousa e Castro, Vasco Lourenço, Vítor Alves e Vítor Alves, reproduzindo quase integralmente o *Grupo dos Nove*, responsável pela elaboração e divulgação do documento que em Agosto de 1975 foi determinante para o início do fim do *gonçalvismo*.(549)

A imprensa conotada com a direita descreveu o encontro como uma reunião clandestina e selectiva, promovida pelos elementos do CR que não viam com bons olhos a progressiva perda de influência deste órgão de soberania, tanto a nível político como a nível militar. Em causa estariam também questões relacionadas com as promoções, que não estavam a desenvolver-se ao ritmo ambicionado. Ao abrigo destas movimentações animadas pelo designado sector «melo-antunista», o jornal *Tempo* referia existir «uma nítida mobilização de alguns sectores militares do exército» que lhe eram afectos.(550) Já *O Dia*, questionava se não estaria em causa uma «nova ofensiva dos chamados militares de esquerda», que tinham promovido a realização de um «mini-conselho da revolução» com

(549) Desse grupo fazia parte Canto e Castro, que não participou nesta reunião, e não fazia parte Marques Júnior, que esteve presente na reunião que teve Vasco Lourenço como anfitrião.

(550) *Tempo*, 16-2-1978.

o intuito «de dividir os conselheiros dos respectivos chefes dos Estados-Maiores dos ramos e do próprio CEMGFA»([551]).

Para o *Expresso*, a polémica em torno desta reunião era apenas mais uma prova de que Portugal ainda não tinha atingido «plenamente a normalidade democrática vigente nos países ocidentais». Este semanário lembrava que a Constituição vigoraria, pelo menos, até 1980 e que ela consagrava, entre outros órgãos de soberania, a existência do CR e que os seus membros tinham o direito — «e até o dever — de, nos termos constitucionais» intervirem na vida política. No entanto, o *Expresso* sublinhava que o CR pouco tinha usado os seus vastos poderes e que também no plano militar a acção deste órgão não poderia qualificar-se de «obstrutiva da actuação do general Eanes, como chefe do Estado-Maior, ou dos chefes de Estado-Maior dos três ramos». Minimizando este episódio, concluía que o encontro não podia ser levado demasiado a sério porque os «convivas de Miraflores» não dispunham «de força militar para impor, ameaçar ou dissuadir»([552]).

Foi também nesse sentido a análise de José Miguel Júdice publicada no jornal *O Diabo*, descrevendo a reunião como uma prova de vida do grupo «melo-antunista». Para Júdice, os participantes na reunião tinham-se limitado a colocar «em bicos dos pés», situação que era «o reflexo natural dos poderes em decadência». No entanto, não deixava de notar que «ao serem notados, passaram a existir, politicamente, de novo». Fazendo um balanço da actividade do CR, Júdice observa que a evolução política tinha transformado este órgão «num mero gabinete de consulta, mais ou menos inócuo», com um grau de intervenção limitado em relação ao que lhe fora atribuído pela Constituição e que «o II Pacto MFA-Partidos pretendia assegurar». Nesse sentindo, considerando que a base de apoio militar dos conselheiros era «praticamente nula» e que se reduzia à medida que as Forças Armadas encontravam o seu equilíbrio, Júdice, mostrava-se admirado por existir quem estranhasse o sentido dessa evolução. Em seu entender era esse o preço pela «estratégia de morte lenta» seguida pelo Presidente da República,

([551]) *O Dia*, 17-2-1978.

([552]) *Expresso*, 25-2-1978.

que recusava rever a composição do CR de modo a torná-lo mais compatível com a realidade existente nas Forças Armadas.([553])

De facto, era essa a estratégia do Presidente, que procurou suavizar essas inevitáveis tensões e concentrá-las no seio do CR ou que elas fossem geridas pelos Estados-Maiores dos ramos. Foi essa a posição que manifestou aos membros do Conselho na reunião realizada dois dias depois do encontro de Miraflores, durante a qual defendeu que se os membros do CR pretendiam fazer reuniões, estas deveriam ocorrer nas instalações do CR ou do Estado-Maior, e que as mesmas deveriam «envolver, sempre que possível, todos os membros do Conselho»([554]).

Além de ter servido para voltar a revelar publicamente a existência de divergências no interior do CR, a reunião serviu também para mostrar descontentamento face à evolução da situação no plano político e no plano militar, permitindo identificar quais os conselheiros que se encontravam em cada um dos lados da barricada. O conflito interno passava também por uma constante medição de forças, que se exercia e manifestava através das votações realizadas nas reuniões do Conselho. Foi neste contexto que, um mês depois do encontro de Miraflores, o conselheiro Sousa e Castro apresentou aos seus colegas do CR um longo documento elaborado pelos Serviços de Apoio ao Conselho da Revolução (SACR), por si dirigidos, intitulado «A Construção da democracia e a situação política actual», para ser tornado público.

Na origem deste comunicado estiveram declarações do general Galvão de Melo, publicadas no jornal *O Comércio do Porto*. Entre outras afirmações, o antigo membro da Junta de Salvação Nacional questionou a legitimidade da Constituição, defendeu que o 25 de Abril não tinha sido feito pelos militares portugueses mas sim por uma «potência estrangeira através dos seus serviços técnicos, concretamente o KGB» e que o golpe das Caldas tinha servido para afastar da conspiração militar os oficiais nacionalistas e patriotas que estavam verdadeiramente interessados em implantar uma

([553]) *O Diabo*, 28-2-1978.

([554]) Acta da Reunião de 15-2-1978, Arquivo do Conselho da Revolução, Reuniões, Actas, vol. 5, caixa 6, IAN/TT.

democracia em Portugal.([555]) O Conselho analisou estas declarações e aprovou a proposta apresentada por Melo Antunes no sentido de que, além de se avaliar a possibilidade de procedimento judicial, os SACR elaborassem «um documento de resposta política» não só às acusações de Galvão de Melo, mas também dirigido «a outras acusações atentatórias das instituições democráticas»([556]).

O texto começava por defender que o avolumar de sinais de agravamento de uma crise que atingia «o próprio cerne da democracia em construção» obrigava o CR «a pronunciar-se publicamente sobre certos aspectos da situação política actual», dada a sua qualidade «de órgão de soberania com a missão constitucional de "garante do regular funcionamento das instituições democráticas" e de "garante do cumprimento da Constituição e da fidelidade ao espírito da Revolução de 25 de Abril de 1974"». Nesse sentido, avisava-se de que o Conselho iria debruçar-se sobre a constitucionalidade de um conjunto de diplomas que visavam combater a crise económica e financeira que afectava o país. Entretanto, eram mencionados os «efeitos perturbadores, de ordem social e política, que as medidas económicas consideradas inevitáveis» vinham provocando e sublinhava-se que a política de austeridade atingia «duramente camadas muito largas da população trabalhadora», provocando «sentimentos de frustração e desânimo», que criavam condições propícias ao desenvolvimento de ataques e campanhas «contra a própria ordem constitucional».

Esclarecendo que não estava em causa o direito à crítica, chamava-se a atenção para o facto de «certos dirigentes ou meros caciques políticos» terem «desencadeado campanhas de crescente intensidade contra órgãos de soberania e personalidades políticas e militares, com a visível e confessada finalidade de alterar "a ordem constitucional" existente». Perante essas campanhas, o CR condenava «clara e veementemente (...) a utilização sistemática e abusiva de técnicas de "terrorismo verbal", com manifesto atropelo das liberdades constitucionalmente consagradas» e os «ataques frontais

([555]) *O Comércio do Porto*, 9–4–1978.

([556]) Acta da Reunião de 12–4–1978, Arquivo do Conselho da Revolução, Reuniões, Actas, vol. 5, caixa 6, IAN/TT.

à Constituição e as exigências insolentes da sua revisão antes dos prazos nela própria estabelecidos», considerando que aquilo que se pretendia alcançar era «a ruptura da ordem democrática» e a desagregação do tecido social e político. O comunicado referia ainda que em «regiões importantes do país» se verificavam situações de «limitação concreta de liberdades» e que essas limitações eram «consequência directa do clima de incontinência verbal e de desrespeito quase total pelas regras de convivência democrática» e mencionava também a existência de «"terrorismo político" selectivo ou generalizado» e de «organizações contra-revolucionárias armadas» que justificavam «um alerta e um apelo à vigilância democrática» para a defesa de um Estado cuja desagregação seria inevitável se não fosse dada uma «resposta enérgica das massas».

No comunicado podia ainda ler-se que «os ataques à Constituição e as exigências de revisão, com referendo ou sem ele», eram um exemplo da «artificialidade das campanhas conduzidas contra o regime e das manobras insidiosas levadas a cabo para desacreditar a lei fundamental». Alguns sectores políticos eram acusados de serem responsáveis por lançarem «a instabilidade no seio das Forças Armadas» e de se envolverem em «sombrias manipulações» com elementos que no interior do aparelho militar também estavam empenhados em desviar as Forças Armadas da sua missão constitucional. Nesse sentido, considerava ser-se necessário «denunciar energicamente» esta situação, pelo que se alertavam publicamente «os restantes corpos do Estado e o povo português, para a perigosa escalada das forças empenhadas, por diferentes vias e com diferentes objectivos, na destruição do Estado democrático e das suas instituições e da Constituição» que garantia «a permanência dos valores e ideais da Revolução de Abril»(557).

A divulgação de um documento com estas características, que parecia ter sido escrito no auge do PREC, foi profundamente debatida pelos conselheiros. Alguns chamaram a atenção para «os reflexos de ordem pública que a divulgação do documento» poderia

(557) «A Construção da Democracia e a situação política actual», Arquivo do Conselho da Revolução, Assuntos tratados nas reuniões do CR, vol. 24, caixa 42, 19–4–1978, doc. 5.

provocar e para a repercussão no interior das Forças Armadas, pelo que questionaram a «oportunidade da publicação» do texto. Garcia dos Santos, cujas opiniões tradicionalmente estavam alinhadas com as do Presidente, defendeu claramente que o documento não deveria ser tornado público. Pedro Cardoso (CEME) propôs que o documento fosse adaptado e transformado na comunicação tradicional do CR a difundir no aniversário do 25 de Abril, de modo a evitar-se a divulgação num tão curto espaço de tempo de dois comunicados com tomadas de posição do Conselho. A intervenção de Melo Antunes aponta num sentido diferente: o documento deveria ser discutido e trabalhado tendo em vista a sua divulgação no final do encontro. Perante a dificuldade manifestada por diversos conselheiros em levar a cabo a missão, Melo Antunes ficou encarregado de coordenar e rever a redacção final do documento que deveria ser tornado público depois de acolhidas as propostas de alterações que viessem a ser aprovadas pelo Conselho.([558])

O comunicado, divulgado aos órgãos de comunicação social no dia 21 de Abril, sofreu ligeiras alterações em relação à sua primeira versão. Por exemplo, deixou de se fazer referência àqueles que exerciam «actividade de certo modo autónoma no interior do aparelho militar», que era o reconhecimento público da existência de facções no interior de um corpo que se queria unido e coeso.([559]) Mas essas alterações não modificaram o seu sentido original: tratava-se de uma forte crítica às forças políticas e aos sectores militares que preconizavam uma antecipação da revisão constitucional e o consequente fim do CR. Sentindo-se atacado, o Conselho assume um nítido posicionamento político, abandonando a postura de apagamento e contenção que vinha sendo adoptada desde 1976. Os ataques ao CR acabavam assim por dar força àqueles conselheiros que defendiam uma postura mais interventiva deste órgão de soberania.

A imprensa notou esta alteração. O *Diário de Notícias* considerou-o «pouco usual» desde a tomada de posse do I Governo

([558]) Acta da Reunião 19–4–1978, Arquivo do Conselho da Revolução, Reuniões, Actas, vol. 5, caixa 6, IAN/TT.
([559]) *Diário de Lisboa*, 22–4–1978, pp. 6 e 18.

Constitucional e o *Dia* assinalou que «o CR há muito não assumia publicamente posições políticas». Já o *Diário de Lisboa*, não escondendo regozijo, descreveu o comunicado como «uma denúncia enérgica» contra a escalada das forças empenhadas na destruição do Estado democrático, destacando «a lúcida análise da situação» e a «determinação expressa e firme de defender os ideais de Abril»([560]) e, no jornal *A Luta*, Raul Rego escreveu que as preocupações do CR eram idênticas às «de todos os democratas portugueses»([561]). Posição diferente foi adoptada pelo *O Comércio do Porto*, que viu na divulgação do documento a intenção de «alimentar viva polemica»([562]) e, particularmente duro, o *Jornal Novo*, denunciou em editorial que se estava perante «um método estalinista clássico», ao polarizar-se «o apelo à "vigilância democrática" na denúncia dos que exercem o que o CR considera "terrorismo verbal"». Este diário chamava a atenção para o perigo de se condenarem opiniões e de o CR estar a misturar os seus poderes constitucionais com os dos tribunais, questionando se a linha melo-antunista do Conselho não estava a aproveitar as dificuldades vigentes para se aventurar num «golpe peruano» ou se lançar num novo 28 de Setembro. Dois dias depois, no mesmo jornal podia ler-se que «quando analisado sob a perspectiva do desenvolvimento do processo político democrático», o comunicado revelava «a nova ascensão em que se encontra a corrente melo-antunista do CR»([563]).

A divulgação deste comunicado, três dias antes de se celebrar o quarto aniversário do 25 de Abril, deixa patente um aumento da exposição mediática do Conselho e também um desejo de maior intervenção na vida política. O tradicional comunicado comemorativo da efeméride seria um teste a esta nova dinâmica.

Coube ao conselheiro Martins Guerreiro elaborar um projecto de comunicado que continha também uma forte carga política e ideológica. No entanto, algumas expressões e frases mais vincadas foram retiradas após vários conselheiros terem apresentado diversas

([560]) *Diário de Lisboa*, 22-4-1978, pp. 1 e 6.

([561]) *A Luta*, 22-4-1978.

([562]) *O Comércio do Porto*, 22-4-1978.

([563]) *Jornal Novo*, 22-4-1978 e 24-4-1978.

propostas de alteração ao texto inicial. Por exemplo, no projecto de comunicado fazia-se referência «à data que em todo o país é lembrada como a do dia da queda do fascismo», mas na versão final ficou «lembrada como a do começo de uma nova era na história da nossa pátria». Retiradas foram também as alusões às nacionalizações, à reforma agrária, ao princípio do poder democrático dos trabalhadores e ao projecto de transformação da sociedade portuguesa que tinha «como meta uma sociedade socialista e democrática». Por outro lado, na versão original era mencionada a «descolonização realizada sem ambiguidades» mas no comunicado fez-se apenas referência à descolonização. Finalmente, se na primeira versão o CR apresentava-se como «garante dos ideais de Abril», na versão divulgada passou a constar: «o CR no cumprimento da sua missão transitória»([564]).

Estes dois episódios revelam uma constante medição de forças entre as duas grandes tendências existentes no interior do Conselho, que ora pendia para o lado dos defensores de um CR interventivo, ora era favorável àqueles que pretendiam manter o CR afastado das luzes da ribalta. Esta tensão era de geometria variável, não existindo uma rigidez completa no sentido das votações dos conselheiros, que nuns casos votavam ao lado dos primeiros e noutros com os segundos. Por vezes bastava verificar-se uma ausência para se provocarem alterações no sentido das votações, situação que revela a importância do papel do Presidente do CR, na medida em que o Presidente era o responsável pela evolução dos trabalhos e pela gestão da agenda. Esse papel do Presidente iria ser determinante na condução de um processo que se insere neste conjunto de iniciativas que visavam conferir ao CR uma maior capacidade de intervenção tanto no domínio político como no campo militar.

Como temos vindo a observar, a crise política que permitiu a entrada do CDS para o executivo contribuiu para reavivar o debate

([564]) Projecto de Comunicado do CR, Arquivo do Conselho da Revolução, Assuntos tratados nas reuniões do CR, vol. 24, caixa 42, 25–4–1978, docs. 5 a 7, e Mensagem do CR, 25–4–1978, Anexo à Acta da Reunião 25–4–1978, Arquivo do Conselho da Revolução, Reuniões, Actas, vol. 5, caixa 6, IAN/TT.

sobre as relações entre o poder político e o poder militar e sobre o papel do Conselho da Revolução.

Em Fevereiro de 1977, o ministro da Defesa do I Governo Constitucional, Firmino Miguel, elaborara um anteprojecto de Lei de Defesa Nacional que não atribuía qualquer relevância ao CR, na medida em que preconizava que «as grandes linhas de orientação da defesa nacional» seriam traçadas pela Assembleia da República e que a política de defesa seria definida por um «Conselho Superior de Defesa Nacional», onde o CR não participava.([565]) Esta solução, que abria o caminho para a subordinação do poder militar ao poder político e chegou a servir de base para um entendimento entre os dois maiores partidos, não se concretizou porque as relações entre os dois partidos entretanto se deterioram. Mas, em Abril de 1978, o projecto, foi em parte, recuperado por Loureiro dos Santos, ex-vice-CEMGFA, que, num artigo publicado na revista *Nação e Defesa*, defendeu a elaboração de uma lei que fosse capaz de conciliar as responsabilidades partilhadas entre o poder civil e o poder militar durante o período transitório, mas que, paralelamente, não condicionasse o período subsequente. Nesse sentido, Loureiro dos Santos propunha um reforço da autoridade do CEMGFA e o estabelecimento de órgãos superiores de coordenação com envolvimento do Presidente da República, do governo e das chefias das Forças Armadas. O CR deveria abster-se de interferir no domínio da legislação militar, deixando ao CEMGFA essa responsabilidade.([566]) O Conselho era assim visto e tratado como um órgão provisório, ao qual não se deveriam atribuir responsabilidades, dado o seu carácter transitório.

A publicação deste ensaio, da autoria de um oficial que era muito próximo do Presidente do CR, ocorreu numa altura em que a Comissão de Defesa da Assembleia da República preparava uma lei

([565]) O CR apenas seria representado pelo CEMGFA. Anteprojecto de lei de Defesa Nacional elaborada por Firmino Miguel, 15-2-1977. Reproduzido em Diogo Freitas do Amaral, *A Lei de Defesa Nacional e das Forças Armadas (textos, discursos e trabalhos preparatórios)*, Coimbra, Coimbra Editora, pp. 397–424.

([566]) José Alberto Loureiro dos Santos, «Sobre uma possível lei da Defesa Nacional — Reflexões», *Nação e Defesa*, ano III, n.º 5, Abril de 1978, pp. 9–17.

de organização e defesa nacional. Foi neste contexto que, temendo que o CR ficasse à margem de um processo que envolvia matérias da sua competência, o conselheiro Franco Charais apresentou, no início de Abril de 1978, um projecto de decreto-lei sobre a «Organização Militar para a Defesa Nacional». Ao contrário da proposta de Firmino Miguel, Charais preconizava não apenas a manutenção do *status quo*, mas também um reforço dos poderes do Conselho da Revolução, que seria parcialmente obtido através de uma diminuição dos poderes do Presidente e dos chefes das Forças Armadas.

O projecto de decreto-lei foi apresentado na reunião realizada no dia 7 de Abril de 1978 como um contributo para a aprovação da lei em discussão na Assembleia da República. Com base nesta argumentação, Charais defendeu um documento que, a ser aprovado, teria grandes impacto e produziria alterações profundas nas relações entre os diferentes órgãos de soberania.([567])

Charais começou por distribuir aos seus colegas o projecto de lei que se encontrava em debate no parlamento chamando a atenção para o facto de este entrar «deliberadamente na competência legislativa do Conselho da Revolução». De seguida, apresentou um extenso conjunto de documentos([568]) que revelava um relevante trabalho de recolha de dados que visava munir o CR de todos os elementos necessários para a rápida aprovação do seu projecto.

O projecto de decreto-lei apresentado por Charais estabelecia que competiria ao CR «fazer cumprir pelas Forças Armadas» as «grandes linhas de orientação da Defesa Nacional» definidas na Constituição, «bem como as que viessem a ser definidas pela Assembleia»; que o CR colaboraria com o Presidente da República e com o governo «nas decisões em matéria de direcção da Defesa Nacional e nas linhas de orientação delas decorrentes»; e que o CR definiria «as responsabilidades de direcção, coordenação e execução

([567]) Acta da Reunião de 7-4-1978, Arquivo do Conselho da Revolução, Reuniões, Actas, vol. 5, caixa 6, IAN/TT.

([568]) Além do projecto de decreto-lei, foram também distribuídos documentos com noções de teoria da guerra e estratégia, um quadro-resumo da organização da Defesa Nacional, a lei em debate na AR e diversas fichas da legislação em vigor.

a cumprir pelas Forças Armadas». O diploma elencava ainda as competências do CEMGFA e dos chefes do Estado-Maior dos três ramos das Forças Armadas, que teriam de ouvir previamente os conselhos superiores dos respectivos ramos, dos quais fariam parte os membros do CR, para poderem exercer várias competências. Por outro lado, o CR teria de pronunciar-se sobre a nomeação do CEMGFA, do vice-CEMGFA e dos CEM e seria «obrigatoriamente ouvido pelo CEMGFA» em diversas ocasiões.([569]) Estabelecia também que o CEMGFA teria de determinar a reestruturação do EMGFA, tendo em vista «a conveniente informação do Conselho da Revolução sobre assuntos de protecção civil, normalização de materiais e métodos de actuação, informações para a defesa nacional, investigação e ensino para a Defesa Nacional e conhecimento da opinião pública». A tudo isto acrescentava-se ainda um artigo que determinava que as atribuições conferidas ao Conselho dos Chefes dos Estados-Maiores fossem transferidas para o Conselho da Revolução.([570])

Este projecto de decreto-lei punha em causa o processo de progressivo apagamento do CR iniciado em 1976. A ser aprovado, voltaria a colocar o Conselho no topo da estrutura hierárquica das Forças Armadas, em detrimento do CEMGFA e dos chefes dos três ramos, precisamente num momento em que a autoridade do CEMGFA tinha sido testada por causa do conflito entre o CEME, Rocha Vieira, e o comandante da Região Militar de Lisboa, Vasco Lourenço. Eanes teve de sacrificar o chefe do Exército por si escolhido, mas esse sacrifício permitira cortar as ligações directas entre o CR e os comandos militares, tendo essa medida reforçado a hierarquia das Forças Armadas em detrimento do Conselho. Caso este diploma viesse a ser aprovado assistir-se-ia a uma profunda

([569]) Por exemplo: quando estivesse em causa a «definição do conceito estratégico de defesa militar, do sistema global de forças militares e a atribuição das forças aos comandos directamente subordinados»; antes de serem aprovados os «planos anuais e plurianuais de desenvolvimento, preparação e aquisição dos meios militares para a defesa nacional», ou as propostas orçamentais das Forças Armadas.

([570]) «Projecto de decreto-lei – Organização Militar para a Defesa Nacional», reproduzido integralmente na edição do semanário *Expresso* de 6-5-1978.

inversão neste processo. Os chefes militares passariam a ficar na dependência do CR em vários domínios e este acréscimo de responsabilidades do Conselho da Revolução em nada contribuía para o desaparecimento deste órgão de soberania transitório.

Apesar do carácter confidencial do documento, a 4 de Maio, dois órgãos de imprensa conotados com sectores de direita (*Tempo* e *O Dia)* revelaram a sua existência. Estas constantes fugas de informação eram utilizadas como forma de pressão e de condicionamento da acção do Conselho pelos diferentes grupos que se digladiavam no seu interior. O CR apressou-se a desmentir as notícias. Sem sucesso. De acordo com o *DN* e *A Luta*, em causa estava uma pretensão do CR de dispor de atribuições superiores àquelas que lhe estavam consignadas pela lei em vigor e «fazer perdurar a sua actuação além do prazo estabelecido constitucionalmente para o efeito». Segundo *O Jornal*, que fez eco das posições manifestadas por aqueles dois jornais, tratava-se de uma resposta do sector melo-antunista ao recente artigo de Loureiro dos Santos publicado na revista *Nação e Defesa* que preconizava uma «evidente subalternização do Conselho da Revolução, face aos órgãos de soberania normais em qualquer democracia ocidental»([571]).

De facto, a proposta levada ao Conselho por Charais não substituía o projecto de Firmino Miguel nem o diploma em discussão no Parlamento, mas condicionava-os de tal forma que acabaria por descaracterizar completamente um modelo que visava garantir um CR pouco interventivo e de baixo perfil. Na proposta de Charais previa-se um reforço dos poderes militares do Conselho, conferindo-lhe um protagonismo que dificultaria o processo de normalização das relações entre o poder civil e o poder militar. É que embora o projecto de decreto-lei apresentado pelo antigo comandante da Região Militar do Centro previsse a sua própria revisão na II Legislatura e a sua coordenação com a lei de Organização da Defesa Nacional a elaborar pela Assembleia, nada garantia que nessa data os partidos viessem a chegar a um entendimento sobre a extinção do CR ou sobre a aprovação de uma nova lei de Defesa. Pelo contrário, a ser aprovado, este diploma iria certamente condicionar as opções

([571]) *O Jornal*, 5-5-1978.

futuras, na medida em que anulava ou diminuía os poderes dos chefes dos Estados-Maiores (aqueles que no interior das Forças Armadas mais se opunham ao papel interventivo do CR), abrindo caminho para a perpetuação desse órgão de soberania.

Apesar dos esforços da imprensa próxima dos conselheiros históricos em minimizar esta polémica, o assunto foi debatido e analisado em profundidade por diversos órgãos de comunicação social. Particularmente acutilantes foram as opiniões do director do matutino *A Capital*, Francisco Sousa Tavares, que dedicou dois artigos a este assunto.

No primeiro, Sousa Tavares começou por sublinhar que, apesar dos desmentidos, existia, de facto, um projecto de «importância excepcional» que não era um mero «instrumento de trabalho sobre questões estritamente militares». A revelação e publicação completa do documento demonstrava «a extensão das suas implicações constitucionais futuras» e que se tratava «de um plano concatenado e pormenorizado de estruturação com carácter nitidamente permanente de um órgão de soberania — o Conselho da Revolução — e de redefinição, para além da já existente na Constituição, das suas funções político-militares». Para Sousa Tavares, era inegável que através deste documento se procuravam atingir três objectivos: «a sobrevivência constitucional do CR como órgão permanente de soberania; a atribuição ao CR de todo o poder de decisão sobre o funcionamento, a organização e o comando das Forças Armadas; a subtracção, com carácter definitivo, do poder militar ao poder civil, revestindo-o não só de total independência, como até de predominância nítida sobre os órgãos civis do poder democrático». O director do jornal lembrava que, apesar do pacto MFA-Partidos ter estabelecido o carácter transitório do Conselho, a Constituição era omissa nesse ponto, abrindo apenas a hipótese de o texto poder vir ser revisto ao fim de quatro anos, e elencava os vários pontos do documento que atribuíam ao CR «total autoridade sobre as Forças Armadas», concluindo que o diploma reforçaria a independência do poder militar sobre o poder político, ou seja, que as Forças Armadas seriam uma sede de poder «inteiramente marginal ao poder democrático da nação». Fazendo um exercício de antevisão, Sousa Tavares explicava que, a ser aprovado o decreto, no futuro o

CR poderia, se assim o entendesse, «fazer sair Portugal da NATO, declarar qualquer lei inconstitucional, opor-se à nomeação do dr. Mário Soares como Primeiro-ministro, obrigar o Presidente da República a assinar uma lei contra a sua vontade, escolher os generais e os comandantes das Forças Armadas, etc.». Por outro lado, recordava que competia apenas ao próprio CR determinar a sua estruturação e funcionamento, pelo que este órgão poderia organizar-se como entendesse, «sem interferência nem fiscalização de qualquer outro órgão de soberania, nem sequer do Presidente, que é apenas o seu presidente nato». Sousa Tavares reconhecia que o CR tinha, na prática, e até essa data, «agido num respeito evidente pela vontade nacional e pelo sistema de democracia parlamentar baseado num poder civil», mas sublinhava que «nenhuma interferência democrática da vontade da nação, expressa pelo voto» poderia atingir o CR e que todo o aparelho político-constitucional português dependia «em grande parte de um órgão essencialmente não democrático». Por isso, alertava para os perigos da manutenção de um órgão «com soberania marginal e própria» onde alguns dos seus membros propunham «o controlo absoluto da força, em vez de estabelecerem um plano para a transferência gradual da sua competência revolucionária». Para Sousa Tavares estava também em causa a adesão de Portugal à CEE, na medida em era duvidoso que a Europa admitisse como membro de pleno direito um país «dotado de um esquema constitucional imperfeito e coxo», em que o poder decisivo podia «em qualquer momento situar-se, à margem da democracia ou do estado de direito»([572]).

No dia seguinte, Sousa Tavares voltaria ao assunto afirmando que não era possível conceber-se uma democracia «com duas fontes paralelas de poder: a soberania popular como fonte do poder civil e o privilégio aristocrático auto-estabelecido como fonte do poder militar». O director de *A Capital* não compreendia que aqueles que arrogavam, «perante o país a honra de terem restaurado o princípio da soberania nacional e a democracia como forma de governo, quererem simultaneamente subsistir como corpo organizado por direito próprio, controlando o poder, à margem da vontade da

---

([572]) *A Capital*, 8–5–1978.

nação» e afirmava que não era possível invocar-se a democracia defendendo-se, ao mesmo tempo «uma situação não democrática de privilégio político». Em causa estava a alienação de «uma parcela da soberania a favor de um órgão controlador e detentor de poderes excepcionais» que poderia destruir a democracia a partir do topo, já que «uma democracia não se "orienta" nem se "comanda"», existindo um conjunto de exigências e princípios que não podiam ser violados. Para Sousa Tavares, o surgimento do documento Charais era o termo de um processo complexo que se tinha desenvolvido nos meses anteriores e que passava pela «ressurreição gradual e hábil da mitologia do MFA e dos "capitães de Abril"», pelo «apagamento gradual das grandes divisões e lutas de 1975, reintegrando numa pretensa "unidade de esquerda" as "nove" ovelhas tresmalhadas do rebanho», e pela «abertura oculta e simultaneamente nítida de conflitos entre o Conselho da Revolução e o Presidente da República». Todos estes episódios integravam o processo, que culminava com esta proposta que pretendia «consagrar o domínio do CR sobre as Forças Armadas, à custa da competência específica do Presidente da República e da unidade do poder democrático da Nação»([573]).

Franco Charais respondeu recusando que o projecto de decreto-lei pudesse representar uma predominância do poder militar, através do CR, em relação ao poder civil. Sousa Tavares voltaria a defender os seus pontos de vista:

> «é, pois, evidente que, longe de procurar gradualmente que as funções do CR, sejam de "conselho" e que o seu desaparecimento se possa fazer com naturalidade, a proposta de lei do sr. Brigadeiro Charais pretende ampliar a função orgânica e deliberativa do CR como órgão superior do comando das Forças Armadas, inclusivamente colocando na sua dependência a nomeação e actuação dos chefes dos Estados-Maiores».

Dirigindo-se directamente ao conselheiro da revolução, Sousa Tavares questionava: «Acha o sr. Brigadeiro Franco Charais que, considerando como provisório o CR, valeria a pena montar toda

([573]) *A Capital*, 9-5-1978.

esta estrutura legal, válida por um ano e meio, pois não é natural que a Lei da Organização da Defesa possa ser apreciada e votada nos tempos mais próximos?» ([574])

Os artigos de Sousa Tavares expunham as implicações que a eventual aprovação deste decreto-lei teria nas Forças Armadas, nas relações entre os diversos órgãos de soberania e no processo de subordinação do poder militar ao poder civil democrático.

A reunião de Miraflores, os dois comunicados divulgados pelo Conselho e a proposta legislativa apresentada por Franco Charais fazem parte de uma estratégia articulada que, através de diferentes formas de pressão e de acção, tinha um objectivo: contrariar o modelo preconizado pelo Presidente Eanes que visava transforma o CR num mero órgão consultivo, com uma intervenção política limitada e sem real influência sobre as Forças Armadas.

A proposta de lei de Defesa Nacional de Mário Firmino Miguel ia nesse sentido e tinha boas possibilidades de vir a ser aprovada por uma larga maioria na Assembleia da República. O modo como a primeira grande crise política foi gerida pelo Presidente, deixando aos partidos a principal responsabilidade pelo estabelecimento de um acordo maioritário, ia também nesse sentido.

Foi neste contexto que vários conselheiros procuram recuperar a iniciativa, de modo a assegurar que o CR não ficaria condicionado por uma visão limitativa da sua esfera de acção, e seria capaz de exercer os seus poderes de acordo com a visão mais abrangente permitida pela Constituição. Esta opção maximalista poderia ser plenamente compatível com a lei fundamental mas dificultava a consolidação democrática e a subordinação do poder ao civil, colocando o Presidente numa situação difícil. É que desde o início do mandato presidencial, Eanes foi dando os passos necessários para separar e isolar o Conselho da Revolução da instituição militar. Foi aliás nesse sentido o discurso de Ramalho Eanes na sessão extraordinária comemorativa do quarto aniversário do 25 de Abril, realizada na Assembleia da República. Depois de ter declarado que a Constituição não era um texto imutável e intocável, porque assentava na vontade popular e esta não se fixava nunca de uma vez

([574]) *A Capital*, 12-5-1978.

para sempre, Eanes referiu-se à restruturação das Forças Armadas e à subordinação do poder militar ao poder civil, afirmando que estava em concretização «o abandono gradual de funções políticas pelos militares». Sublinhou também a sua legitimidade democrática, lembrou que tinha sido eleito por aqueles que partilhavam «a fidelidade aos valores da democracia pluralista» e defendiam um «Estado de direito capaz de responder às necessidades reais da sociedade portuguesa», e proclamou que as suas principais preocupações passavam por «assegurar o funcionamento pleno das instituições e garantir a existência de alternativas políticas, condição de validade e vitalidade da democracia»([575]). Nesse mesmo dia, na qualidade de CEMGFA, Eanes dirigiu-se também às Forças Armadas, afirmando que a estas cabia defender «a livre expressão das opções políticas»([576]).

Esse processo poderia agora ser posto em causa caso o decreto-lei apresentado por Charais fosse aprovado pela maioria dos conselheiros da revolução.([577])

Apesar das alterações verificadas na composição do Conselho da Revolução desde a chegada de Ramalho Eanes ao poder e das nomeações entretanto realizadas para os altos cargos das Forças Armadas que integravam, por inerência, este órgão de soberania, as votações recentes indicavam que existiam fortes probabilidades de o projecto de decreto-lei apresentado por Franco Charais poder vir a ser aprovado.

O Presidente da República poderia, em última análise, adiar a promulgação de um decreto que viesse a ser aprovado pela maioria do Conselho da Revolução, como defendeu um conhecido analista político.([578]) Em causa estava um previsível confronto entre as Forças Armadas e o CR, já que este se preparava para viabilizar

([575]) *Diário da Assembleia da República*, Série I, 1.ª Legislatura, 2.ª Sessão legislativa, número 65, 25–4–1978, pp. 2471–2474.

([576]) *Diário de Lisboa*, 25–4–1978, p. 20.

([577]) Alguns membros do CR não terão gostado do conteúdo das mensagens dirigidas pelo Presidente nas cerimónias do 25 de Abril. O conselheiro Pezarat Correia não aplaudiu o discurso. *O Diabo*, 9–5–1978.

([578]) *O Diabo*, «O Documento Charais», José Miguel Júdice, 9–5–1978.

uma alteração legislativa que não era bem aceite pelos Estados-Maiores.([579])

Acresce que, além da tensão entre militares, não seria também de menosprezar o impacto que uma medida desta natureza teria nos partidos políticos e na sociedade civil. Além das críticas de Sousa Tavares, no *Jornal Novo*, o militante do PSD, Ângelo Correia, questionava se o CR não se estaria a transformar num «super-controleiro»([580]).

Perante esta ameaça de alteração ao rumo da transição constitucional, Eanes optou por evitar que o assunto fosse discutido pelo CR. É que, como Presidente do Conselho, Ramalho Eanes tinha o poder de condicionar a agenda das reuniões e foi isso que fez.([581])

O CR e o advento dos governos presidenciais

Foi este Conselho, que uma parte significativa dos seus membros desejava reavivar, mas que se encontrava manietado pela acção do seu presidente, que assistiu ao rápido desgaste do II Governo. Não foi necessário esperar muito tempo para que os prognósticos feitos pelos conselheiros que sublinharam a fragilidade da solução PS-CDS viessem a ser confirmados.

Em Maio de 1978, o governo começou a implementar as medidas pré-estabelecidas com o FMI. No dia 4, o ministro das Finanças e do Plano, Vítor Constâncio participou numa reunião do CR e expôs aos conselheiros «a lógica de fundo e a política económica»

([579]) «Parecer do EMGFA é desfavorável ao "Documento Charais"», *A Luta*, 6–5–1978.

([580]) *Jornal Novo*, 9–5–1978.

([581]) Dois meses depois de o projecto ter sido apresentado, Charais dirigiu-se ao CR chamando a atenção para a necessidade de os conselheiros se pronunciarem sobre um trabalho que fizera distribuir. No final de 1978, o CR ainda não tinha discutido, «por falta de tempo» o documento Charais. Acta da Reunião de 5–7–1978, Arquivo do Conselho da Revolução, Reuniões, Actas, vol. 6, caixa 7, IAN/TT. Carta de Franco Charais ao CEME, 2–12–1978, Arquivo do Conselho da Revolução, Assuntos tratados nas reuniões do CR, vol. 27, caixa 45, 13–12–1978, doc. 7, anexo 3.

que estava na base dos termos do acordo a celebrar com o FMI, sublinhando a necessidade de se verificar uma «transformação das estruturas produtivas internas designadamente no tocante à agricultura e à exportação»([582]). Seria precisamente a dificuldade em colocar em prática essas transformações na agricultura que estariam na origem da ruptura dos centristas com os socialistas.

Apesar de o primeiro-ministro ter declarado que o acordo com o CDS estava a funcionar sem falhas e que o governo iria cumprir a legislatura([583]), começou a constatar-se que a fim de contrabalançar a estratégia adoptada a nível económico e financeiro, que visava garantir o apoio do FMI e a concretização do «Grande empréstimo», o executivo demonstrou pouco empenho na implementação da Lei da Reforma Agrária desenhada por António Barreto. Ao contrário do que tinha ficado expressamente acordado, a devolução das terras, designadas como «reservas», aos antigos proprietários deixou de ser feita no Alentejo. O líder do CDS, Freitas do Amaral, confrontou o primeiro-ministro sobre esta questão, tendo Mário Soares reconhecido que o executivo tinha optado por não hostilizar os comunistas, mas garantiu que no futuro a lei seria aplicada.([584])

Cada vez mais criticada pelos sectores conservadores da sociedade portuguesa, a direcção do CDS começou a ficar desconfortável com a participação de militantes do partido no governo e com o apoio parlamentar concedido e desejava um maior empenho e envolvimento do Presidente. Por outro lado, o PS ofereceu aos centristas «capital de queixa» ao avançar com a criação do serviço nacional de saúde, sem procurar promover qualquer entendimento com o CDS, e, paralelamente, aprovar com o PCP a Lei de Proibição de Organizações Fascistas, sem ter informado previamente o seu parceiro, como determinava o acordo que viabilizou a constituição do governo.

([582]) Acta da Reunião de 4-5-1978, Arquivo do Conselho da Revolução, Reuniões, Actas, vol. 5, caixa 6, IAN/TT.

([583]) Comunicação do Primeiro-ministro Mário Soares ao país, 10-5-1978, FMS, Arquivo Mário Soares, IIGC, Primeiro-ministro, pt. 0939.008.

([584]) Diogo Freitas do Amaral, *A Transição para a Democracia...*, pp. 131-132.

Já o CR estava plenamente a par do projecto do PS da lei de Bases do Serviço Nacional de Saúde. No dia 14 de Junho, o ministro dos Assuntos Sociais e o secretário de Estado da Saúde participaram numa reunião do Conselho e fizeram uma exposição sobre essa lei de Bases.([585]) Na reunião seguinte, o conselheiro Vasco Lourenço defendeu que o CR deveria apoiar publicamente a iniciativa e na reunião de 28 de Junho apresentou aos seus colegas uma proposta de comunicado que louvava a institucionalização do SNS, medida que ia ao encontro do estipulado na Constituição. O conteúdo do comunicado foi analisado e debatido e a maioria do Conselho chegou a aprovar a sua divulgação. No entanto, depois de o conselheiro Vítor Alves ter afirmado que o primeiro-ministro lhe tinha transmitido que a divulgação do apoio do CR «poderia ser prejudicial ao governo e ao próprio SNS pela politização do problema», foi feita nova votação e a maioria dos membros do Conselho decidiu que não deveria ser publicado qualquer comunicado sobre este assunto. Vasco Lourenço não deixou de manifestar o seu descontentamento perante este desfecho, revelando uma vez mais a sua oposição ao modo como o CR vinha desempenhando as suas funções. Recusando a ideia de que a divulgação de um comunicado de apoio à criação do SNS pudesse ser interpretada como uma interferência na esfera do governo e pudesse provocar uma «forte crise» no seio do governo, Vasco Lourenço lembrou que uma das atribuições constitucionais do CR era «garantir o cumprimento da Constituição» e que para esse fim poderia, inclusivamente, formular recomendações aos órgãos legislativos. Para Lourenço, esta era uma oportunidade para o CR adoptar um posicionamento que, infelizmente, vinha recusando, e cumprir parte da sua missão constitucional, já que a iniciativa legislativa corria «grande perigo», dadas «as condicionantes políticas» existentes. Nesse sentido, Vasco Lourenço lamentava «profundamente mais esta atitude do CR» que, em sua opinião, não estava a cumprir «correctamente, e sob uma visão do interesse nacional, a sua missão constitucional». Partilhando este ponto de vista, Vítor

---

([585]) Acta da Reunião de 14-6-1978, Arquivo do Conselho da Revolução, Reuniões, Actas, vol. 5, caixa 6, IAN/TT.

Crespo também deixou expresso o seu desacordo, revelando que tinha votado a favor da divulgação do comunicado por considerar que era necessário compensar as «classes mais desfavorecidas» de modo a contrariar os «factores de fractura social» que existiam na sociedade portuguesa e que se agravavam com a implementação das «medidas de austeridade»([586]).

Confrontado com um crescente descontentamento que alastrava entre as bases do partido, Freitas do Amaral lançou, no início de Julho de 1978, um ultimato ao primeiro-ministro, defendendo publicamente a necessidade de se proceder a uma remodelação governamental e ao afastamento do ministro da Agricultura e Pescas, Luís Saias.([587]) Mário Soares ainda procurou uma solução de compromisso, convidando Freitas do Amaral a entrar para o governo e a assumir o cargo de vice-primeiro-ministro, mas o líder do CDS recusou a proposta.([588]) Freitas queria que o Presidente se comprometesse com o executivo e adoptasse uma postura mais interventiva e de apoio ao governo. Esse foi um dos tópicos analisados na reunião realizada no dia 13 de Julho, durante a qual os conselheiros analisaram em profundidade a crise política.

O Presidente descreveu a crise como «inesperada» e referiu que esta atingira «uma elevada profundidade», mostrando-se no entanto confiante quanto à possibilidade de esta poder ser ultrapassada. Mas aqueles que tinham manifestado a sua oposição ao governo PS-CDS aproveitaram a ocasião para recordarem os avisos que tinham feito.

Entre estes voltou a destacar-se Pezarat Correia, que começou por afirmar que não considerava a crise como «repentina», já que ela «estava latente desde a criação do governo», e rejeitou a ideia de que estivesse em causa um «esgotamento institucional». Pelo contrário, Pezarat considerava que a crise era consequência de «nunca se ter assumido completamente a Constituição». É que ao contrário das massas, que segundo Pezarat, estavam «empenhadas

([586]) Acta da Reunião de 28-6-1978, Arquivo do Conselho da Revolução, Reuniões, Actas, vol. 6, caixa 7, IAN/TT.

([587]) Comunicado do Conselho Nacional do CDS, 8-7-1978.

([588]) Diogo Freitas do Amaral, *A Transição para a Democracia...*, pp. 153-154.

no projecto constitucional», os órgãos de poder estavam apenas preocupados em encontrar «formas de tornear o projecto constitucional sem ferir a lei». Referindo-se ao PS, afirmou que este partido nunca tinha mostrado «vontade política de empenhamento no projecto constitucional» e defendeu que, mesmo que não caísse, o governo viveria «sempre em crise e equilíbrio precário». Nesse sentido, defendeu que a crise só seria ultrapassada se fosse encontrada uma solução governativa que correspondesse ao «projecto constitucional» e que não integrasse forças políticas ou sociais que estivessem contra a Constituição.

Também Costa Neves afirmou que a crise não era nova, mas a continuação da que já existia e que tinha estado na origem da formação do governo PS-CDS, coligação que em seu entender «esteve desde o início condenada ao fracasso» porque os partidos que a compunham defendiam projectos irreconciliáveis. No mesmo sentido, Vasco Lourenço declarou que a crise era previsível e que sempre tinha entendido que a solução encontrada não vingaria. Criticando abertamente o Presidente, lembrou as condições impostas por Eanes para aprovar a formação do governo e defendeu que a solução a que se chegara não era «nem estável nem coerente», e que tinha prognosticado que ela iria dar «lugar às imensas contradições existentes entre os dois parceiros do acordo».

Relativamente a um eventual maior envolvimento e apoio do Presidente ao governo, a maioria dos conselheiros defendeu que Eanes não deveria deixar-se imiscuir e que deveria distanciar-se dos protagonistas da crise, mas isso não queria dizer que os conselheiros estivessem a defender um apagamento do papel presidencial ou do CR. Pelo contrário, vários membros do Conselho criticaram a estratégia de apagamento que vinha sendo seguida e defenderam que a breve prazo estes dois órgãos de soberania deveriam ser mais activos e actuantes.

Referindo-se a uma «progressiva desafectação da sociedade civil relativamente a um regime que só se revela, perante o homem comum, com os piores atributos», Almeida e Costa defendeu que este poderia ser posto em causa e que deveria ter-se em conta essa eventualidade para se reflectir sobre o papel que poderia caber ao CR. Descrevendo o Conselho como um órgão «a muitos títulos, controverso e polémico, não só face à estrutura convencional das Forças Armadas mas também face a sectores políticos muito definidos», Almeida e Costa afirmou que o Presidente poderia contar com o CR como «um instrumento de valor apreciável para a reforma — por dentro — do regime», sublinhou a «capacidade de actuação política» do Conselho e referiu a possibilidade de se alterar a sua composição, pois entendia que pelo CR poderiam «passar os contributos políticos decisivos tanto para a salvação e consolidação do regime democrático como para a pacificação da sociedade portuguesa». Para Almeida e Costa, o CR poderia e deveria ser «o *pivot* da defesa das instituições democráticas», sendo para isso necessário fazer-se «um esforço para diluir a tendencial dicotomia política que certas forças políticas» julgavam «existir entre o CR e as Forças Armadas».

Já Garcia dos Santos, depois de referir o crescimento dos apelos a um maior intervencionismo do Presidente da República e de afirmar que existia «uma receptividade cada vez maior para uma intervenção directa do Presidente», defendeu que Eanes dispunha «de factores convergentes tais» que o colocavam «numa posição de força capaz de lhe permitir apoiar o actual governo mediante a imposição de condições muito claras e objectivas susceptíveis de lhe possibilitar uma intervenção activa no executivo, não contestável por parte do governo»(589). Não seria nenhum desses o caminho seguido. O Presidente manteve-se afastado, procurou garantir que o CR também não interviesse e deixou que fossem os partidos os principais condutores do processo.

No dia 25 de Julho, Ramalho Eanes recebeu os líderes dos dois partidos que formavam a coligação tendo proposto uma solução que procurava evitar a ruptura através do adiamento da remodelação pretendida pelos centristas. Não teve sucesso. No final do encontro, o líder do CDS anunciou o fim do acordo com o PS e defendeu que o governo deveria cessar as suas funções. Posição diferente foi assumida pela Comissão Directiva do PS que, reunida nessa

(589) Acta da Reunião de 13-7-1978, Arquivo do Conselho da Revolução, Reuniões, Actas, vol. 6, caixa 7, IAN/TT.

mesma noite, anunciou que o governo não se demitia.([590]) No final do dia, uma nota da presidência revelava que, tendo deixado de «verificar-se os pressupostos que permitiram a fórmula governativa em vigor», iria realizar-se uma reunião do CR, seguindo-se assim as diligências previstas na Constituição tendo em vista a exoneração do primeiro-ministro.([591])

Quase todos os conselheiros defenderam que a solução passava pelo recurso a eleições antecipadas e pela necessidade de a Assembleia da República discutir e aprovar a lei eleitoral e proceder-se a um novo recenseamento. Nesse aspecto registou-se uma pouco comum unanimidade. No entanto, as opiniões dividiram-se em relação à manutenção ou exoneração do primeiro-ministro. Vários conselheiros que tinham criticado a solução PS-CDS defenderam que, enquanto se preparavam as eleições, Mário Soares deveria continuar primeiro-ministro e a liderar um governo de gestão. Outros conselheiros que não se tinham oposto a essa via também entendiam que a melhor solução seria a manutenção, a prazo, do governo. Foram nesse sentido as opiniões expressas por Vítor Alves, Martins Guerreiro, Melo Antunes, Ribeiro Cardoso, Vasco Lourenço, Costa Neves, Pedro Cardoso ou Pezarat Correia. Minoritários, os conselheiros Souto Cruz, Charais, Garcia dos Santos, Canto e Castro, Almeida e Costa e Sousa e Castro, manifestaram-se contra a continuidade de um governo PS, mesmo que de gestão e com um prazo de vida limitado, ou contra o recurso a eleições antecipadas e apresentaram sugestões alternativas.

Advogando que o PR não deveria «assumir sozinho a responsabilidade da queda do governo», Franco Charais defendeu que, antes de tomar uma decisão sobre a antecipação das eleições, o Presidente deveria obter a concordância dos partidos e garantir um apoio maioritário parlamentar que sustentasse essa opção. Por outro lado, aconselhou o Presidente a apenas exonerar o governo depois de ter a certeza que seria possível formar um novo governo com apoio maioritário na Assembleia.

([590]) *Diário de Lisboa*, 26–7–1978, p. 6.
([591]) *Diário de Lisboa*, 26–7–1978, p. 6.

Almeida e Costa foi mais longe nas suas propostas, aconselhando o Presidente a nomear uma personalidade que deveria submeter à Assembleia um programa de governo, percorrendo-se assim o caminho preconizado pela Constituição. Ou seja, este conselheiro defendia que deveriam ser «esgotadas na Assembleia da República todas as possibilidades de formação de um governo» e que só nesse caso, que obrigava à dissolução do Parlamento([592]), seriam realizadas eleições antecipadas, não por decisão do Presidente, mas por um «imperativo constitucional».

Já Garcia dos Santos defendeu que o Presidente deveria «nomear um governo de gestão presidido por uma individualidade de prestígio, independente, com amplas características de gestor, ouvindo previamente os partidos políticos e estabelecendo com eles um determinado número de condições para o funcionamento desse governo». Além disso, o Presidente deveria escolher, «em colaboração com o novo primeiro-ministro, as individualidades para o governo, com base essencialmente em valores de competência».

Canto e Castro aconselhou o Presidente a «esgotar todas as soluções possíveis» antes de nomear um governo de gestão e da realização de eleições antecipadas, defendendo que a melhor solução seria alcançar-se «uma coligação tripartida». Por seu lado, Sousa e Castro defendeu a formação de um novo governo de gestão, com apoio dos quatro maiores partidos representados na Assembleia, que se mantivesse em funções até à realização de eleições.

Perante a diversidade de alternativas e sugestões, o conselho aprovou uma proposta apresentada por Vítor Alves que defendia que caberia ao Presidente «tirar o consenso das opiniões expressas»([593]). Acontece que esse consenso não era possível e o Presidente já tinha em mente outro caminho, que aliás fora detalhado e apresentado com rigor nessa reunião pelo seu amigo e camarada Garcia dos Santos.

([592]) O artigo 198.º da Constituição determinava que o Presidente dissolveria obrigatoriamente a Assembleia da República quando esta tivesse recusado a confiança ou votado a censura ao governo, determinando por qualquer destes motivos a terceira substituição do Governo.

([593]) Acta da Reunião de 26-7-1978, Arquivo do Conselho da Revolução, Reuniões, Actas, vol. 6, caixa 7, IAN/TT.

Um dia depois de ter ouvido o Conselho da Revolução, que maioritariamente se tinha pronunciado a favor da continuidade de Mário Soares, o Presidente da República demitiu o primeiro-ministro argumentando que tinha deixado de existir a base política que sustentava o governo. No dia 1 de Agosto, Ramalho Eanes explicou ao país que tinha afastado a hipótese de um governo de gestão, por não estarem reunidas todas as condições para a realização de eleições, e apresentou duas alternativas: ou os partidos políticos com representação parlamentar apresentavam uma nova solução governativa com apoio maioritário, estável e coerente; ou seria formado um executivo constituído por «personalidades de reconhecida capacidade política e competência técnica» que, coexistindo com a Assembleia, fosse merecedor da confiança do Presidente. Ao novo executivo caberia conduzir o recenseamento eleitoral de acordo com a Lei Eleitoral que entretanto o Parlamento deveria aprovar. Reunidas as condições para se realizar nova consulta popular, o governo deveria solicitar um voto de confiança e, em caso de rejeição, seriam realizadas eleições. Apenas se nenhuma destas alternativas fosse exequível é que se deveriam realizar eleições antecipadas.([594])

Apesar de a maioria dos conselheiros se ter pronunciado a favor da continuidade do governo liderado por Mário Soares mesmo sem o apoio do CDS, quando no dia 2 de Agosto o Conselho voltou a reunir-se e Eanes pediu que os seus colegas se pronunciassem sobre a comunicação que fizera e sobre os cenários possíveis de desenvolvimento da questão, a generalidade dos membros do CR apoiou o Presidente, manifestando-se a favor da formação de um governo de personalidades com ou sem militância partidária, constituído em torno de um primeiro-ministro indigitado pelo chefe de Estado. Relativamente ao perfil da personalidade que deveria assumir a chefia do executivo, o conselho concluiu que a escolha deveria recair sobre «uma figura de prestígio e com reconhecido mérito no país», que tivesse «grande capacidade de diálogo» e que fosse um civil. Por outro lado, verificou-se existir entre os conselheiros uma

([594]) Comunicado do Presidente da República, 1-8-1978. *Diário de Lisboa*, 2-8-1978, pp. 10-12.

preocupação em não hostilizar os partidos políticos, sendo chamada a atenção para a necessidade do futuro primeiro-ministro indigitado não ser uma personalidade controversa.([595])

Constatada a impossibilidade de se alcançar um novo acordo interpartidário, o Presidente Eanes iniciou os procedimentos para a escolha de um novo chefe de governo. A tarefa foi dificultada porque o PS deixou claro que não iria permitir a participação de militantes num executivo liderado por um independente. Não obstante, na reunião realizada no dia 3 de Agosto o Presidente pediu que os conselheiros manifestassem a sua opinião sobre a interpretação que poderia ser dada ao número 1 do artigo 190.º da Constituição, nomeadamente se poderia nomear como primeiro-ministro uma personalidade independente.

O Conselho entendeu que a Constituição não afastava essa hipótese, mas as opiniões dividiram-se quanto à forma como deveriam ser considerados os resultados eleitorais.([596]) É que alguns conselheiros entendiam que deveriam ser tidos em consideração não apenas os resultados das eleições legislativas mas também os das eleições presidenciais, ideia que acabou por ser rejeitada pela maioria. Alcançado esse entendimento, Eanes pediu que os conselheiros se pronunciassem sobre um conjunto de nomes de militares que poderiam vir a ser indigitados para desempenhar o cargo de primeiro-ministro. Desse grupo constavam os nomes

---

([595]) Nem todos os conselheiros manifestaram concordância com a estratégia seguida pelo Presidente. Por exemplo, Melo Antunes não escondeu que, na sua opinião, as alternativas apresentadas pelo Presidente não eram «a melhor forma de resolver a crise», mas, uma vez que fora essa a posição assumida, manifestava «a sua solidariedade para com a decisão tomada». Também relativamente ao perfil do futuro primeiro-ministro se registaram algumas opiniões diferentes. O conselheiro Jorge Cardoso manifestou «fortes dúvidas» se, dada a reacção negativa do PS, «não se teria de ir para a solução de um Primeiro-ministro militar». Acta da Reunião de 2–8–1978, Arquivo do Conselho da Revolução, Reuniões, Actas, vol. 6, caixa 7, IAN/TT.

([596]) O referido n.º 1 do artigo 190.º determinava que o primeiro-ministro era «nomeado pelo Presidente da República, ouvidos o Conselho da Revolução e os partidos representados na Assembleia da República e tendo em conta os resultados eleitorais».

de Melo Antunes, Almeida e Costa, Vítor Alves, Costa Braz, Firmino Miguel, Rocha Vieira, Souto Cruz e Loureiro dos Santos. Do debate travado «estabeleceu-se o consenso de que, nesta fase, haveria grandes inconvenientes em aconselhar a nomeação de um primeiro-ministro militar». No entanto, caso essa viesse a ser a única solução possível, chegou-se a um entendimento sobre os três nomes que deveriam ser considerados. A primeira opção deveria ser Vítor Alves, a segunda Almeida e Costa e a terceira Firmino Miguel. De sublinhar que os dois primeiros eram membros do CR.

De seguida, Ramalho Eanes enunciou os nomes de outras personalidades que poderiam vir a ser indigitadas, solicitando que os conselheiros se pronunciassem relativamente aos nomes de Carlos Mota Pinto, António Ferrer Correia, Vasco Vieira de Almeida, Isabel de Magalhães Colaço, Ângelo de Almeida Ribeiro, Vitorino Magalhães Godinho, Maria de Lourdes Pintasilgo, Alfredo Nobre da Costa, coronel João Almeida Pina e José da Silva Lopes. A apresentação de uma tão extensa lista de possibilidades levou vários conselheiros a manifestarem dificuldade por terem de se pronunciar sobre tantas alternativas, que representavam «um leque político com características muito diversificadas». Essa amplitude revelava uma «certa indeterminação da linha política a seguir», pelo que vários membros do CR defenderam que o processo não estava a ser conduzido da forma como interpretavam o artigo 190.º da Constituição. No mesmo sentido foi sublinhado que a lista demonstrava «uma certa dicotomia», uma vez que alguns dos nomes indicados eram conhecidos «pelo seu marcado cariz político», ao contrário de outras, em que «sobressaía a sua reconhecida capacidade de gestor». Não obstante estes reparos, e de vários conselheiros terem referido que não se poderiam pronunciar por desconhecerem algumas das personalidades em causa, verificou-se que os nomes que tiveram maior aceitação foram os de Maria de Lourdes Pintasilgo e de Silva Lopes. No final do encontro, Eanes informou que «considerava ter ouvido o Conselho da Revolução nos termos do artigo 190.º da Constituição» e que posteriormente daria a conhecer a sua decisão. O Presidente deixava assim claro que, cumprida esta formalidade, o processo de escolha do novo primeiro-ministro seria apenas conduzido por Belém.

Esta atitude não foi bem recebida por todos os conselheiros. Vasco Lourenço fez questão de transcrever a sua intervenção e de solicitar que a mesma fosse anexada à acta. Nela defendia que o Presidente poderia nomear um primeiro-ministro independente, embora considerasse conveniente que o futuro chefe do governo fosse membro do partido maioritário e que a escolha deveria ser baseada «numa aceitação maioritárias dos resultados para a Assembleia da República». Ou seja, entendia que o Presidente não poderia «escolher um primeiro-ministro ao arrepio das opiniões dos partidos». Por outro lado, deixou expressa a sua discordância sobre o modo como o Presidente conduzira o processo de consulta ao CR, manifestando «fortes dúvidas» se estaria a ser cumprido o artigo 190.° da Constituição, e dirigiu um conjunto de críticas a Eanes, que foi acusando de não informar devidamente o CR e de não revelar qual o seu próprio posicionamento.([597])

Críticas semelhantes foram feitas pelos partidos políticos, que igualmente questionaram se estaria a ser respeitado o espírito da Constituição. Imune a esses reparos, no dia 9 de Agosto o Presidente anunciou que resolvera indigitar para o cargo de primeiro-ministro o Eng.° Nobre da Costa, gestor, que tinha sido secretário de Estado da Indústria pesada no VI Governo Provisório e que no I Governo Constitucional fora o responsável pela pasta da Indústria e Tecnologia.

Nobre da Costa era próximo do PS, mas essa proximidade não impediu que os socialistas mantivessem a sua intransigência. Perante a oposição do PS à participação dos seus militantes no novo governo, o primeiro-ministro indigitado foi forçado a abandonar a sua ideia inicial de constituir um governo composto por independentes e representantes do PS, do PSD e do CDS. Ou seja, dos partidos que tinham apoiado a candidatura de Ramalho Eanes à presidência. O executivo viria assim a ser composto por independentes e técnicos, mas a sua vida seria curta. O III Governo Constitucional tomou posse no dia 29 de Agosto. Nesse mesmo dia, a Assembleia da República aprovou, com os votos contra do PSD,

---

([597]) Acta da Reunião de 8-8-1978, Arquivo do Conselho da Revolução, Reuniões, Actas, vol. 6, caixa 7, IAN/TT.

a lei do Recenseamento eleitoral. Com a lei aprovada e perante a ameaça do governo vir a ser rejeitado no Parlamento, ganhava força a hipótese de recurso a eleições antecipadas.

Com a apreciação do Programa de Governo agendada para o dia 11 de Setembro, no dia 9, um dos temas centrais da reunião do Conselho foi a análise da situação política. O Presidente quis saber a opinião dos conselheiros, tendo-se gerado o consenso de que o governo de Nobre da Costa teria vida curta. A dúvida era apenas se conseguiria passar este primeiro teste, tendo os conselheiros defendido que mesmo nesse caso a sua situação seria «muito precária», antevendo-se «ataques de diferentes quadrantes políticos». Por outro lado, os conselheiros notavam existir «na generalidade das pessoas forte desconfiança pela fórmula encontrada», pelo que chamavam a atenção para a necessidade «de se evitar a todo o custo qualquer confrontação entre os partidos e o Presidente da República e entre a Assembleia da República e a Presidência da República».

Divergindo da generalidade dos membros do CR, Garcia dos Santos defendeu um caminho de confrontação. Na opinião deste conselheiro, caso o governo não passasse na Assembleia, o Presidente deveria voltar a nomear Nobre da Costa e o mesmo governo. O programa voltaria assim a ser debatido, podendo ser alvo de ligeiras alterações. Caso voltasse a ser reprovado, verificar-se-ia segunda queda do governo e o processo deveria ser ainda repetido mais uma vez. Se, no final, se verificasse a terceira rejeição, o Parlamento teria obrigatoriamente de ser dissolvido e, então sim, realizar-se-iam eleições antecipadas, como determinava a Constituição.([598]) Esta posição foi interpretada por alguns conselheiros como sendo o caminho preconizado pelo Presidente Eanes. Na reunião seguinte, Garcia dos Santos viria a manifestar «o seu descontentamento pela interpretação dada à sua intervenção», afirmando que se tratava das suas posições «pessoais» e não representavam qualquer «recado

([598]) O número 3 do artigo 198.º estabelecia que o Presidente da República dissolveria «obrigatoriamente a Assembleia da República quando esta haja recusado a confiança ou votado a censura ao governo, determinando por qualquer destes motivos a terceira substituição do governo».

do Presidente da República»([599]). No entanto, verificar-se-ia que o caminho seguido acabaria por ser semelhante com a solução preconizada por Garcia dos Santos. O confronto com os partidos e com a Assembleia não seria tão directo porque o Presidente acabaria por não voltar a indigitar Nobre da Costa. Mas essa opção não foi, como veremos, imediatamente afastada. Para isso terá contribuído não apenas a oposição dos partidos, mas também da maioria do CR que contestou a fórmula defendida por Garcia dos Santos e defendeu que o Presidente deveria interferir o menos possível, acreditando que ainda seria possível a obtenção de acordos parlamentares e assim afastar-se o cenário de eleições antecipadas. Repelida, mais uma vez, foi também a hipótese de nomeação de um militar para o cargo de primeiro-ministro.([600])

Como esperado, III Governo Constitucional caiu quando foi aprovada, com os votos do PS, do CDS e da UDP, a abstenção do PCP e os votos contra do PSD, a moção de rejeição apresentada pelos socialistas.

O Governo de Mota Pinto: de mal menor a ameaça

O CR assumia um papel central na crise política. É que apesar de caber ao Presidente da República a gestão do processo, estava limitado. Para dissolver a Assembleia da República e convocar eleições antecipadas tinha de obter um parecer favorável do Conselho, o que não seria fácil.([601]) A alternativa era a via defendia por Garcia dos Santos, que fora rejeitada pela maioria dos conselheiros. O Conselho readquiria assim um papel importante, numa altura em que era cada vez mais notório que parte dos seus membros estava

([599]) Acta da Reunião de 13-9-1978, Arquivo do Conselho da Revolução, Reuniões, Actas, vol. 6, caixa 7, IAN/TT.

([600]) Acta da Reunião de 8-9-1978, Arquivo do Conselho da Revolução, Reuniões, Actas, vol. 6, caixa 7, IAN/TT.

([601]) Eanes entendia que teria muita dificuldade em «vencer a oposição do Conselho da Revolução a uma proposta de dissolução formulada nessa altura». António Ramalho Eanes, *Sociedade Civil e Poder Político*, texto policopiado, tese de doutoramento, Universidade de Navarra, 2006, cap. 6, parte B, p. 56.

descontente com o rumo político do país e com o papel do CR na vida política.

Na véspera da queda do governo, na reunião do CR em que Garcia dos Santos negou que a sua intervenção tivesse sido um «recado do Presidente da República», Vasco Lourenço acusou Eanes de ter a sua opinião e de seguir com ela «contra tudo e contra todos», considerando esse procedimento como algo «extremamente errado». Confrontado pelo Presidente, referiu-se à crise política que o país atravessava, manifestou discordância pelas opções tomadas, afirmou que «a democracia directa falhara também por culpa dos próprios partidos» e defendeu que só seria possível encontrar-se uma solução «através de um diálogo forte com os partidos»([602]).

A tensão estava elevada e, na semana seguinte, Eanes dirigiu-se aos conselheiros da Revolução alertando-os para a existência de campanhas de calúnias e de intoxicações internas e externas, dando conta de «que a interpretação integrada de um certo número de notícias e informações» parecia «apontar efectivamente para um "golpe"». O Presidente esclareceu que se tratava apenas de uma dedução baseada «num quadro noticioso informativo», mas estas palavras tiveram o condão de acicatar os ânimos.

Marques Júnior acusou Eanes de ter lançado uma «situação de dúvida e de estigma» sobre o CR e os seus elementos e, por esse motivo, declarou que se recusava a pronunciar sobre a análise da situação política enquanto o Presidente esclarece a questão. Também Vasco Lourenço voltou a destacar-se, tendo-se verificado, de acordo com os sempre anódinos relatos das reuniões, um «vivo diálogo» entre o Presidente da República e este conselheiro. Lourenço questionou Eanes sobre qual seria a orientação do eventual golpe. A acta da reunião não revela quais os esclarecimentos prestados, mas expõe a existência de apreciações distintas sobre o caminho percorrido até à queda do III Governo e sobre as duas grandes vias para solucionar a crise: ou se encontrava uma solução meramente destinada à realização de eleições antecipadas ou se procurava uma saída que garantisse estabilidade governativa até 1980. No primeiro

([602]) Acta da Reunião de 13-9-1978, Arquivo do Conselho da Revolução, Reuniões, Actas, vol. 6, caixa 7, IAN/TT.

cenário, estava ainda em cima da mesa a continuidade de Nobre da Costa na chefia do executivo, hipótese que implicava um contencioso permanente com a Assembleia da República. Das opiniões expressas pelos conselheiros constata-se que a maioria era contra a realização de eleições antecipadas e que esta posição era defendida tanto por aqueles que tradicionalmente defendiam um papel mais interventivo do Presidente da República, como Vítor Alves e Melo Antunes, mas também de Lemos Ferreira e Souto Cruz que, na generalidade, concordaram com os pontos de vistas expressos por Melo Antunes. O Presidente da Comissão Constitucional, que meses antes tinha defendido a realização de uma consulta popular, considerava que, naquele momento, a antecipação de eleições deixara de ser um gesto político, já que em sua opinião, a realizarem-se, as eleições passavam a ser «consequência de uma situação que ocorre à revelia dos órgãos de poder». Garcia dos Santos, que tradicionalmente expressava pontos de vista próximos de Eanes, também defendeu que se deveria começar por procurar encontrar uma solução que evitasse a realização de eleições antecipadas. Na opinião deste conselheiro, o Presidente deveria fazer uma nova intervenção na televisão, explicar as alternativas e reafirmar que a sua posição tinha apenas como objectivo a defesa do regime e das suas instituições. Entre os adeptos da realização de eleições antecipadas, destacou-se Almeida e Costa, que afirmou que o regime estava «ameaçado por uma estrutura partidária criada num período excepcionalmente conturbado e sem suficiente correspondência com a configuração da sociedade civil» e que sustentou que, embora considerasse «as eleições gerais extraordinárias como altamente indesejáveis», defendeu que se tinha atingido «uma situação tal» que a sua necessidade se tinha tornado «imperiosa».

Pezarat Correia, que nunca escondera o seu desagrado perante as medidas impostas por Eanes no sentido de retirar poder militar e político ao CR, lembrou que «os aspectos negativos do comportamento dos partidos na Assembleia da República» não eram um factor novo e que já anteriormente tinha denunciado esse problema. Em seu entender, os partidos existiam para disputar o poder, pelo que deveria haver um poder mediador. Em 1975 e 1976, esse papel de mediador tinha sido desempenhado pelo MFA e Pezarat considerava que desde então deveria ter cabido ao CR um papel de relevo neste domínio. No entanto, em sua opinião, o processo não tinha «tido o seu desenvolvimento normal» e o Conselho não estava «em condições» de desempenhar esse papel de mediação, que só poderia ser desempenhado pelo Presidente. Para Pezarat, que entendia que a metodologia adoptada para a escolha do primeiro-ministro não tinha respeitado o artigo 190.º da Constituição, o Presidente deveria, em articulação com o Conselho, apresentar aos partidos «os parâmetros limites de uma base de acordo», que garantisse apoio parlamentar ao novo governo até ao final da legislatura. Caso a concretização desse acordo fosse impossível, deveria utilizar-se a solução de recurso, ou seja, eleições antecipadas.

Outros conselheiros, como Vítor Crespo e Franco Charais, manifestaram preocupações semelhantes. Este último sustentou que o Conselho deveria ser mais utilizado e que como órgão de soberania que velava pela Constituição deveria ser mais «operacional». Reagindo a esta posição, Lemos Ferreira (CEMFA) recusou a possibilidade de o CR vir a adoptar posições «vanguardistas» que poderiam abrir caminho «a qualquer acção de força do cano das espingardas»([603]).

Dois dias depois de se ter realizado esta reunião do CR, Eanes voltou a dirigir-se ao país, como tinha sugerido o conselheiro Garcia dos Santos. O Presidente reafirmou que a solução que acabara de ser inviabilizada — um governo de independentes — não tinha sido mais do que uma solução de recurso, dada a incapacidade demonstrada pelos partidos em encontrarem uma base mínima de entendimento, e recusou a ideia de que se tinha assistido a uma tentativa de subalternização dos partidos. O facto de o governo ter submetido o seu programa à Assembleia e de esta o ter rejeitado era, em seu entender, a prova de que não se estava perante um governo antiparlamentar. Eanes sublinhou ainda que, ao contrário do que sucedera com o governo anterior, o executivo liderado por

([603]) Acta da reunião do Conselho da Revolução, 20-9-1978, IAN/TT, Arquivo do Conselho da Revolução, Actas, vol. 6, caixa 7; Arquivo do Conselho da Revolução, Assuntos tratados nas reuniões do CR, vol. 26, caixa 44, 20-9-1978.

Nobre da Costa estava empenhado em assegurar a gestão dos assuntos correntes do Estado até que um novo governo viesse a ser empossado. Relativamente aos passos a dar no futuro, depois de afirmar que os partidos responsáveis pela queda do governo tinham contraído «a obrigação política de promoverem uma solução», apresentou quatro soluções, apenas com uma pequena variante relativamente ao que tinha proposto no início de Agosto, que resultava da constatação da dificuldade em integrar elementos partidários nos governos sem raiz parlamentar: a primeira passava pela celebração de um acordo interpartidário que assegurasse um governo com base parlamentar maioritária; a segunda traduzia-se na nomeação de um primeiro-ministro que promoveria a formação de um governo com apoio parlamentar partidário, sem coligação, mandato que só seria conferido se os partidos autorizassem a participação de militantes seus nesse governo, sendo que esta fórmula poderia evoluir para um acordo interpartidário com validade até 1980; a terceira era a repetição da solução ensaiada por Nobre da Costa, ou seja nomeação de um primeiro-ministro que ficaria responsável por apresentar à Assembleia da República um Governo com um Programa que teria como objectivo central a preparação dos mecanismos eleitorais tendo em vista a realização de eleições; finalmente, caso este governo viesse a ser recusado no Parlamento, seria nomeado um novo governo com as mesmas características. A rejeição deste permitiria então a dissolução da Assembleia e a marcação de eleições.(604)

Na sequência desta comunicação ao país, Eanes solicitou a opinião dos conselheiros sobre a interpretação que faziam dos artigos da Constituição que se referiam à dissolução da Assembleia da República. Em causa estava o facto de a lei fundamental estipular, por um lado, que o Presidente da República apenas poderia dissolver a Assembleia da República depois de ter obtido parecer favorável do CR e, por outro, de ser obrigado a isso quando a Assembleia tivesse, por três vezes, recusado aprovar a confiança ao governo ou votado a censura ao executivo. Seguindo a opinião expressa por

(604) Comunicação do Presidente da República, 22-9-1978, reproduzida no *Diário de Lisboa*, 23-9-1978, pp. 5-6.

Vítor Alves, a maioria dos conselheiros defendeu que o Presidente apenas estava dispensado do parecer favorável do Conselho nos casos em que a Constituição previa a dissolução automática da câmara e que nos outros casos a dissolução seria possível, uma vez obtido esse parecer do CR, desde que não fosse por efeito da votação de uma primeira ou segunda moção de rejeição, mas por outras razões.([605])

Confirmado o papel determinante do CR em caso de dissolução da Assembleia da República, na reunião seguinte Eanes manifestou o desejo de conhecer a opinião dos conselheiros sobre a situação política e a sua evolução previsível. O Presidente estava particularmente interessado em ouvir o Conselho sobre as modalidades possíveis no quadro da segunda alternativa que indicara na sua comunicação ao país, desejando saber qual deveria ser o tipo de acordo interpartidário e quais as garantias de apoio parlamentar a exigir de modo a evitar uma nova crise. Eanes pretendia ainda auscultar a opinião dos conselheiros sobre as estratégias previsíveis dos partidos em relação a esta alternativa, qual deveria ser a composição política do governo, que tipo de programa este deveria apresentar e qual o perfil indicado para o futuro primeiro-ministro.([606])

A maioria dos conselheiros revelou-se pessimista quanto à possibilidade de os partidos chegarem a um entendimento, mas não defendeu a dissolução da Assembleia. Almeida e Costa foi o único que deixou expresso o seu entendimento de que a melhor solução passava pela dissolução imediata do Parlamento. Na opinião deste membro do Conselho, mesmo que os partidos políticos viessem a autorizar a participação de militantes seus no executivo, era de esperar que apresentassem tais exigências que tornariam inviável essa solução. Apesar de os outros conselheiros partilharem deste pessimismo, as opiniões foram no sentido da manifestada por Vítor Alves, que se mostrou contrário à realização de eleições

([605]) Acta da reunião do Conselho da Revolução, 29-9-1978, IAN/TT, Arquivo do Conselho da Revolução, Actas, vol. 6.

([606]) Arquivo do Conselho da Revolução, Assuntos tratados nas reuniões do CR, vol. 26, caixa 44, 6-10-1978.

antecipadas, uma vez que, com a excepção, do PSD os partidos não as desejavam.(607) Relativamente ao perfil do futuro chefe do governo, a maioria dos conselheiros defendeu um independente, civil, que no entanto deveria possuir mais qualidades políticas do que tecnocráticas e que deveria ficar responsável pela condução das negociações com os partidos, de modo a evitar-se um desgaste do Presidente da República. No entanto, alguns conselheiros, como Vítor Alves, Garcia dos Santos e Vítor Crespo não afastaram a hipótese de um maior envolvimento do Presidente no processo de formação do governo em articulação com o primeiro-ministro indigitado. Já Pezarat Correia, instou o Presidente a revelar ao Conselho qual o seu pensamento sobre o problema. Uma vez conhecido, o CR deveria debater o assunto e estabelecer «um esqueleto mínimo». Só depois de devidamente estruturado esse esquema básico entre o Presidente e o Conselho é que se deveria negociar com os partidos a figura que deveria liderar o novo executivo, as bases do programa do governo e os pressupostos que garantiriam a confiança do Presidente.(608)

A actuação do Presidente da República durante a crise política iniciada após a queda do II Governo voltava a colocar na ordem do dia o papel do CR na vida política nacional. Aqueles que vinham criticando a postura de apagamento deste órgão de soberania, aproveitaram esta ocasião para questionar o caminho que vinha sendo preconizado pelo Presidente e viram no reforço da influência de Eanes uma hipótese para um fortalecimento do papel do Conselho. Criticado pelos partidos, este parecia ser um momento privilegiado para que Eanes procurasse transformar o Conselho num aliado e num escudo capaz de proteger as suas decisões. No entanto, não foi essa a via seguida pelo Presidente.

(607) Uma sondagem encomendada pelo PS e realizada em Setembro de 1978 indicava que, caso se realizassem eleições antecipadas, o PSD seria o partido mais votado, com 34% dos votos. O PS obteria 29%, o PCP, 19%, e o CDS, 12%. «Center Democrats appraise portuguese political crisis», telegrama da embaixada dos EUA em Lisboa para o Departamento de Estado, 4-10-1978, Lisbon07317, State Department Cables.

(608) Acta da reunião do Conselho da Revolução, 6-10-1978, IAN/TT, Arquivo do Conselho da Revolução, Actas, vol. 6, caixa 7.

A posição de Eanes relativamente ao tipo de relação que pretendia manter com o CR foi revelada a 29 de Setembro: em vez de pedir a opinião dos conselheiros, informou-os de que decidira preencher o lugar de vice-CEMGFA, que se encontrava vago desde a saída de Loureiro dos Santos. Nesse sentido, comunicou que iria nomear Souto Cruz, então chefe do Estado-Maior Armada, para esse cargo e que o almirante Sousa Leitão seria o novo CEMA. Eanes explicou ainda que a decisão estava tomada e que não iria sofrer alterações, fosse qual fosse a opinião do Conselho.

Esta decisão presidencial causou um forte mal-estar no interior do CR. Alguns conselheiros recusaram-se a comentar a decisão de Ramalho Eanes, argumentando que esta tinha sido apresentada «de forma inesperada». Outros deixaram expressa a sua oposição, quer em relação ao método adoptado pelo Presidente, quer em relação à escolha de Souto Cruz para o Estado-Maior-General.

Pezarat Correia defendeu que se tinha assistido «a uma desconsideração e subalternização» do Conselho. Para este conselheiro, Eanes tinha desrespeitado a legislação que definia o modo de nomeação das chefias das Forças Armadas([609]), e Souto Cruz não reunia as condições necessárias para ascender às funções de vice-CEMGFA. Em causa estava a sua actuação, enquanto chefe da Armada, nos processos disciplinares aplicados a Rosa Coutinho e a outros oficiais, e acusações de ligação a empresas privadas.([610]) Vasco Lourenço e Martins Guerreiro pronunciaram-se no mesmo sentido, tendo o primeiro voltado a dirigir críticas a Eanes. Lourenço afirmou que considerava «inaceitável» que o Presidente apresen-

---

([609]) O decreto-lei 669/76 de 11 de Agosto estipulava que o vice-CEMGFA era nomeado pelo Presidente da República, sob proposta do CEMGFA e ouvido o CR.

([610]) Segundo o brigadeiro Franco Charais, «em determinada altura da sua vida militar» Souto Cruz tinha-se colocado «em contravenção com o artigo 14.º do EOFA, acolhido no artigo 23.º do Estatuto dos Oficiais da Armada: "o oficial em serviço efectivo não pode aceitar nomeação ou provimento em qualquer cargo, comissão, função, emprego ou mestre, público ou privativo, sem prévia autorização do titular do departamento militar a que pertence"». Acta da reunião do Conselho da Revolução, 29-9-1978, IAN/TT, Arquivo do Conselho da Revolução, Actas, vol. 6.

tasse o facto «como se já estivesse consumado», defendeu que tal decisão era «ilegal», uma vez que «ouvir o Conselho da Revolução» não era um «acto formal» que se poderia considerar cumprido da forma como o Presidente pretendia fazer e declarou que a atitude de Eanes contribuía para a deterioração das relações entre os dois órgãos de soberania, o CR e o Presidente da República.([611]) Apesar das críticas, no dia 7 de Outubro de 1978, Souto Cruz foi nomeado para o cargo de vice-CEMGFA e o almirante Sousa Leitão passou a chefiar a Armada. Também neste domínio Eanes deixava o Conselho afastado do processo decisório, fazendo questão de deixar recados aos seus colegas do CR na tomada de posse destes novos altos responsáveis das Forças Armadas.

Ao empossar o novo CEMA, o Presidente afirmou que não poderia haver «exércitos revolucionários — nem sequer exércitos progressistas», do mesmo modo que não poderiam existir «exércitos conservadores». Para o Presidente e chefe do Estado-Maior-General, as Forças Armadas tinham como missão «garantir a independência nacional, a unidade do Estado e a integridade do território» e deveriam «salvaguardar a democracia pluralista», contra aqueles que ameaçavam subvertê-la ou destruí-la. As forças armadas deveriam ainda exigir que a legitimidade democrática se fundisse «no consenso democraticamente expresso em eleições livres» e criar condições que permitissem a sua recondução «à dependência institucional do governo legítimo». Depois de proclamar que era intolerável a existência de correntes nas Forças Armadas e de elencar os conceitos básicos da instituição militar (disciplina; unidade; hierarquia e dever), Eanes deixou ainda uma incumbência ao novo responsável pela Marinha: era necessário «pacientemente mas sem transigências, erradicar de vez da instituição militar as tentativas de afirmação de correntes de direita e de esquerda» e impunha-se «esclarecer definitivamente» que só tinham lugar nas Forças Armadas «os cidadãos que, sendo embora de direita ou de esquerda», aceitassem voluntária e decididamente «a legitimidade democrática e o regime que nela se funda e nela subsiste». No final

([611]) Acta da reunião do Conselho da Revolução, 29-9-1978, IAN/TT, Arquivo do Conselho da Revolução, Actas, vol. 6.

do discurso, afirmou que a escolha do novo CEMA tinha sido «um acto pessoal do comandante supremo das Forças Armadas», que estava por isso também abrangido pela «legitimidade democrática» conferida ao Presidente através do sufrágio.([612]) Era uma clara demarcação em relação ao CR, que não possuía essa legitimidade.

Na tomada de posse do novo vice-CEMGFA, o Presidente voltaria a referir-se à subordinação do poder militar ao poder civil, defendendo que «nos anos 80 os Exércitos devem pôr termo definitivo à relação equívoca que foram forçados a manter com o poder político», devendo proceder-se ao reconhecimento da «supremacia indiscutível do poder político civil». Eanes referia-se à necessária revisão da Constituição, que deveria contribuir para a «inserção correcta das Forças Armadas na Nação Civil» e à também forçosa formulação, por parte do governo e da Assembleia da República, de uma filosofia da defesa ou das bases da Defesa Nacional.([613]) Deste modo, o Presidente do CR pronunciava-se, aberta e publicamente, a favor da retirada definitiva dos militares da vida política, numa altura em que o país atravessava uma crise política e governativa e em que no interior do Conselho se defendia, pelo contrário, um papel mais activo dos militares via CR. Esta postura seria alvo de reparos no interior do CR.

Uma semana depois de o Presidente ter feito esta referência à revisão da Constituição, o conselheiro Vítor Crespo elaborou um memorando sobre a posição do CR relativamente à revisão constitucional. No extenso documento onde se fazia o historial dos ataques dirigidos à Constituição com origem nos partidos situados à direita do espectro político e difundidos pelos órgãos de comunicação social que lhes eram afectos, defendia-se que não era recorrendo a uma «qualquer varinha mágica» que se afastavam as Forças Armadas «da zona de poder e da condição de elementos preponderantes no diálogo político», considerava-se que na situação em que se encontrava o país «a solução mais correcta» e a que mais se ajustava «aos interesses nacionais» não passava por se afastarem, «desde já, as Forças Armadas das missões constitucionais» que lhe tinham

---

([612]) *Diário de Lisboa*, 9–10–1978, p. 20; *Diário de Notícias*, 10–10–1978.

([613]) *Diário de Lisboa*, 12–10–1978, pp. 1 e 20.

sido atribuídas, nomeadamente a de garantirem «a regularidade do processo de revisão constitucional». Nesse sentido, sustentava-se que os discursos presidenciais não deveriam abordar esse tema, de modo a evitar que saíssem reforçadas as campanhas a favor da revisão da Constituição, na medida em que essas referências poderiam «uma vez mais permitir o aproveitamento das palavras do Presidente para a consecução de fins de legitimidade duvidosa»([614]).

Este memorando só viria a ser debatido e analisado pelo CR no início de Novembro. Nessa ocasião, Melo Antunes começou por descrever a evolução do processo iniciado em Abril de 1974, sublinhou a legitimidade formal da Assembleia Constituinte e concluiu que não seria possível colocar em causa a Constituição sem afectar a legitimidade de todo o caminho que desde esta altura tinha sido percorrido. Nesse sentido, defendeu que se a revisão constitucional prevista para 1980 conduzisse «a uma situação diferente da actual» poderia ocorrer um processo de contestação de sentido inverso àquele que então se registava, provocado por aqueles que então se sentiriam ultrapassados, fenómeno que colocaria em causa as regras democráticas.([615]) Era um aviso à navegação.

Entretanto, no dia 13 de Outubro, o CR foi informado sobre a evolução das negociações para a formação de um novo governo.

O Presidente revelou que as perspectivas não eram animadoras e que continuavam a verificar-se «grandes dificuldades» para se obter o consenso mínimo necessário. Os conselheiros analisaram e debateram a situação política e as alternativas que então se colocavam, tendo-se verificado que o nome da Eng.ª Maria de Lourdes Pintasilgo era aquele que recolhia maiores apoios. Pezarat Correia, Vítor Alves, Costa Neves, Charais e Vasco Lourenço pronunciaram-se a favor da indigitação de Pintasilgo para o cargo de primeira-ministra, sublinhando, entre outras características, a sua capacidade política, de diálogo e de concertação, a honestidade e a firmeza. Pezarat Correia foi mais longe nas suas apreciações,

([614]) Arquivo do Conselho da Revolução, Documentos apresentados ao CR, caixa 30, n.º 348, 20–10–1978, doc. 24.

([615]) Acta da reunião do Conselho da Revolução, 8–11–1978, IAN/TT, Arquivo do Conselho da Revolução, Actas, vol. 6, caixa 7.

defendendo que o governo deveria interpretar a Constituição não apenas como um quadro legal mas como um texto programático que consagrava «as transformações produzidas em Portugal depois do 25 de Abril» e que o futuro executivo deveria «desmontar a cabala» que atribuía à Constituição «a razão da crise institucional» que o país atravessava e demonstrar, pelo contrário, que essa crise tinha origem no facto de os «órgãos do poder executivo nunca terem assumido integralmente o conteúdo programático da Constituição». As tradicionais críticas de um CR pouco interventivo e pouco empenhado na defesa dos valores revolucionários plasmados na Constituição eram, deste modo, estendidas aos governos. Por seu lado, Charais chegou a referir a possibilidade de Pintasilgo granjear apoio do PS, do PCP e, eventualmente do CDS, garantindo assim o apoio parlamentar maioritário pretendido pelo Presidente. No entanto, dois conselheiros([616]) revelaram a sua oposição a esta hipótese e sugeriram que a escolha recaísse em Silva Lopes. Curiosamente, também Melo Antunes se manifestou contra a indigitação da embaixadora de Portugal na UNESCO. Para o Presidente da Comissão Constitucional, o futuro primeiro-ministro deveria pertencer ao partido mais votado, ou seja, ao PS, pelo que sugeriu que deveria ser escolhida «uma personalidade do género do dr. Vítor Constâncio»([617]).

Apesar de vários conselheiros terem vindo a defender um maior envolvimento do CR, o Presidente continuou a conduzir o processo sem dar grandes explicações ao Conselho. Perante o impasse político verificado, na reunião realizada no dia 20 de Outubro, Eanes informou os conselheiros que tinha chegado à conclusão de que só restavam duas alternativas. A primeira passava pela nomeação de um militante de um partido político que deveria desvincular-se enquanto desempenhasse o cargo de primeiro-ministro. A segunda seria a indigitação de um independente. Neste último cenário, na sequência das conversações mantidas com os partidos, Eanes concluíra que os nomes de Mota Pinto, Nobre da Costa e Magalhães Godinho

([616]) Ribeiro Cardoso e Souto Cruz.

([617]) Acta da reunião do Conselho da Revolução, 13-10-1978, IAN/TT, Arquivo do Conselho da Revolução, Actas, vol. 6, caixa 7.

poderiam reunir «um consenso mínimo». No caso de a escolha recair sobre militantes partidários, que considerou uma hipótese mais remota, o Presidente indicou os nomes de Barbosa de Melo e de Salgado Zenha. De fora ficava assim um dos nomes que recolhia mais apoios no CR, o de Maria de Lourdes Pintasilgo, tendo Eanes pedido que os conselheiros se pronunciassem, ao abrigo do artigo 190.º da Constituição, relativamente às alternativas apresentadas.

Vários conselheiros defenderam que a melhor solução passava pela nomeação de uma personalidade que, tendo uma filiação partidária, se desvinculasse para desempenhar as funções de primeiro-ministro. Foi esse o sentido das opiniões manifestadas por Vítor Alves, Martins Guerreiro, Marques Júnior e Vítor Crespo, que maioritariamente indicaram o nome de Barbosa de Melo. No entanto, a maioria dos membros do CR afastou essa hipótese por considerar que os partidos não estavam dispostos a assumir esta solução de compromisso. Em cima da mesa passaram então a estar essencialmente dois nomes: o de Nobre da Costa e o de Mota Pinto. O primeiro era apoiado por Garcia dos Santos, Sousa Leitão, Lemos Ferreira, Pedro Cardoso e Canto e Castro, que se mostravam adeptos de uma posição confrontacional com a Assembleia, ao defender que o Presidente deveria voltar a nomear aquele que tinha visto o seu programa de governo ser recusado no Parlamento. Já Vasco Lourenço, Souto Cruz, Costa Neves, Ribeiro Cardoso, Melo Antunes e Almeida e Costa manifestaram-se a favor da escolha de Mota Pinto. Pezarat Correia optou por não manifestar a sua opinião por entender que nenhum dos nomes indicados teria capacidade para enfrentar os problemas com que o país se defrontava. Deste modo, Mota Pinto acabou por ser a hipótese que recolheu mais apoios, embora se tratasse, como revelaram vários conselheiros, de um mal menor.([618]) Repetido nos dias seguintes o mesmo procedimento com os partidos com representação parlamentar, no dia 25 de Outubro foi anunciada a indigitação de Mota Pinto.

A escolha recaíra sobre um dissidente do PPD, professor universitário, que integrara o I Governo Constitucional como ministro do

([618]) Acta da reunião do Conselho da Revolução, 20-10-1978, IAN/TT, Arquivo do Conselho da Revolução, Actas, vol. 6, caixa 7.

Comércio e Turismo e que mantinha boas relações com o Presidente Eanes.([619])

Apesar da inicial boa vontade manifestada pelo PS, que desejava evitar eleições antecipadas por temer que o PSD conseguisse obter um bom resultado, o IV Governo também não teria vida fácil. Os socialistas foram progressivamente manifestando as suas divergências perante a solução encontrada, que, como tinham alertado vários conselheiros, não garantiria a estabilidade governativa exigida para a conclusão da legislatura.

Constada a indisponibilidade dos partidos para permitirem a presença de militantes no governo, o Presidente da República envolveu-se directamente na constituição do executivo que viria a ser descrito pelo PS como o governo «mais à direita» desde o 25 de Abril.([620]) Esta apreensão era partilhada por vários membros do CR que, na reunião realizada no dia 8 de Novembro, manifestaram «as suas preocupações» relativamente ao caminho que se previa vir a ser seguido face às declarações proferidas pelo primeiro-ministro indigitado.([621]) Em causa estava o empenho manifestado por Mota Pinto na aplicação da lei da Reforma Agrária. Esse seria, aliás, um dos aspectos abordados no seu discurso da tomada de posse, que não contou com a presença dos conselheiros Melo Antunes, Vítor Alves, Vasco Lourenço, Marques Júnior, Vítor Crespo, Martins Guerreiro, Pezarat Correia, Franco Charais, Sousa e Castro e Costa Neves, que desse modo revelaram publicamente o seu descontentamento. Presentes estiveram apenas os conselheiros Sousa Leitão, Souto Cruz, Lemos Ferreira, Pedro Cardoso, Canto e Castro e Ribeiro Cardoso.([622])

([619]) Mota Pinto pertencera à Comissão Nacional de Apoio à Candidatura de Ramalho Eanes e fora nomeado por Eanes como membro da Comissão Constitucional.

([620]) *Diário de Lisboa*, 20–11–1978, p. 6.

([621]) Acta da reunião do Conselho da Revolução, 8–11–1978, IAN/TT, Arquivo do Conselho da Revolução, Actas, vol. 6, caixa 7.

([622]) *Diário de Lisboa*, 22–11–1978, p. 25. Quando confrontados pelo Presidente, alguns dos conselheiros faltosos justificaram a sua atitude com o facto de entre os novos governantes se encontrar uma personalidade (Daniel Proença de Carvalho, ministro da Comunicação Social) que tinha manifestado opiniões «consideradas

Este episódio é bem ilustrativo do difícil relacionamento entre estes dois órgãos de soberania durante a vigência do IV Governo Constitucional. Além da sempre relevante questão da Reforma Agrária, o governo de Mota Pinto procurou adoptar uma postura de ruptura com o passado recente, ficando cada vez mais distante a possibilidade de um acordo interpartidário evitando-se o recurso a eleições antecipadas. No interior do executivo começou a emergir uma tendência, liderada pelo primeiro-ministro, que entendia que, em vez de se limitar à gestão corrente do país e à procura de equilíbrios, o governo deveria assumir uma postura marcadamente política e ideológica tendo em vista as eleições legislativas de 1980. A eliminação das comissões de trabalhadores na função pública, a redução ao mínimo necessário das relações diplomáticas com as antigas colónias com o argumento de que se tratavam de regimes marxistas pró-soviéticos, a política de desintervenção do Estado no sector da Comunicação Social, são exemplos desta linha interventiva que provocaram fortes anticorpos em diversos sectores da sociedade portuguesa e davam razão às preocupações que desde a primeira hora vários conselheiros da revolução manifestaram.

Uma semana depois de o IV Governo ter tomado posse, durante a tradicional análise da situação política feita pelos conselheiros na reunião semanal do CR, Vítor Alves criticou a composição do executivo, afirmando que pela primeira vez este era composto por personalidades que não eram tidas «como nomes salientes do nosso ambiente político», o que dava a impressão de que se tinham «esgotado todos os recursos disponíveis». Por outro lado, este conselheiro considerava que o governo se situava «bastante à

---

desprestigiantes e insultuosas para o CR ou para alguns dos seus elementos». Esse facto, «aliado à prática duma possível política de direita que a composição do governo pode permitir deixar antever», foi apresentado como justificação para as ausências registadas, mas vários membros do Conselho contestaram esta atitude, considerando que as ausências tinham claras implicações políticas. Como consequência desse episódio ficou estabelecido que, a partir dessa data, o CR, como órgão de soberania, passaria a fazer-se representar por uma delegação, que seria designada caso a caso. Acta da reunião do Conselho da Revolução, 22-11-1978, IAN/TT, Arquivo do Conselho da Revolução, Actas, vol. 6, caixa 7.

direita», quer relativamente à composição da Assembleia, quer em relação à «verdadeira correlação de forças existente na sociedade portuguesa», questionando se o mesmo seria capaz de alcançar «os grandes objectivos constitucionais previstos na Constituição» e chamando a atenção para o perigo de o governo ser considerado como sendo «do Presidente»(623).

Além destes receios, nos primeiros meses de vida do governo de Mota Pinto regista-se um avolumar das críticas, veiculadas pela Comunicação Social, dirigidas contra o CR e nos meios políticos começava a defender-se publicamente com cada vez maior insistência a necessidade de se proceder a uma revisão da Constituição.

A primeira grande vaga de críticas ao CR

Apesar de o CR ter mantido uma postura de baixo perfil, a queda do II Governo e o início da fase dos governos presidenciais (1978–1979), contribuíram para o regresso dos debates e das discussões em torno do conflito entre o poder civil e o poder militar e, consequentemente, da revisão da Constituição, fruto de um entendimento entre o MFA e os partidos num contexto que muitos defendiam ultrapassado. A contestação ao CR insere-se neste contexto.

Poucos dias depois de ter sido anunciado o fim do II Governo, um conhecido advogado e editor, que viria a ser eleito deputado pelo PSD, afirmou em entrevista ao semanário *O Diabo* que o CR era uma «superfetação revolucionária condenada a desaparecer na sua estrutura, composição e funções actuais e a transformar-se, possivelmente, num simples órgão de consulta do Presidente da República». António Maria Pereira reconhecia que o país devia a alguns dos seus membros, os *Nove*, a liberdade e que isso não poderia ser esquecido. No entanto, sublinhava que desde então a sociedade civil tinha evoluído, mas que o CR continuava a possuir a «nostalgia dos tempos em que era o órgão máximo todo-poderoso»

(623) Acta da reunião do Conselho da Revolução, 29-11-1978, IAN/TT, Arquivo do Conselho da Revolução, Actas, vol. 6, caixa 7.

e não se tinha conseguido libertar da atmosfera em que tinha nascido, permanecendo influenciado «por uma certa visão esquerdista e peruana» que estava «em dissonância com os valores e os anseios do país real actual»([624]).

No mesmo sentido foram as considerações feitas por Helena e Pedro Roseta, que em entrevista ao mesmo jornal defenderam ser «óbvio» que numa democracia não poderia haver «órgãos militares, com funções de soberania, não eleitos», considerando que o CR era uma «excrescência do PREC» que teria de ser eliminada quando se procedesse à revisão da Constituição. Para os dois deputados eleitos pelo PSD, o CR era um órgão «manifestamente ilegal», dado que parte importante dos seus membros não tinha sido designada pelos ramos competentes das Forças Armadas, e um «foco de desestabilização permanente da vida política nacional e das próprias forças armadas»([625]).

Também o conhecido deputado do CDS, Francisco Lucas Pires, se destacaria nesta onda de críticas ao CR, mas no tom mais irónico. Depois de, em Julho de 1978, ter afirmado que o CR tinha «cada vez menos importância» e decidia «cada vez menos», pelo que a sua sobrevivência se assemelhava à «de um mero *bibelot* a recordar os anos passados da revolução», em Dezembro desse ano, Lucas Pires voltaria à carga, proclamando, numa intervenção proferida durante o III Congresso do seu partido, que o Conselho já não era um «órgão provisório», mas que se tinha transformado num «cadáver adiado», dado existirem «provas de ausência de vida», embora ainda não se tivessem registado «provas de presença de morte»([626]).

A tomada de posição de Lucas Pires foi, como seria de esperar, analisada pelo CR e Franco Charais mostrou-se preocupado com o facto de «forças importantes» estarem a criar um movimento na

([624]) Arquivo do Conselho da Revolução, Documentos apresentados ao CR, caixa 28, n.º 346.

([625]) Arquivo do Conselho da Revolução, Documentos apresentados ao CR, caixa 28, n.º 346.

([626]) *Diário de Lisboa*, 9-12-1978, p. 10.

opinião pública a favor da necessidade de se proceder a uma revisão da lei fundamental por referendo.([627])

De facto, durante o ano de 1978 esta ideia começou a ganhar forma, tendo Sá Carneiro sido um dos principais responsáveis pelo seu desenvolvimento. No início de Março de 1978, quando o PSD era liderado por Sousa Franco, o antigo e futuro líder social-democrata, afirmou numa entrevista que Portugal era uma «semidemocracia ou uma democracia vigiada», uma vez que existia um órgão de soberania não eleito, que exercia «poderes sobre o trabalho de outros órgãos de soberania». Nesse sentido, defendeu a necessidade de se promover uma discussão sobre uma revisão da Constituição que extinguisse o CR e impedisse qualquer tipo de intervenção política dos militares.([628]) Em Abril, num encontro realizado no Vimeiro, foi mais claro e defendeu a realização de um referendo que viabilizasse uma revisão antecipada da Constituição.([629]) Dias mais tarde, Lucas Pires afirmava que era chegada a «altura de encarar a Constituição dum estado democrático em Portugal»([630]). O posicionamento de Sá Carneiro, em parte explicado por uma necessidade de afirmação no interior do seu partido, fez com que este tema entrasse progressivamente na ordem do dia.([631])

Depois da queda do III Governo, a ideia do referendo voltou a ganhar adeptos. O *Jornal Novo* publicou no final de Setembro um artigo de José Miguel Júdice intitulado «Um referendo, porque

([627]) Acta da reunião do Conselho da Revolução, 13–12–1978, IAN/TT, Arquivo do Conselho da Revolução, Actas, vol. 6, caixa 7.

([628]) Francisco Sá Carneiro, *Textos*, 5.º volume (*1977–1979*), Lisboa, Alêtheia Editores, 2012, pp. 73–74.

([629]) Francisco Sá Carneiro, *Textos*, 5.º volume (*1977–1979*), Lisboa, Alêtheia Editores, 2012, pp. 95–96.

([630]) *O Comércio do Porto*, 10–4–1978.

([631]) No início de Abril, um editorial do *Jornal Novo* replicava os argumentos utilizados por várias personalidades do PSD e do CDS, referindo a «ambiguidade político-militar» registada no país por causa da existência de um órgão de soberania sem legitimidade democrática, pelo que era «na própria Constituição que residia «um dos principais obstáculos à separação clara entre os planos político e militar». *Jornal Novo*, 5–4–1978.

não?»[632]. Na mesma altura, Menéres Pimentel, do PSD, defendeu a realização de um referendo à Constituição, de modo a que a mesma pudesse ser revista antecipadamente.[633] Cerca de três semanas depois, Júdice voltaria ao tema escrevendo que o CR era «um órgão com uma dinâmica reaccionária, no sentido etimológico», uma vez que se encontrava «preso a um passado irrepetível e dia a dia superado», vivendo «da nostalgia desse passado e da vontade de condicionar em nome dele o futuro». Júdice descrevia a realidade política e militar portuguesa como uma «luta entre uma sociedade em adaptação e alteração contínua e uma carapaça jurídico-constitucional» que tinha sido imposta pelo «milenarismo revolucionário» e que funcionava como um «travão às correcções» e criticava a tentativa de se procurar conduzir essa luta de modo a que fosse possível que a realidade vencesse a norma, mantendo-se a ficção de que esta não era violada antes da data que ela própria tinha definido como mínima»[634].

Em reacção a estas críticas, realizaram-se em Coimbra, no fim-de--semana de 9 a 10 de Dezembro, as Jornadas de Estudos Constitucionais, promovidas pela revista *Fronteira* e pela Cooperativa Editorial Defesa da Constituição, em que participaram diversas personalidades, juristas e constitucionalistas das Faculdades de Direito de Lisboa e Coimbra, que fizeram questão de esclarecer que estas jornadas não procuravam ser «neutras» e que pretendiam «estudar e defender os princípios programáticos da Constituição da República Portuguesa», ou seja: «a transformação da República Portuguesa numa sociedade sem classes» e a «criação de condições para o exercício democrático do poder pelas classes trabalhadoras». Nesse sentido, os intervenientes manifestaram-se a favor da manutenção do CR, do acesso das organizações populares de base ao exercício do poder político local e central e da manutenção do artigo da Constituição que estabelecia os limites materiais da sua futura revisão, refutando a teoria da «dupla revisão» advogada pela

(632) *Jornal Novo*, 23-9-1978.
(633) Acta da reunião do Conselho da Revolução, 29-9-1978, IAN/TT, Arquivo do Conselho da Revolução, Actas, vol. 6, caixa 7.
(634) *Jornal Novo*, 13-10-1978.

direita. Entre os participantes deste encontro([635]) encontrava-se o Presidente da Comissão Constitucional. Melo Antunes salientou que a Constituição vigente não impunha que a primeira revisão implicasse a substituição do CR e apontou várias alternativas para o caso de se verificar que, no futuro, dois terços dos deputados fizessem aprovar uma lei que levasse à extinção do CR, sugerindo que os poderes do Conselho fossem distribuídos pelos restantes órgãos de soberania e que fossem criados dois novos órgãos: um conselho de Estado e um Tribunal Constitucional.([636])

Sá Carneiro não esmoreceu e apresentou na reunião do Conselho Nacional do PSD, realizado nos dias 13 e 14 de Janeiro de 1979, o seu projecto de revisão constitucional que previa não apenas a extinção do CR, mas também o fim de qualquer papel político das Forças Armadas. Entre outros aspectos, o projecto constitucional de Sá Carneiro retirava a referência à missão histórica de assegurar a transição para o socialismo e previa que as altas chefias das Forças Armadas passassem a ser nomeadas pelo Presidente da República, sob proposta do governo.([637])

Entretanto, continuavam na imprensa os ataques e as críticas à Constituição, ao CR e a alguns dos seus membros. Lucas Pires proclamava que Portugal estava «preso» dentro da Constituição([638]), e no semanário *Tempo* podiam ler-se artigos onde diversos membros do CR eram acusados de continuar a pretender abrir caminho «consciente e deliberadamente, à instauração do totalitarismo marxista sob a égide de Moscovo»([639]).

Confrontados com esta nova vaga de críticas oriundas essencialmente dos partidos situados à direita do PS, vários conselheiros manifestaram o seu desagrado em diversas reuniões realizadas nos primeiros meses de 1979.

([635]) Miguel Galvão Teles, Joaquim Gomes Canotilho, Sá Coimbra, António Arnaut, Fernando Luso Soares e Macaísta Malheiros foram alguns dos participantes.

([636]) *Diário de Lisboa*, 11–12–1978; *O Diário*, 11–12–1978.

([637]) Este projecto foi publicado no livro *Uma Constituição para os Anos 80: contributo para um projecto de revisão*, Lisboa, Publicações Dom Quixote, 1979.

([638]) *O Dia*, 19–1–1979.

([639]) Por exemplo, *Tempo*, 18–1–1979.

Vice-Presidente de Cuba, Carlos Rafael Rodriguez, assiste a uma reunião do CR, 22 de Dezembro de 1978.

Na reunião realizada no dia 25 de Janeiro, o conselheiro Marques Júnior leu algumas passagens de entrevistas concedidas por alguns líderes políticos, salientando «o teor de declarações proferidas contra o Conselho da Revolução» e defendeu que o Conselho deveria tomar uma posição pública, denunciando as «manobras caluniosas» que pretendiam desprestigiar o CR. O Presidente manifestou concordância com a preocupação manifestada por Marques Júnior e propôs que o problema fosse discutido na reunião seguinte.([640])

Como tinha ficado acertado, o assunto foi debatido na reunião realizada no último dia de Janeiro de 1979, quando se discutiu a análise da situação política, que nesse encontro foi feita pelo conselheiro Melo Antunes. Dessa análise resultava a constatação de que se estava a assistir a «uma campanha desencadeada por alguns órgãos de comunicação social» que, entre outros aspectos, visava incentivar as forças que pretendiam preparar a população para que

([640]) Acta da reunião do Conselho da Revolução, 25-1-1979, IAN/TT, Arquivo do Conselho da Revolução, Actas, vol. 6, caixa 7.

se efectuasse uma revisão da Constituição. Melo Antunes referiu-se também a uma campanha que pretendia provocar «divisionismos nas Forças Armadas» e a um fenómeno novo: «o surgimento e legislação não condizente com as determinações constitucionais», que levava à criação de um «vazio institucional» e, consequentemente, que «de facto» se praticasse «uma revisão constitucional de forma camuflada. Por outro lado, Melo Antunes chamou a atenção para a dificuldade de se cumprirem os objectivos impostos pela Constituição, uma vez que «toda a estrutura estatal» se encontrava «distorcida». Tratava-se de uma declaração grave, uma vez que Melo Antunes era presidente da Comissão Constitucional, cuja função era precisamente a de apreciar todos os diplomas.

Preocupações semelhantes foram manifestadas por outros conselheiros. Costa Neves referiu-se à «avalanche cada vez maior e mais descarada de ofensas ao Conselho da Revolução e às Forças Armadas», notando que esses ataques tinham origem não apenas nos órgãos de comunicação privados mas também nos estatizados. Este fenómeno era em seu entender resultado de um ambiente de «impunidade e incerteza» que se alastrava pelo país e que os órgãos de soberania, nomeadamente o CR, não tinham sabido ou não tinham «querido corrigir como seria devido». Na raiz do problema estava um «movimento cada vez mais agressivo de destruição da democracia» que impedia a aplicação «das justas transformações sociais» que tinham constituído «a própria essência da revolução de Abril». Para Costa Neves, «os artigos de jornal, as entrevistas ou comentários radiofónicos ou televisivos» que se compraziam em «envenenar a opinião pública contra os democratas civis e militares» eram «apenas vestígios exteriores» da grave doença que minava a sociedade portuguesa. Desanimado, este conselheiro questionava se valeria a pena processar articulistas quando se sabia à partida que o julgamento dos tribunais, cujas estruturas eram anteriores ao 25 de Abril e os seus componentes maioritariamente afectos ao regime derrubado, era «normalmente influenciado por componentes político/sociais hostis ao 25 de Abril». Por isso, Costa Neves entendia que a resolução do problema passava «inevitavelmente pela actuação firme e coerente do poder na defesa intransigente dos ideais de Abril». Depois de afirmar que nem a comissão de extinção da ex-PIDE/DGS-LP, nem a comissão de saneamento e reclassificação tinham sabido «defender com eficiência os interesses da revolução de Abril», e que por esse motivo «muitos dos que já deveriam, humildemente, ter-se sentado no banco dos réus» assumiam agora «o papel de acusadores», Costa Neves defendeu que se travasse «a conquista, consentida ou não, de lugares nos diferentes sectores dos aparelhos de Estado e Militar por elementos contrários aos ideais democráticos e de justiça social» e que se utilizassem «com criteriosa firmeza os elementos que se possuem» e que pudessem servir ao desmascaramento de muitos inimigos da democracia e do povo português», uma vez que:

> «a não se travarem as perseguições por razões políticas cada vez mais frequentes, quer no meio civil, quer no militar, de nada valerá atormentarmo-nos em fazer perseguir judicialmente os responsáveis pelas ofensas pessoais a militares de Abril e à própria instituição militar».

Preocupado com este fenómeno, Vítor Alves aproveitou esta ocasião para sugerir que o Conselho discutisse a implementação de uma «estratégia coerente» para o CR. Depois de lembrar que, «embora nem sempre pacificamente», o Conselho tinha vindo a adoptar «uma estratégia de progressivo apagamento», Vítor Alves questionou se, dada a «situação geral» em que se encontrava a sociedade portuguesa, essa estratégia deveria ser mantida. Alves tinha dúvidas a este respeito, mas defendeu que, como órgão de conselho do Presidente, o CR deveria «ir um pouco mais longe» na conclusão das suas análises, de modo a que estas pudessem ser úteis ao estabelecimento das estratégias do Presidente da República.[641] Para estes conselheiros, a sucessão de crises governativas era em parte explicada pela erosão dos «ideais de Abril», processo que poderia ser evitado com um reforço da intervenção do CR na vida política. No entanto, esta visão não era partilhada por todos os membros do Conselho.

---

[641] Acta da reunião do Conselho da Revolução, 31-1-1979, IAN/TT, Arquivo do Conselho da Revolução, Actas, vol 7, caixa 8.

No dia 20 de Janeiro de 1979, o *Jornal Novo* reproduziu um artigo do conselheiro Ribeiro Cardoso que tinha sido publicado na revista *Mais Alto*, da Força Aérea Portuguesa, onde se comparava a situação então vivida em Portugal ao período que se seguiu ao 28 de Maio de 1926. Na opinião deste conselheiro não havia perigo de o país voltar ao dia 24 de Abril de 1974, mas antes o perigo «de não sair do 28 de Maio mitigado em que, felizmente cada vez mais ténue, temos vivido». Tal facto devia-se à «persistência com que aqui e ali alguns militares ainda chamam a si legitimidade para dizer ao país o que lhe convém, com manifesto desprezo pelo que o povo soberano tem votado», escreveu este conselheiro, que entendia que o 28 de Maio só recolheria definitivamente à história quando, «sem que os militares interfiram como instituição, for permitido ao povo português que se autodetermine, à esquerda ou à direita». Nesse sentido, recusava ter «a pretensão de saber, paternalisticamente, melhor do que ele o que a ele convém», considerando que nenhum militar deveria «perturbar o livre exercício do jogo democrático», e defendia não existirem razões para se considerar a democracia em perigo, uma vez que o país contava com um Presidente da República eleito por uma larga maioria, com uma Assembleia onde estavam representadas as principais forças políticas e um governo. Ribeiro Cardoso defendia ainda que, mesmo que se entendesse que os governos, os partidos e os políticos tinham defraudado as expectativas dos que neles tinham votado, era necessário não esquecer que essa conclusão deveria pertencer ao povo português, que dispunha de mecanismos para os censurar. O único órgão que não exprimia a vontade do povo português era, lembrava Ribeiro Cardoso, o CR que, no entanto, possuía uma legitimidade plena, embora transitória, ao abrigo da Plataforma de Acordo Constitucional assinada voluntariamente pelos partidos mais representativos.([642])

([642]) Artigo de Ribeiro Cardoso publicado na revista *Mais Alto*, reproduzido pelo *Jornal Novo*, 20–1–1979. A publicação deste artigo segue-se a uma polémica travada entre Ribeiro Cardoso e Vasco Lourenço no CR, depois de este último ter declarado, no final de 1978, que a situação em que o país se encontrava era cada vez menos «como uma resultante de um verdadeiro 25 de Abril e mais como uma situação semelhante à que se vivia em 24 de Abril ou à que teria resultado de um

Este artigo de Ribeiro Cardoso integrou a resenha de textos que os SACR elaboravam semanalmente, tendo tido algum impacto e repercussão, merecendo referência na imprensa de esquerda.([643]) No entanto, a publicação, na semana seguinte, de outro texto relegá-lo-ia para um segundo plano.

Num longo artigo publicado no *Diário de Notícias* de 26 de Janeiro de 1979, António José Saraiva, um conhecido intelectual, antigo militante comunista e opositor ao salazarismo e ao marcelismo, criticava veementemente a descolonização, o 25 de Abril e os militares que tinham estado na origem do golpe militar. O artigo começava da forma bombástica, com Saraiva a afirmar que «se alguém quisesse acusar os portugueses de cobardes, destituídos de dignidade ou de qualquer forma de brio, de inconscientes e de rufias, encontraria um argumento nos acontecimentos desencadeados pelo 25 de Abril». Referindo-se à descolonização, que em sua opinião poderia ter sido realizada «em boa ordem» e com vantagem para ambas as partes, se tivesse sido seguida «a doutrina» exposta por Spínola no livro *Portugal e o Futuro*, ou que pelo menos poderia ter permitido uma retirada «escalonada e honrosa», descreveu-a como «uma debandada em pânico, um salve-se-quem-puder», já que os militares portugueses tinham fugido «como pardais, largando armas e calçado, abandonando os portugueses e africanos que confiavam neles». Resumindo, fora «a maior vergonha de que há memória desde Alcácer-Quibir», explicada por duas razões: a acção do PCP, que se tinha infiltrado no exército e que apenas estava empenhado em garantir que as antigas colónias entrassem rapidamente na órbitra soviética; e «a desintegração da hierarquia militar a que a insurreição dos capitães deu início e que o MFA explorou ao máximo». Em sua opinião, os «agentes do MFA» tinham explorado e dado cobertura ideológica ao desejo natural dos capitães que queriam regressar rapidamente a casa e assim «um bando de lebres espantadas» tinha recebido «o nome respeitável de "revolucionários"». Ou seja, a «tropa» fora «atraiçoada pelo seu

---

novo 28 de Maio». Arquivo do Conselho da Revolução, Assuntos tratados nas reuniões do CR, vol. 27, caixa 45, doc. 4, 6-12-1978.

([643]) *Diário de Lisboa*, 22-1-1979, p. 3.

próprio comando e por um certo número de políticos inconscientes ou fanáticos», destituídos de «sentimento nacional». Por esse motivo, António José Saraiva defendia que nem se chegara a fazer uma descolonização, apenas uma «fuga vergonhosa», do mesmo modo que, em seu entender, não se tinha procedido à liquidação do regime deposto. Nesse sentido defendia que faltava ao novo regime «um mínimo de credibilidade moral», uma vez que «a cobardia, a traição, a irresponsabilidade, a confusão, foram as taras que presidiram ao seu parto e, com esses fundamentos, nada é possível edificar». A terminar, Saraiva afirmava que «os cravos do 25 de Abril, que muitos, candidamente, tomaram por símbolo de uma Primavera, fanaram-se sobre um monte de esterco» e que se tinha escrito «uma página ignominiosa de cobardia e irresponsabilidade» na história de Portugal. Essa página estava escrita e não podia ser arrancada, mas o país ainda poderia demonstrar que não era aquilo que o 25 de Abril tinha revelado.([644])

Este artigo foi analisado pelos Serviços de Apoio do CR, que sublinharam as frases mais polémicas dirigidas contras os militares, encontrando-se entre os recortes entregues para apreciação dos conselheiros na última reunião de Janeiro de 1979.([645]) Como seria de esperar, este texto deu origem a uma grande polémica, foi alvo de várias críticas e originou um debate no Centro Nacional de Cultura, organizado pela revista *Raiz e Utopia,* entre António José Saraiva e Eduardo Lourenço, que contou também com a presença e intervenção de Sousa e Castro, que defendeu existir «uma consciência colectiva que foi objectivamente ofendida e que faz o seu caminho de um modo que pode confundir-se com o avanço da reacção»([646]). As observações e as críticas de Saraiva não eram originais. Mas o facto de terem sido proferidas por uma personalidade que não

([644]) António José Saraiva, «O 25 de Abril e a História», *Diário de Notícias*, 26-1-1979. O texto encontra-se reproduzido em António José Saraiva, *Filhos de Saturno. Escritos sobre o tempo que passa*, Amadora, Bertrand, 1980, p. 285 e ss.

([645]) Arquivo do Conselho da Revolução, Assuntos tratados nas reuniões do CR, vol. 28, caixa 46, 31-1-1979, doc. 5.

([646]) «O 25 de Abril e a História — Discussão no Centro Nacional de Cultura», António José Saraiva, *Crónicas de António José Saraiva*, Matosinhos, Quidnovi, 2004, p. 510.

poderia ser conotada com o antigo regime fizeram mossa. De certo modo, elas eram reveladoras de um descontentamento generalizado.

Foi procurando acompanhar essa onda de descontentamento que o governo de Mota Pinto adoptou uma postura de intransigência na aplicação da lei da reforma agrária.

Ainda durante a vigência do III Governo, Pezarat Correia acusara o executivo de estar a actuar «com duvidosa legalidade» na zona de intervenção da reforma agrária e de, por esse motivo, estar a criar «uma gravíssima situação de violência e conflito social» no Alentejo. Segundo este conselheiro, o ministério pretendia «evitar a consolidação das estruturas das Unidades Colectivas de Produção e das Cooperativas», através da utilização de «medidas de boicote económico», da ausência de apoio técnico e do recurso «à calúnia e à violência». Nesse sentido, defendeu que o CR deveria intervir, recomendando ao governo que se abstivesse de promover a «aplicação parcial da lei de bases gerais da Reforma Agrária», ou seja, da entrega das reservas aos antigos latifundiários. O assunto foi debatido, mas a maioria dos conselheiros considerou que essa recomendação não deveria ser feita nos termos constitucionais, mas apenas oficiosamente, através do Presidente, caso este assim o entendesse.([647]) Na reunião anterior, Eanes já tinha sido confrontado sobre este tema. Depois de ter ouvido Pezarat, o Presidente referiu que não iria aceitar que no Alentejo se voltasse a viver o clima de 1975 e afirmou que a lei só deixaria de ser aplicada se viesse a ser alterada pela Assembleia da República, único órgão que tinha «a capacidade e a legitimidade para a alterar, se assim o entender»([648]).

Perante este posicionamento do Presidente e da maioria do CR, a questão ficou adormecida, mas não foi esquecida. O responsável pela pasta da Agricultura e Pescas no governo de Nobre da Costa,

([647]) Memorando da autoria de Pezarat Correia sobre a actuação do Ministério da Agricultura e Pescas na zona de intervenção da Reforma Agrária, 2-11-1978. Arquivo do Conselho da Revolução, Assuntos tratados nas reuniões do CR, vol. 26, caixa 44, 3-11-1978; Acta da reunião do Conselho da Revolução, 3-11-1978, IAN/TT, Arquivo do Conselho da Revolução, Actas, vol. 6, caixa 7.

([648]) Acta da reunião do Conselho da Revolução, 27-10-1978, IAN/TT, Arquivo do Conselho da Revolução, Actas, vol 6, caixa 7.

Apolinário Vaz Portugal, transitou para o governo de Mota Pinto, mantendo-se a mesma linha de acção política. Numa reunião do Conselho realizada no início de Março 1979, vários conselheiros referiram-se a possíveis agitações no meio rural, «especialmente no Alentejo», como um dos factores de instabilidade política e anteciparam que o governo não teria «uma existência muito longa»([649]). Na mesma altura, o semanário *Tempo* divulgou um conjunto de documentos elaborados por Pezarat Correia sobre a situação no Alentejo e a reforma agrária.

A divulgação destes documentos([650]) deu origem a uma troca de comunicados entre o CR e o PSD, que aproveitou a ocasião para criticar Pezarat Correia, o CR e o próprio Presidente da República. Os sociais-democratas acusavam Pezarat de pretender arvorar-se em defensor da fidelidade ao espírito da revolução portuguesa, de julgar ser o garante do regular funcionamento das instituições democráticas e de propor-se garantir o cumprimento da Constituição, quando o que estava em causa era apenas a aplicação de uma lei que estava em vigor e que tinha sido aprovada pela Assembleia da República. Por isso, questionavam se estaria em preparação «uma ingerência directa na Assembleia» ou no governo, forçando-se a demissão dos responsáveis pela agricultura. Além das críticas dirigidas a Pezarat, o comunicado do PSD estendia-as ao CR e ao Presidente, por terem discutido a documentação apresentada, considerando que estava em causa «mais um acto de subversão das instituições democráticas»([651]).

Este posicionamento do PSD levou o CR a reagir, através da divulgação de um comunicado que lembrava que as normas constitucionais que estabeleciam as suas competências tinham sido aprovadas,

---

([649]) Acta da reunião do Conselho da Revolução, 7–3–1979, IAN/TT, Arquivo do Conselho da Revolução, Actas, vol. 7, caixa 8.

([650]) No CR circularam rumores que atribuíam a responsabilidade da fuga ao conselheiro Ribeiro Cardoso, que rejeitou ter sido o responsável pela divulgação de documentação classificada. Arquivo do Conselho da Revolução, Assuntos tratados nas reuniões do CR, vol. 29, caixa 47, 30–3–1979.

([651]) «Ambiguidades revolucionárias», comunicado da Comissão Política Nacional do PSD, 9–3–1979, Arquivo do Conselho da Revolução, Assuntos tratados nas reuniões do CR, vol. 29, caixa 47, 14–3–1979, doc. 3.

por unanimidade, na Assembleia Constituinte e que entre estas se encontrava a de Conselho do Presidente da República, pelo que uma parte apreciável da actividade do CR era consagrada à análise da evolução da situação política, sem que tal significasse qualquer tipo de ingerência ou de fiscalização sobre outros órgãos de soberania, pelo que se considerava «perfeitamente normal a elaboração e a discussão de documentos» para uso exclusivamente interno.([652])

O texto que foi divulgado era mais moderado do que a versão original debatida pelos conselheiros. Nessa primeira versão constavam algumas frases mais duras dirigidas ao PSD que não chegaram a ser publicadas. Por exemplo, nele se poderia ler que, em princípio, não deveria merecer resposta «qualquer documento político de tão deficiente qualidade, tanto nos seus aspectos formais como substanciais», ou que o CR não discutia as suas atribuições e competências com um partido político que parecia «não ter querido perder esta oportunidade para tentar denegrir a acção de um órgão de soberania e atingi-lo, não através de uma crítica saudável, mas utilizando técnicas que não prestigiam quem delas se socorre»([653]). Estas alterações reflectiam o equilíbrio de forças existente no interior do CR. Na reunião em que este comunicado foi debatido, Pezarat Correia voltou a referir-se ao problema da reforma agrária e a defender que o governo «não estava a actuar da melhor forma». No entanto, o Presidente tornou a defender que a lei em vigor deveria ser «integralmente cumprida», referiu que os partidos com assento parlamentar não tinham tomado qualquer iniciativa no sentido de se proceder a uma investigação sobre aquilo «que se diz estar a passar-se no Alentejo», nem tinham alterado a lei, sublinhando ainda que era à Assembleia que competia julgar o governo pelos actos que este vinha praticando.([654]) Apesar das constantes fugas de informação, nem tudo o que se passava no interior do CR era do

---

([652]) Comunicado do CR 14–3–1979, Acta da Reunião 14–3–1979, Arquivo do Conselho da Revolução, Reuniões, Actas, vol. 7, caixa 8, IAN/TT.

([653]) Arquivo do Conselho da Revolução, Assuntos tratados nas reuniões do CR, vol. 29, caixa 47, 14–3–1979, doc. 3.

([654]) Acta da Reunião 14–3–1979, Arquivo do Conselho da Revolução, Reuniões, Actas, vol. 7, caixa 8, IAN/TT.

conhecimento público. O PSD errava quando não fazia distinção entre as posições assumidas por alguns conselheiros, a globalidade do CR e a postura adoptada pelo seu Presidente.

Esta polémica acabaria por produzir a primeira crise no governo de Mota Pinto, quando o secretário de Estado da Estruturação Agrária, Augusto Ferreira do Amaral, anunciou que abandonava o governo, na sequência da divulgação das posições críticas assumidas por Pezarat Correia no CR. Conhecida esta decisão, o líder do PSD acusou o Presidente e o CR de «ferirem de morte o Governo Mota Pinto», revelou que o PSD retirava «o apoio crítico» que vinha concedendo à manutenção do executivo e exigiu que o Presidente demonstrasse publicamente apoio activo à política de Ferreira do Amaral, do ministro da Agricultura e do Governo em geral, defendendo que a solução passava pela realização imediata de eleições legislativas antecipadas.([655])

Em jeito de resposta, no dia 17 de Março, o Presidente Eanes fez uma comunicação ao país dando conta de que, enquanto não exonerasse o primeiro-ministro, mantinha a sua confiança política no governo, revelando também qual o entendimento que tinha dos poderes presidenciais neste domínio, ao defender que o destino do governo não dependia de «manifestações públicas de confiança do Presidente da República», mas das «posições que sobre o governo forem tomadas pelos partidos na Assembleia da República». Eanes passava assim a responsabilidade da sobrevivência do executivo para os partidos, mas ao mesmo tempo procurou evitar um maior desgaste do governo, manifestando publicamente o seu apoio à aplicação da Lei de Bases da Reforma Agrária e colocando um assessor no Ministério liderado por Vaz Portugal, de modo a manter-se permanentemente informado sobre a forma como a lei estava a ser executada.([656])

Na semana seguinte, depois de o governo ter visto o Orçamento ser rejeitado pelo parlamento, Mota Pinto apresentou a demissão ao Presidente, Eanes recusou-a, sem sequer ter solicitado a opinião do CR. Em seu entender, não fora necessário ouvir a opinião dos

([655]) *Diário de Lisboa*, 17-3-1979, pp. 1 e 24.
([656]) *Diário de Lisboa*, 19-3-1979, p. 7.

conselheiros sobre a decisão de reconduzir o primeiro-ministro, uma vez «que a crise se lhe apresentava clara». Nessa mesma reunião, referiu-se a uma entrevista concedida pelo conselheiro Pezarat Correia, dizendo que o primeiro-ministro lhe comunicara que alguns ministros tinham ficado sentidos e que poderiam reagir. Embora a tenha considerado como «factualmente correcta», Eanes frisou a sua «inoportunidade», por «ter sido concedida numa altura de acentuada crise política», afirmando que a entrevista seria certamente «aproveitada pelas forças políticas que criticam a acção do CR, dizendo que esta se desenvolve dentro do espaço governamental»([657]). Pouco tempo depois, o Presidente do CR voltaria a chamar a atenção dos conselheiros para a questão das entrevistas concedidas pelos membros do CR e dos artigos publicados por estes na imprensa, afirmando que ambos seriam interpretados «como forma de pressão ou interferência nas áreas de acção de outros órgãos de soberania», sugerindo que esses assuntos deveriam ser apreciados dentro do Conselho, de modo a evitar especulações que «necessariamente, criam dificuldades ao executivo»([658]). Acontece que essas intervenções públicas eram fruto dos desentendimentos existentes no interior do CR, que, aliás, começavam a ameaçar o seu próprio funcionamento num ponto bastante sensível: o acompanhamento, análise e discussão da evolução da situação política.

Procurando optimizar o tempo dedicado a este assunto nas reuniões do Conselho, o Presidente sugeriu que, em vez de análises individuais em cada reunião, um dos ramos deveria vir preparado para apresentar a análise da situação política. No entanto, na reunião realizada no dia 4 de Abril, Sousa e Castro informou de que no exército não havia ninguém preparado para fazer essa análise, uma vez que não concordavam com a fórmula sugerida por Eanes. Manifestando o seu desagrado, o Presidente constatou que nas últimas reuniões os conselheiros só «esporadicamente»

([657]) Acta da Reunião 30-3-1979, Arquivo do Conselho da Revolução, Reuniões, Actas, vol. 7, caixa 8, IAN/TT.

([658]) Acta da Reunião 18-4-1979, Arquivo do Conselho da Revolução, Reuniões, Actas, vol. 7, caixa 8, IAN/TT.

tinham-se pronunciado sobre esta matéria e deixou um aviso: «a continuar-se na situação dos conselheiros não corresponderem à solicitação da análise política, será de admitir a revisão das funções deste conselho». Respondendo ao Presidente, Pezarat defendeu «a necessidade de ser definido o objectivo a atingir com a análise da situação política» e que haveria «toda a vantagem» em que os conselheiros fossem postos perante factos concretos, aproveitando a oportunidade para manifestar o desejo de conhecer a posição de Eanes em relação ao governo, para depois o melhor poder aconselhar quanto ao futuro. No mesmo sentido, Melo Antunes afirmou que, sem que o Presidente expusesse previamente as suas preocupações, a análise que se viesse a fazer não teria efeitos úteis, sugerindo que se promovessem debates no interior do CR «por forma a obter-se um encontro de ideias»([659]). Acontece que Eanes não pretendia seguir esse caminho, como aliás ficou patente quando se limitou a informar o CR de que o primeiro-ministro lhe tinha apresentado a demissão mas que ele a recusara sem qualquer tipo de consulta aos seus pares. Tinha sido difícil manter o CR afastado da ribalta política e as pressões para alterar esse rumo continuavam a ser uma constante.

Foi assim, num contexto de crise política, em que apesar das críticas, poucas responsabilidades poderiam ser assacadas ao CR, que uma iniciativa parlamentar do PS voltou a expor os problemas relacionados com a existência de um órgão de soberania com exclusividade legislativa em matéria militar, contribuindo para adensar o debate em torno da existência do CR.

A Lei da Amnistia: o aprofundamento das divergências entre o CR e as Forças Armadas

Em Setembro de 1977, o CR tinha discutido a hipótese de aprovar uma amnistia para os crimes de natureza política da competência do foro militar, cometidos na preparação, execução e sequência do

([659]) Acta da Reunião 4–4–1979, Arquivo do Conselho da Revolução, Reuniões, Actas, vol. 7, caixa 8, IAN/TT.

11 de Março e do 25 de Novembro de 1975, que fora elaborado pelo vice-CEMGFA. Logo nessa altura verificou-se não existir um consenso, na medida em que alguns conselheiros entendiam que a amnistia deveria ser feita pela Assembleia da República. Outros defendiam que o processo deveria ser desencadeado pelo CR, ou que deveria caber à Assembleia desde que ficasse estabelecido que seria atribuída ao Conselho a definição dos termos de aplicação no âmbito militar, ou ainda que os conselhos superiores de disciplina deveriam ser parte activa no processo. Por outro lado, vários conselheiros manifestaram-se contra qualquer tipo de amnistia e a favor da realização de julgamentos, ou porque entendiam que os dois acontecimentos em causa não deveriam ser encarados em situação de igualdade ou por considerarem que a aplicação de uma amnistia seria interpretada como o reconhecimento da inércia e incapacidade de aplicação da justiça.(660) Em causa estavam também opiniões divergentes sobre a quem deveria caber a responsabilidade de avaliar quais os militares que deveriam ou não continuar a pertencer às Forças Armadas, se ao CR ou aos Conselhos de Disciplina dos ramos.

É esta divergência que explica que na reunião seguinte a maioria dos membros do CR tenha votado contra o projecto de amnistia e que levou o CR, também por maioria, a pronunciar-se pelo julgamento dos presumíveis implicados nos acontecimentos do 11 de Março e do 25 de Novembro.(661)

Cerca de dois anos depois, o assunto voltaria a ser discutido quando, no início de Abril de 1979, o PS apresentou um projecto de lei(662) que pretendia comemorar o 5.° aniversário do 25 de Abril com a aprovação de uma lei que permitisse «passar a esponja do esquecimento sobre as infracções criminais e disciplinares de natureza política sujeitas ao foro civil ou ao foro militar»,

(660) Acta da Reunião 28-9-1977, Arquivo do Conselho da Revolução, Reuniões, Actas, vol. 4, caixa 5, IAN/TT.

(661) Acta da Reunião 7-10-1977, Arquivo do Conselho da Revolução, Reuniões, Actas, vol. 4, caixa 5, IAN/TT.

(662) Projecto de lei n,° 237/I, *Diário da Assembleia da República*, II série, 3.ª sessão legislativa, n.° 47, 3-4-1979, pp. 1067 e 1068.

nomeadamente as relacionadas com «os actos insurreccionais de 11 de Março e de 25 de Novembro de 1975»(663). De fora ficavam os actos de coacção física ou moral sobre detidos ou os cometidos com recurso a bombas ou outros engenhos explosivos, bem como os crimes comuns, considerando-se abrangidas as infracções de deserção e ausência ilegítima quando perpetradas com o fim de subtracção à acção da justiça. O projecto foi aprovado com os votos a favor dos deputados do PS, do PCP e de cinco deputados independentes e os votos contra dos deputados do PSD, do CDS, do deputado da UDP, dos dissidentes do PSD e de Galvão de Melo.(664)

Além da divisão esquerda-direita verificada no Parlamento, registou-se uma clivagem semelhante no CR. No dia da votação do projecto socialista, Franco Charais pronunciou-se publicamente a favor da amnistia, afirmando que as infracções criminais ou disciplinares cometidas por elementos das Forças Armadas nesse período ultrapassavam o mero âmbito militar e tinham sido influenciadas pelo processo político, pelo que deveriam ser amnistiadas por iniciativa da Assembleia da República. Já Ribeiro Cardoso, entendia que era competência exclusiva do Conselho a aprovação de qualquer amnistia para faltas militares e defendia que o conceito de disciplina era lato, não se resumindo às penas disciplinares consideradas pelo Regulamento de Disciplina Militar, chamando a atenção para o perigo de o projecto do PS violar o princípio de separação e independência dos órgãos de soberania.(665) O problema é que um desses órgãos de soberania, o CR, tinha características muito específicas

(663) Esta iniciativa terá sido impulsionada pelo Presidente da República que, segundo o secretário-geral socialista, Mário Soares, enviou através do conselheiro Vítor Alves um projecto de lei de amnistia que deveria ser discutido pela Assembleia. «Conversation with Mario Soares», telegrama da embaixada dos EUA em Lisboa para o Departamento de Estado, 4–5–1979, Lisbon02963, State Department Cables.

(664) *Diário da Assembleia da República*, I série, 3.ª sessão legislativa, n.º 49, 19–4–1979, p. 1772. A versão final foi publicada através do decreto n.º 205/I, de 24 de Abril de 1979. *Diário da Assembleia da República*, II série, 3.ª sessão legislativa, n.º 54, 27–4–1979, p. 1294.

(665) *Diário de Lisboa*, 18-4-1979, pp. 1 e 20.

não se enquadrando em qualquer esquema de separação de poderes, que constituía um elemento fundamental de um regime democrático consolidado.(666)

O CR começou a analisar o projecto do PS uma semana após este ter sido apresentado na Assembleia da República e depois de Eanes ter manifestado o desejo de conhecer a opinião dos conselheiros. O primeiro a pronunciar-se foi Vasco Lourenço, que, lembrando as recorrentes fugas para a imprensa, começou por defender que este tema não deveria ser discutido pelo Conselho, pois a discussão facilmente chegaria ao conhecimento da opinião pública e o CR poderia vir a ser acusado de estar a fazer pressão sobre outro órgão de soberania. Este argumento é revelador, por um lado, do sentimento de desconfiança que atravessava o CR e, por outro, da situação de impasse em que o Conselho encontrava. Apesar de reconhecerem existir essa ameaça, outros conselheiros discordaram dessa posição e o assunto foi mesmo discutido. O próprio Presidente, embora reconhecesse existirem os inconvenientes apontados por Lourenço, reafirmou o desejo de ouvir o CR sobre este tema, manifestando desde logo a possibilidade de poder vir a exercer o seu direito de veto. Vasco Lourenço considerou então que a aplicação de uma amnistia seria uma boa medida, que poderia contribuir para pôr termo a muitos dos divisionismos que existiam nas Forças Armadas, tendo sido acompanhado por Vítor Alves, que considerou que uma amnistia poderia resolver alguns problemas que não tinham sido resolvidos e que causavam ainda graves perturbações na instituição militar, defendendo, no entanto, que essa amnistia deveria ser acompanhada por outras medidas a adoptar pelo próprio CR, nomeadamente pela reintegração dos oficiais afastados por deserção após o 25 de Novembro. Pelo contrário, Ribeiro Cardoso manifestou dúvidas quanto à competência da Assembleia para decretar amnistias relativas a faltas disciplinares e estranheza por ainda não terem sido feitos os julgamentos de

(666) Durante a votação, o deputado Francisco Salgado Zenha questionou: «que espécie de Estado democrático é este em que o Parlamento só pode amnistiar o civil e não o militar, o criminal e não o disciplinar», *Diário de Lisboa*, 19-4-1979, p. 7.

todos os implicados nos pronunciamentos ocorridos durante o processo revolucionário.([667])

Este debate integra-se num ambiente de aproximação entre vencedores e vencidos do 25 de Novembro, que alguns sectores civis e militares identificaram como de renascimento do MFA, e que marcaria o 5.º aniversário do 25 de Abril.

No dia 22 de Abril realizou-se na Estufa-Fria, em Lisboa, um almoço que reuniu mais de mil oficiais. Vasco Lourenço, um dos principais promotores da iniciativa, apelidou de «histéricos» aqueles que estavam atormentados com o regresso do MFA, esclarecendo que não tinham razão, pois o MFA não iria regressar pelo simples facto de nunca se ter ausentado. O encontro ficou marcado pelas intervenções de três conselheiros da revolução — Costa Neves, Vasco Lourenço e Vítor Crespo — defendendo a necessidade de «continuar Abril»([668]). Crespo referiu existirem forças no aparelho de Estado e nas Forças Armadas que alimentavam um clima de hostilidade em relação ao 25 de Abril e criticou a justiça militar, por nuns casos ter revelado uma «severidade extrema» e noutros ter demonstrado «uma grande complacência». No mesmo sentido foram as palavras de Vasco Lourenço, que afirmou não se poder permitir que os elementos que tinham participado no 25 de Abril fossem classificados de perigosos esquerdistas e alvo de perseguições políticas no interior das Forças Armadas. Lourenço fez um apelo ao cumprimento da Constituição e declarou que a democracia era «cada vez mais aparente e cada vez menos democrática», deixando um aviso: «os inimigos da democracia encontrarão a nossa firme oposição»([669]).

O almoço contou com a presença de mais sete conselheiros da revolução([670]) que estiveram lado a lado com alguns camaradas que tinham estado do outro lado da barricada no 25 de

([667]) Acta da Reunião 11–4–1979, Arquivo do Conselho da Revolução, Reuniões, Actas, vol. 7, caixa 8, IAN/TT.

([668]) *Diário de Lisboa*, 23–4–1979, p. 11.

([669]) *O Primeiro de Janeiro*, 23–4–1979.

([670]) Costa Neves, Franco Charais, Martins Guerreiro, Melo Antunes, Pezarat Correia, Sousa e Castro e Vítor Alves. Ou seja, dez dos dezanove membros do CR participaram nesta iniciativa.

Novembro.([671]) Tratava-se de uma alteração relevante em relação aos anos anteriores que não deixou de ser notada por Vasco Lourenço, que reconheceu existir um espírito diferente entre «os vencedores e vencidos do 25 de Novembro» que se traduzia numa «maior aproximação e menor reserva das suas relações»([672]). Em causa parecia estar uma nova tentativa de recuperação do ideal de um MFA animado em torno da defesa da Constituição. Era o início de um processo de reconciliação que se prolongaria nos anos e décadas seguintes. Sintomática foi a ausência de elementos da alta hierarquia das Forças Armadas que, demarcando-se da iniciativa, difundiu uma mensagem onde se informava que nem o chefe do Estado-Maior, nem o vice-CEMGFA nem os chefes dos três ramos das Forças Armadas estariam presentes em qualquer refeição comemorativa do 25 de Abril.([673])

O Presidente do CR não deixou passar em claro esta aproximação entre derrotados e vencedores do 25 de Novembro de 1975 e, no discurso que proferiu nesse 5.º aniversário do golpe militar, sublinhou que só nessa data se «reassumiu o ideal originário» do 25 de Abril, porque só a partir desse momento é que o povo passara

([671]) Estiveram também presentes no almoço Mário Tomé, Duran Clemente, Dinis de Almeida, Otelo Saraiva de Carvalho, entre outros. O jornal *Tempo* fez uma interessante comparação entre as presenças e as ausências registadas neste almoço: «estiveram lá Costa Gomes (mas não António de Spínola), Vasco Lourenço (mas não Jaime Neves), Charais (mas não Hugo dos Santos), Rosa Coutinho (mas não Pinheiro de Azevedo), Melo Antunes (mas não Loureiro dos Santos), Sousa e Castro (mas não Sanches Osório), Duran Clemente (mas não Almeida Bruno), Fabião (mas não Jaime Silvério Marques), Costa Martins (mas não Rafael Durão), Salgueiro Maia (mas não Carlos Azeredo), Pezarat (mas não Casanova Ferreira), Dinis de Almeida (mas não Garcia dos Santos), Vítor Alves (mas não Firmino Miguel), Corvacho (mas não Pires Veloso), Otelo (mas não Ramalho Eanes)». O mesmo jornal comparou as ausências e presenças dos oficiais que comandavam as colunas que se dirigiram para Lisboa: «presente Dinis de Almeida (vindo da Figueira da Foz) e Salgueiro Maia (ausente Santos Silva e Tavares de Almeida — todos de Santarém), presente Andrade e Silva (ausente Mira Monteiro — de Vendas Novas), também ausentes Alberto Ferreira, Andrade Moura — todos os que partiram de Estremoz», *Tempo*, 26-4-1979.

([672]) *O Primeiro de Janeiro*, 23-4-1979.

([673]) *Jornal Novo*, 20-4-1979.

a ser «considerado na sua globalidade» e que «a sua vontade, democraticamente expressa, passou a ser aceite como indiscutível». Eanes lembrou que até esse momento «a própria instituição militar ruíra na indisciplina e fragmentara-se na multiplicidade de alianças partidárias» e que entre essas duas datas, «perante a indefinição da fonte de legitimidade revolucionária», as Forças Armadas se tinham visto privadas da "autoridade de missão" e da capacidade de fazer respeitar o consenso nacional».

Aflorando a questão da amnistia, depois de descrever os meses do PREC como um «tempo de guerrilha e ódio, de perseguições e sevícias, de intimidação e golpes, de denúncia e prisões sem mandato, de "cerco" à Assembleia Constituinte», lembrou que muitos dos responsáveis por esses factos não tinham sido responsabilizados «por efeito da tolerância e legalidade democráticas», mas que continuavam, tal como outras formações que tinham gozado de idêntica protecção, a desenvolver acções que visavam enfraquecer ou neutralizar o aparelho militar «na esperança de assim chegarem ao poder, que a democracia lhes nega, ou à ditadura, que a nação claramente repudia».

Ramalho Eanes deixou ainda avisos dirigidos tanto aos partidos como ao interior das Forças Armadas. Aos primeiros lembrou que o período de transição acordado com os partidos políticos tinha «como razão de ser e como objectivo» estabelecer condições que permitissem «a existência de uma democracia real, em que a força militar se subordine autêntica e fielmente ao poder ao poder civil» e afirmou que as Forças Armadas esperavam que os partidos cumprissem as obrigações acordadas e respeitassem a especificidade da instituição militar. Para as segundas, depois de ter voltado a defender que a democracia pressupunha inexistência de lutas políticas no interior dos quartéis e a relembrar que seriam afastados das fileiras todos aqueles que não acatassem tal sujeição, afirmou que só tinham lugar nas Forças Armadas os cidadãos que, embora de quadrantes diversos, aceitassem a legitimidade democrática, que se traduzia, na instituição militar, «pelo serviço apartidário em prol da Nação»([674]).

([674]) Mensagem do CEMGFA, 25-4-1979, Arquivo do Conselho da Revolução, Documentos apresentados ao CR, caixa 35, n.º 353, 2-5-1979, doc. 6.

Poucos dias depois, o Presidente voltaria a abordar estes temas. Numa entrevista publicada no *Diário de Notícias*, afirmou que o MFA tinha cumprido a sua missão patriótica através da institucionalização da democracia e que tentar ressuscitá-lo só poderia «prejudicar a unidade das Forças Armadas». Sobre a amnistia deu a entender que poderia recorrer ao veto, afirmando que tomaria as decisões necessárias para «manter a estabilidade e disciplina das Forças Armadas» e, referindo-se ao CR, sustentou que «a experiência política recolhida no período 74–76» tinha levado os partidos a compreenderem a sua existência e prevê-la expressamente na Constituição, admitindo no entanto que as razões que tinham levado os partidos a defender essa solução tivessem sido diferentes e que parte delas não ficara «imutável com o rodar do tempo». Não obstante, defendeu que desde a sua eleição as intervenções do CR não tinham sido «determinantes nem essenciais», ou seja, que nenhuma crise nem nenhuma dificuldade governativa poderia ser imputada à actuação do Conselho. Relativamente ao futuro, salientou que no pacto estabelecido com os partidos na sequência do 25 de Novembro tinha ficado «claramente assente que o CR se extinguiria terminado que fosse o período de transição» e que, nesse sentido, o Conselho terminaria «automaticamente» quando se realizasse a revisão constitucional, «competindo aos deputados determinar» quais os órgãos que receberiam «as funções de ordem política» transitoriamente atribuídas ao CR.([675])

A questão da amnistia entronca assim num contexto particular em que por um lado se assiste a uma aproximação entre vencedores e vencidos do 25 de Novembro, que não era bem vista pelo Presidente do CR, e, por outro, e à intensificação do debate em torno da revisão da Constituição e da extinção do Conselho. Este último tema chegou mesmo a ser debatido pelos conselheiros em duas reuniões realizadas em Maio de 1979, após Ribeiro Cardoso ter chamado a atenção para o facto de nem o Pacto nem a Constituição estabelecerem claramente uma data para a extinção do CR.([676])

([675]) *Diário de Notícias*, 5-5-1979.

([676]) Curiosamente, a Acta da primeira reunião em que esta questão foi debatida não está no arquivo do CR. No seu lugar existe uma nota manuscrita, não assinada

Depois de aprovado e publicado o diploma, a Comissão Constitucional foi chamada a pronunciar-se sobre a sua constitucionalidade. A maioria dos seus membros entendeu que a concessão da amnistia era da competência exclusiva da Assembleia da República, pelo que entendia que o decreto não era inconstitucional. Não foi esse, no entanto, o entendimento de dois elementos da Comissão que votaram vencido. Afonso Cabral de Andrade deixou expresso o seu entendimento de que o diploma, «enquanto aplicável a militares», se apresentava em manifesta discordância com o disposto na Constituição([677]) e Jorge Figueiredo Dias, numa extensa declaração de voto que traçava a linha histórico-evolutiva do conceito de amnistia, defendeu que o decreto era inconstitucional

---

e não datada, que indica que a acta se encontra na posse do Presidente da República. No entanto, não existe qualquer referência a esse documento nem no arquivo da Presidência da República nem no arquivo pessoal do general Ramalho Eanes. Na segunda reunião em que este assunto foi debatido, Melo Antunes defendeu que aquilo que ficara acordado é que o Conselho existiria durante o período de transição e que, embora não tivesse ficado estipulada qualquer data, tinha ficado claro que esse período de transição terminaria assim que fosse promulgada a lei de revisão constitucional, a ser elaborada pela Assembleia da República. No decurso do debate foi referida a existência de um «comprometimento, ou pacto secreto» estabelecido com os líderes partidários, mas, para o Presidente da Comissão Constitucional, qualquer solução alternativa só poderia «ser fruto de outras negociações que as condições históricas» viessem a determinar. Acta da Reunião 14-5-1979, Arquivo do Conselho da Revolução, Reuniões, Actas, vol. 7, caixa 8, IAN/TT.

([677]) Afonso Cabral de Andrade entendia que cabia ao CR conceder uma amnistia a aplicar aos militares: «mal ou bem — não interessa discuti-lo —, a Constituição estabeleceu uma divisão da competência política e legislativa entre a Assembleia da República e o CR (artigo 114.°, n.° 1). Sendo assim, se não se acatar essa separação, se não se respeitar a divisão de competências, poderemos cair numa situação em que um dos órgãos possa inutilizar por completo a acção de outro ou outros. Julgo, pois, que o diploma em exame se apresenta como não respeitando a lei fundamental, na medida, como disse, em que é aplicável a militares. Votaria, assim, a sua inconstitucionalidade». *Pareceres da Comissão Constitucional*, 8.° volume, Tribunal Constitucional de Portugal, 2012, p. 55. Disponível em: www.tribunalconstitucional.pt/tc/content/files/biblioteca/cc/cc_volume_08.pdf.

por ir contra a separação e interdependência de poderes estabelecida na Constituição.(678)

Coube a Melo Antunes, na qualidade de Presidente da Comissão Constitucional, apresentar o parecer e sugerir a sua aprovação. Mais uma vez ficaram patentes as divisões existentes entre os conselheiros. Os chefes militares, Souto Cruz (vice-CEMGFA), Pedro Cardoso (CEME), Sousa Leitão (CEMA) e Lemos Ferreira (CEMFA), aos quais se juntaram os conselheiros Almeida e Costa, Canto e Castro, Garcia dos Santos e Ribeiro Cardoso, manifestaram posições semelhantes ao membros da Comissão Constitucional que tinham votado vencido, ou seja, consideravam que a Assembleia não tinha competência para aplicar amnistias no campo militar.

Fundamentando-se nos argumentos jurídicos apresentados por Cabral de Andrade e Figueiredo Dias, o vice-CEMGFA considerou que estender a amnistia aos domínios disciplinares e estatutários violava «de forma clara e insofismável» a Constituição e defendeu que a amnistia traria «graves implicações ao normal funcionamento das Forças Armadas», lamentando que a hierarquia não tivesse sido ouvida pela Assembleia que, desse modo, poderia ter avaliado as consequências das medidas propostas. Souto Cruz afirmou mesmo que «ao interferir de forma tão ostensiva num domínio de exclusiva competência da Instituição Militar», a Assembleia da República tinha criado «um factor altamente desestabilizador no seio das Forças Armadas». O chefe do Exército, Pedro Cardoso, chamou

(678) «Logo se vê que atribuir ao Conselho da Revolução competência exclusiva para a definição e sancionamento de quaisquer infracções — criminais, disciplinares ou "estatutárias" — de carácter militar e conferir à Assembleia da República competência para as amnistiar é substituir a uma filosofia de consenso uma estrutura de conflito sistemático entre aqueles dois órgãos de soberania e, nesta medida, não só violar a competência definida no artigo 148.°, n.° 1, alínea a), como infringir materialmente o disposto no artigo 114.°, n.° 1. Só, pelo contrário, atribuindo ao Conselho da Revolução a competência para amnistiar as infracções que apenas ele pode criar, definir e sancionar, se estará dentro da filosofia de consenso que o respeito e a defesa da Constituição incondicionalmente impõem.» *Pareceres da Comissão Constitucional*, 8.° volume, Tribunal Constitucional de Portugal, 2012, p. 59. Disponível em: www.tribunalconstitucional.pt/tc/content/files/biblioteca/cc/cc_volume_08.pdf.

a atenção para o facto de se tratar de uma lei que na prática seria aplicada a poucos civis, pelo que se deveria interpretar como uma tentativa de «dirigir e regular matéria essencialmente militar». Para Pedro Cardoso, a orientação da Comissão Constitucional anulava «por completo a transitoriedade da separação de estruturas e de poderes soberanos válida durante a primeira legislatura» e ignorava ou minimizava «as particularidades da vida militar». No mesmo sentido, o chefe da Armada defendeu que a amnistia constituía «uma grave limitação à acção de comando», ao coarctar, «aos responsáveis militares, a utilização de instrumentos de administração da justiça e da disciplina», indispensáveis ao cumprimento das missões constitucionais atribuídas às Forças Armadas, impedindo que se fizessem apreciações profissionais e morais sobre a conduta dos militares. Para Sousa Leitão, o diploma em causa não constituía um elemento pacificador mas, pelo contrário, seria um factor de divisão, uma vez que forçava «a reinserção na instituição militar de elementos cujas infracções e comportamentos inerentes» tinham já sido objecto de público repúdio. Lemos Ferreira defendeu que a aplicação da lei levaria a uma «total manietação das Forças Armadas, vindo a actuar como um autêntico "dissolvente"» e chamou a atenção para o perigo de que no futuro todas as actividades políticas desenvolvidas no âmbito das Forças Armadas pudessem vir a ser amnistiadas «conforme os desejos das forças políticas dominantes».

A favor da amnistia destacaram-se os conselheiros históricos: Costa Neves, Franco Charais, Marques Júnior, Martins Guerreiro, Melo Antunes, Pezarat Correia, Sousa e Castro, Vasco Lourenço, Vítor Alves e Vítor Crespo.

Melo Antunes chamou a atenção para o facto de o parecer apenas não ter sido subscrito por dois dos nove membros da Comissão Constitucional e defendeu que tal matéria pertencia ao domínio exclusivo da Assembleia. O Presidente da Comissão Constitucional não ignorou que pudessem surgir problemas, mas defendeu que o CR tinha poderes para os evitar e que se poderiam encontrar soluções para os casos de militares que demonstrassem não possuir o perfil para permanecer nas fileiras. Irónico, Vasco Lourenço congratulou-se «com a preocupação manifestada por alguns conselheiros em considerarem que a lei da amnistia representava uma intromissão da Assembleia da República na competência do Conselho, provocando-se, assim, o seu esvaziamento», e fez votos para que essa preocupação se mantivesse e esses conselheiros não voltassem a defender «um apagamento quase total do CR».

Como notou Vasco Lourenço, a discussão em torno da lei de amnistia provocou uma alteração no posicionamento tradicional dos conselheiros. Os chefes militares que vinham defendendo um esvaziamento das funções do CR, quer em benefício dos Estados-Maiores e da hierarquia tradicional das Forças Armadas, quer em benefício dos poderes da Assembleia e do Governo, utilizaram argumentos que noutras ocasiões eram utilizados pelos conselheiros que defendiam um papel mais interventivo do CR, tanto na esfera política como militar. Já estes, utilizaram nesta ocasião os argumentos que vinham sendo utilizados pelas chefias militares, ou seja, que minimizavam a esfera de acção do CR.

Também o Presidente revelou a sua opinião sobre a lei de amnistia. Eanes defendeu que os elementos do Partido Socialista não «imaginavam, em toda a sua extensão, as implicações resultantes da aplicação de tal medida» e afirmou que os chefes do Estado-Maior, como responsáveis pelas Forças Armadas, teriam necessariamente de dispor dos meios para assumirem essa responsabilidade. Nesse sentido manifestou dificuldade em compreender que a Assembleia pudesse legislar numa «área de responsabilidade dos chefes do Estado-Maior sem um perfeito conhecimento das consequências daí resultantes», e defendeu a necessidade de demarcação das áreas de actuação dos diversos órgãos de soberania, revelando as suas dúvidas quanto à competência da Assembleia para actuar na área disciplinar e a sua oposição à interferência na área estatutária. Em conformidade com esta posição, e depois de medir as consequências políticas, revelou a sua determinação em não fazer qualquer cedência e anunciou que iria utilizar o seu poder de veto. Manifestando a sua opinião pessoal, declarou que, como militar, preferia que a amnistia fosse aplicada, «evitando-se, assim, o julgamento de camaradas, alguns dos quais com actuações honestas, de acordo com as suas convicções pessoais, e durante um período profundamente conturbado», mas que tal não poderia ser feito nos moldes desenhados, já que estes punham em causa «toda uma acção de comando».

Por maioria, o CR decidiu seguir a orientação constante do parecer, ou seja, não se pronunciou pela inconstitucionalidade do decreto da Assembleia da República. Conhecido o resultado, após ouvir o Conselho, o Presidente Eanes revelou que iria utilizar o seu direito de veto sobre a lei da amnistia, que ameaçava «a disciplina nas Forças Armadas»([679]).

O anunciou da decisão do Presidente, contrária à da maioria dos conselheiros, voltou a colocar na ordem do dia a questão da existência do CR e em particular a sua composição.

Poucos dias antes de se ter realizado a reunião onde a maioria dos conselheiros decidiu pela não inconstitucionalidade da lei de amnistia, o antigo conselheiro e chefe da Região Militar Norte, Pires Veloso, lançou o mote ao defender que o CR deveria ser remodelado, uma vez que a Constituição estipulava que, além dos chefes militares, do Presidente da República e do primeiro-ministro, caso fosse militar, o Conselho seria composto por catorze oficiais (oito do exército, três da Força Aérea e três da Armada), designados pelos respectivos ramos das Forças Armadas. Na opinião de Pires Veloso, os conselheiros que estavam em funções antes da entrada em funções da Constituição não tinham sido designados pelos ramos das Forças Armadas, pelo que questionava a constitucionalidade dos decretos que tinham fixado a composição do CR.([680])

Na semana seguinte à divulgação das críticas de Pires Veloso à composição do CR, *O Dia* chamava a atenção para o problema da «ilegitimidade do Conselho da Revolução», para a divisão existente entre as Forças Armadas e o CR, e referia que no interior

---

([679]) Acta da Reunião 21–5–1979, Arquivo do Conselho da Revolução, Reuniões, Actas, vol. 7, caixa 8, IAN/TT.

([680]) O decreto-lei 668/76, de 11 de Agosto, determinava que os conselheiros em funções antes da aprovação da Constituição só poderiam ser afastados em caso de morte, renúncia ou impedimento permanente verificado pelo próprio Conselho e que nesse caso a vaga seria preenchida por decisão do respectivo ramo. O decreto-lei 670/76 de 11 de Agosto enunciava os nomes dos conselheiros que se encontravam em efectividade de funções antes da entrada em vigor da Constituição. *Tempo*, 17–5–1979.

da instituição militar se assistia ao desenvolvimento de um movimento que pretendia obrigar os membros do Conselho que não tinham sido eleitos pelos seus ramos a abandonar as funções que vinham exercendo de modo a permitir que os diferentes ramos das Forças Armadas pudessem escolher democraticamente os seus representantes no CR.(681) Também o *Expresso* referia a hipótese de substituição dos conselheiros oriundos do exército, medida que estaria a ser estudada no Estado-Maior desse ramo.(682) De facto, foi tornada pública a realização de um encontro convocado pelo CEME, Pedro Cardoso, classificado como «reunião de informação e esclarecimento» e destinado a todos os comandantes das unidades militares do país, no qual se pretendia analisar o impacto da lei da amnistia. Segundo o *Tempo*, os militares não punham em causa a legitimidade da iniciativa levada a cabo pelo PS, mas discordavam da posição adoptada pelo CR, de ratificação do parecer da Comissão Constitucional e os altos comandos pretendiam reagir à atitude do CR que, na sua óptica, «deveria representar o sentir da maioria das Forças Armadas» mas, em vez disso, procedia contra essa maioria.(683) A aprovação desta lei recuperava assim a ideia de colocar em causa a representatividade do CR, que fora ensaiada, sem sucesso, nove meses antes, quando o EME promoveu a realização de um inquérito que visava conhecer a opinião dos militares sobre a aceitação e a representatividade do CR e dos conselheiros oriundos do exército naquele órgão de soberania, mas que teve pouca receptividade, uma vez que na região norte, onde eram esperados mais posicionamentos críticos em relação ao CR, apenas três oficiais se manifestaram frontalmente contra o CR, naquele que foi considerado como um «autêntico referendo à Constituição»(684).

(681) *O Dia*, 25-5-1979.

(682) *Expresso*, 26-5-1979.

(683) *Tempo*, 24-5-1979.

(684) Na mesma altura, o CEME, Pedro Cardoso, enviou a todas as unidades do Exército uma mensagem desaconselhando a participação de oficiais nas projectadas comemorações do 9 de Setembro, data que assinalava o início do MFA, em linha com o que tinha já feito o seu antecessor, Rocha Vieira, no ano anterior. Também o CEMA deliberou não autorizar qualquer tipo de comemorações dessa data. *O Jornal*, 13-8-1978.

Paralelamente, na Força Aérea, realizou-se uma reunião das chefias, onde ficou decidido rejeitar o que foi considerado como uma tentativa de ingerência em «aspectos disciplinares que fazem parte integrante da instituição militar»([685]) e, antevendo-se a aprovação da lei, aceleraram-se os processos disciplinares contra os militares acusados de envolvimento no 25 de Novembro, de modo a garantir a sua passagem à reserva compulsiva antes da promulgação do diploma.([686])

Foi neste contexto de efervescência nos meios militares que, no dia 4 de Junho, o Presidente enviou à Assembleia da República o texto onde justificada o seu veto. Entre as razões evocadas, Eanes afirmava que «no processo complexo e necessariamente difícil de normalização, reorganização, modernização e adaptação das forças armadas às suas funções numa sociedade democrática e às suas novas missões, a dissolução das responsabilidades ético-profissionais constituiria um obstáculo insuperável e um precedente de consequências imprevisíveis». Mais uma vez, Ramalho Eanes manifesta a sua concordância com uma amnistia a aplicar à responsabilidade criminal, lembrando que também as infracções disciplinares praticadas até Dezembro de 1975 tinham já sido amnistiadas.([687]) Inaceitável, em seu entender, era que «o apuramento subsequente da idoneidade moral e profissional dos militares, do domínio estatutário» não fosse atribuído exclusivamente à instituição militar.([688])

Pela primeira vez um diploma vetado pelo Presidente era reencaminhado para a Assembleia. Caso voltasse a ser aprovado pela maioria dos deputados o diploma entraria em vigor.

O Partido Socialista não ficou convencido com as razões apresentadas por Ramalho Eanes e voltou a entregar na Assembleia a lei da amnistia sem qualquer alteração. O deputado Salgado Zenha não deixou de sublinhar que, apesar do veto presidencial,

---

([685]) *Correio da Manhã*, 26-5-1979.

([686]) *Diário de Lisboa*, 24-5-1979, p. 1.

([687]) Decreto-lei n.º 729/75 de 22 de Dezembro.

([688]) Veto do Presidente da República à lei da amnistia. Arquivo do Conselho da Revolução, Assuntos tratados nas reuniões do CR, vol. 30, caixa 48, 21-5-1979, doc. 6.

tanto a Comissão Constitucional como o CR tinham declarado a integral constitucionalidade da amnistia e destacou a incapacidade da justiça militar em levar avante os julgamentos dos processos relacionados com o 11 de Março e com o 25 de Novembro.([689]) Submetido à votação, o decreto voltou a ser aprovado pela maioria absoluta dos deputados.([690]) A amnistia assumiria assim a forma de lei.([691])

Um dia depois de o Parlamento ter voltado a aprovar a lei, o chefe do Estado-Maior do Exército manifestou o seu profundo descontentamento. Num discurso proferido em Santa Margarida, Pedro Cardoso afirmou que «amnistiar nas áreas estatutária e disciplinar, sem prévia avaliação consciente dos seus efeitos» era uma «nítida invasão por parte do poder legislativo nas atribuições do poder executivo e do comando» para os quais havia órgãos de soberania competentes. O CEME considerava que se tinha praticado «uma verdadeira incompetência em razão da matéria, à revelia das responsabilidades nacionais e da comunidade militar», com a agravante de a Assembleia da República ter actuado numa área que não lhe era exclusiva. Pedro Cardoso dirigiu também críticas ao Conselho que, em seu entender, tinha neste contencioso abdicado, «inexplicavelmente, dos seus poderes legislativos para as Forças Armadas» e a alguns militares, que viam «na instituição castrense apenas um meio de se promoverem publicamente, angariando uma falsa notoriedade para servirem os seus projectos pessoais e políticos». Para o chefe do Exército era importante que o país

---

([689]) *Diário da Assembleia da República*, Série I, 1.ª Legislatura, 3.ª Sessão legislativa, número 90, 25-7-1979, pp. 3389-3403. O processo do 11 de Março só fora enviado ao Tribunal militar depois de o PS ter anunciado a intenção de apresentar um projecto de amnistia e o processo relativo ao 25 de Novembro ainda estava mais atrasado.

([690]) Votaram a favor 137 deputados (aos votos dos deputados do PS, do PCP e de três independentes, juntou-se o voto da UDP. Acácio Barreiros esclareceu que as «chantagens e ameaças que a alta hierarquia militar e em particular os chefes de estado-maior lançaram em relação a esta assembleia da República» o tinham feito mudar de posição). Votaram contra os deputados do PSD, do CDS e da ASDI e registaram-se três abstenções.

([691]) Lei n.º 74/79 de 23 de Novembro, *Diário da República*, I Série, n.º 271.

conhecesse «os propósitos de certas forças políticas de imporem às Forças Armadas medidas que o brio militar e a ética profissional» rejeitavam e que iriam «afectar a disciplina e a harmonia internas»([692]).

O comunicado divulgado pelo EMGFA ia no mesmo sentido: a lei era «negativa para a plena normalização democrática e para a estabilidade do processo de integração da instituição militar no sistema de democracia política». Não obstante, o Estado-Maior anunciava que as Forças Armadas demonstrariam a sua «determinação irreversível» em criar todas as condições para a institucionalização do regime democrático.([693])

Estas preocupações não eram exclusivas das chefias militares. António José Saraiva escreveu que se tratava, aparentemente, de «uma solução para um problema jurídico extremamente complicado». No entanto, chamava a atenção para «o plano de normalização» que estava «sendo pacientemente realizado desde Novembro de 1975» e que visava «reconstituir a unidade das Forças Armadas a partir dos bandos armados que chegaram a passear-se ostensivamente nas ruas de Lisboa», plano esse que em seu entender poderia ser posto em causa por esta lei.([694])

Entre a aprovação da lei e sua publicação em *Diário da República* passaram quase quatro meses. Neste intervalo de tempo, as chefias das Forças Armadas procuraram limitar os efeitos da amnistia impondo a passagem de vários oficiais à reserva. Entre estes destacou-se o caso de Otelo Saraiva de Carvalho que, em meados de Junho de 1979, passou compulsivamente à reserva. Esta decisão foi questionada no CR pelos conselheiros Sousa e Castro e Vasco Lourenço, que manifestaram discordância pela forma como o processo tinha decorrido.([695]) Sintomática foi também a decisão adoptada no final de Maio pelo Conselho dos Estados-Maiores, que

---

([692]) Discurso de Pedro Cardoso em Santa Margarida, 25–7–1979, *Correio da Manhã*, 26–7–1979.

([693]) Comunicado do EMGFA, *Diário Popular*, 27–7–1979.

([694]) *Diário de Notícias*, 22–6–1979.

([695]) Acta da Reunião 20–6–1979, Arquivo do Conselho da Revolução, Reuniões, Actas, vol. 7, caixa 8, IAN/TT.

proibia os militares no activo de tomarem parte ou de organizarem, sem autorização expressa, «quaisquer reuniões ou manifestações, seja de que tipo for, ainda que sob o crisma de actos comemorativos ou de homenagem»(696).

Também em Junho registar-se-ia uma nova alteração nas altas chefias militares. No dia 20, Ramalho Eanes informou o CR de que o almirante Souto Cruz iria passar, por limite de idade, à situação de reserva. Nesse sentido manifestou a intenção de nomear para o cargo de vice-CEMGFA o general Altino de Magalhães, um oficial com uma já longa carreira (era brigadeiro desde Agosto de 1973). Mais uma vez, Eanes apontou 1980 como o ano em que as Forças Armadas deveriam ocupar o seu lugar natural numa nação civil, não deixando no entanto de deixar algumas críticas aos políticos, por ainda não terem sido elaboradas pelos órgãos de soberania competentes a lei de defesa, a lei do serviço militar e «outras leis fundamentais», sem as quais a instituição militar não poderia «renovar-se de maneira progressivamente integrada e correctamente ajustada aos propósitos da Nação». A defesa, afirmou, era um imperativo de soberania e apenas a nação poderia responder por ela. Aos militares apenas cabia preparar essa defesa, uma vez que em democracia não lhes competia determiná-la.(697)

A passagem à reserva de Otelo e a rapidez com que foi nomeado Altino de Magalhães foram vistas como uma recuperação da «gradual e paulatina tomada do poder militar pelas forças institucionais», que visava contrariar o processo de aproximação entre o sector ainda maioritário no interior do CR com os derrotados do 25 de Novembro.(698)

Foi neste contexto que Vasco Lourenço escreveu uma carta a alguns camaradas, onde procurava explicar a posição que tinha assumido durante a discussão em torno do diploma da amnistia.

(696) Despacho do CCEM, 25-5-1979.

(697) Discurso do Presidente da República na tomada de posse do vice-CEMGFA, general Altino de Magalhães, 9-7-1979, Arquivo do Conselho da Revolução, Documentos apresentados ao CR, caixa 37, n.º 355, 13-7-1979, doc. 16.

(698) «Otelo: a revolução o trouxe a revolução o levou», José Miguel Júdice, *O Diabo*, 26-6-1979.

A missiva reproduzia a declaração de voto que fizera na reunião do CR onde fora analisado o parecer da Comissão Constitucional e, apesar de Vasco Lourenço ter solicitado que a mesma não fosse divulgada a qualquer órgão de comunicação social, foi rapidamente revelada a sua existência e pouco depois reproduzida integralmente por um jornal.([699]) Este episódio levou o Estado-Maior-General a divulgar uma nota oficiosa onde era feita referência à publicação de «documentos de índole política subscritos por militares» que «assumiram a forma de cartas pessoais» e que tinham sido objecto de «larga divulgação prévia». Para o Estado-Maior, esses factos infringiam as normas que visavam «impedir a perturbação político-militar bem como elementares regras de ética institucional»([700]). O divórcio entre as Forças Armadas e o CR era cada vez mais notório e evidente. Mas a crise política e governativa constituía uma oportunidade para aqueles que no interior do Conselho continuavam empenhados em manter acesa a chama da revolução.

O CR entre a queda de Mota Pinto e o governo de Pintasilgo

Apesar da rejeição da proposta de Orçamento apresentada por Mota Pinto não ter conduzido à queda imediata do governo, poucos acreditavam na sua manutenção até ao final da legislatura. A sua sobrevivência dependia em grande parte de um grupo de deputados do PSD que se demarcaram da liderança de Sá Carneiro e da estratégia de confronto e guerra aberta com o CR e com o Presidente. Dependia também de um maior envolvimento e empenhamento presidencial, mas Eanes hesitou em dar esse passo, em parte devido aos anticorpos que Mota Pinto tinha desenvolvido num importante sector do CR e porque procurou manter-se afastado de querelas partidárias.

No final de Maio de 1979, a Assembleia aprovou, graças à abstenção dos dois maiores partidos, uma nova versão do Orçamento,

([699]) No início de Junho, vários jornais referem a existência da carta e, no dia 21 de Junho, o *Tempo* publicou-a. *Tempo*, 21-6-1979.

([700]) Nota oficiosa do EMGFA, 25-6-1979.

mas nesse mesmo dia o PS e o PCP revelaram que iriam apresentar moções de censura ao governo. Dias depois, foram aprovadas pelo Parlamento várias alterações ao Orçamento e Mota Pinto voltou a apresentar o pedido de demissão, mas esse gesto não significava que o primeiro-ministro tivesse desistido e deitado a toalha ao chão.

Mota Pinto estava preparado para continuar a chefiar o governo desde que o Presidente reafirmasse publicamente a sua confiança no executivo e promovesse a dissolução do Parlamento. A ideia era que, após a previsível aprovação da moção de censura apresentada pelo PS, Eanes não aceitasse a demissão e que, após obter aprovação do Conselho, dissolvesse a Assembleia da República e anunciasse o recurso a eleições antecipadas, que deveriam ocorrer em Outubro de 1979.(701)

O CR assumia, assim, um papel central neste processo. É que o Conselho tinha de aprovar a dissolução do Parlamento, mas não era fácil obter-se uma maioria nesse sentido. Com a Assembleia dissolvida, o governo conduziria o processo eleitoral e Mota Pinto poderia procurar capitalizar essa situação de vantagem, apresentando-se como líder de uma nova formação política. Este cenário não era do agrado de vários membros do CR que, como vimos, eram muito críticos da acção governativa do antigo militante do PSD.

Quando o Presidente Eanes informou o CR de que o primeiro-ministro apresentara o pedido de exoneração e manifestou o desejo de o ouvir nos termos do artigo 146.º(702), a maioria dos conselheiros pronunciou-se a favor da aceitação da demissão do governo.(703) Com esta decisão o governo caía, mas a Assembleia continuava em funções, pelo que existiam duas alternativas: a dissolução imediata

(701) António Ramalho Eanes, *Sociedade Civil e Poder Político*, texto policopiado, tese de doutoramento, Universidade de Navarra, 2006, cap. 6, parte B, p. 175; «President Eanes's next steps», telegrama da embaixada dos EUA em Lisboa para o Departamento de Estado, 6-6-1979, Lisbon03893, State Department Cables.

(702) Este era o artigo que determinava que competia ao CR, como garante da fidelidade ao espírito da Revolução Portuguesa, pronunciar-se sobre a nomeação e a exoneração do primeiro-ministro.

(703) Acta da Reunião 6-6-1979, Arquivo do Conselho da Revolução, Reuniões, Actas, vol. 7, caixa 8, IAN/TT.

da Assembleia e marcação de eleições antecipadas ou a formação de um novo governo com apoio parlamentar maioritário.

Esta última hipótese passava essencialmente pela formação de um governo apoiado pelo PS e pelos dissidentes do PSD que tinham entretanto formado a Acção Social Democrata Independente (ASDI). No final de Junho de 1979, quando questionados sobre qual a melhor alternativa para se ultrapassar a crise política e governativa, a maioria dos conselheiros defendeu que deveria ser tentada a formação de um novo governo e que só depois de constatada a inviabilidade dessa solução se deveria partir para eleições.([704]) Apesar do impasse verificado e de parecer cada vez mais difícil a solução preconizada pelo PS, no início de Julho vários conselheiros continuavam a defender que só depois de esgotada a hipótese de formação de um novo executivo é que se deveria recorrer a eleições.([705]) Esta posição era defendida pelos dois maiores partidos da esquerda, PS e PCP, que nos encontros com o Presidente manifestaram-se contra a realização de eleições antecipadas, mas ia contra as pretensões dos partidos da direita, que recentemente tinham constituído a Aliança Democrática e desejavam eleições a curto prazo.

Começou então a desenhar-se uma solução intermédia que passava pelo anúncio da dissolução da Assembleia e pela paralela nomeação de um novo primeiro-ministro que ficaria responsável pela condução dos destinos do país até que se realizassem as eleições intercalares que não substituiriam as de 1980, pelo que a Assembleia que delas resultasse não teria poderes constituintes.

Não desejando envolver-se directamente na solução que o PS e a ASDI propunham, também o Presidente concluiu que a única verdadeira alternativa eram as eleições. Foi essa a posição transmitida ao CR na reunião realizada no dia 13 de Julho. Vários conselheiros manifestaram-se contra a estratégia do Presidente mas, apesar das reservas, a maioria do CR deu o parecer favorável à dissolução da

([704]) No dia 16 de Maio fora finalmente publicada a nova lei eleitoral. Com a publicação deste diploma (lei n.º 14/79) era removido um dos obstáculos à dissolução da Assembleia e à realização de eleições intercalares.

([705]) Acta da Reunião 4–7–1979, Arquivo do Conselho da Revolução, Reuniões, Actas, vol. 7, caixa 8, IAN/TT.

Assembleia.(706) Esta decisão apanhou de surpresa os socialistas que, até ao último momento, estiveram convictos de que o CR não iria aprovar essa medida.(707)

Esta alteração só foi possível porque nessa reunião, para conseguir obter o aval para a dissolução, o Presidente teve de fazer algumas cedências que não ficaram registadas na acta do encontro e que foram resultado de várias reuniões informais entre alguns conselheiros que assim procuravam ultrapassar o impasse registado com a recusa de Eanes em aceitar as propostas apresentadas pelo PS para a formação de um novo governo. Por um lado, ficou estabelecido que Mota Pinto não continuaria em funções e que a dissolução só seria efectuada depois de ter sido votado o programa do novo governo(708), por outro, que o futuro primeiro-ministro seria uma personalidade «independente, de reconhecido perfil ético, da área da esquerda moderada»(709). Mas o entendimento não se ficaria por aqui. O Presidente não teve apenas de negociar o perfil do novo chefe do governo. Segundo Vasco Lourenço, o grupo de conselheiros constituído em torno de Melo Antunes exigiu a nomeação de Pintasilgo para aprovar a dissolução do Parlamento, sendo que o próprio Ramalho Eanes viria a afirmar que a indigitação de Pintasilgo tinha sido feita em articulação com o CR.(710)

---

(706) Acta da Reunião 13-7-1979, Arquivo do Conselho da Revolução, Reuniões, Actas, vol. 7, caixa 8, IAN/TT.

(707) «Portugal's government crisis: last steps?», telegrama da embaixada dos EUA em Lisboa para o Departamento de Estado, 13-7-1979, Lisbon04936, State Department Cables.

(708) *Diário de Lisboa*, 14-7-1979, p. 9.

(709) António Ramalho Eanes, *Sociedade Civil e Poder Político*, texto policopiado, tese de doutoramento, Universidade de Navarra, 2006, cap. 6, parte B, pp. 237-238.

(710) «Fomos nós que pusemos essa condição... ele compromete-se a nomear a Maria de Lourdes Pintasilgo para o governo que vai preparar as eleições, que vem a ser o governo dos 100 dias, e nós damos o parecer favorável à dissolução da Assembleia» — Entrevista de Vasco Lourenço a Maria Inácia Rezola. Por seu lado, Ramalho Eanes afirmaria que, «embora gostasse muito de assumir» que fora sua a escolha, a indigitação de Pintasilgo foi feita «em diálogo com o CR», entrevista de Ramalho Eanes a Maria Inácia Rezola. Maria Inácia Rezola, *Melo Antunes. Uma Biografia Política*, pp. 635-636.

Foi com este entendimento prévio que se desenvolveram as consultas com os partidos políticos, consultas essas em que o nome da chefe da delegação permanente de Portugal na ONU surgia entre outras alternativas que verdadeiramente não o eram.([711]) Foi também já na base deste entendimento que, na reunião do CR de 18 de Julho, os conselheiros defenderam que o futuro primeiro-ministro deveria ser uma «figura apartidária, com elevado prestígio», dotado «de grande capacidade de diálogo» e que deveria também «ser garantia da fidelidade aos princípios definidos pela Revolução de Abril e consignados na Constituição portuguesa»([712]), o que muitos conselheiros entendiam não suceder com Mota Pinto. Tratou-se portanto de um mero pró-forma a comunicação feita por Eanes ao CR, no dia 19, de que era sua intenção indigitar para o cargo de primeiro-ministro a Eng.ª Maria de Lourdes Pintasilgo. Recebida com «uma acentuada concordância», não se registou, no entanto, um aplauso unânime. Vários conselheiros declararam não possuir «um conhecimento muito profundo da personalidade indigitada», mas manifestaram concordância com a decisão do Presidente.([713]) Desta vez, os históricos conseguiram uma vitória que, obviamente, não foi bem recebida pelos partidos que desejavam eleições a curto prazo.

Ignorando as tensões existentes no interior do CR e entre este órgão de soberania e o Presidente da República, o líder do PSD denunciou a indigitação de Pintasilgo como um primeiro passo para a instalação de um regime presidencial militarista que poderia colocar em causa a implantação de uma democracia de tipo

---

([711]) Nesses encontros com os partidos, Eanes referiu os nomes de Jacinto Nunes, ex-vice primeiro-Ministro; Nobre da Costa, primeiro-ministro do III Governo; Isabel Magalhães Colaço, ex-membro da Comissão Constitucional e professora catedrática da Faculdade de Direito de Lisboa; Ferrer Correia, professor catedrático da Faculdade de Direito de Coimbra e administrador da Fundação Gulbenkian; Almeida Ribeiro, antigo bastonário da Ordem dos Advogados; e Eduardo Correia, ministro da Justiça do IV Governo.

([712]) Acta da reunião do Conselho da Revolução, 18–7–1979, IAN/TT, Arquivo do Conselho da Revolução, Actas, vol. 7, caixa 8.

([713]) Acta da reunião do Conselho da Revolução, 19–7–1979, IAN/TT, Arquivo do Conselho da Revolução, Actas, vol. 7, caixa 8.

ocidental.[714] Dias mais tarde, em entrevista à RTP2, reafirmou estas críticas e defendeu que a futura primeira-ministra não asseguraria a isenção e imparcialidade que deveriam nortear a acção de um governo que tinha como missão assegurar a realização de eleições.[715] Sá Carneiro temia que, caso a AD não alcançasse a maioria dos assentos parlamentares, Pintasilgo pudesse continuar a liderar o governo com o apoio tácito do PCP e do PS.[716]

Diversos comentadores e analistas políticos também questionavam as razões que tinham levado o Presidente a seguir, para a investidura de um governo de gestão, um processo de nomeação semelhante ao de um governo constitucional normal, exigindo a apresentação de programa político perante a Assembleia da República.[717] Várias foram também as vozes que voltaram a defender o referendo. Por exemplo, Medeiros Ferreira lamentou que Eanes não tivesse pretendido assumir um papel de liderança num período «autenticamente democrático em que o referendo fosse o acto fundador e unificador da expressão da soberania popular»[718]. Também António José Saraiva defendeu o referendo. Num artigo publicado no *Diário de Notícias*, questionou a legitimidade da lei

---

[714] «Right blasts Pintasilgo and Eanes'», telegrama da embaixada dos EUA em Lisboa para o Departamento de Estado, 23-7-1979, Lisbon05208, State Department Cables.

[715] *Diário de Lisboa*, 25-7-1979, p. 5.

[716] «Election campaign 1: PSD strategy», telegrama da embaixada dos EUA em Lisboa para o Departamento de Estado, 3-8-1979, Lisbon05544, State Department Cables.

[717] «Actuação preocupante», Torquato da Luz, *Jornal Novo*, 18-7-1979. No mesmo sentido, Francisco Sousa Tavares manifestou-se contra a nomeação de um executivo de gestão completamente novo. «Um processo absurdo», Francisco Sousa Tavares, *A Capital*, 20-7-79.

[718] Medeiros Ferreira não partilhava, contudo, a ideia de Sá Carneiro, que via em Eanes um projecto de poder pessoal. Pelo contrário, Medeiros Ferreira esclarecia: «a sua recusa em dirigir a evolução do regime democrático retira a este força e autoridade e diminui a dimensão de homem de Estado que eu sei, e os portugueses sabem, existir em Ramalho Eanes»; «Só os conservadores e os revolucionários totalitários, ou os adeptos do poder pessoal, poderão lucrar com o apagamento do Presidente da República». «Uma porta que se fecha?», José Medeiros Ferreira, *Diário de Notícias*, 18-7-1979.

eleitoral utilizada nas eleições de 1975, uma vez que esta tinha sido elaborada por um governo provisório, o que o levava a colocar em causa a legitimidade democrática da Constituição de 1976. Referindo-se ao CR, sublinhou que a sua legitimidade resultava apenas da Constituição, que não tinha sido eleito e que portanto não detinha «qualquer parcela de soberania popular». Distinto era o caso do Presidente, que possuía uma legitimidade própria, baseada no sufrágio, razão pela qual defendia que Eanes tinha «capacidade jurídica e política, independentemente da Constituição, para consultar a base que o elegeu»([719]).

Demonstrando publicamente o descontentamento com a escolha de Pintasilgo, nenhum representante dos partidos da AD esteve presente na tomada de posse do V Governo. Dias depois da tomada de posse, Sá Carneiro acusava o Presidente de pretender desprestigiar os partidos, de os querer «liquidar» e de procurar dividir as forças políticas civis em conjunto com «a maioria melo-antunista do Conselho da Revolução», chamando também a atenção para o perigo da acumulação de funções como Presidente e como CEMGFA.([720])

Estas declarações do líder do PSD foram analisadas no Conselho, depois de Melo Antunes ter alertado para «a gravidade do que representava para o prestígio das instituições democráticas» o conteúdo desse artigo. Outros conselheiros manifestaram preocupações semelhantes, destacando «a gravidade dos ataques» que vinham sendo dirigidos às instituições democráticas através de artigos publicados em vários órgãos de comunicação social. O CR não aprovou nenhuma atitude concreta e, na mesma reunião, recusou viabilizar uma proposta para que fossem atribuídas indemnizações aos militares que tivessem sofrido perseguição política durante o Estado Novo e que por esse motivo tinham sido prejudicados nas suas carreiras. Esta proposta, apresentada por Pezarat Correia, não foi aceite pela maioria dos conselheiros. Entre os vencidos encontrava-se Vasco Lourenço, que deixou mais uma vez expresso

([719]) «A Constituição de 76 e a legitimidade democrática», António José Saraiva, *Diário de Notícias*, 20–7–1979.

([720]) «Hipocrisia institucional», Francisco Sá Carneiro, *Textos*, 6.º volume, 1979, Instituto Sá Carneiro, pp. 138–141.

o seu profundo descontentamento. Em sua opinião o Conselho insistia em tomar decisões que favoreciam «os inimigos de Abril e outras que não favoreciam os lutadores contra o regime derrubado por aqueles que o CR aqui devia representar»([721]).

Apesar destas críticas, Vasco Lourenço assumia publicamente uma postura menos severa. Por ocasião do 6.° aniversário da reunião fundadora do que viria a ser o MFA([722]), este conselheiro publicou um artigo no semanário *O Jornal* onde fazia um balanço positivo da acção do CR. Embora não escondesse o desagrado por muitos dos procedimentos adoptados por este órgão de soberania, que considerou pouco revolucionário, Lourenço louvou a sua acção fundamental «em termos de consolidação da democracia». Nesse sentido notava que o CR tinha permitido que não se tivesse repetido um dos maiores erros da I República (a existência de «discussões políticas permanentes no interior dos quartéis»), ao se ter transformado numa «autêntica almofada» que sofria os embates daqueles que o criticavam por ser pouco revolucionário, mas também dos que consideravam que o CR tinha demasiados poderes. Para Vasco Lourenço era importante impedir que quaisquer militares tentassem «assumir poderes e missões políticas que só ao CR pertencem», uma vez que desse modo estaria novamente introduzida no interior dos quartéis a discussão política e colocado em perigo o apartidarismo das Forças Armadas, que este conselheiro fazia questão de diferenciar de «apolitismo»([723]). Por esclarecer ficava uma questão: Como seria possível garantir a consolidação democrática com um CR mais activo e empenhado política e militarmente como preconizava este e outros conselheiros da Revolução? O efeito «almofada»

([721]) Acta da Reunião 8–8–1979, Arquivo do Conselho da Revolução, Reuniões, Actas, vol. 7, caixa 8, IAN/TT.

([722]) A efeméride voltou a não ser assinalada oficialmente. Um mês antes, o CEME enviou a todas as unidades do seu ramo uma mensagem desaconselhando a participação nas comemorações do 9 de Setembro. Posição idêntica foi adoptada pelo CEMA que, embora não divulgando qualquer mensagem, deliberou numa reunião de comandos não autorizar qualquer tipo de comemorações do 9 de Setembro. *O Jornal*, 13–8–1978.

([723]) «As Forças Armadas e a democracia. O "Nove" de Setembro seis anos depois», Vasco Lourenço, *O Jornal*, 7–9–1979.

louvado neste artigo ficaria ameaçado caso o CR tivesse adoptado um perfil mais activo. As tensões e os choques amortecidos no interior do Conselho teriam inevitavelmente ultrapassado as suas paredes e alastrado pelas Forças Armadas, galgando também muito provavelmente os muros que as separavam da sociedade civil e da arena política.

Alguns acontecimentos registados neste período revelam como, apesar de se estar a aproximar o final do período de transição, ainda existiam no interior do CR forças empenhadas em reverter o processo de apagamento e moderação registado desde o início da presidência de Ramalho Eanes.

Os conflitos no interior do CR relativamente às promoções são disso exemplo paradigmático e constituem mais um sinal da divisão entre os conselheiros históricos e os conselheiros por inerência, com os primeiros a defenderem um papel preponderante do Conselho nas promoções e os segundos empenhados em garantir a tutela dos ramos na condução desses processos.

A promoção ao posto de vice-almirante de um contra-almirante([724]), por proposta do chefe de Estado-Maior da Armada, reacendeu a polémica em torno das promoções. Segundo Martins Guerreiro, a Armada estava a seguir uma metodologia e critérios de promoção que punham em causa os valores éticos e de justiça da instituição. Guerreiro queixava-se das normas de funcionamento do Conselho de Promoções, que em seu entender favoreciam o domínio da hierarquia do sector do pessoal em todo o processo, e do peso dos factores de natureza política na apreciação dos oficiais, situação que conduzia em alguns casos «a uma verdadeira discriminação política» e que punha em causa o respeito pela hierarquia.([725])

Estas acusações foram refutadas pelo CEMA, Sousa Leitão, que afirmou que as normas de funcionamento e o peso e influência dos oficiais eleitos não sofreram alterações desde finais de 1975 (em doze membros, seis eram eleitos) e que recusou a ideia de que na apreciação dos oficiais fossem considerados factores ou critérios

([724]) Tratava-se do contra-almirante Gabor Patkoczy.

([725]) Acta da Reunião 17–10–1979, Arquivo do Conselho da Revolução, Reuniões, Actas, vol. 7, caixa 8, IAN/TT.

de natureza política. Passando ao contra-ataque, Sousa Leitão afirmou que Martins Guerreiro não tinha o direito de, «através de acusações violentas, injustas e infundamentadas, pôr em causa a conduta ética do CEMA, dos almirantes e comandantes» que o coadjuvavam, que a coesão e a dignificação da Armada constituíam «a maior preocupação do CEMA e da hierarquia» e que por isso iriam prosseguir «os seus esforços para conseguir eliminar os efeitos de uma acção, anterior ao 25 de Novembro de 1975, em que, através de práticas, essas sim comprovadamente discricionárias e de subversão dos valores éticos fundamentais, claramente dirigidos a objectivos políticos, se pretendeu destruir a Marinha»(726).

Neste caso, venceu a posição preconizada pelo chefe da Armada. Desfecho diferente teve um conflito entre o chefe do Exército e a maioria dos conselheiros da Revolução que não aprovaram várias promoções propostas por Pedro Cardoso.(727)

Na sequência deste episódio, o CEME apresentou uma longa exposição aos seus colegas do CR. Começando por afirmar que não tinha sido surpreendido por algumas declarações de voto dos seus pares, o chefe do Exército defendeu que as críticas ao sistema de promoções revelavam o desagrado de alguns membros do CR pelo «regresso prematuro à hierarquia antes de se ter completado o processo revolucionário» que tinha guindado «a altos postos

(726) Acta da Reunião 14-11-1979, Arquivo do Conselho da Revolução, Reuniões, Actas, vol. 7, caixa 8, IAN/TT. Na reunião realizada no dia 12 de Dezembro, Martins Guerreiro leu uma extensa intervenção onde apresentava elementos que em seu entender contrariavam a resposta que tinha sido dada pelo CEMA. Nela, Martins Guerreiro afirmava que ficava claro que não defendia que os subordinados elegessem os chefes, mas que era importante assegurar processos democráticos e participativos no interior das Forças Armadas, apesar de esta ser uma estrutura fortemente hierarquizada. Sousa Leitão limitou-se a declarar que não concordava com o conteúdo da comunicação de Martins Guerreiro e que não iria responder. Acta da Reunião 12-12-1980, Arquivo do Conselho da Revolução, Reuniões, Actas, vol. 8, caixa 9, IAN/TT.

(727) Acta da Reunião 29-10-1979, Arquivo do Conselho da Revolução, Reuniões, Actas, vol. 7, caixa 8, IAN/TT. Entre estas destaca-se a não aprovação da promoção a general do brigadeiro Renato Marques Pinto. O CEMFA, Lemos Ferreira, que votou ao lado do seu colega do exército, criticou o facto de o CR ser a sede para avaliar as promoções a oficial general.

da hierarquia, por promoção ou graduação, alguns dos principais intervenientes da Revolução». Pedro Cardoso manifestou o seu empenho em «abolir a conspiração, arrumar a revolução, restaurar a disciplina, a harmonia e a convivência, reatar as tradições, a motivação e a profissionalização e garantir a isenção partidária e garantir a isenção partidária dos que se envolveram nas contradições do processo revolucionário, dos que o acompanharam ou ainda dos que, consciente ou inconscientemente, foram dele afastados».

Referindo-se às promoções a oficial general, o CEME lembrou que, desde que assumira funções, quase todos os conselheiros do exército vinham recusando as suas propostas de promoções, rejeitou a alusão à utilização de factores e critérios de natureza política e recusou as insinuações, várias vezes feitas em reuniões do CR, sobre a existência de perseguições políticas no ramo que comandava, solicitando que Vasco Lourenço concretizasse as afirmações que fizera nesse sentido. Por outro lado, enjeitou a aplicação do conceito de ultrapassagem nos casos de promoção a oficial general([728]), lembrando que nestas situações a promoção era feita por escolha e por mérito.

Pedro Cardoso repudiou também as referências feitas numa declaração de voto de Vasco Lourenço ao «ambiente de descontentamento generalizado e de autêntica bipolarização» vivido na instituição militar, e descreveu o exército como uma «instituição disciplinada e digna», que era uma das poucas que se tinha restabelecido da «anarquia» em que o país se envolvera e que garantia as condições «para enfrentar um sistema de plena democracia e o respeito pela Constituição».

No final da exposição, o CEME asseverou que continuaria «a denunciar e a opor-se a todas as tentativas conspirativas ou reivindicativas» que alguns conselheiros da revolução vinham procurando levar a efeito quando se intrometiam «na vida das unidades e na

([728]) Este foi o argumento utilizado por Garcia dos Santos para votar contra a promoção de dois oficiais. Acta da Reunião 29–10–1979, Arquivo do Conselho da Revolução, Reuniões, Actas, vol. 7, caixa 8, IAN/TT.

competência dos comandantes», interferindo «com a cadeia de comando institucionalmente estabelecida»([729]).

Estas considerações sobre a existência de tentativas conspirativas de alguns conselheiros foram questionadas por Pezarat Correia, que as considerou muito graves, instando Pedro Cardoso a revelar quem eram os conselheiros envolvidos em tentativas conspirativas, quais os factos a que era atribuída natureza conspirativa e contra quem conspiravam esses membros do CR.([730])

Outro tema polémico revelador do clima de tensão vivido no interior do CR neste período prendeu-se com a frequência de elementos do Conselho no curso de Defesa Nacional promovido pelo Instituto de Defesa Nacional. O Presidente do CR propôs que esse curso fosse frequentado por três conselheiros dos três ramos das Forças Armadas e que a sua indicação fosse feita pelos respectivos chefes de Estado-Maior. O chefe do Exército indicou Melo Antunes, o da marinha Vítor Crespo e o da Força Aérea Canto e Castro. No entanto, dada a dificuldade de Melo Antunes conciliar a frequência no curso com as suas responsabilidades na Comissão Constitucional foi indicado Vítor Alves, que não estava presente nessa reunião, ficando desde logo estabelecido que caso Vítor Alves também não dispusesse de tempo suficiente a vaga deveria ser ocupada por Pezarat Correia.

Sucede que Vasco Lourenço e Pezarat manifestaram-se prontamente contra este processo de escolha, tendo defendido que deveria ser utilizado o critério das antiguidades. Pezarat solicitou ainda esclarecimentos ao CEME por este apenas ter indicado o seu nome em terceiro lugar, atrás de dois oficiais mais modernos. Pedro Cardoso revelou que tinha seguido um critério pessoal e Eanes, na qualidade de CEMGFA, manifestou a sua oposição ao critério de antiguidades, defendendo que os chefes de Estado-Maior deveriam efectuar as suas indicações «tendo em conta a valorização do curso e a imagem que os oficiais» tinham de dar do Conselho. Esta

([729]) Acta da Reunião 23-11-1979, Arquivo do Conselho da Revolução, Reuniões, Actas, vol. 7, caixa 8, IAN/TT.

([730]) Acta da Reunião 12-12-1979, Arquivo do Conselho da Revolução, Reuniões, Actas, vol. 8, caixa 9, IAN/TT.

afirmação levou Pezarat a abandonar a reunião, justificando essa atitude com a necessidade de fazer uma reflexão «sobre a condição de conselheiro». Já sem a presença de Pezarat, Franco Charais questionou se «o coronel Pezarat Correia se encontrava saneado nas Forças Armadas» e Vasco Lourenço sugeriu que, como forma de contornar o problema, no caso do exército fossem nomeados dois representantes do CR. Eanes manifestou a sua discordância com esta sugestão e defendeu que só deveriam ser nomeados três conselheiros, esclarecendo no entanto que, como CEMGFA, não se oporia à nomeação de Pezarat.([731]) Na reunião seguinte, Melo Antunes propôs que as indicações de Vítor Crespo e de Canto e Castro se mantivessem e que para o caso do exército fosse seguido o critério da antiguidade. A proposta não foi contestada e Pezarat foi também indicado como representante do Conselho para a frequência do curso.([732])

Estas controvérsias registadas no CR levaram alguns dos seus membros a defender a gravação das reuniões do Conselho. No final de Junho de 1979, o director dos serviços de apoio tinha apresentado um orçamento para a instalação de um sistema que permitisse o registo completo dos debates travados.([733]) O assunto não teve seguimento e, em Outubro desse ano, Vasco Lourenço solicitou cópias das actas das reuniões, sugerindo que fosse autorizada a sua distribuição aos conselheiros que manifestassem esse interesse.([734]) No mês seguinte, o Conselho, por votação, decidiu que era prematura a apreciação do debate em torno da distribuição das actas, adiando uma tomada de posição sobre esta questão.([735]) No entanto, as actas eram meros resumos das intervenções e dos

---

([731]) Acta da Reunião 19-12-1979, Arquivo do Conselho da Revolução, Reuniões, Actas, vol. 8, caixa 9, IAN/TT.

([732]) Acta da Reunião 7-1-1980, Arquivo do Conselho da Revolução, Reuniões, Actas, vol. 8, caixa 9, IAN/TT.

([733]) Acta da Reunião 20-6-1979, Arquivo do Conselho da Revolução, Reuniões, Actas, vol. 7, caixa 8, IAN/TT.

([734]) Acta da Reunião 17-10-1979, Arquivo do Conselho da Revolução, Reuniões, Actas, vol. 7, caixa 8, IAN/TT.

([735]) Acta da Reunião 7-11-1979, Arquivo do Conselho da Revolução, Reuniões, Actas, vol. 7, caixa 8, IAN/TT.

debates travados, pelo que Almeida e Costa voltou a defender «a gravação integral das reuniões e a sua posterior redução a escrito». Antevendo dificuldades na aprovação de tal medida, Almeida e Costa sugeriu que fossem estabelecidas regras claras quanto aos elementos que obrigatoriamente deveriam constar nas actas e os critérios para a apresentação de declarações de voto ou outros documentos a anexar a estas.([736])

Embora não tivesse referido, a razão para a resistência do CR em distribuir cópias das actas a todos os seus membros ou para gravar e transcrever a totalidade das reuniões era essencialmente o já mencionado problema da fuga de informações, em particular para a imprensa. Eram recorrentes os episódios de fugas que transmitiam para a opinião pública partes dos debates travados no interior do Conselho, dando uma imagem de um órgão de soberania dividido e desgastado. Estas fugas, que tinham origem no interior do próprio Conselho, eram utilizadas como armas de arremesso entre as facções existentes neste órgão de soberania, que dessa forma procuravam condicionar decisões, inviabilizar determinadas medidas e salientar as divergências.([737])

Dois meses antes das eleições intercalares de Dezembro de 1979, os conselheiros voltaram a debruçar-se sobre o regimento interno do CR. Em causa estavam também, entre outras medidas,

([736]) Acta da Reunião 23-11-1979, Arquivo do Conselho da Revolução, Reuniões, Actas, vol. 7, caixa 8, IAN/TT.

([737]) Por exemplo, em Novembro de 1979 foram divulgadas as conclusões de pareceres da Comissão Constitucional antes de o próprio CR ter efectuado a sua apreciação. Acta da Reunião 14-11-1979, Arquivo do Conselho da Revolução, Reuniões, Actas, vol. 7, caixa 8, IAN/TT.

Um dos pareceres em causa defendia a não inconstitucionalidade do decreto-lei n.º 203/78, de 24 de Julho, que esclarecia dúvidas suscitadas a propósito das atribuições conferidas pelo Regulamento de disciplina militar aos conselhos superiores de disciplina. Pezarat Correia e Vasco Lourenço defenderam a sua inconstitucionalidade, acompanhando a petição que tinha sido entregue por vários juristas na Assembleia da República junto com um parecer doutrinário de Gomes Canotilho e Vital Moreira. *Pareceres da Comissão Constitucional*, 10.º volume, Tribunal Constitucional de Portugal, 2012, pp. 45-56. Disponível em: www.tribunalconstitucional.pt/tc/content/files/biblioteca/cc/cc_volume_10.pdf

a equiparação dos membros do conselho a ministros em termos de vencimento, a criação de gabinetes para cada um dos conselheiros, o aumento das verbas para despesas de representação e a concessão do direito de petição, que visava atribuir aos conselheiros um maior controlo sobre as Forças Armadas, uma vez que os militares passavam a poder recorrer directamente ao CR, mesmo quando estavam em causa decisões tomadas pelos canais hierárquicos tradicionais.

Na reunião de dia 3 de Outubro, o CR, aprovou o diploma apresentado por Vítor Alves que criava os gabinetes dos conselheiros da revolução e designou a composição de um grupo de trabalho que ficou encarregado de completar o regimento interno deste órgão de soberania.([738])

Um mês mais tarde, o conselho debateria a questão das remunerações auferidas pelos conselheiros. O problema foi colocado por alguns elementos do CR que se queixaram das dificuldades em fazer face às despesas([739]), tendo sido analisadas várias hipóteses para resolução do problema. Alguns membros do Conselho defenderam que no contexto então vivido não deveriam ser feitas alterações a esse nível. Outros preconizaram que os conselheiros deveriam receber o mesmo que os ministros, tendo-se chegado a uma solução de compromisso: foi autorizado que os conselheiros pudessem receber até 15 000 escudos mensais para eventuais despesas no desempenho das funções, recorrendo-se para esse feito à verba «aquisição de serviços não especificados» do orçamento do CR.([740])

Apesar da cautela com que este assunto foi tratado, a imprensa não deixou de chamar a atenção para estas medidas, que pareciam indicar uma retoma dos poderes do CR, considerando-as «absolutamente incompreensíveis se se tiver em atenção que o órgão de tutela

([738]) Do grupo faziam parte Franco Charais, Almeida e Costa, Ribeiro Cardoso e Vítor Crespo, Acta da Reunião 3–10–1979, Arquivo do Conselho da Revolução, Reuniões, Actas, vol. 7, caixa 8, IAN/TT.

([739]) Os vencimentos dos conselheiros variavam em função do seu posto.

([740]) Acta da Reunião 7–11–1979, Arquivo do Conselho da Revolução, Reuniões, Actas, vol. 7, caixa 8, IAN/TT.

do regime não deverá sobreviver à prevista revisão constitucional do próximo ano»([741]).

Todos estes episódios revelam que os receios de Sá Carneiro relativamente à escolha da nova primeira-ministra tinham alguma razão de ser, não porque Pintasilgo fizesse parte de uma estratégia presidencial-militarista de Ramalho Eanes, mas por esta escolha ter ido ao encontro daqueles que, no interior do CR, vinham criticando quer as opções estratégicas e políticas do governo quer a postura moderada adoptada pelo Conselho, e defendiam a recuperação e perpetuação dos objectivos revolucionários consagrados na Constituição. Desde a queda do II Governo, vários membros do CR vinham propondo o nome de Pintasilgo para a chefia do executivo e Melo Antunes viria, aliás, a revelar que com a escolha de Pintasilgo se tinha pretendido não apenas constituir um executivo que «se limitasse a uma gestão meramente técnica mas reflectisse simbolicamente o espírito e os ideais do 25 de Abril, no sentido de promover medidas exemplares em sectores como a economia e os assuntos sociais»([742]).

Foi precisamente esse o caminho que o governo Pintasilgo procurou trilhar. Depois de aprovadas as autorizações legislativas necessárias, o Parlamento foi dissolvido no dia 11 de Setembro de 1979, tendo ficado estabelecido que as eleições intercalares se realizariam a 2 de Dezembro. Decidido a maximizar o curto espaço de tempo disponível, o governo desenvolveu uma grande acção de produção legislativa, entre a qual se destacam a instituição de um esquema mínimo de segurança social que passou a abranger mesmo aqueles que não tinham contribuído para a Caixa de Previdência, a regulamentação do Serviço Nacional de Saúde([743]), a criação das Comissões de Coordenação Regional, o lançamento das

---

([741]) «Conselho da Revolução reforça poderes», *Tempo*, 11-11-79.

([742]) Maria Inácia Rezola, *Melo Antunes. Uma Biografia Política*, p. 637. A nomeação do coronel Lousada, um oficial próximo de Melo Antunes e que fora secretário do CR, para o gabinete de Maria de Lourdes Pintasilgo, reforçaria a ideia de proximidade entre o V Governo e o CR.

([743]) Lei n.º 56/79; Luísa Beltrão e Barry Hatton, *Uma História para o Futuro. Maria de Lourdes Pintasilgo*, Lisboa, Tribuna da História, 2007, p. 253.

futuras universidades da Beira Interior e de Trás-os-Montes e Alto Douro([744]), ou a criação do Instituto do Emprego e da Formação Profissional.([745])

Esta intensa actividade de um governo com um prazo de vida tão limitado foi criticada não apenas pelos partidos da direita, mas foi também vista com reserva pelo PS, que receava alguma concorrência do governo no seu campo político.([746]) No entanto, o grande protagonismo do governo Pintasilgo acabaria por ser benéfico para os partidos da AD. O V Governo congregou contra si vastos sectores da sociedade portuguesa que se mantiveram indiferentes perante os *slogans* e as palavras de ordem lançadas pelos partidos de esquerda e por alguns conselheiros da revolução que lançavam o fantasma do regresso ao passado. Ao fim de 5 anos, o centro-direita surgia aos olhos de muitos como uma alternativa. No dia 2 de Dezembro, as eleições revelaram essa mudança. A AD conseguiu uma maioria absoluta, alcançando 45,26% dos votos, a que correspondiam 128 dos 250 lugares da Assembleia, longe dos 74 deputados eleitos pelo segundo partido mais votado, o PS que obteve 27,33%.([747]) Com a vitória da AD abriu-se uma nova fase na vida política do país e na história do CR, que fora um dos principais alvos da campanha eleitoral promovida pelas forças vitoriosas.

([744]) Leis n.º 44/79 e n.º 49/79.

([745]) Decreto-lei n.º 519-A2/79.

([746]) António Reis, «O Poder Central», in *Portugal 20 Anos de Democracia*, Lisboa, Temas e Debates, 1996, p. 80.

([747]) www.eleicoes.cne.pt/vector/index.cfm?dia=02&mes=12&ano=1979&eleicao=ar.

V.

O OCASO
(1980–1982)(*)

A vitória da AD reforçou a polémica em torno da existência do CR e do seu papel enquanto órgão de soberania. Para os partidos que constituíam a coligação vencedora das segundas eleições legislativas realizadas após o 25 de Abril, o CR era o principal responsável pelos grandes problemas que o país atravessava. Pelo contrário, um sector importante do CR e algumas forças políticas entendiam que esses problemas se deviam à limitada intervenção do Conselho, nomeadamente na defesa dos valores revolucionários, apesar das determinações e dos vastos poderes consignados na Constituição de 1976.

Essa vitória dos partidos que defendiam a rápida extinção do CR agravou as tensões existentes no interior do Conselho, que se tornou o principal alvo da maioria parlamentar e de considerável parte da imprensa. As constantes polémicas chegaram a unir em torno da defesa do CR as diferentes sensibilidades que se digladiavam no seu interior, mas tratavam-se apenas de tréguas pontuais. Continuou a verificar-se ao longo deste período a tradicional dicotomia entre conselheiros históricos e conselheiros por inerência, tendo o Presidente do Conselho desempenhado um papel determinante na preparação do desaparecimento do CR e da subordinação do poder militar ao poder civil. Foi assim possível evitar-se, quer uma revisão constitucional seguindo um modelo não previsto na Constituição (a revisão por referendo defendida pela AD), quer uma dissolução da Assembleia da República em pleno processo de

(*) David Castaño.

revisão, como preconizavam vários conselheiros, individualidades e forças políticas. Sete anos após a sua criação, o CR desaparecia e com ele fechava-se a transição constitucional. Apesar das dúvidas, reticências e ameaças, os militares regressariam ordeira e definitivamente aos quartéis.

A chegada da direita ao poder

As eleições intercalares de 1979 constituíram uma clara vitória para os partidos que preconizavam o rápido desaparecimento do CR. A campanha da AD desenvolveu-se essencialmente contra a Constituição, contra o Conselho e contra o Presidente da República. Uma das principais bandeiras eleitorais dos vencedores fora a defesa da via referendária como meio para se alterar a Constituição e assim contornar os limites materiais impostos à revisão do texto fundamental. Nas semanas que antecederam o acto eleitoral, os líderes dos dois maiores partidos que compunham esta coligação deixaram claro qual o seu posicionamento relativamente a esta questão. Sá Carneiro fez campanha a defender que o voto na AD era um desafio ao regime político-militar, que o país não era ainda plenamente democrático porque existia um poder não eleito, o CR, e que o período transitório estabelecido na Constituição tinha «de acabar rapidamente». Nesse sentido, o líder do PSD sublinhou que um dos pontos fundamentais do programa da AD era um projecto de revisão da Constituição que terminaria com o CR, descrito como um dos principais obstáculos à modernização e como um travão que bloqueava qualquer mudança, mesmo que democrática, no sistema económico e social estabelecido após o 11 de Março.([748]) Freitas do Amaral também se mostrou particularmente crítico em relação ao CR. Na pré-campanha defendeu que o CR deveria ser «pura e simplesmente eliminado» e afirmou que a AD era também «contra a formação de novos órgãos que, disfarçada ou indirectamente, servissem para assegurar a manutenção dos membros

---

([748]) Francisco Sá Carneiro, *Textos*, 6.º volume, 1979, Alêtheia Editores, pp. 170–217.

do CR, ou de alguns deles, em posições de «supremacia político--militar»([749]).

Para a AD, os principais problemas do país tinham origem na existência do CR. Esta visão era oposta àquela que era partilhada por vários membros do Conselho e por elementos das Forças Armadas que, pelo contrário, entendiam que as dificuldades se deviam à fraca intervenção do CR na defesa dos valores revolucionários e da Constituição. Apesar de descrito pelos partidos vitoriosos como um órgão homogéneo e em estreita e permanente articulação com o Presidente da República, no Conselho, como temos vindo a observar, não existia nem coesão nem uma estratégia articulada com o Presidente, tendo em vista uma perpetuação dos poderes político-militares. Estas tensões e divisões existentes no interior do CR tenderam, aliás, a acentuar-se depois de conhecidos os resultados das eleições de Dezembro de 1979. Uma análise efectuada a esses resultados pelos Serviços de Apoio do Conselho da Revolução é reveladora da diversidade de visões existente neste órgão de soberania.

No documento elaborado pelos SACR e analisado pelos conselheiros dez dias depois do acto eleitoral, era defendido que, apesar de a AD ter vencido as eleições, de ter obtido a maioria dos mandatos, de ter registado uma subida nas suas votações em todo o país e de estas também terem aumentado em termos relativos, a Aliança não tinha visto «o seu projecto aceite pela maioria do povo português». Os serviços do CR sublinhavam assim as diferenças registadas entre os números de votos obtidos por cada formação política e o número de deputados eleitos e, apesar de não questionarem a legitimidade da AD para governar, questionavam se aqueles que tinham feito da oposição ao modelo de sociedade preconizado pela Constituição a sua principal bandeira teriam legitimidade eleitoral para aplicar as mudanças que advogavam. Para os autores deste documento a afluência às urnas tinha demonstrado «que o povo português» continuava a querer «manifestar-se como sujeito do seu destino» e que essa demonstração era «uma grande vitória da democracia». Nesse sentido destacava-se, por exemplo, que o PS continuava a

([749]) *O Dia*, 31-10-1979.

ser o partido com expressão nacional mais homogénea, que as zonas do país que mais contribuíam para a formação da riqueza nacional votavam «inequivocamente à esquerda», e que ficara claro «o apoio eleitoral por parte das populações da zona à proposta da força política que mais se reclama defensora da Reforma Agrária». Esta força era a APU, a coligação liderada pelo PCP que, destacava esta análise, tinha aumentado a sua votação em quase o dobro do que a AD (a AD registara uma subida percentual de 21,9% e a APU 42,7%), tinha registado subidas em todos os círculos eleitorais, tanto em valores absolutos como em percentagem dos votos, com subidas superiores a 50% em catorze distritos e a 100% em nove, pelo que se tinha revelado também «uma força política com implantação nacional». Os analistas do CR concluíam assim que o método de Hondt tinha beneficiado a AD, que tinha conseguido eleger um deputado por cada 21 292 votantes, enquanto o PS e a APU necessitaram de 22 218 e de 23 856 votos, respectivamente, e que «se, por hipótese, as forças de esquerda com representação parlamentar (PS, APU e UDP) se tivessem apresentado coligadas ao eleitorado» o resultado «seria bem diferente», uma vez que, nesse caso, a esquerda conseguiria obter 128 mandatos e a direita apenas 118. Este documento era tão parcial e enviesado politicamente que o presidente dos SACR, Sousa e Castro, não colocando em causa os elementos estatísticos que estavam na sua base, considerou a análise incorrecta e que as suas conclusões eram de natureza ideológica.([750])

Foi neste contexto que o líder da coligação temeu que o Presidente estivesse a equacionar convidar outro dirigente do PSD para o cargo de primeiro-ministro.([751]) Dúvida que se adensou com a demora registada para se iniciarem as formalidades necessárias à tomada de posse do novo governo. No entanto, este compasso de espera apenas se deveu ao facto de o Presidente ter seguido a opinião da maioria dos membros do CR, que o aconselharam a

([750]) Análise dos resultados das eleições de 2–12–1979 elaborada pelos Serviços de Apoio do Conselho da Revolução, Arquivo do Conselho da Revolução, Assuntos tratados nas reuniões do CR, vol. 35, caixa 53, 12–12–1979, doc. 7.

([751]) Miguel Pinheiro, *Sá Carneiro*, Lisboa, A Esfera dos Livros, 2010, pp. 540–541.

iniciar os contactos formais para a formação do novo executivo só depois de terem sido publicados os resultados oficiais.([752]) Apesar das reservas e resistências, na reunião seguinte a generalidade dos conselheiros aconselhou o Presidente a proceder à exoneração da primeira-ministra e a nomear para a formação do novo governo um elemento da Aliança Democrática, tendo Melo Antunes acrescentado «que a indigitação ou nomeação do novo Primeiro deveria ser fruto das conversações que o Presidente da República viesse a ter» com Sá Carneiro.([753])

O VI Governo Constitucional tomou posse no dia 3 de Janeiro de 1980. Logo na primeira reunião do Conselho de Ministros ficou clara a intenção de se fazer um corte com o passado, ao ser anunciada a suspensão de todas as medidas tomadas pelo Governo Pintasilgo depois das eleições de 2 de Dezembro. Na apresentação do Programa de Governo, Sá Carneiro afastou a hipótese de colocar em causa a legitimidade constitucional, mas, durante os debates travados na Assembleia da República, o governo anunciou que era sua intenção desenvolver e apresentar uma lei-quadro do referendo. No discurso final, o líder do PSD rejeitou existir qualquer intenção inconstitucional, mas afirmou que a lei do referendo deveria ser discutida e avisou que a ameaça de um confronto institucional não poderia «limitar os poderes do Parlamento ou da maioria»([754]). Essa era, no entanto, uma intenção a médio prazo. Tratava-se de um governo com um prazo de validade limitado que apostava tudo nas eleições legislativas que se deveriam realizar no final do ano e que dariam origem a um parlamento com poderes constituintes.

Nesse sentido, procurando diferenciar-se e apostando numa estratégia de bipolarização, o governo pretendeu adoptar algumas

([752]) Acta da Reunião 12-12-1979, Arquivo do Conselho da Revolução, Reuniões, Actas, vol. 8, caixa 9, IAN/TT.

([753]) Acta da Reunião 19-12-1979, Arquivo do Conselho da Revolução, Reuniões, Actas, vol. 8, caixa 9, IAN/TT.

([754]) «Discurso de apresentação do Programa do VI Governo Constitucional», 12-1-1980, Francisco Sá Carneiro, *Textos*, 6.º volume, 1980, Lisboa, Alêtheia Editores, p. 11.

medidas exemplares, no campo económico e da estrutura produtiva, que provocaram inevitáveis choques com o CR.

O caso da Lei de Delimitação dos Sectores foi paradigmático. Com o argumento de que era necessário e urgente promover-se o relançamento do investimento e que este dependia em grande parte da abertura à iniciativa privada de actividades que lhe estavam vedadas pela lei em vigor, o governo, depois de obter a necessária autorização legislativa, elaborou um decreto que abria a actividade bancária e seguradora a empresas privadas. Essa abertura estendia-se a outros sectores, nomeadamente industriais, onde se pretendia estimular a concorrência entre o sector público e o sector privado. De fora ficariam apenas as indústrias de armamento, de refinação de petróleo, petroquímicas e de base siderúrgica. O governo pretendia ainda manter em aberto a possibilidade de conceder a gestão das empresas de produção, transporte e distribuição de energia eléctrica e de gás, de captação, tratamento e distribuição de água, de saneamento básico e dos serviços de comunicações postais, telefónicas e telegráficas a entidades privadas, caso tal concessão viesse a ser considerada benéfica para a realização do interesse público e fosse ao encontro dos objectivos do Plano.

O decreto foi analisado pela Comissão Constitucional, que aconselhou o Conselho a pronunciar-se pela sua inconstitucionalidade. Apenas dois dias depois de aprovado o parecer da Comissão, o CR aprovou as suas conclusões e o decreto-lei foi declarado inconstitucional.([755])

Na sequência desta decisão, o governo elaborou um novo decreto, mais moderado, que deixava de permitir a concessão a privados das empresas de energia, águas e comunicações. Apesar de a Comissão Constitucional ter reconhecido que tinham sido removidos os principais pontos que tinham sustentado a anterior

([755]) O parecer foi aprovado com os votos contra de três elementos da Comissão Constitucional. A decisão da CC foi tomada no dia 8 de Abril e, no dia 10, o CR aprovou as conclusões do parecer. *Pareceres da Comissão Constitucional*, 11.° volume, Tribunal Constitucional de Portugal, 2012, pp. 103–125. Disponível em: www.tribunalconstitucional.pt/tc/content/files/biblioteca/cc/cc_volume_11.pdf.

decisão, manteve o parecer, que, mais uma vez, foi seguido pelo CR, que declarou que esta nova versão também era inconstitucional.([756])

Na terceira tentativa, o governo conseguiu convencer a maioria dos elementos que compunham a Comissão Constitucional. Nesta última versão, o governo reconhecia a existência de um conjunto de sectores básicos vedados em absoluto à actividade da iniciativa privada e assegurava que permaneceriam na esfera público alguns sectores de actividade considerados rentáveis e que na generalidade dos Estados de Direito estavam abertos à iniciativa privada. Perante estas alterações, a Comissão entendeu que não existia «desconformidade entre as normas e princípios constitucionais» e o decreto em causa, pelo que aconselhou o CR a não se pronunciar pela inconstitucionalidade desta última versão do diploma elaborado pelo governo.([757])

Esta mudança da Comissão Constitucional não foi acompanhada pelo CR. A maioria dos conselheiros ignorou o parecer e declarou o diploma inconstitucional, mesmo depois de o Presidente Eanes ter defendido que seria «politicamente um erro grave negar a passagem daquele diploma» quando se registara uma alteração da posição da maioria na Comissão Constitucional. Para o Presidente do CR, o mais importante era garantir que os princípios fundamentais fossem salvaguardados quando o governo procedesse à regulamentação da lei.([758]) Apesar destas considerações, o CR optou por declarar a inconstitucionalidade do decreto, abrindo um conflito com o executivo.

Conhecida a decisão do CR, o executivo anunciou que não iria apresentar mais nenhuma alteração à lei, por considerar que tinham deixado de estar em causa razões jurídicas. Em comunicado, o Conselho de Ministros chamou a atenção para «o significado político do voto» do CR, sublinhando que «um órgão militar não eleito,

---

([756]) *Pareceres da Comissão Constitucional*, 12.º volume, Tribunal Constitucional de Portugal, 2012, pp. 2–12. Disponível em: www.tribunalconstitucional.pt/tc/content/files/biblioteca/cc/cc_volume_12.pdf.

([757]) *Pareceres da Comissão Constitucional*, 12.º volume, Tribunal Constitucional de Portugal, 2012, pp. 60–84. Disponível em: www.tribunalconstitucional.pt/tc/content/files/biblioteca/cc/cc_volume_12.pdf.

([758]) Acta da Reunião 20–5–1980, Arquivo do Conselho da Revolução, Reuniões, Actas, vol. 8, caixa 9, IAN/TT.

contra o parecer da instância político-jurídica competente tinha impedido a realização de um dos pontos essenciais do programa do governo AD»([759]).

Melo Antunes foi um dos elementos da Comissão Constitucional que votara vencido este último parecer. O presidente da CC considerava que o diploma abria caminho à entrada da iniciativa privada no «coração do sistema económico» (a banca e os seguros), que «visto à luz da Constituição em *vigor*», era «atingido mortalmente»([760]). Nesse sentido, propôs que o CR emitisse o comunicado que elaborara com o conselheiro Sousa e Castro. O comunicado rebatia a ideia de que o CR tinha fundamentado a sua decisão em razões políticas e não jurídicas, frisava que os pareceres da Comissão Constitucional não eram vinculativos e terminava com um forte ataque ao governo:

> «por último, não pode deixar de se lamentar que um órgão de soberania como o governo entenda poder referir-se a um outro órgão de soberania socorrendo-se de uma terminologia imprecisa, descortês e até, inusitadamente, panfletária, lastimavelmente reveladora de um espírito de confrontação que poderá ter as mais negativas consequências sobre o funcionamento das instituições democráticas».

Este episódio serviu para reavivar as divergências entre os conselheiros, tendo os chefes dos ramos manifestado a sua oposição à divulgação do comunicado nos moldes em que este se encontrava. O CEMA, Sousa Leitão, sugeriu que a última parte fosse alterada ou, preferencialmente, eliminada. Pedro Cardoso não escondeu a sua discordância quanto ao seu conteúdo e salientou as dificuldades que teria em explicá-lo aos militares do exército. Já o chefe da Força Aérea, Lemos Ferreira, considerou-o demasiado extenso e lembrou que não era apenas o governo que dirigia ataques ao

---

([759]) *Diário de Lisboa*, 23-5-1980, p. 6.

([760]) *Pareceres da Comissão Constitucional*, 12.° volume, Tribunal Constitucional de Portugal, 2012, p. 83. Disponível em: www.tribunalconstitucional.pt/tc/content/files/biblioteca/cc/cc_volume_12.pdf.

CR, «verificando-se serem frequentes as declarações públicas de hostilização ao governo» por parte de alguns conselheiros.

Não obstante estas tomadas de posição, a maioria dos conselheiros aprovou o comunicado. Sucede que, mais uma vez, o Presidente procurou exercer o seu poder moderador e defendeu que, como não tinha sido possível chegar-se a um consenso, não deveria ser emitido nenhum comunicado. Desta vez conseguiu fazer valer a sua posição. Com a excepção de Franco Charais, todos os conselheiros acabaram por concordar com a proposta e o comunicado não chegou a ser difundido, apesar dos lamentos de alguns membros do Conselho.([761])

Este caso acabou por ser benéfico para o governo. A decisão do CR, apesar de completamente legítima no quadro constitucional então vigente, concedia aos partidos da AD mais um argumento na luta que travavam contra a existência deste órgão de soberania, passando a ser utilizada como um exemplo concreto da interferência do poder político-militar na esfera governativa.

Outro foco de tensão entre o CR e o executivo desenvolveu-se no domínio da política externa. Este era outro dos sectores em que o novo governo estava empenhado em fazer um corte com o passado. Por um lado, pretendia assumir uma postura de independência em relação ao Presidente da República e ao CR, que, de acordo com a Constituição, partilhavam várias responsabilidades com o governo neste campo. Por outro lado, procurava ensaiar uma ruptura com a política externa desenvolvida pelos seus antecessores, acentuando a vertente atlântica e ocidental em detrimento das políticas de abertura a todos os países do mundo que se tinham desenvolvido desde os tempos dos governos provisórios, política essa que tinha

([761]) Acta da Reunião 2-6-1980, Arquivo do Conselho da Revolução, Reuniões, Actas, vol. 8, caixa 9, IAN/TT. Marques Júnior lamentou não ter sido possível chegar-se a uma decisão unânime quando estava em causa o ataque de outro órgão de soberania e chamou a atenção para a confusão entre a unanimidade, que não tinha existido relativamente à declaração de inconstitucionalidade da lei dos sectores e a unanimidade na defesa do CR enquanto órgão de soberania. Ramalho Eanes jogou com esta confusão e, desta forma, conseguiu evitar a divulgação de um comunicado que iria contribuir para acentuar o mau relacionamento com o executivo.

procurado estreitar relações quer com as antigas colónias quer com os países de Leste.

Este novo posicionamento do governo português foi expresso com clareza no final de Janeiro de 1980 pelo novo responsável pela pasta dos Negócios Estrangeiros, o líder do CDS, Freitas do Amaral, que numa reunião do Conselho da Europa afirmou que em Portugal tinha terminado a fase das diplomacias paralelas que geravam «inevitáveis reflexos perturbadores», que tinham acabado os tempos da «insuficiente clareza política das instituições», da inexistência de maiorias estáveis que tinham conduzido «a uma intervenção presidencial sempre imprecisa», e que o país deixaria de agir «de forma ambígua, parecendo europeu na Europa, terceiro-mundista no Terceiro Mundo, entusiasta da Aliança Atlântica em Washington e adepto do não alinhamento nas capitais do Leste Europeu»([762]).

O Presidente Eanes manifestou aos conselheiros da revolução a sua preocupação com o novo rumo dado pelo governo à política externa e manifestou o desejo de conhecer a opinião do CR sobre esta questão.([763])

O tema foi debatido no final de Fevereiro de 1980. Além das mudanças ao nível da política externa, estava também em causa a situação de Timor-Leste. O Presidente estava preocupado com a existência de perseguições aos timorenses que tinham recusado a nacionalidade indonésia e desejava intervir, uma vez que a Constituição determinava que Portugal tinha a responsabilidade de promover e garantir o direito à independência dessa antiga colónia e estipulava que essa tarefa era responsabilidade do Presidente, assistido pelo CR, e do Governo.([764])

Foi neste contexto que o conselheiro Garcia dos Santos elaborou um extenso documento onde se analisava o problema do

---

([762]) Discurso do Ministro dos Negócios Estrangeiros no Conselho da Europa, 28–1–1980, Arquivo do Conselho da Revolução, Documentos apresentados ao CR, caixa 44, n.º 362, 6–2–1980, doc. 13; Arquivo do Conselho da Revolução, Assuntos tratados nas reuniões do CR, vol. 37, caixa 55, 6–2–80, doc. 4.

([763]) Acta da Reunião 30–1–1980, Arquivo do Conselho da Revolução, Reuniões, Actas, vol. 8, caixa 9, IAN/TT.

([764]) Artigo 307.º da Constituição de 1976.

Delegação do CR recebe o Presidente da O.L.P. Yasser Arafat, 3 de Novembro de 1979.

CR oferece almoço a delegação parlamentar da Coreia do Norte, 7 de Agosto de 1981.

relacionamento entre os diferentes órgãos de soberania no âmbito das relações externas num regime semipresidencialista. Para este conselheiro, que entendia que cabia ao Presidente a definição das grandes linhas da política externa, era necessário encontrar-se um mecanismo que permitisse evitar que as mudanças de governo produzissem alterações bruscas no campo da política externa, pelo que advogava a necessidade de uma estreita colaboração entre a Presidência e o governo neste campo. Em caso de confrontação, e antes de se chegar a uma ruptura definitiva, Garcia dos Santos propunha que o Presidente dirigisse mensagens à Assembleia da República, uma vez que competia ao Parlamento apreciar os actos do governo. Foi nesse sentido que se pronunciou a maioria dos conselheiros, que defenderam «a necessidade de haver um profundo consenso entre os órgãos de soberania» que tinham responsabilidades neste domínio.

Esta visão não era, contudo, partilhada por todos os membros do CR. Ribeiro Cardoso, que apesar de notar «uma excessiva autoconfiança, um certo triunfalismo e, até, uma certa arrogância» nas atitudes do novo governo, considerou-as próprias «do vencedor que exorbita a sua própria vitória», defendeu que situações semelhantes só não tinham acontecido anteriormente porque os outros governos não tinham o «conforto» de uma maioria parlamentar e dependiam do Presidente. Ribeiro Cardoso lembrou que outros executivos tinham também manifestado «um certo desagrado em relação a algumas iniciativas presidenciais no campo da política externa (por exemplo às viagens do tenente coronel Melo Antunes)» e que nada garantia que não tivessem adoptado posições semelhantes se também tivessem o suporte de uma maioria na Assembleia da República. Acresce que, em seu entender, as medidas adoptadas pelo executivo PSD/CDS no campo da política externa poderiam ser plenamente subscritas pelo Presidente Eanes «se lhes fosse tirado um certo tom de agressividade» e se fossem comparados os programas dos governos constitucionais verificar-se-ia «claramente que o programa sobre política externa do VI Governo não briga com os seus antecessores». Nesse sentido, este conselheiro considerava que não existia «um choque entre duas concepções de política externa», mas somente «um desfasamento na intensidade e no tom duma mesma política». Relativamente aos poderes presidenciais, Ribeiro Cardoso lembrava que o PR poderia retirar a confiança ao governo, destituindo-o, e dissolver a Assembleia mediante algumas condições, pelo que tinha grandes poderes. No entanto, não tinha competência para se substituir ao governo ou à Assembleia, «porque, se assim fosse, o Presidente seria ele próprio o chefe do executivo e estaríamos perante um regime presidencialista. Tanto mais que, a assumir a validade da argumentação de que é ao Presidente que compete definir as linhas gerais da política externa, não se vê por que se não há-de aplicá-la igualmente no âmbito da política interna». A concluir, defendeu que, não existindo razões suficientemente fortes, o Presidente não deveria retirar a confiança política ao governo, por entender que uma medida dessa natureza, dada a ainda fraca implantação da democracia, poderia «fazer renascer o gérmen da "Ordem"» e, num claro recado dirigido a alguns dos seus colegas do CR, afirmou: «compreende-se que seja problemático para algumas pessoas o facto de se notarem fortes sinais conservadores neste executivo, que podem ser considerados como um prenúncio de regresso ao passado, mas desde que se aceitaram as regras do jogo democrático esse risco tem de ser aceite, a não ser que se defenda uma original democracia, amputada de um dos seus membros, a direita»([765]).

Foi na sequência deste debate que a imprensa conservadora revelou, no dia 4 de Março, que alguns membros do CR tinham analisado «alternativas revolucionárias à eventual demissão do governo». Em causa estaria um «pronunciamento militar» que, entre outros aspectos, passaria pelo afastamento dos chefes dos três ramos das Forças Armadas.([766]) Nesse mesmo dia, um comunicado do governo relativo a uma greve do sector dos transportes deu maior visibilidade a este rumor, ao considerar que as greves se inseriam «numa estratégia de afrontamento político e de desestabilização

([765]) Acta da Reunião 27-2-1980, Arquivo do Conselho da Revolução, Reuniões, Actas, vol. 8, caixa 9, IAN/TT.

([766]) Segundo os jornais *O Dia*, *A Tarde* e *O Diabo*, participaram nessa reunião os conselheiros Franco Charais, Melo Antunes, Sousa e Castro, Vasco Lourenço e Vítor Alves.

das instituições democráticas» que envolvia não apenas dirigentes da oposição mas também elementos do CR.([767])

Sá Carneiro tinha em seu poder elementos que lhe permitiram alimentar esta polémica. É que a discussão divulgada em primeira mão pelo jornal *O Dia* ocorrera de facto. Tratou-se, no entanto, de uma mera conversa informal entre alguns conselheiros no bar do edifício do EMGFA onde se reunia o Conselho. Sucede que esta conversa foi gravada e a gravação chegou às mãos do primeiro-ministro, que tratou de fazer chegar a informação à imprensa.([768])

Perante as notícias, o CR emitiu um comunicado onde estas eram consideradas «especulativas» e «caluniosas» e visavam «lançar a perturbação entre militares, provocar o confronto entre órgãos de soberania e impedir o regular funcionamento das instituições democráticas». Nesse sentido, repudiava-se «com toda a firmeza as suspeitas que sobre alguns dos seus membros foram lançadas», mas era reconhecida alguma veracidade às notícias, na medida em que era criticado «o aproveitamento desleal» que alguns órgãos de comunicação social, personalidades e instituições tinham «de documentos de trabalho ou de fragmentos dos debates travados no decorrer das sessões»([769]). O Presidente da República também se pronunciou publicamente sobre este tema, denunciando a existência de «notícias e comentários que deliberadamente distorcem, inventam ou usam de modo capcioso» determinados factos. Eanes afirmou que o CR não debatera a demissão do governo, rejeitou a existência de qualquer pronunciamento militar e fez um apelo para que o governo encarregasse a Polícia Judiciária de investigar o caso de modo a garantir que os responsáveis pela «perturbação da ordem democrática» fossem punidos.([770])

Com o argumento de que não aceitava transformar-se em polícia dos órgãos de informação, Sá Carneiro recusou dar seguimento à

([767]) Maria Inácia Rezola, *Melo Antunes. Uma Biografia Política*, p. 666.

([768]) Miguel Pinheiro, *Sá Carneiro*, Lisboa, A Esfera dos Livros, 2010, pp. 546–549.

([769]) Comunicado do CR, 5-3-1980, Acta da Reunião 5-3-1980, Arquivo do Conselho da Revolução, Reuniões, Actas, vol. 8, caixa 9, IAN/TT.

([770]) *Diário de Notícias*, 5-3-1980.

investigação defendida pelo Presidente.([771]) Um rigoroso e completo inquérito, que dificilmente chegaria a bom porto dado envolver o segredo profissional dos jornalistas, afectaria não apenas o primeiro-ministro mas também elementos do CR e das Forças Armadas que estavam envolvidos tanto na «conversa de café» como na fuga de informações. Este episódio serviu, no entanto, para acentuar as divergências existentes no Conselho. Na reunião em que foi analisada esta polémica, Vasco Lourenço afirmou que «a situação se estava a agravar e que havia conselheiros que se situavam em campos opostos», lançando ainda a dúvida de que era «objecto de preocupação específica das informações militares»([772]).

Outras duas decisões do executivo também relacionadas com a política externa contribuíram para acentuar o mau relacionamento entre estes dois órgãos de soberania.

Na senda desta estratégia de afirmação e de diferenciação levada a cabo pelo governo na esfera internacional, o executivo AD impediu que a antiga primeira-ministra, Maria de Lourdes Pintasilgo, retomasse o seu lugar como embaixadora de Portugal na UNESCO. Mas seria outra decisão similar que deixaria mais marcas nesta relação conflituosa.

Quando se deu a mudança de governo, Melo Antunes era candidato ao cargo de secretário-geral-adjunto das Nações Unidas para a Ciência e Tecnologia. O processo de candidatura iniciara-se durante o governo de Pintasilgo e contara com o apoio do Presidente Eanes, que pretendia «encontrar novas situações profissionais para os conselheiros da revolução», pois considerava que os membros do CR que tinham «maior conotação política» teriam dificuldade em voltar a integrar-se na Instituição Militar. Por outro lado, Eanes afirmaria que o afastamento antecipado de Melo Antunes seria uma maneira hábil de contribuir para que «o Conselho da Revolução fosse perdendo protagonismo político, adquirindo um perfil de

([771]) António Ramalho Eanes, *Sociedade Civil e Poder Político*, texto policopiado, tese de doutoramento, Universidade de Navarra, 2006, cap. 6, parte C, pp. 152–153.

([772]) Acta da Reunião 27–2–1980, Arquivo do Conselho da Revolução, Reuniões, Actas, vol. 8, caixa 9, IAN/TT.

actuação mais suave, tendo em vista a sua próxima extinção»([773]). Foi com estas considerações em mente que, logo após a tomada de posse, o Presidente informou o novo primeiro-ministro sobre esta candidatura. Sá Carneiro terá assegurado que o governo não iria intervir no processo, mas uma das primeiras medidas do novo responsável pelos Negócios Estrangeiros foi transmitir a desaprovação do governo perante a eventual nomeação de Melo Antunes. Confrontado com esta tomada de posição, Sá Carneiro ainda terá tentado emendar a mão, mas a oposição do governo já tinha sido transmitida ao secretário-geral da ONU.([774])

Na sequência deste incidente, Melo Antunes retirou a sua candidatura e poucos dias depois referiu-se publicamente a esta polémica afirmando que resolvera desistir da candidatura para «deixar as mãos livres ao Presidente da República, no momento em que se parecia desenhar um conflito no campo da política externa entre o Governo e o Presidente da República». Melo Antunes afirmou ainda que, «tendo em conta a evolução política operada no país», era preferível permanecer em Portugal para defender a Constituição e os ideais do 25 de Abril.([775]) Involuntariamente, os novos governantes impediram o afastamento de um dos principais elementos do CR, colocando um entrave na estratégia presidencial de progressivo apagamento deste órgão de soberania. Em vez de facilitar o afastamento de um opositor, o governo acabaria por estimular um adversário que não se fez rogado e que passou rapidamente ao contra-ataque.

([773]) António Ramalho Eanes, *Sociedade Civil e Poder Político*, texto policopiado, tese de doutoramento, Universidade de Navarra, 2006, cap. 6, parte C, p. 146, nota 587.

([774]) António Ramalho Eanes, *Sociedade Civil e Poder Político*, texto policopiado, tese de doutoramento, Universidade de Navarra, 2006, cap. 6, parte C, p. 146, nota 587; Acta da Reunião 23-1-1980, Arquivo do Conselho da Revolução, Reuniões, Actas, vol. 8, caixa 9, IAN/TT. Freitas do Amaral afirmaria mais tarde que não poderia permitir «a possibilidade de conseguir uma colocação internacional para o "teórico do MFA"» e que sugeriu como alternativa que Melo Antunes fosse nomeado chefe da Casa Militar do Presidente. Maria Inácia Rezola, *Melo Antunes. Uma Biografia Política*, p. 652.

([775]) Maria Inácia Rezola, *Melo Antunes. Uma Biografia Política*, p. 655.

Na mesma ocasião em que revelou que tinha desistido da candidatura ao cargo internacional, Melo Antunes criticou o afastamento de Maria de Lourdes Pintasilgo da UNESCO e denunciou a «apreensão de alguns meios quanto àquilo que é considerado um certo retorno da política externa portuguesa a casos que já fizeram a sua época a algumas dezenas de anos», bem como o recurso a um «tipo de linguagem favorável à intensificação da Guerra Fria». Estas afirmações foram prontamente criticadas pela imprensa de direita, que lembrou que Melo Antunes pertencia a um órgão de soberania não eleito e que o conselheiro não tinha qualquer legitimidade para se pronunciar sobre as opções de política externa do governo, acusando-o de se estar a intrometer ilegitimamente na esfera de acção do executivo. Duras foram também as reacções do presidente do Grupo Parlamentar do PSD, Pedro Roseta, que disse não estranhar as declarações de Melo Antunes, que habitualmente defendia o PCP e que foi acusado de «objectivamente fazer o jogo do PCP e da URSS». Crítica semelhante foi dirigida pela Comissão Política Nacional do PSD, que denunciou uma «nítida ingerência na área do executivo» por parte de um elemento do CR e que defendeu que Melo Antunes servia «a política expansionista da URSS»(776). Mas as críticas a Melo Antunes não vinham apenas do PSD. Mais uma vez, o CR seria um palco privilegiado para o combate, que se desenrolaria nos primeiros meses de 1980, entre duas visões distintas sobre o papel do CR na vida política nacional.

Em meados de Fevereiro, na sequência de uma votação no CR que, por maioria, vetou a promoção de um brigadeiro ao posto de general, o chefe da Força Aérea afirmou que, embora a Instituição Militar não perseguisse, pela sua própria natureza, quaisquer projectos políticos, nem interferisse directa ou indirectamente no curso político, limitando-se «a garantir o pleno funcionamento das instituições democráticas», alguns membros do CR professavam notoriamente «determinados objectivos políticos» e frequentemente procuravam interferir no desenrolar dos acontecimentos políticos. Criticando o facto de o CR rejeitar promoções que tiveram aval dos Conselhos Superiores dos ramos e de promover promoções

(776) Maria Inácia Rezola, *Melo Antunes. Uma Biografia Política*, pp. 655–658.

exclusivamente políticas, Lemos Ferreira concluía que deixara de ser possível escamotear que existia um «divórcio indiscutível entre parte do CR e a Instituição Militar»([777]).

Respondendo a esta declaração de voto, Melo Antunes fez uma intervenção de fundo, onde começou por lembrar que durante o período de transição era ao Presidente da República e ao CR que competia «o controlo político da instituição militar» e que o CR, como órgão de soberania, era «o órgão político e legislativo em matéria militar». No entanto, defendeu que o CR não poderia ser considerado um órgão de cúpula das Forças Armadas, mas sim um órgão de soberania a quem as Forças Armadas deviam obediência, tal como ao Presidente. Nesse sentido, afirmou que a tese de Lemos Ferreira tendia «a inverter a relação constitucional, atribuindo às Forças Armadas uma autonomia que levaria à subordinação do CR como órgão de soberania», o que significaria que as Forças Armadas deixariam de ter qualquer dependência política, «para além da dependência relativamente ao Presidente da República enquanto Comandante Supremo das Forças Armadas». O mesmo queria dizer, na opinião de Melo Antunes, que estavam «lançados os gérmenes da institucionalização da autonomia das Forças Armadas relativamente ao poder político, o que inquestionavelmente viria a dificultar a subordinação das Forças Armadas ao poder civil, no âmbito da organização do poder político que a futura revisão constitucional não deixará de contemplar». Esta era a mesma razão que o levava a rejeitar a tese do «apagamento progressivo do CR, já expressa no próprio Conselho», uma vez que essa «seria a melhor forma de impedir uma "pacífica" e "natural" aceitação, por parte da instituição, da sua subordinação ao poder político». Por isso, apesar de concordar com Lemos Ferreira quando este defendia que as Forças Armadas não deveriam interferir directa ou indirectamente no «livre desenvolvimento do curso político», Melo Antunes advogava que o CR não poderia deixar de ter, «sob pena de abdicação completa, uma participação activa na vida política do país», já que «o simples exercício das suas competências»

([777]) Acta da Reunião 15-2-1980, Arquivo do Conselho da Revolução, Reuniões, Actas, vol. 8, caixa 9, IAN/TT.

implicava «essa participação», que decorria do facto de o CR ser, «essencialmente, um órgão de natureza politica».

Concluindo a sua exposição, Melo Antunes sustentou que os conselheiros da revolução tinham total legitimidade, «enquanto titulares de um órgão eminentemente político», para fazerem «intervenções públicas» que reflectissem «a sua legítima preocupação de defenderem a ordem constitucional vigente», identificando-se com o papel que às Forças Armadas competia na defesa dessa mesma ordem, e recusou o argumento de que a revolução tinha terminado a partir do momento em que a Constituição tinha entrado em vigor, ou que se justificava «a completa normalização das Forças Armadas em termos da sua autonomia relativamente ao poder político». Para o Presidente da Comissão Constitucional, não existia um «divórcio indiscutível entre parte do CR e a Instituição Militar», existindo sim «divergências no interior do próprio CR quanto à natureza do órgão e, consequentemente, quanto à sua posição face às Forças Armadas» que poderiam levar «à decomposição do órgão, à sua paralisia e ao seu completo descrédito» e conduzir as próprias Forças Armadas a rejeitar «qualquer forma de subordinação ao poder político». Nesse sentido, defendeu a necessidade de se alcançarem consensos em vez de afrontamentos e que o CR deveria debater as suas próprias funções e relações com as Forças Armadas, de modo a evitar «situações de ruptura institucional que teriam como óbvia consequência a desagregação do sistema democrático e da ordem constitucional»(778).

Este posicionamento de Melo Antunes voltou a ser contestado por Lemos Ferreira. Duas semanas mais tarde, o CEMFA deixou expressa a sua crítica às opiniões manifestadas pelo Presidente da Comissão Constitucional. Para o CEMFA, as Forças Armadas tinham «como adquirido a sua plena subordinação ao poder político», não existindo qualquer perigo de estas se «autoproclamarem independentes pela via do antagonismo face a alguns membros do CR». O problema era existirem «ópticas de comportamento muito distintas» e não apenas «diferentes concepções». Para Lemos

(778) Acta da Reunião 12-3-1980, Arquivo do Conselho da Revolução, Reuniões, Actas, vol. 8, caixa 9, IAN/TT.

Ferreira, o CR estava dividido entre aqueles que entendiam que ao Conselho apenas competia «aconselhar e garantir» e aqueles que defendiam que o Conselho devia «frequente e publicamente interferir de acordo com o seu exclusivo critério», sendo que «ao extravasar-se da acção por excepção e passar-se à ingerência como actuação corrente» fomentava-se «a perturbação no interior do Conselho da Revolução, nas Forças Armadas e no contexto nacional geral», pois sempre que se interferia criavam-se «apoiantes e opositores» e fornecia-se «combustível adicional à luta política»([779]).

Esta visão crítica sobre o CR era partilhada pelos outros dois chefes das Forças Armadas. Os chefes dos três ramos estavam sintonizados e tinham participado num almoço com o primeiro-ministro, no qual também estiveram vários membros do governo e o vice-CEMGFA. Para Sá Carneiro, as divergências no interior do CR eram uma oportunidade.

No final de Julho de 1980 seria o CEME, Pedro Cardoso, a afirmar, nas cerimónias do Dia do Exército, que o ramo que dirigia não se confundia nem tinha «sido atingido pelo desgaste da imagem política sofrida pelo Conselho da Revolução». Pedro Cardoso considerou que esse desgaste resultava de uma «prática política incorrecta» de alguns elementos do CR e sublinhou que os militares deveriam manter um «rigoroso apartidarismo». Defendeu que em democracia os militares não poderiam ter outra intervenção na evolução política que não fosse através do voto individual, e apontou para o ano de 1981 como aquele em que seria concluído «um importante período da história dos sistemas políticos em Portugal», na medida em que nessa altura se registaria uma grande modificação na vida constitucional com o «regresso da aprovação das leis que regem as instituições militares às suas sedes tradicionais nos órgãos de soberania, ou seja, à Assembleia da República e ao Governo». A terminar, declarou que o exército saberia «continuar a reger-se por leis cuja aprovação lhe não pertence» e que os militares saberiam «obedecer aos seus chefes através de uma hierarquia que

([779]) Acta da Reunião 1–4–1980, Arquivo do Conselho da Revolução, Reuniões, Actas, vol. 8, caixa 9, IAN/TT.

culmina no seu comandante supremo — o Presidente da República seja ele civil ou militar»([780]).

Estas declarações do CEME foram discutidas dias depois no CR, tendo Vasco Lourenço manifestado «o seu protesto pelo ataque feito ao Conselho como órgão de soberania». Martins Guerreiro pronunciou-se no mesmo sentido, afirmando que se estava a assistir ao «ressurgir de ideias defendidas antes do 25 de Abril», e Franco Charais lamentou que as Forças Armadas se fossem subordinar ao poder civil «em situação difícil», uma vez que estavam «divididas, não estruturadas, e com os seus problemas fundamentais por resolver», pelo que não acreditava que fosse possível alterar-se essa situação até ao termo de vigência do CR. Também Pezarat Correia manifestou idênticas preocupações e Costa Neves «condenou os ataques desferidos a membros do Conselho pelo general Pedro Cardoso, defendendo que essa atitude contribuía para a «confrontação da bipolarização». Almeida e Costa afirmou que, «sob um manto de aparente tranquilidade», as Forças Armadas estavam muito fragilizadas, que os militares estavam apreensivos quanto ao futuro e advogou que o CR deveria assumir «um maior papel de intervenção dentro das suas competências, sob pena de deixar as Forças Armadas em situação idêntica àquela em que se encontravam antes do 25 de Abril».

Estas ideias foram contestadas pelos chefes da Armada e da Força Aérea que saíram em defesa do CEME. Sousa Leitão (CEMA), referindo-se à ideia defendida por um conselheiro, oficial da Armada, segundo a qual o CR deveria assumir um papel mais interventivo, afirmou que essa via só seria justificável caso o CR desejasse assumir o controlo efectivo das Forças Armadas, e Lemos Ferreira criticou aqueles que achavam que era possível assegurar a coexistência de uma revolução com uma institucionalização democrática do sistema político. O principal visado, Pedro Cardoso, assumiu «inteira responsabilidade» pelas declarações proferidas e declarou que estas traduziam a opinião do Exército e estavam «em consonância com os partidos no que se refere à extinção do Conselho da Revolução». Irónico, lamentou «a frustração» sentida

---

([780]) *Tempo*, 31-7-1980.

pelos responsáveis pela revolução e afirmou que estava «profundamente motivado»([781]).

A discussão prolongou-se pela reunião seguinte, após Almeida e Costa ter lido um texto muito crítico sobre a situação em que o CR se encontrava. Nele se frisava que o CR não era uma «unidade militar mas um órgão de soberania», e que os seus membros tinham, à excepção do Presidente, o mesmo grau hierárquico. Em causa estava o confronto travado com o também conselheiro, mas superior hierárquico, Sousa Leitão. Nesse sentido, Almeida e Costa avisou de que se não tivesse liberdade para expor os seus pontos de vista, exprimir opiniões, fazer propostas e votar em liberdade de consciência, ou seja, «exercer com total plenitude as minhas funções», poderia utilizar «meios radicais mesmo que pouco ortodoxos». Denunciou que o CR era, sobretudo em matéria militar, «o quase passivo agente da vontade dos chefes dos Estados-Maiores» e afirmou que o Presidente da República, que também era CEMGFA, tinha utilizado o seu prestígio e a sua autoridade política, legitimada pelo voto popular, para que se tivesse cristalizado um certo processo de trabalho, que os chefes dos ramos tinham como adquirido. Reconhecendo que também ele tinha aceitado essa prática, Almeida e Costa defendeu que esse método estava esgotado. Na opinião deste conselheiro era necessário que o CR reassumisse a plenitude das competências de que era titular mas que «raramente» tinha exercido. Não estava em causa, em seu entender, a extinção do Conselho, seguindo os preceitos constitucionais, situação que deveria verificar-se assim que fosse publicada a lei de revisão constitucional. A ameaça estava precisamente no pólo oposto: nas críticas que os chefes militares dirigiam ao CR, que poderiam ser interpretadas como um condicionamento e uma intromissão no processo de revisão constitucional.

A intervenção de Almeida e Costa foi louvada por muitos conselheiros. Franco Charais afirmou que se tratava do «esqueleto das contínuas denúncias» que os membros do CR vinham fazendo. Costa Neves, Vasco Lourenço, Marques Júnior, Pezarat Correia

([781]) Acta da Reunião 30-7-1980, Arquivo do Conselho da Revolução, Reuniões, Actas, vol. 8, caixa 9, IAN/TT.

manifestaram concordância com a exposição e chamaram a atenção para a situação existente no interior das Forças Armadas, para as perseguições e para os problemas relacionados nos campos da justiça, da disciplina e de deontologia.([782])

Era cada vez mais evidente a profunda divisão no seio do CR relativamente ao papel que este órgão de soberania deveria desempenhar no processo de consolidação do regime democrático. Este conflito passava pelo interior do próprio CR e era constantemente alimentado por uma imprensa empenhada em questionar e colocar em causa a existência do Conselho.

O CR visto pela imprensa

O foco no CR como um dos alvos principais da AD passou também por uma ampla campanha na Comunicação Social. As declarações do secretário-geral do PCP poucas semanas depois da tomada de posse do VI Governo serviram de mote para o início desta campanha. Cunhal afirmou que a intervenção das Forças Armadas no processo político era um facto e que quem dizia pretender a subordinação do poder militar ao poder civil queria apenas «a subordinação dos militares a interesses contrários aos do 25 de Abril»([783]). Estava aberto o caminho para que os sectores à direita do PS englobassem o PCP, o PS, o CR e o próprio Presidente da República, numa grande conspiração que visava perpetuar as conquistas revolucionárias. A polémica seria ainda alimentada por vários elementos do CR que procuravam manter acesa a chama revolucionária e não se absteriam de atirar achas para uma fogueira que uns desejavam manter ou mesmo atiçar e que outros pretendiam que fosse progressivamente perdendo força até se extinguir naturalmente.

Pouco tempo depois das declarações de Álvaro Cunhal, o conselheiro Sousa e Castro, que veria o seu nome ser vetado pelo

([782]) Acta da Reunião 6-8-1980, Arquivo do Conselho da Revolução, Reuniões, Actas, vol. 8, caixa 9, IAN/TT.

([783]) *Correio da Manhã*, 26-1-1980.

primeiro-ministro para presidir à Comissão Organizadora das comemorações do 6.º aniversário do 25 de Abril, defendeu, em entrevista ao *Comércio do Porto*, que «a forma acintosa e caluniosa com que largos sectores apoiantes da actual coligação» se referiam aos militares fazia crer que «logo que extinto o Conselho da Revolução», a instituição militar ficaria «politicamente indefesa perante um poder civil que tenderá a transferir para os militares todas as suas incapacidades» e a afirmar que «sem a existência do CR, os militares teriam já uma situação económica mais difícil do que a actual».

Estas declarações foram interpretadas como uma defesa da continuidade do CR. Militantes do PSD e do CDS divulgaram um comunicado onde afirmavam que o CR pretendia vir a ser a «direcção (não eleita) de um sindicato das Forças Armadas» e acusaram os membros históricos do CR de estarem envolvidos num «ataque cerrado e bem orquestrado» dirigido «contra o governo da AD, esse, sim, eleito pela maioria dos portugueses»([784]). Para *O Primeiro de Janeiro*, o CR, como «garante da democracia» só tinha «vida e função útil» enquanto a democracia precisava de ser amparada, pelo que morria, mesmo se continuasse a existir no papel, quando se atingisse a estabilização da democracia, pelo que concluía que «o seu meio natural e a sua justificação» eram «a permanente instabilidade política»([785]).

Mais moderado, o director do diário *A Capital* condenava os ataques dirigidos aos conselheiros da revolução, notava que apenas uma vez se tinha assistido a uma tentativa de assegurar a sobrevivência do CR para além do período transitório, mas, por outro lado, defendia que os membros do Conselho não deveriam ser os censores nem os líderes dos ataques ao governo. Para Sousa Tavares, «o reconhecimento da sua actuação histórica» não se compadecia «de forma alguma com opções públicas e duras no plano político ou com a tentativa de ilegitimamente se pretender opor o ideal democrático de Abril ao exercício democrático de um poder legítimo». Em causa estava «a vocação de neutralidade inerente

([784]) *O Comércio do Porto*, 11–2–1980.
([785]) *O Primeiro de Janeiro*, 9–2–1980.

ao Conselho da Revolução», que não deveria «ser prostituída pelo desejo de alguns dos seus membros de liderarem ou de se deixarem arrastar para um movimento de oposição colectivo»([786]).

Foi neste contexto que o *Diário de Notícias* publicou um interessante artigo de Baptista Comprido. O professor de Relações Internacionais na Universidade Livre de Lisboa e dirigente do MIRN de Kaúlza de Arriaga fez uma inesperada defesa do Conselho da Revolução ao lembrar que, apesar dos amplos poderes constitucionais de que dispunha, a actuação do CR tinha até então sido pautada «pelo equilíbrio das decisões e resoluções», sublinhando «a justeza dos resultados das análises a que tem chegado». Baptista Comprido notava que «a diferença entre o contrato constituído e a situação real constituinte podia ter gerado ou tentado intervenções ao arrepio da vontade, da índole dos sentimentos democráticos do povo português», sendo significativo que «homens virados para a acção» tivessem tido «a lucidez, a fleuma e a coragem de agir por omissão, quando legitimamente fácil seria a prática comum dos seus amplos poderes constitucionais». Por isso, uma vez que ainda não estava completamente consolidada a institucionalização das Forças Armadas, Comprido criticava a realização de «intervenções feridas constitucionalidade ou de legalidade» e a existência de «confusões ou aproveitamentos institucionais»([787]).

Este artigo foi analisado no Conselho. Almeida e Costa apresentou o texto, considerando que nele «se comentava com objectividade, justeza e de forma positiva» a actuação do CR enquanto órgão de soberania. Este conselheiro chamou a atenção para o facto de o CR estar a ser alvo de «ataques particularmente contundentes», havendo que evitar que alguns dos seus membros viessem a assumir, «a título individual, a sua defesa por forma contraproducente, susceptível de servir os objectivos estratégicos de quem lançava ou orquestrava esses ataques». Nesse sentido fez um apelo para que os conselheiros «reflectissem sobre as modalidades de intervenção», uma vez que estava convicto de que, globalmente, «o saldo da

([786]) *A Capital*, 12-2-1980.

([787]) *Diário de Notícias*, 5-2-1980.

actuação do CR era francamente positivo na perspectiva do funcionamento e consolidação do regime democrático»([788]).

Não foi esse o caminho seguido por um dos mais reconhecidos membros do CR, Melo Antunes, que na sequência da polémica em torno da sua candidatura a um alto cargo na ONU voltou a criticar publicamente a política externa do governo, censurando o que considerava ser uma «obsessão» com a fidelidade ao bloco ocidental e uma «retórica» e uma «prática violentamente anti-soviética e anti--terceiro-mundista». Para Melo Antunes, a política externa da AD colocava o país «a reboque dos interesses estratégicos dos Estados Unidos e dos círculos mais agressivos e revanchistas da Europa». O Presidente da Comissão Constitucional criticou também a interpretação que o governo fazia em relação à extensão dos seus poderes ao nível da política externa, acusando-o de procurar um conflito que conduziria a uma «ruptura institucional»([789]).

O Conselho e os seus membros tornaram-se, assim, novamente alvo de críticas. No *Correio da Manhã* podia ler-se que Melo Antunes tinha provado que o CR era um órgão de soberania interessado num contencioso com o governo. Um colunista de *O Comércio do Porto* escrevia que a política externa do VI Governo era contrária aos interesses da linha «melo-antunistas — terceiro--mundista de alguns elementos do Conselho da Revolução». *O País* referia o «confronto evidente e irrecuperável entre o governo e o CR», que era descrito como um «abcesso político, antidemocrático e desestabilizador» do sistema democrático. Para o *Tempo*, estava comprovada a inutilidade do CR, depois de realizados os últimos actos eleitorais e o jornal *A Tarde* acusava os membros do CR de serem «responsáveis pelo ambiente de tensão e guerrilha». Já *O Primeiro de Janeiro* afirmava que um órgão de soberania que tinha sido «enxertado numa constituição contra as regras democráticas» nunca poderia ser um «factor de estabilização ou de fortalecimento da democracia», e considerava que as declarações dos militares-políticos não podiam «deixar de criar uma situação

([788]) Acta da Reunião 6–2–1980, Arquivo do Conselho da Revolução, Reuniões, Actas, vol. 8, caixa 9, IAN/TT.

([789]) Maria Inácia Rezola, *Melo Antunes. Uma Biografia Política*, pp. 661–663.

de inquietação pública», uma vez que, «sob as ameaças veladas ou expressas», o público via «alinharem-se tanques e G3». Noutra edição, o mesmo jornal portuense questionava se, ao eternizarem-se no CR, os conselheiros não estariam a perder a eternidade em vez de a conquistarem. Multiplicavam-se assim as críticas à existência de um órgão que constituía «uma excepção à natural estrutura dos poderes do Estado democrático» e cuja legitimidade não residia na soberania popular. Particularmente activo nesta campanha, o órgão oficial do PSD, *Povo Livre*, publicava diversos artigos onde o CR era descrito como a «antecâmera de peças arqueológicas de uma revolução», ou, nas palavras do jovem militante Paulo Portas, como um órgão que nunca fora «legitimado pelo povo em termos directos» e que pretendia influir na governação, não desdenhando «a oportunidade de comandar a oposição marxista»([790]).

Estes ataques ao CR atingiam também o Presidente Eanes que, como notou um colunista, corria o risco de passar a ser visto não como o Presidente da República, eleito pela maioria dos portugueses, mas apenas como Presidente do CR.([791]) Este risco terá preocupado o ministro da Defesa, Amaro da Costa, que elogiou a acção desempenhada por Ramalho Eanes como CEMGFA, considerando-a «altamente positiva». O dirigente do CDS afirmou que o tanto o país como as Forças Armadas deviam muito a Eanes neste domínio.([792])

Do outro lado da barricada ouviam-se vozes a favor do Conselho. Na imprensa escrita sobressaía o *Diário de Lisboa*, que defendia que o CR tinha sido o «garante da ordem democrática constitucional», considerando que os ataques dirigidos a alguns dos seus membros pretendiam testar o controlo de Ramalho Eanes sobre as Forças Armadas. Em causa, na opinião de vários comentadores e políticos de esquerda, estaria uma estratégia de criação de conflitos que serviria para desviar a atenção dos portugueses para a incapacidade do

([790]) Recortes de imprensa, Arquivo do Conselho da Revolução, Documentos apresentados ao CR, caixa 45, n.º 363, 15-2-1980, doc. 4; idem, caixa 46, n.º 364, 5-3-80, doc. 5.

([791]) *O Primeiro de Janeiro*, 16-2-1980.

([792]) *O Jornal*, 22-2-80.

governo em resolver os problemas do país.([793]) Entre os defensores do CR, destacou-se José Rabaça, que numa crónica publicada no *Diário de Notícias* lembrou o papel desempenhado pelos militares no Verão e no Outono de 1975: «foram os militares que tiveram não só a palavra mas os actos, na certeza de corresponderem às aspirações de uma maioria da população portuguesa, não fadada para os riscos das confrontações (...) e tiveram de ser os Eanes e os Melo Antunes a fazer o que seria desejável que tivesse sido feito por muito mais». Para Rabaça tinham sido os militares os principais responsáveis criação de «todas as condições para o exercício do poder por quem os portugueses entendessem», tendo sido os portugueses que entenderam que «para além do Presidente da República e do Governo, da Assembleia da República e dos Tribunais, lhes era conveniente resguardarem-se das intempéries, sempre possíveis, com a roupa das fardas. E foram os civis que consagraram o CR como órgão de poder, na Constituição que fizeram». A concluir, defendeu, como Baptista Comprido, que, durante o tempo da sua existência constitucional, o CR se tinha «caracterizado por uma discrição e por um equilíbrio assinaláveis, quase se marginalizando perante os restantes poderes», o que o levava a questionar o porquê da «animosidade que, a título eruptivo, se lhe manifesta com frequência». No entanto, José Rabaça criticou os conselheiros que davam «troco ao palavreado», na medida em que eram «o flanco que permitia a intervenção das ajudas de serviço na polémica fácil»([794]).

O caso do «pronunciamento militar» inseriu-se nesta campanha, dando-lhe uma nova dinâmica. Apesar de alguns jornais terem dado pouca importância aos rumores, lembrando que nenhum dos conselheiros referidos tinha capacidade para movimentar um piquete, «quanto mais um batalhão ou uma companhia»([795]), os

([793]) Documentos apresentados ao CR, caixa 46, n.º 364, 15–2–1980, 5–3–80, doc. 5.

([794]) *Diário de Notícias*, 27–2–1980.

([795]) *A Tarde*, 5–3–1980. No mesmo sentido ia uma caricatura publicada num diário portuense, onde se via Vasco Lourenço e Melo Antunes a perguntarem a um terceiro elemento: «Então que temos p'ra fazer o golpe? R: Motoristas e secretárias», *O Comércio do Porto*, 5–3–1980.

jornais conotados com a AD ou com a direita extraparlamentar alimentaram a polémica que serviu para os dirigentes dos partidos do governo reforçarem as suas críticas ao CR, descrito como «uma força de oposição»([796]). Foi neste contexto que um dirigente do CDS defendeu que o melhor era não haver qualquer relacionamento entre o Governo e o CR.([797]) Sintomaticamente, pouco tempo depois, Sá Carneiro informou o Presidente Eanes de que nenhum membro do governo estava autorizado a fazer qualquer exposição ao CR, situação que se tinha verificado pontualmente com os anteriores governos. Ficou assim sem efeito a ida do ministro das Finanças ao Conselho para expor a situação económica e financeira do país. Como retaliação, o conselheiro Sousa e Castro defendeu que o CR deveria dar uma resposta política a esta recusa do governo, sugerindo que fossem dirigidos convites a outros economistas.([798])

À medida que se aproximava a data das eleições, os ataques ao Conselho subiram de tom. No semanário *Tempo*, Nuno Rocha afirmou que o CR era «um escolho à normalidade da vida entre os políticos» e outro articulista descreveu este órgão de soberania como uma «nódoa totalitária» que os verdadeiros democratas detestavam e que poluía «os ares políticos da sociedade portuguesa», referindo-se aos conselheiros como «super-homens do Restelo, políticos em coma regressivo, dinossauros marxistas em vias de extinção da face da Terra»([799]). No *Correio da Manhã*, o último governador de Timor, Lemos Pires, escrevia que o CR era «pernicioso como factor de complexidade de decisão política, como factor de divisão das Forças Armadas e como veículo de intervenção política privilegiada, secreta e oligárquica de certas forças de oposição extraparlamentares»([800]).

([796]) Declarações de Lucas Pires no Conselho Nacional do CDS, *Jornal de Notícias*, 9-3-1980.

([797]) *Correio da Manhã*, 9-3-1980.

([798]) Acta da Reunião 1-4-1980, Arquivo do Conselho da Revolução, Reuniões, Actas, vol. 8, caixa 9, IAN/TT.

([799]) *Tempo*, 13-3-1980.

([800]) *Correio da Manhã*, 23-3-1980.

Este clima de quase ruptura institucional entre órgãos de soberania agravou-se no Verão de 1980 com o desenvolvimento de várias polémicas entre o CR e o governo.

Polémicas com o governo

No final de Agosto de 1980, a agência noticiosa espanhola EFE revelou que o Presidente da República estaria prestes a demitir Sá Carneiro e a nomear um novo Governo liderado por Nobre da Costa. A notícia, que foi difundida uma semana depois de o Presidente do Governo espanhol e líder da UCD ter estado em Lisboa e de se ter encontrado com Sá Carneiro, foi prontamente desmentida pela Presidência da República. A imprensa próxima da AD divulgou os rumores, referindo-se a um «golpe presidencial», mas os jornais de esquerda não deram grande relevância ao episódio, descrevendo-o como uma manobra de diversão fabricada pelo governo.([801])

O CR, que de acordo com a Constituição teria de ser consultado em caso de exoneração do primeiro-ministro, desmentiu que tivesse existido qualquer debate ou análise sobre uma eventual mudança a nível governativo. O porta-voz do CR, Vítor Alves, referiu-se às notícias como mais uma tentativa de desestabilização político-militar em torno do CR e defendeu que se estava perante uma nova «inventona», uma vez que o CR só poderia pronunciar-se sobre a demissão do primeiro-ministro se o Presidente tivesse pedido a

([801]) Num primeiro momento, o *Diário de Lisboa* defendeu que se tinha tratado de um caso de contra-informação com origens no gabinete do ministro-adjunto do primeiro-ministro, Francisco Pinto Balsemão. *Diário de Lisboa*, 27–8–1980, pp. 1 e 6. No dia seguinte, o mesmo jornal revelaria que a «inventona» começara a ser executada pelo assessor de imprensa do ministro do Trabalho, que tinha entrado em contacto com a delegação da agência EFE em Lisboa dando conta de que estava em marcha um «golpe de Estado Constitucional». A informação seria confirmada pelo director-geral da Informação da Secretaria de Estado da Cultura. Enquanto outros jornalistas estrangeiros eram informados sobre a demissão do primeiro-ministro, a Presidência teve conhecimento e entrou em contacto com o ministro-adjunto, que conseguiu travar as notícias que estavam a ser preparadas por órgãos de comunicação social de França, Reino Unido e EUA, mas não foi a tempo de travar a divulgação pela EFE. *Diário de Lisboa*, 28–8–1980, p. 6.

opinião dos conselheiros no âmbito do artigo 147 da Constituição, o que não sucedera.([802]) De facto, as actas das reuniões não revelam ter existido qualquer debate relativamente à substituição de Sá Carneiro. A única discussão travada em torno da acção do governo ocorreu no dia 13 de Agosto, mas centrou-se na questão dos aumentos dos vencimentos nas Forças Armadas.([803])

Este episódio foi, obviamente, alvo de análise por parte do CR. O Presidente informou os conselheiros de que tinha tido conhecimento, através de um jornalista estrangeiro, da notícia sobre um golpe constitucional e que tinha dado indicações ao seu chefe da casa civil para entrar em contacto com o ministro-adjunto dando nota da gravidade do que se estava a passar.

Em face do relato feito pelo Presidente, Vasco Lourenço defendeu que o CR deveria fazer «uma profunda análise da situação política»([804]). Na reunião seguinte, os conselheiros debateram a situação política, centrando-se particularmente no sector da Comunicação Social. A maioria dos membros chegou à conclusão de que o CR deveria tomar uma posição sobre este tema antes de se iniciar o período de campanha eleitoral e considerava que o principal problema residia na comunicação social estatizada onde haveria motivos para se questionar a existência de independência e pluralismo.([805])

Por esses dias fora revelada uma carta aberta do conselho de redacção da Radiofusão Portuguesa que acusava o governo de exercer um amplo controlo da informação e de se estar a assistir a uma «degradação do conteúdo informativo dos noticiários da RDP». Segundo os subscritores, estava-se a assistir à «maior ofensiva» desencadeada «contra a isenção, o pluralismo e a liberdade

([802]) *Diário de Lisboa*, 28-8-1980, p. 5.

([803]) Em causa esteve, mais uma vez, uma discussão em torno da divulgação de um comunicado sobre este assunto, durante o qual o Presidente do CR defendeu uma resposta moderada de modo a evitar-se um confronto institucional. Acta da Reunião 13-8-1980, Arquivo do Conselho da Revolução, Reuniões, Actas, vol. 8, caixa 9, IAN/TT.

([804]) Acta da Reunião 27-8-1980, Arquivo do Conselho da Revolução, Reuniões, Actas, vol. 9, caixa 10, IAN/TT.

([805]) Acta da Reunião 10-9-1980, Arquivo do Conselho da Revolução, Reuniões, Actas, vol. 9, caixa 10, IAN/TT.

de expressão na RDP» e o trabalho dos jornalistas estava a ser colocado em causa por vários métodos utilizados pela direcção de informação, que, entre outros aspectos, era acusada de censura. Por esses motivos, o conselho da redacção alegava que a RDP não tinha «as condições mínimas» para garantir a cobertura das eleições com «isenção e imparcialidade»([806]).

Em face deste e de outros relatos similares, o CR emitiu um comunicado onde manifestava «funda preocupação» pela situação em que se encontravam a RDP e a RTP, e fazia um apelo aos órgãos competentes para garantirem «a isenção e independência do sector estatal da comunicação social», de modo que este cumprisse «o seu papel formativo, informativo e crítico fundamental à construção do sistema democrático». O CR manifestava ainda a sua convicção de que «não seria propício à consolidação da democracia nem ao seu desenvolvimento futuro que se viessem a criar legítimas dúvidas no eleitorado quanto à isenção, pluralismo e independência» nos diversos meios de comunicação social estatizados.([807])

Esta tomada de posição do CR gerou uma nova onda de críticas. O *Diário de Notícias* acusou o CR de «um mal velado paternalismo»([808]), e os partidos da AD interpretaram-na como uma tentativa de manipulação do eleitorado. A Comissão Política do CDS descreveu-a como «um abuso de poder», que poderia constituir uma infracção à lei eleitoral. Para os centristas, o comunicado do CR representava uma «afronta à soberania popular» e uma «tentativa de manipulação do eleitorado», fazendo parte de uma «conspiração intimidatória», composta pelo «candidato Ramalho Eanes, a maioria do Conselho da Revolução, o PC e o PS», que tinha como finalidade «desvirtuar as eleições»([809]). Este clima de tensão entre o governo e o CR agravou-se com o caso da demissão do comandante da PSP de Lisboa.

([806]) *Diário de Lisboa*, 12–9–1980, p. 2.

([807]) Acta da Reunião 11–9–1980, Arquivo do Conselho da Revolução, Reuniões, Actas, vol. 9, caixa 10, IAN/TT.

([808]) *Diário de Notícias*, 13–9–1980.

([809]) *A Tarde*, 12–9–1980.

Em Agosto de 1980, um elemento do corpo de segurança pessoal da PSP, que fazia parte da equipa de guarda-costas responsável pela segurança de Sá Carneiro, concedeu uma entrevista onde fazia considerações sobre as dificuldades que o primeiro-ministro colocava aos elementos que tinham de garantir a sua segurança. Sá Carneiro achou que a agente em causa não tinha agido sem prévio conhecimento das suas chefias e considerou que o episódio fazia «parte de uma conspiração eanista montada para o humilhar publicamente»(810). Determinado a fazer do incidente uma questão de Estado, o primeiro-ministro levou o caso ao Conselho de Ministros, que decidiu demitir o comandante da PSP de Lisboa. No entanto, esta medida só poderia ser aplicada pelo comandante-geral da PSP, general Lopes Alves, que recusou demitir o seu subordinado. Perante a recusa, Sá Carneiro passou a exigir também a demissão de Lopes Alves. Eanes, na qualidade de CEMGFA recusou demitir o comandante-geral da PSP. No entanto, em Setembro a Procuradoria-Geral da República emitiu um parecer que considerava que o governo tinha poderes para demitir o comandante distrital da PSP. Com base nesse parecer, o governo demitiu o comandante da PSP de Lisboa, o que levou o comandante nacional a apresentar o seu pedido de demissão ao CEMGFA, atitude que foi replicada por algumas dezenas de oficiais do exército que estavam em serviço na PSP.

Esta polémica foi analisada e acompanhada pelo CR. No decorrer do conflito, o conselheiro Franco Charais defendeu que fosse retirado ao governo, durante o período eleitoral, o controlo operacional sobre as unidades de intervenção das forças de segurança da GNR e da PSP e que estas passassem a ficar subordinadas ao CEMGFA.(811) A proposta de Charais não chegou a ser analisada. A ser implementada, abriria um novo contencioso como teria certamente maiores repercussões.

O Presidente defendeu que, face às frequentes fugas para a imprensa, era necessário proceder-se «com a maior cautela», uma

(810) Miguel Pinheiro, *Sá Carneiro*, Lisboa, A Esfera dos Livros, 2010, p. 561.

(811) Acta da Reunião 10-9-1980, Arquivo do Conselho da Revolução, Reuniões, Actas, vol. 9, caixa 10, IAN/TT.

vez que o país atravessava «um período de elevada conturbação política». Eanes estava preocupado com o processo de substituição do comandante da PSP e considerava que as condições criadas pelo governo significavam que nenhum comandante teria garantias para exercer a sua acção de comando dignamente. Informou o CR de que tentara estabelecer contactos com o primeiro-ministro, mas que não tivera sucesso, e que aguardava que Sá Carneiro lhe indicasse o nome de um oficial general para o comando da PSP.

O CEME, Pedro Cardoso, também manifestou preocupações semelhantes. Defendeu que o governo «não actuara de forma totalmente isenta» e sublinhou a importância de o Presidente poder contribuir para uma saída da crise, na medida em que sem essa intervenção seria «muito difícil encontrar alguém no corpo de generais disposto a comandar aquela corporação». O chefe do Exército também manifestou a sua opinião, no sentido de que o general Lopes Alves se deveria manter em funções até às eleições.

Vasco Lourenço não concordou com a posição defendida por Pedro Cardoso. Na opinião deste conselheiro, o governo fora o único responsável pela criação problema ao procurar atingir o Presidente. Nesse sentido, defendeu que Eanes não deveria ajudar o executivo a sair da situação em que voluntariamente se tinha colocado.

Estas duas visões sobre qual deveria ser a atitude do Presidente serviram de mote para que o Conselho analisasse uma vez mais o seu papel enquanto órgão de soberania. Alguns conselheiros consideram que o CR se encontrava numa «situação de bloqueamento», fruto das «posições em confronto», e defenderam a necessidade de se encontrar uma forma de ultrapassar esse impasse. Para estes elementos, que salientaram «as capacidades de intervenção» que se encontravam à disposição do CR e que se referiram à «aceitabilidade de que as suas decisões» desfrutavam em largos sectores da sociedade portuguesa, a situação política iria conduzir «à necessidade do Conselho vir a assumir primordial importância», pelo que o CR não se deveria «remeter a uma passividade total em defesa de um propalado apaziguamento político»([812]). Mais uma

([812]) Acta da Reunião 11-9-1980, Arquivo do Conselho da Revolução, Reuniões, Actas, vol. 9, caixa 10, IAN/TT.

vez, Sá Carneiro dava força e argumentos àqueles que no interior do Conselho criticavam a estratégia de moderação e de baixo perfil adoptada pelo CR.

Nas vésperas dos dois actos eleitorais agendados para o final de 1980, o CR era um dos alvos preferidos dos dirigentes dos partidos da coligação governamental, que acusavam este órgão de soberania de ser um dos principais responsáveis pela inviabilização de algumas das reformas estruturais preconizadas pela AD([813]), de ser uma «fonte permanente de instabilidade e de intrigas»([814]), ou de funcionar como «guarda pretoriana do socialismo» e de constituir «o principal obstáculo à evolução para a plena democracia em liberdade»([815]).

Duas eleições em 1980: que tipo de revisão à constituição de 1976 e que modelo para a subordinação do poder militar ao poder civil?

As duas eleições do final de 1980 eram decisivas para o CR. Da sua conjugação resultaria o modelo para a sua extinção ou, eventualmente, a sua continuidade caso os resultados das eleições legislativas se traduzissem na eleição de uma Assembleia onde não fosse possível chegar-se ao acordo de pelo menos dois terços dos deputados para que se pudessem introduzir alterações na Constituição.

O grande objectivo da AD era precisamente a revisão constitucional. Além da extinção do CR, os partidos do governo desejavam também retirar da Constituição vários aspectos programáticos e eliminar os pontos que condicionavam a actividade e o investimento privado.

Nesse sentido, além de estarem empenhados em renovar a maioria absoluta conseguida nas eleições intercalares de 1979, os partidos da AD pretendiam também eleger um Presidente da República que não se opusesse à realização de um referendo para aprovar mudanças no texto constitucional caso não fosse possível atingir na

([813]) Declarações de Francisco Pinto Balsemão, *O Primeiro de Janeiro*, 18-9-1980.
([814]) Declarações de Freitas do Amaral, *O Comércio do Porto*, 21-9-1980.
([815]) Declarações de Lucas Pires, *O Dia*, 23-9-1980.

Assembleia a maioria de dois terços estipulada na lei fundamental. Esta estratégia estava bem explícita no lema da AD: «uma Maioria, um Governo, um Presidente». O projecto político-constitucional preconizado pela AD requeria não apenas uma vitória nas eleições legislativas, mas também a vitória do seu candidato presidencial.

A escolha do candidato presidencial assumia, assim, uma importância central. Os dirigentes da AD começaram por equacionar uma candidatura civil, que fizesse a diferença perante a mais que provável recandidatura do general Eanes. Em cima da mesa chegaram a estar os nomes de Sá Carneiro e de Freitas do Amaral. No entanto, ambas as hipóteses foram afastadas e Sá Carneiro, enjeitando a hipótese de qualquer outro civil, decidiu que o candidato da AD teria também de ser um militar.([816])

A escolha, conduzida pelo ministro da Defesa Nacional, Adelino Amaro da Costa, acabaria por recair no general Soares Carneiro que, segundo o bem informado semanário *Expresso*, se destacara entra as outras alternativas por reunir «a firmeza interior de Lemos Ferreira e de Pedro Cardoso com a serenidade e a bonomia da aparência de Altino de Magalhães e de Firmino Miguel»([817]).

Soares Carneiro tinha sido recentemente promovido, sob proposta do CEME, Pedro Cardoso, a general pelo CR.([818]) Oriundo da arma de infantaria, fizera várias comissões em Angola, onde frequentou o curso de comandos, foi instrutor e dirigiu companhias destas tropas especiais. Antigo governador da Lunda, desempenhava a 25 de Abril de 1974 o cargo de secretário-geral de Angola. Depois do golpe militar permaneceu em Angola como encarregado

---

([816]) Sá Carneiro temia que a situação em que se encontrava o seu casamento prejudicasse a sua candidatura e Freitas do Amaral estava convencido de que não seria o candidato ideal para derrotar Eanes. Diogo Freitas do Amaral, *A Transição para a Democracia. Memórias Políticas II (1976–1982)*, Lisboa, Bertrand Editora, 2008, p. 237.

([817]) *Expresso*, 4–4–1980.

([818]) Na mesma reunião em que outros nomes apresentados pelo chefe do Exército para serem promovidos a general foram recusados pela maioria dos conselheiros, foi também eleito a general, por pressão dos conselheiros históricos, o brigadeiro Franco Charais. Acta da Reunião 15–2–1980, Arquivo do Conselho da Revolução, Reuniões, Actas, vol. 8, caixa 9, IAN/TT.

do governo-geral e, no regresso, comandou o corpo de alunos da Academia militar, o regimento de infantaria de Abrantes e dirigiu o departamento de instrução do Estado-Maior do Exército.

Este oficial, de perfil conservador, foi convidado no início de Abril de 1980 pelos líderes da AD para ser o candidato apoiado pela coligação governamental às eleições presidenciais. A principal intenção da AD era provocar tensões nas Forças Armadas e na sua hierarquia e retirar eventuais apoios dos sectores conservadores das Forças Armadas à recandidatura de Ramalho Eanes.

A candidatura de Soares Carneiro foi acompanhada com preocupação pelo CR.

Numa reunião realizada no início de Maio, o conselheiro Sousa e Castro alertou para a natureza política de algumas declarações de Soares Carneiro, chamando a atenção para o facto de os oficiais não poderem fazer publicamente comentários desse tipo sem uma autorização superior prévia e revelou ser sua intenção fazer uma declaração pública sobre este tema. No entanto, o Presidente do CR declarou que não desejava que o Conselho analisasse o comportamento de Soares Carneiro e defendeu que o assunto deveria ser analisado na esfera militar, pelo CEME.([819]) O assunto ficaria encerrado no mês seguinte, quando Soares Carneiro requereu uma licença registada, pedido que foi aceite.([820]) No entanto, ainda antes de entrar no período de licença, Soares Carneiro participou num encontro «informal» em Águeda, durante o qual abordou o tema da revisão constitucional e defendeu que se tratava de um grande problema político, na medida em que, embora a lei fundamental consagrasse «no plano da organização política um conjunto de grandes liberdades» que aproximavam Portugal das democracias liberais ocidentais, estabelecia igualmente uma «organização económica» que era «a completa negação» do esquema que caracterizava o modelo dessas democracias.([821]) O candidato da AD trazia assim

([819]) Acta da Reunião 6-5-1980, Arquivo do Conselho da Revolução, Reuniões, Actas, vol. 8, caixa 9, IAN/TT.

([820]) Acta da Reunião 18-6-1980, Arquivo do Conselho da Revolução, Reuniões, Actas, vol. 8, caixa 9, IAN/TT.

([821]) *O Dia*, 9-6-1980.

para agenda não apenas a questão do fim do CR na futura revisão constitucional mas também o alargamento do seu âmbito às questões de organização económica.

Este assunto voltaria a ser abordado na apresentação da candidatura, realizada num hotel de Lisboa no dia 18 de Junho de 1980. Nessa cerimónia, Soares Carneiro afirmou que a iniciativa privada era essencial para a reconstrução do país, revelou que não assumiria o cargo de CEMGFA caso fosse eleito Presidente da República e, relativamente à revisão constitucional, defendeu o recurso ao referendo caso essa fosse uma solução para se «sair de situações de bloqueamento» ([822]).

Perante este tipo de afirmações públicas do candidato apoiado pela AD, no interior do CR começaram a ouvir-se vozes contra a solução encontrada relativamente ao estatuto e à situação profissional de Soares Carneiro. Em causa estava também a comparação da situação deste oficial com a de outros militares que tinham sido forçados a abandonar as fileiras. Nesse sentido, vários conselheiros defenderam que Soares Carneiro deveria passar à licença ilimitada ou à reserva. É que no caso da licença registada, apesar de não haver lugar a vencimento nem a contagem do tempo de serviço, o militar continuava a ser considerado no activo. Acompanhando estas preocupações, o Presidente do CR «manifestou a sua desilusão pelo comportamento que o general Soares Carneiro» vinha desenvolvendo, e referiu a opinião de um «oficial prestigiado» que tinha afirmado que o candidato apoiado pela AD estava «a desgastar as instituições». Procurando acalmar os conselheiros mais preocupados, Eanes disse que de forma nenhuma permitiria que fosse ultrapassado o «militarmente admissível» e que, «perante uma possível passividade das instituições», tomaria as atitudes que viesse a considerar convenientes a fim de evitar que a instituição militar viesse «a sofrer abalos irreversíveis».

Reagindo a esta intervenção do Presidente, o chefe do Exército afirmou que a situação era complexa e que não pretendia tomar qualquer atitude que pudesse ser interpretada como uma intervenção na campanha eleitoral, declarou estar solidário com Ramalho Eanes

---

([822]) *Diário de Lisboa*, 18-6-1980, p. 12.

e afirmou que iria «tentar aumentar a dinâmica da Instituição», embora isso não fosse fácil dada a preocupação em manter a independência do ramo que comandava.([823])

Entretanto, Soares Carneiro continuava a proferir declarações que eram mal recebidas no CR. Questionado sobre se tencionava presidir ao CR, Soares Carneiro disse que como Presidente deveria assumir a plenitude das suas responsabilidades, sublinhando no entanto que o Presidente não deveria ser considerado como apenas 1/19 desse órgão de soberania, pois teria uma legitimidade que os restantes conselheiros não possuíam.([824]) Poucos dias depois, Vasco Lourenço afirmaria que era vital para a democracia evitar-se «o golpe constitucional» preconizado pela AD e chamou a atenção para o facto de Soares Carneiro, um conhecido defensor das regras militares, estar a fazer tábua rasa do RDM e a violá-lo constantemente. Relativamente à influência e poder do Presidente do CR, referiu que, quando estavam em causa votações no CR como órgão com poderes próprios, o voto do Presidente tinha o mesmo valor do que de qualquer outro membro do Conselho e que apenas em caso de empate tinha voto de qualidade. Irónico, afirmou que o CR não era «propriamente uma unidade militar, onde o comandante queira, possa e mande». Para Lourenço, era inadmissível que um candidato à presidência que se apresentava como um democrata se propusesse, caso fosse eleito, a «não respeitar as regras democráticas»([825]).

Foi neste contexto que o porta-voz do CR, Vítor Alves, revelou que o CR, enquanto órgão político-militar, considerava preocupante que qualquer militar no activo tomasse posições de natureza político-partidária.([826]) A resposta seria dada pouco tempo depois pelo conselho político da candidatura de Soares Carneiro, que difundiu um comunicado onde se classificava de «sectária e inconstitucional» a «intromissão da maioria do CR no processo eleitoral»([827]).

([823]) Acta da Reunião 17-7-1980, Arquivo do Conselho da Revolução, Reuniões, Actas, vol. 8, caixa 9, IAN/TT.

([824]) *Diário de Lisboa*, 9-7-1980, p. 6.

([825]) *Portugal Hoje*, 30-7-1980.

([826]) *Diário de Lisboa*, 23-7-1980, p. 1.

([827]) Arquivo do Conselho da Revolução, Documentos apresentados ao CR, caixa 52, n.º 370, 6-8-1980, doc. 6.

Os ataques ao Conselho não tinham apenas origem na candidatura de Soares Carneiro e nos partidos da AD. Também eram oriundos do interior do próprio órgão de soberania pela voz do conselheiro Pedro Cardoso que, como observámos, afirmara que o Exército não se confundia nem tinha sido «atingido pelo desgaste da imagem política sofrida pelo Conselho da Revolução». Para o CEME, este desgaste era resultado de uma «prática política incorrecta» levada a cabo por alguns conselheiros que, «usufruindo de situações especiais», tinham tirado partido da impunidade e da irresponsabilidade que essas situações lhes conferiam.([828]) O principal visado era Vasco Lourenço, que em entrevista a um órgão de comunicação social estrangeiro tinha afirmado que as Forças Armadas viviam uma paz podre, que a coesão dos militares estava «pegada com cuspo» e que deixara um aviso: «só depois de muita luta, só através de um golpe de força, aceitaria que o Conselho acabasse antes do prazo constitucionalmente previsto». Para Vasco Lourenço, o problema não era a existência ou não do CR, mas a criação de condições para que as Forças Armadas não voltassem a fazer o que tinham feito ao longo dos últimos 150 anos.([829]) Colocando-se ao lado de Vasco Lourenço, Franco Charais afirmou que o CEME não tinha competência para falar do desgaste do CR.([830])

Estas circunstâncias levaram o CR a divulgar um comunicado sobre os dois actos eleitorais que se aproximavam. Nele se lembrava que todos os militares deveriam abster-se de «condicionar qualquer opção eleitoral», que as Forças Armadas eram «rigorosamente apartidárias», pelo que nunca poderiam ter um candidato.([831])

Além desta polémica, o período pré-eleitoral ficaria ainda marcado por outra relacionada com os vencimentos dos militares que, de acordo com a proposta enviada ao governo pelo Conselho, pretendia aumentos superiores aos atribuídos à função pública.

([828]) *Tempo*, 31–7–1980.

([829]) *Match Magazine*, 11–7–1980.

([830]) *Diário de Lisboa*, 29–7–1980, p. 1.

([831]) Comunicado do CR, Acta da Reunião 30–7–1980, Arquivo do Conselho da Revolução, Reuniões, Actas, vol. 8, caixa 9, IAN/TT.

O CR colocava-se assim numa posição onde era um alvo fácil das críticas dos seus opositores.([832])

Em meados de Julho, Freitas do Amaral declarava que a revisão constitucional e a extinção do CR seriam assuntos prioritários quando a AD vencesse as eleições legislativas e presidenciais.([833])

No início de Agosto, Soares Carneiro defendeu que alguns membros do CR aproveitavam o hibridismo político-militar desse órgão de soberania para fazerem «intervenções públicas verdadeiramente irresponsáveis»([834]). No *Expresso*, Marcelo Rebelo de Sousa revelou incompreensão pelo facto de que «quando se esperaria que os membros deste órgão de provável extinção fossem eles próprios adoptando o comportamento discreto e digno, inerente ao tempo desta primeira fase de vigência constitucional», se estava, pelo contrário, a assistir a uma «utilização abusiva e a contra-relógio da qualidade de membro do CR para obter efeitos políticos superiores àqueles que cada um dos indivíduos considerados como cidadãos poderia previsivelmente ter»([835]).

A defesa do referendo como meio para a promoção de alterações na Constituinte foi um dos elementos-chave utilizados, quer pelo candidato presidencial apoiado pela AD, quer pelos líderes dos principais partidos da coligação nos meses que antecederam as duas eleições. Soares Carneiro foi repetindo e deixando clara a sua posição quanto ao recurso ao referendo. Em sua opinião, em caso de impasse, o referendo constituía uma «saída perfeitamente legítima». Já o líder do PSD, ensaiando uma espécie de chantagem, revelava que, mesmo vencendo as legislativas, não estaria disponível para exercer o cargo de primeiro-ministro caso Eanes fosse reeleito e aproveitava todas as ocasiões para sublinhar a necessidade de se promover uma revisão da Constituição, órgão que Sá Carneiro acusava de ter sido o responsável pelo facto de o seu governo não

([832]) «Os vencimentos dos militares. O CR não desarma», *O Dia*, 18-8-1980; «Apesar do boicote do governo, CR aprova novo diploma de vencimentos das Forças Armadas», *Portugal Hoje*, 17-8-1980.

([833]) *Correio da Manhã*, 20-7-1980.

([834]) *O Dia*, 6-8-1980.

([835]) *Expresso*, 2-8-1980.

poder ter ido mais longe no domínio das modificações estruturais que tinha como indispensáveis.([836])

A candidatura de Soares Carneiro teve assim o desejado efeito desestabilizador nas Forças Armadas e no interior do CR. A estratégia da AD colocava em causa o fim da transição constitucional e a subordinação do poder militar ao poder civil nos moldes estabelecidos pela Constituição. Foi neste ambiente que, procurando evitar esse desfecho, se gizou o acordo entre Ramalho Eanes e o maior partido da oposição para a recandidatura do general.

Nas comemorações do dia de Portugal, o Presidente declarou que, embora a Constituição não devesse ser entendida como um «texto imutável», e que era necessário ter-se em consideração a evolução da sociedade, não se poderiam abalar «os alicerces da democracia, introduzindo a incerteza nas regras que todos se comprometeram a cumprir». Na mesma ocasião acusou aqueles que faziam da Constituição «um pretexto de luta política» ou que a consideravam «um texto alterável em função das conjunturas», de estarem a «repetir as atitudes dos que se serviram da falta de um quadro de legitimidade constitucional para impor, pela pressão, pela violência ou pela conspiração, os seus projectos antidemocráticos»([837]). No final do mês seguinte foi firmado o entendimento entre Eanes e o PS que estabelecia, entre outros aspectos, que, caso fosse reeleito, Eanes deixaria de acumular a presidência com a chefia das Forças Armadas e excluía o recurso à via referendária como meio substitutivo da maioria de 2/3 exigida para a revisão constitucional. Por outro lado, Eanes comprometia-se a não interferir nem se intrometer nas questões e modalidades concretas da revisão, ficando assim afastada a hipótese de o Presidente poder patrocinar, fomentar ou apresentar qualquer projecto de revisão da Constituição.([838])

A revisão da Constituição, com a extinção do CR e a subordinação do poder militar ao poder civil assume-se, assim, como

([836]) *Diário de Lisboa*, 20–8–1980, p. 4.

([837]) *Diário de Lisboa*, 10–6–1980, p. 10.

([838]) Sobre este entendimento entre o general Eanes e o Partido Socialista, ver David Castaño, *Eanes e a Democracia*, pp. 336–338.

elemento central das duas campanhas que, devido à estratégia da AD, se fundem numa única.

Foi neste contexto que o Presidente da República procurou afirmar-se como principal garante de que o processo de revisão se processaria nos moldes estabelecidos pela própria Constituição e ao mesmo tempo afastava qualquer hipótese, ainda que noutros moldes, de continuidade ou perpetuação de um órgão de poder político-militar semelhante ao CR.

Nas comemorações do Dia da Infantaria, em meados de Agosto de 1980, Eanes abordou claramente o problema da revisão constitucional, da extinção do CR e do papel dos militares na vida política. Nessa ocasião afirmou que os militares estavam «firmemente conscientes» de que a democracia pluralista não necessitava nem era compatível «com quaisquer tutelas pretorianas ou corporativas» e que nada tinham que ver «com projectos intervencionistas limitadores da soberania democrática», assegurando, pelo contrário, que as Forças Armadas que «não deixariam de se lhes opor se eles viessem a ter algum peso na vida política portuguesa». Nesse sentido, afirmou que esse era um motivo de orgulho para os militares que viam assim concretizado «um dos mais importantes ideais do 25 de Abril: a instauração da democracia pluralista, sem outra tutela ou condicionamento» que não fosse «o voto do povo». Eanes reconheceu que a acção do CR poderia ser questionada e que algumas declarações de membros do Conselho tinham originado polémicas, aproveitando a ocasião para criticar aqueles que como militares deveriam «evitar fazer juízos públicos sobre a situação das Forças Armadas». De seguida, proclamou que «a afirmação de que o Conselho da Revolução não permanecerá depois da revisão constitucional» significava que deixara de existir qualquer ameaça militar que pudesse colocar em causa o desenvolvimento do regime democrático. Reafirmou que as Forças Armadas reconheciam «a inteira subordinação às decisões do poder político legítimo» e que não haveria «lugar para qualquer outro órgão de poder político-militar após a revisão da Constituição»([839]). Uma semana depois, o conselheiro Vítor Alves defenderia publicamente que com o fim

([839]) *Diário de Lisboa*, 14-8-1980, p. 7.

do CR deveriam ser criados dois novos órgãos: um Conselho de Estado para aconselhamento do Presidente da República e um Tribunal Constitucional para fiscalizar a constitucionalidade das leis. Os restantes poderes do CR deveriam passar para a Assembleia da República.([840])

Quando, no dia 4 de Setembro, Eanes se apresentou como candidato presidencial, proclamou que o seu «primeiro e mais forte compromisso» passava por garantir que no próximo mandato não existiria «nenhum desvio da ordem e da normalidade democrática» e fez um apelo para que os dois maiores partidos chegassem a um acordo que viabilizasse «uma revisão constitucional ajustada às necessidades de Portugal». Antevendo que esta seria bem-sucedida, referiu-se àqueles que em breve iriam deixar de desempenhar funções político-militares, lembrando que essas funções tinham sido, «em tempos difíceis agora já esquecidos», desejadas pelos dirigentes partidários.([841])

Nas vésperas do arranque formal da campanha para as eleições legislativas, o Presidente voltou a referir-se à revisão da Constituição. Num claro recado dirigido para os partidos da AD e para o candidato presidencial da Aliança, afirmou que o respeito e a defesa da Constituição não poderiam, em democracia, variar «em função de interesses restritos e de conjunturas políticas» e defendeu que a Constituição, «como quadro essencial que determina os fundamentos da legitimidade política e impede o abuso do poder», tinha sempre de merecer e de receber o consenso democrático que resultava, entre outros aspectos, «do cumprimento escrupuloso das regras e dos processos de revisão que ela imperativamente determina». A inexistência desse consenso implicava ausência da estabilidade, da segurança e mesmo da liberdade política, na medida em que «a Constituição passaria a ser o primeiro e mais forte factor de divisão da sociedade». Reagindo a estas declarações, os partidos do governo criticaram a exigência de que a revisão constitucional se fizesse de acordo com as normas nela estipuladas, acusando Eanes de estar «implícita e automaticamente a pretender limitar os

---

([840]) *Portugal Hoje*, 20-8-1980.

([841]) *Diário de Lisboa*, 5-9-1980, pp. 4-5.

poderes da futura Assembleia Constituinte»([842]). Um dia antes das eleições, Ramalho Eanes voltou a fazer uma comunicação ao país, tendo alertado para os perigos de uma radicalização da vida política e de uma divisão irreconciliável entre os portugueses e chamado a atenção para a necessidade de consensos que, entre outros aspectos, permitissem rever a Constituição.([843])

As eleições de 5 de Outubro de 1980 constituíram uma grande vitória para a AD. Os 47,5% de votos permitiram eleger 134 dos 250 lugares do Parlamento, mais seis do que nas eleições intercalares de Dezembro no ano anterior. O líder vencedor afirmou que se tinha realizado a primeira volta das eleições presidenciais e, adoptando uma estratégia de confronto com o Presidente, anunciou que não iria apresentar a demissão.([844])

Antecipando que o governo iria adoptar esta estratégia, quatro dias antes das eleições os conselheiros da revolução tinham defendido que, independentemente dos resultados, o governo deveria apresentar o pedido de demissão assim que estes fossem publicados. Se tal não viesse a suceder, o CR defendeu que o Presidente deveria fazer uso das suas capacidades constitucionais, demitindo o governo e procedendo de imediato à nomeação de um novo primeiro-ministro, tendo em conta os resultados eleitorais.([845]) No entanto, quando confrontados com a decisão do executivo, que pretendia enfraquecer a imagem do Presidente e reforçar a do líder da AD, que uma vez demitido teria de voltar a ser indigitado primeiro-ministro, alguns conselheiros mudaram de opinião. Melo Antunes foi o primeiro a revelar que tinha alterado a sua posição, passando a aconselhar Eanes a não demitir o governo. No mesmo sentido foram as intervenções de Vítor Alves, Almeida e Costa, Canto e Castro, Marques Júnior, Costa Neves e Franco Charais. Vários conselheiros manifestaram dúvidas, apresentando os prós e os contras das alternativas, tendo apenas Pezarat Correia

([842]) *Diário de Lisboa*, 15-9-1980, p. 14.

([843]) *Diário de Lisboa*, 6-10-1980, p. 10.

([844]) *Diário de Lisboa*, 6-10-1980, p. 12; *O Dia*, 7-10-1980.

([845]) Acta da Reunião 1-10-1980, Arquivo do Conselho da Revolução, Reuniões, Actas, vol. 9, caixa 10, IAN/TT.

defendido abertamente que o Presidente deveria demitir o governo. Na opinião deste membro do CR, estava em causa uma luta pela afirmação do poder entre dois órgãos de soberania, não devendo o Presidente permitir que o governo se apresentasse como única sede de poder, pelo que aconselhou Eanes a tomar «uma maior acção intervencionista» de acordo com os poderes que lhe tinham sido conferidos.([846]) Apesar deste conselho, Eanes seguiu a opinião da maioria e optou por não demitir o governo.

As atenções passaram a centrar-se nas eleições presidenciais. Além de Ramalho Eanes e de Soares Carneiro, apresentaram-se ao eleitorado mais três militares (Galvão de Melo, Pires Veloso e Otelo Saraiva de Carvalho) e dois civis (Aires Rodrigues e Carlos Brito).

Uma vez formalizada a recandidatura, Ramalho Eanes, deixou de exercer as funções de CEMGFA, que passaram a ser exercidas interinamente pelo CEMFA, general Lemos Ferreira. Esta acumulação de cargos permitiu que a composição do CR se mantivesse inalterada.

Consagrando o que vinha proclamando nos meses anteriores, o manifesto eleitoral do candidato apoiado pela AD preconizava alterações à Constituição idênticas ao projecto de revisão defendido por Sá Carneiro. Nesse sentido, era favorável «a uma séria revisão constitucional», que passava por profundas alterações nas partes respeitantes à organização do poder político e à organização económica, sendo também sublinhado o poder do referendo.([847]) Já o manifesto de Ramalho Eanes deixava claro que a prioridade era «a defesa e evolução do regime democrático», e que essa evolução não poderia ser alcançada se fosse permitida «a transgressão às regras fundamentais da legalidade democrática», designadamente àquela que exigia «a formação de maiorias qualificadas para as decisões que envolvem a alteração do quadro constitucional». Dando cumprimento ao entendimento estabelecido com o Partido Socialista, o programa eleitoral estipulava que, uma vez que tinha sido alcançada a normalização das Forças Armadas e que tinha sido atingido um dos objectivos propostos pelo candidato em 1976,

([846]) Acta da Reunião 7–10–1980, Arquivo do Conselho da Revolução, Reuniões, Actas, vol. 9, caixa 10, IAN/TT.

([847]) *Diário de Lisboa*, 15–11–1980, p. 4.

o Presidente deixaria de acumular as suas funções políticas com quaisquer funções de comando militar, mantendo-se apenas como Comandante Supremo das Forças Armadas, tal com estipulava a Constituição. Relativamente à revisão do texto fundamental, seguindo também o acordado com o PS, o programa defendia que esse processo pertencia «inteiramente aos parlamentares» que tinham recebido poderes constituintes, cabendo apenas ao Presidente assegurar e garantir, «em todas as circunstâncias», o respeito pelas «normas de revisão» que asseguravam «a estabilidade e o consenso nas regras que virão a reger a acção política»(848).

Procurando alimentar os sentimentos anticomunistas do eleitorado, a campanha de Soares Carneiro sublinhou, depois da desistência do candidato do PCP a favor de Eanes, que uma vitória de Eanes traduzir-se-ia num regresso das «inclinações terceiro-mundistas e neutralistas», das diplomacias paralelas, e que tornaria «praticamente impossível» a revisão constitucional. Nesse sentido, antevia-se a manutenção do «inaceitável Conselho da Revolução» nos mesmos moldes ou «disfarçado em Conselho de Estado para cujos lugares o Presidente nomearia de novo o grupo político-militar revolucionário de Melo Antunes, Vítor Alves, Vasco Lourenço, Charais, Pezarat, etc.». Ou seja, uma vitória de Eanes implicaria o «surto de um novo *gonçalvismo*» e o país regressaria a 1975, sendo que apenas Soares Carneiro poderia evitar este trágico desfecho.(849)

A morte do primeiro-ministro(850), no penúltimo dia da campanha, não teve grande impacto nos resultados das eleições, que foram em

(848) Comissão Nacional de Apoio à Reeleição do Presidente Eanes, «A democracia ao serviço de Portugal», 1980.

(849) Conferência de imprensa de Sá Carneiro e Freitas do Amaral, 2-12-1980, Francisco Sá Carneiro, *Textos*, 7.º volume, 1980, Lisboa, Alêtheia Editores, pp. 209-213.

(850) Apesar das profundas divergências e das inúmeras polémicas travadas, o CR emitiu um comunicado onde considerava «de toda a justiça render pública homenagem às memórias de Francisco Sá Carneiro e Adelino Amaro da Costa pelo empenhamento, tenacidade e coragem com que serviram os seus ideais, e pelo contributo que, através disso, deram à causa da democracia em Portugal». Acta da Reunião 10-12-1980, Arquivo do Conselho da Revolução, Reuniões, Actas, vol. 9, caixa 10, IAN/TT.

linha com os estudos e sondagens que vinham sendo realizados.([851]) Ramalho Eanes foi reeleito à primeira volta com 56,4% dos votos. Soares Carneiro obteve 40,2% e os restantes candidatos tiveram resultados muito pouco expressivos.([852])

A reeleição de Ramalho Eanes dava garantias de que o processo de revisão constitucional se faria de acordo com as regras estipuladas na Constituição de 1976. Seria necessária uma maioria de dois terços, ou seja, um entendimento entre os maiores partidos. Mas também o desaparecimento de Sá Carneiro contribuiria para esse desenlace.

A morte do líder do PSD implicou alterações no governo. O vice-primeiro-ministro, Freitas do Amaral, assumiu interinamente as funções de primeiro-ministro e iniciaram-se as formalidades para a escolha do novo primeiro-ministro. No decorrer deste processo, o Presidente recebeu delegações partidárias e retirou uma importante conclusão: os partidos que compunham a AD tinham deixado cair a ideia do recurso ao referendo para rever a Constituição. Nesses encontros, os representantes do PSD, CDS e PPM defenderam que a revisão deveria ser feita respeitando as regras que ela própria estabelecia, havendo abertura para um entendimento com o PS([853]), partido que, pela voz do seu líder, também demonstrou abertura para um entendimento com a AD para a revisão constitucional.([854])

([851]) Em Julho de 1980, uma sondagem divulgada pelo semanário *Expresso* indicava uma vitória de Eanes com 43% dos votos, contra apenas 18% para o general Soares Carneiro. Em Novembro, numa nova sondagem também publicada pelo *Expresso*, Eanes recolhia 45% dos votos e Soares Carneiro 23%. Na mesma altura, uma sondagem promovida pela CNARPE atribuía a eleição de Eanes à primeira volta com 44,5%, seguido de longe pelo candidato da AD, que recolhia 26,5% das intenções de voto. *Expresso*, 12–7–1980; *Expresso*, 15–11–1980; *Diário de Lisboa*, 21–11–1980.

([852]) Otelo 1,5%, Galvão de Melo 0,84%, Pires Veloso 0,78% e Aires Rodrigues 0,22%.

([853]) António Ramalho Eanes, *Sociedade Civil e Poder Político*, texto policopiado, tese de doutoramento, Universidade de Navarra, 2006, cap. 6, parte C, pp. 201–206.

([854]) Entrevista de Mário Soares ao *Die Welt* citada no *Diário de Lisboa*, 19–12–1980, p. 5.

No dia 15 de Dezembro, o PSD indicou ao Presidente Eanes o nome de Francisco Pinto Balsemão, recém-eleito presidente do partido, como sucessor de Sá Carneiro na chefia do executivo. Dois dias depois, o CR pronunciou-se sobre a intenção do Presidente em nomear Pinto Balsemão como primeiro-ministro, não se tendo registado qualquer objecção acerca do nome do indigitado.([855])

A ameaça de uma revisão constitucional por referendo foi afastada, mas imediatamente surgiram novas divergências e polémicas sobre o modelo de subordinação do poder militar ao poder civil democrático.

O discurso de tomada de posse de Pinto Balsemão como primeiro-ministro foi marcado pelo tema da «libertação da Sociedade Civil». Nesse sentido, referiu-se às «inevitáveis e desejáveis» alterações de fundo na Constituição e defendeu a «reintegração das Forças Armadas no âmbito governamental.([856]) O Presidente da República também se referiu a este ponto, mas numa perspectiva diferente. Depois de proclamar que o país gozava de uma «estabilidade política» que permitiria «estabelecer as condições de um diálogo activo e responsável entre o poder e a oposição» e que estavam reunidos todos os requisitos para que a revisão constitucional contribuísse para «a consolidação democrática», Eanes referiu-se à «subordinação das Forças Armadas ao poder político legítimo»([857]). A diferença entre as duas soluções era grande. Na óptica do executivo, as Forças Armadas deveriam, num futuro próximo, ficar na sua dependência exclusiva; para Eanes, a subordinação do poder militar ao poder político deveria envolver outros órgãos de soberania, nomeadamente o Presidente e a Assembleia da República.

Pouco depois da tomada de posse, o novo primeiro-ministro voltou a abordar esta questão. Em entrevista ao jornal espanhol *El País* afirmou que «a reintegração das Forças Armadas no âmbito do governo» seria «o princípio de uma vida democrática em

([855]) Acta da Reunião 17-12-1980, Arquivo do Conselho da Revolução, Reuniões, Actas, vol. 9, caixa 10, IAN/TT.

([856]) *Diário de Lisboa*, 9-1-1981, p. 20.

([857]) *Diário de Lisboa*, 9-1-1981, pp. 1 e 20.

Portugal» e que a medida implicaria «o desaparecimento do Conselho da Revolução e da capacidade legislativa deste órgão político-militar e a subordinação das Forças Armadas ao poder político»([858]). Além de divergir do Presidente da República, esta posição afectava também o relacionamento com um importante sector do Partido Socialista. Após um encontro com o governo onde foram abordados aspectos da futura revisão constitucional, Salgado Zenha defendeu que a extinção do CR deveria salvaguardar a permanência do Presidente da República no comando supremo das Forças Armadas e alertou para os perigos de uma excessiva concentração de poderes no Governo, quer face ao Presidente, quer face ao Parlamento.([859])

Este tema não foi abordado directamente por Eanes na tomada de posse para o segundo mandato, que se realizou no dia 14 de Janeiro de 1981. Mas nessa ocasião, dando cumprimento ao que fora acordado com o PS, o recém-reeleito Presidente da República anunciou que em breve iria deixar de acumular as funções políticas com as de chefe do Estado-Maior-General das Forças Armadas e afastou qualquer possibilidade de intervir no processo de revisão da Constituição que, acentuou, cabia exclusivamente à Assembleia da República e aos deputados, não deixando todavia de avisar que iria assegurar, «dentro dos limites das suas competências», o respeito pelas normas que a revisão teria de obedecer.([860])

No debate do programa de governo, discutido no parlamento em meados de Janeiro, também ficaram patentes as divergências sobre o modo como se deveria processar a subordinação do poder militar ao poder civil.

Para o primeiro-ministro, com a revisão constitucional ficariam estabelecidas «as condições para uma organização integrada da defesa nacional» e passaria a caber ao governo «a função de direcção e gestão das Forças Armadas», situação que implicava

([858]) Entrevista de Pinto Balsemão ao *El País*, reproduzida parcialmente no *Diário de Lisboa*, 12-1-1981, p. 20.

([859]) *Diário de Lisboa*, 13-1-1981, p. 5.

([860]) *Diário de Lisboa*, 15-1-1981, p. 4; António Ramalho Eanes, *Sociedade Civil e Poder Político*, texto policopiado, tese de doutoramento, Universidade de Navarra, 2006, cap. 6, parte C, pp. 238-245.

«importantes reformas estruturais», pelo que o executivo iria estudar e preparar as medidas para «a reintegração, sem dificuldade, das forças armadas no poder civil democraticamente escolhido pelo povo»([861]).

O deputado socialista Salgado Zenha não deixou escapar em branco a referência do primeiro-ministro à subordinação do poder militar ao poder civil, entendido exclusivamente como o poder executivo. Zenha lembrou que se era verdade que o governo era um poder democrático civil, também o Presidente da República e a Assembleia da República o eram, e acusou o executivo de se considerar como o único poder civil e pretender «governamentalizar o regime democrático», limitando os poderes dos restantes órgãos de soberania. Advertindo que os socialistas não iriam permitir a redução dos poderes desses órgãos «para esconjurar essa célebre tutela militar ou presidencial» que atormentava a AD, Zenha fez uma defesa do CR, argumentando que, enquanto este órgão não fosse extinto por via constitucional e as suas atribuições não fossem distribuídas, a sua competência teria de ser respeitada.([862])

Jorge Miranda, deputado da ASDI, também se referiu a esta questão e chamou a atenção para os perigos de se atribuir exclusivamente ao governo «a função de direcção e gestão das Forças Armadas», lembrando que estas nunca tinham possuído «um poder em si», pois, embora tivessem «tido uma gestão separada do governo», situação que deveria terminar, não «deixaram de estar subordinadas aos órgãos de soberania competentes» (o PR, como comandante supremo e Presidente do CR; o CR; e a AR, no domínio financeiro).([863])

Apesar da quase completa unanimidade em relação à necessidade de se proceder à extinção do CR e de se concluir o processo de subordinação ao poder civil, existiam diversas opções e variantes em aberto e o CR continuava a ser um dos principais alvos da

([861]) Debates parlamentares, apresentação do programa do VII Governo Constitucional, 16-1-1981, *Diário da Assembleia da República*, 17-1-1981, disponível em: www.debates.parlamento.pt/catalogo/r3/dar/01/02/01/018/1981-01-16/

([862]) Idem.

([863]) Debates parlamentares, discussão do programa do VII Governo Constitucional, 20-1-1981, *Diário da Assembleia da República*, 21-1-1981, disponível em: www.debates.parlamento.pt/catalogo/r3/dar/01/02/01/019/1981-01-20/

maioria parlamentar. Para tal também contribuíram alguns dos seus membros que continuavam empenhados na defesa de um CR capaz de assumir a plenitude dos poderes constitucionais até ao final da sua existência enquanto órgão de soberania, mesmo que esse posicionamento não fosse partilhado com o Presidente do CR, que continuava a procurar garantir que o Conselho fosse «um factor de perturbação política» e a defender que, até à conclusão do processo de revisão constitucional, o CR deveria manter a postura de moderação que vinha sendo seguida. Além de frisar estes aspectos, numa entrevista concedida ao *Le Monde*, que foi publicada no dia 12 de Dezembro de 1980, Eanes afirmou que, caso o CR tivesse utilizado, sem qualquer ponderação e sem ter em consideração a vontade dos portugueses, os seus importantes poderes poderia, de facto, ter sido prejudicial para a democracia.([864]) Não era essa a opinião nem de alguns elementos do Conselho, nem da maioria parlamentar e governativa. Para os primeiros, a moderação do CR não tinha permitido ir tão longe quanto a Constituição permitira em vários domínios. Para os segundos, a mera existência do CR tinha sido um factor de desestabilização e um travão ao desenvolvimento do país. É de sucessivos choques entre estas duas visões distintas que se fez a história do penúltimo ano de vida do CR.

As últimas tentativas de afirmação de um poder em declínio

A aproximação do final do período de transição constitucional seria ainda marcada por algumas tentativas de afirmação do CR.

Uma dessas tentativas ocorreu na sequência da derrota do candidato presidencial apoiado pela AD, quando Vasco Lourenço criticou o chefe do Exército por este entender que, uma vez terminada a campanha, Soares Carneiro deveria regressar à vida militar. Depois de referir casos de militares que tinham sido afastados por «imaginosas conotações partidárias», Vasco Lourenço questionou como é que se podia continuar a considerar que Soares Carneiro possuía o perfil militar necessário a um oficial no activo, dado o seu notório «envolvimento e comprometimento partidário».

([864]) *Expresso*, 17-12-1980.

Apesar da dúvida, a maioria dos conselheiros rejeitou «acções discriminatórias relativamente aos candidatos presidenciais»([865]).

Soares Carneiro não sofreu qualquer represália e chegou a ser nomeado vogal do Supremo Tribunal Militar (STM), situação que voltou a ser questionada no CR. Costa Neves defendeu que o candidato derrotado às eleições presidenciais tinha revelado um «comportamento político inaceitável» e não oferecia «as garantias de imparcialidade e isenção exigidas pelo cargo». Franco Charais manifestou um posicionamento semelhante e revelou ter apresentado uma participação relativa a Soares Carneiro por este ter concedido uma entrevista a um órgão de comunicação social norte-americano quando já se encontrava a desempenhar as funções no STM.([866])

A atribuição, por parte de Freitas do Amaral, na qualidade de ministro interino da Defesa, de medalhas militares a Amaro da Costa e a outros dois membros do gabinete do malogrado ministro, voltou a servir de pretexto para nova polémica. Mais uma vez, foi Vasco Lourenço quem chamou a atenção para o sucedido, argumentando que a legislação em vigor não dava ao ministro a capacidade para atribuir essas condecorações.([867]) Confrontado com esta interpretação, o EMGFA foi forçado a manifestar publicamente que não perfilhava a interpretação dada pelo governo aos diplomas legais que tinham permitido as condecorações.([868]) Na mesma ocasião, o antigo comandante da região militar de Lisboa propôs que o diploma referente à concessão de pensões aos familiares de Sá Carneiro, Patrício Gouveia e Amaro da Costa não fosse promulgado e que o mesmo fosse apreciado pela Comissão Constitucional. Mais uma vez, a maioria dos conselheiros salientaram «a inoportunidade política de tal acção», inviabilizando a proposta apresentada. Derrotado, Vasco Lourenço deixou em acta

([865]) Acta da Reunião 12–12–1980, Arquivo do Conselho da Revolução, Reuniões, Actas, vol. 9, caixa 10, IAN/TT.

([866]) Actas das Reuniões 5–5–1981 e 13–5–1981, Arquivo do Conselho da Revolução, Reuniões, Actas, vol. 9, caixa 10, IAN/TT.

([867]) Acta da Reunião 7–1–1981, Arquivo do Conselho da Revolução, Reuniões, Actas, vol. 9, caixa 10, IAN/TT.

([868]) Diário de Lisboa, 13–1–1981, p. 5.

o seu descontentamento pelo facto de o CR ter, «mais uma vez», abdicado «de tomar atitudes firmes e correctas, não respondendo assim a uma prática totalmente incorrecta e inaceitável por parte do governo»([869]).

No início de Fevereiro de 1981, voltaram a registar-se tensões no interior do Conselho. Na reunião realizada no dia 6, nenhum conselheiro pretendeu fazer uma análise da situação política. Para Marques Júnior era um sintoma revelador «duma rejeição da função» que levava os membros do CR a não pretenderem expressar os seus pensamentos «numa amplitude total». Partilhando esta preocupação, Pezarat Correia considerou que existiam, «de facto coisas a dizer», mas sugeriu que os conselheiros se abstinham de o fazer por não terem suficientes «dados de análise», atribuindo essa escassez de informação a alterações registadas no aparelho militar. Divergindo desta vez destes seus pares, Melo Antunes considerou que «o silêncio correspondia a um amadurecimento do órgão e à tomada de consciência do cumprimento duma tarefa realizada ao longo de anos» e que já não se justificavam «longas análises», uma vez que «se caminhava para uma extinção natural». Melo Antunes sugeriu ainda que, caso os responsáveis pela revisão constitucional não a executassem em devido tempo, a extinção pudesse vir a ser auto-imposta.([870])

A defesa de uma postura mais interventiva do CR não tinha apenas origem no seu interior. No dia 18 de Janeiro de 1981, o Comité Central do PCP emitiu um extenso comunicado onde se fazia a análise da situação política na sequência das eleições presidenciais de 7 de Dezembro. O documento defendia que as Forças Armadas continuavam «a ter uma intervenção efectiva na vida política portuguesa» e que essa «situação de facto» não poderia «modificar-se por decisões voluntaristas». Considerando demagógicas as afirmações sobre a «submissão das Forças Armadas ao poder

([869]) Acta da Reunião 7-1-1981, Arquivo do Conselho da Revolução, Reuniões, Actas, vol. 9, caixa 10, IAN/TT. Entre outros aspectos, Vasco Lourenço chamou a atenção para o facto de o diploma não contemplar os familiares dos pilotos.

([870]) Acta da Reunião 6-2-1981, Arquivo do Conselho da Revolução, Reuniões, Actas, vol. 9, caixa 10, IAN/TT.

civil», que os comunistas entendiam apenas pretenderem criar «uma nova hierarquia reaccionária» que pudesse «servir de instrumento aos planos subversivos de liquidação do regime democrático», o PCP reafirmava a sua defesa da «intervenção das Forças Armadas na vida política» e a sua institucionalização de modo a evitar-se que essa intervenção fosse deixada «ao sabor do mero jogo de correlação de forças». Nesse sentido, os comunistas deixavam claro que defendiam a manutenção do CR, que os assuntos militares deveriam continuar a ser decididos pelos militares e que as Forças Armadas deveriam manter «larga competência regulamentadora e executiva interna»([871]).

Não era esse, ao contrário do que propalavam os partidos da AD, o entendimento do Presidente da República, que, preparando-se para o desaparecimento do CR e para a subordinação do poder militar ao poder civil, deu seguimento ao compromisso pré-eleitoral assumido com o PS e iniciou o processo de alteração nas chefias militares tendo em vista o abandono das suas funções como CEMGFA.

Poucos dias depois de ter tomado posse para o seu segundo mandato, Ramalho Eanes anunciou ao CR ser sua intenção nomear o general Garcia dos Santos para o lugar de chefe do Estado-Maior do Exército, substituindo assim Pedro Cardoso. Eanes acentuou que essa decisão não estava relacionada com qualquer tipo de avaliação negativa relativa ao desempenho de antigo CEME([872]) mas com a «necessidade de, pensando no futuro, iniciar uma nova etapa em condições de plena liberdade de acção». Apesar de nenhum conselheiro ter manifestado oposição à nomeação de Garcia dos Santos, registaram-se críticas ao método adoptado pelo Presidente no processo.([873]) Mais uma vez, Eanes apresentou a decisão como um facto consumado limitando-se a ouvir formalmente o CR. O Presidente colocava assim na chefia do exército um oficial da sua inteira confiança, até

([871]) Comunicado do Comité Central do PCP, 18-1-1981, *Diário de Lisboa*, 19-1-1981.

([872]) Alguma imprensa conotada viria a afirmar que o afastamento de Pedro Cardoso se devera ao facto de o CEME não ter «apostado cabalmente no candidato presidencial que se sagrou vencedor», *Expresso*, 31-1-1981.

([873]) Acta da Reunião 23-1-1981, Arquivo do Conselho da Revolução, Reuniões, Actas, vol. 9, caixa 10, IAN/TT.

essa data responsável pela sua Casa Militar, afirmando duplamente a sua autoridade. Por um lado, perante os conselheiros históricos que entendiam que deveriam ser tidos em consideração no processo de escolha e, por outro, perante a hierarquia tradicional do exército que não via com bons olhos que o novo chefe fosse o mais jovem general do ramo e que se manifestou através do pedido feito pelo general Duarte Silva, ex-vice-CEME, para passar à reserva.

Os discursos da tomada de posse do novo CEME centraram-se na questão da subordinação das Forças Armadas ao poder político democrático. O Presidente da República começou por frisar que não se estava ainda perante «um acto estritamente militar», referiu que não tinham sido «poucas as ocasiões em que, de modo directo ou velado», tinham sido feitos apelos a «alguma forma de intervencionismo militar», mas sustentou que Forças Armadas tinham sido capazes de «respeitar as condições da sua integração na sociedade democrática e manter uma efectiva estabilidade interna». Garcia dos Santos acusou alguns militares de não terem compreendido o seu papel na sociedade democrática ao terem colocado em causa a «neutralidade efectiva das Forças Armadas» e referiu-se à «criação de um aparelho militar democrático», constituído «por militares democráticos»([874]).

O processo de separação das funções presidenciais com as de chefia das Forças Armadas prosseguiu, três semanas depois, quando o Presidente manifestou a intenção de ouvir o CR sobre a nomeação do seu sucessor na chefia do Estado-Maior-General das Forças Armadas.

Nesta ocasião, o Presidente não se limitou a apresentar um nome, tendo indicado três hipóteses de generais mais antigos (Altino Magalhães, Oliveira Rodrigues e Melo Egídio), e solicitou que lhe fossem apresentadas alternativas. A única condicionante era o tempo, uma vez que era sua intenção abandonar o cargo até ao final de Fevereiro de 1981. Apesar deste novo método revelar mais abertura, alguns conselheiros voltaram a manifestar insatisfação pelo procedimento adoptado, argumentando que não se podiam pronunciar por desconhecimento relativamente aos nomes propostos, ou por ignorância quanto às ideias de cada um deles sobre as Forças

([874]) *Diário de Lisboa*, 27–1–1981, p. 5.

Armadas e a política que pretendiam seguir. Para estes conselheiros, entre os quais se encontravam Charais, Martins Guerreiro, Ribeiro Cardoso, Marques Júnior, Canto e Castro, Vasco Lourenço e Costa Neves, dada a importância das funções em causa, o processo de escolha do futuro CEMGFA deveria ser mais debatido no interior do CR. Indo mais longe, Pezarat Correia defendeu que era melhor não se fazer qualquer alteração na chefia do Estado-Maior-General, pois aproximava-se a revisão constitucional e o oficial indicado poderia não possuir «as características mais indicadas para o desempenho do lugar no período à subordinação do poder militar ao poder civil». Apesar das reticências manifestadas, todos os conselheiros que indicaram um nome referiram o de Melo Egídio como sendo aquele que reunia melhores condições para vir a chefiar as Forças Armadas. No final da discussão, Eanes disse que quando tomasse uma decisão informaria o Conselho.([875])

Melo Egídio, então governador de Macau, que desempenhara funções de comando em Angola e em Moçambique durante a guerra e que em 1975 dirigira a Arma de Infantaria e fora responsável pelo Agrupamento Militar de Intervenção (AMI), foi então nomeado para o cargo de CEMGFA. O novo chefe das Forças Armadas era próximo do Presidente da República([876]) e tomou posse no início de Março de 1981. O seu mandato tinha um grande objectivo: garantir a subordinação do poder militar ao poder civil.

Foi nesse sentido que, na tomada de posse, o Presidente afirmou que esse processo de subordinação não poderia ser adiado e defendeu que as Forças Armadas estavam completamente normalizadas. No entanto, não deixou de incentivar o seu sucessor na chefia das Forças Armadas a denunciar todos aqueles que, de forma clara ou encoberta, procurassem vincular os militares a determinadas opções político-partidárias e pretendessem interferir nas livres opções dos cidadãos, lembrando a fragilidade e vulnerabilidade da democracia

([875]) Acta da Reunião 16-2-1981, Arquivo do Conselho da Revolução, Reuniões, Actas, vol. 9, caixa 10, IAN/TT.

([876]) Em 1976, Melo Egídio foi adjunto-coordenador no Estado-Maior-General, quando Eanes era CEME. Foi também vice-CEME e nomeado governador de Macau pelo Presidente em Fevereiro de 1979.

e a possibilidade do surgimento de intenções autoritárias e de instrumentalização dos militares.

Plenamente sintonizado com esta visão, o novo CEMGFA também se manifestou contra qualquer instrumentalização política dos militares e sustentou que a «futura dependência das Forças Armadas do poder político legítimo» seria o corolário do processo acidentado iniciado em 25 de Abril e reafirmado em 25 de Novembro. Referindo-se à revisão constitucional, Melo Egídio lembrou que as Forças Armadas não integravam o processo decisório, mas afirmou que a instituição militar estava preparada para se enquadrar no modelo que viesse a ser adoptado.([877])

Com esta mudança, o cargo de CEMGFA deixava de ser desempenhado pelo Presidente da República, situação que se mantinha desde Setembro de 1974. Era assim dado um passo decisivo em direcção ao princípio da separação de poderes, aspecto fundamental na definição de um regime como democrático, embora a imprensa continuasse a referir-se a projectos bonapartistas e de poder pessoal de Eanes([878]), que, curiosa e paradoxalmente, também era descrito como um mero executor das decisões do CR.([879])

O novo CEMGFA passou, por inerência, a integrar o CR, que assim passava a contar com mais um elemento alinhado com o Presidente. Logo na primeira reunião em que participou, Melo Egídio foi confrontado com as tensões existentes no interior deste órgão de soberania. Dirigindo-se ao novo responsável máximo pelas Forças Armadas, o conselheiro Franco Charais pediu para conhecer o seu programa político-militar e afirmou que, caso o CEMGFA se limitasse a gerir o panorama existente, se oporia «frontalmente a tal acção». Caso contrário, manifestou disponibilidade para colaborar, se fosse esse o desejo do novo chefe do Estado-Maior-General. Era um aviso.

Nessa mesma reunião foi debatida a divulgação de uma nota relativa à celebração do sexto aniversário do CR. No entanto, perante a existência de divergências, o Conselho decidiu que não deveria ser tornada pública qualquer mensagem a marcar a passagem da

---

([877]) *Diário de Lisboa*, 5-3-1981, pp. 1 e 5.

([878]) *Tempo*, 5-2-1981 e 19-2-1981; *O País*, 6-2-1981.

([879]) *O Dia*, 11-2-1981.

efeméride.([880]) Também as comemorações do sétimo aniversário do 25 de Abril voltariam a revelar as divergências existentes do CR.

O conselheiro Vasco Lourenço sugeriu que nesse ano, além da tradicional mensagem, o CR promovesse outras iniciativas e Vítor Alves defendeu que, uma vez que se poderia estar prestes a celebrar o último aniversário do 25 de Abril com o CR ainda em funções, deveria ser constituída uma comissão para elaborar um projecto de mensagem diferente dos anteriores. Mais uma vez, nenhuma destas sugestões foi aprovada pela maioria dos membros do Conselho. Pelo contrário, ficou decidido que seria divulgado um comunicado seguindo os moldes adoptados nos anos anteriores e que caberia ao porta-voz do CR, Vítor Alves, a elaboração de um texto base que deveria ser debatido e analisado pelo Conselho antes de ser difundido.([881])

O texto apresentado por Vítor Alves acabaria por sofrer algumas alterações, tendo sido suprimidas várias partes de modo a torná-lo mais moderado. Por exemplo, foi retirada uma frase onde se defendia a necessidade «de uma informação realmente pluralista» que poderia ser interpretada como uma crítica ao governo. Antecipando a sua própria extinção no âmbito do processo de revisão da Constituição, que se esperava vir a ocorrer «no integral respeito pela legalidade democrática e constitucional», afirmava-se que a acção do CR tinha «sido sempre norteada no sentido de corresponder às motivações que estiveram na génese do 25 de Abril» e que tinham justificado a adesão do povo português.([882])

A ocasião foi também aproveitada pelo CEMGFA para reforçar a sua mensagem. Dirigindo-se aos militares, afirmou que as Forças Armadas não poderiam ter a pretensão de intervir «à revelia na modificação de sistemas aprovados por consenso nacional através

---

([880]) Acta da Reunião 11-3-1981, Arquivo do Conselho da Revolução, Reuniões, Actas, vol. 9, caixa 10, IAN/TT.

([881]) Actas das Reuniões 1-4-1981 e 8-4-1981, Arquivo do Conselho da Revolução, Reuniões, Actas, vol. 9, caixa 10, IAN/TT.

([882]) Comunicado do CR, 25-4-1981, Acta da Reunião 25-4-1981, Arquivo do Conselho da Revolução, Reuniões, Actas, vol. 9, caixa 10, IAN/TT. Projecto de comunicado, Arquivo do Conselho da Revolução, Assuntos tratados nas reuniões do CR, vol. 47, caixa 65, 15-4-1981, doc. 9.

do voto» e que estas teriam apenas de cumprir as missões que lhes viessem a ser definidas pelas instituições democráticas.([883])

Apesar de as propostas apresentadas pelos conselheiros históricos terem sido rejeitadas pela maioria dos membros do CR, foram promovidas outras formas que permitiam revelar publicamente o posicionamento de alguns conselheiros.

Na reunião realizada no dia 15 de Abril, Vasco Lourenço informou que, juntamente com outros conselheiros e personalidades civis, tinha assinado um documento em defesa da Constituição. Tratava-se de uma iniciativa promovida por um movimento que integrava diversos civis, entre os quais se destacavam Henrique de Barros, José Magalhães Godinho, Vasco da Gama Fernandes, Maria de Lourdes Pintasilgo, Dias Lourenço, Sá Borges, Vital Moreira, Helena Cidade Moura, Lopes Cardoso, Eduardo Lourenço e Acácio Barreiros, e os conselheiros Costa Neves, Pezarat Correia, Vasco Lourenço e Vítor Crespo, que visava reavivar os projectos unitários de 1974/75. O movimento promoveu a realização de um comício em Lisboa no dia 25 de Abril com o lema «comemorar o 25 de Abril é reafirmar o espírito e as instituições da democracia que a Constituição consagra»([884]). O eclectismo dos subscritores e a ambiguidade dos seus propósitos poderiam ser facilmente interpretados como defendendo a continuidade do Conselho da Revolução. É que, ao proclamarem que comemorar o 25 de Abril significava «reafirmar o espírito e as instituições da democracia» que a Constituição consagrava, os subscritores alimentavam dúvidas quanto ao seu posicionamento em relação ao CR, já que esta era uma instituição consagrada constitucionalmente. Por outro lado, alguns elementos da comissão organizadora eram militantes do PCP, partido que defendia a continuidade do Conselho. Também o PSD de Lisboa se manifestou contra estas acções «pretensamente unitárias» e, inclusivamente, Sousa e Castro considerou que eram legítimas as críticas sobre essa manifestação.([885])

([883]) Mensagem do CEMGFA às Forças Armadas, 25–4–1981, *Diário de Lisboa*, 27–4–1981, p. 15.

([884]) *Diário de Lisboa*, 21–4–1981, p. 5.

([885]) *Diário de Lisboa*, 23–4–1981, p. 4. Sousa e Castro questionou Vasco Lourenço sobre esta iniciativa e foi acusado por Pezarat Correia de ter adoptado

Sempre atento ao que passava no CR, Francisco Sousa Tavares dedicou um duro artigo a esta manifestação que, em seu entender, era «a expressão acabada da antidemocracia», promovida, «salvo raras excepções», por pessoas e entidades para quem «a democracia como sistema de liberdade política assente na soberania do voto popular» nada queria dizer. Além do PCP e dos seus satélites, Sousa Tavares dividiu os seus promotores em três categorias. Na primeira, simbolizada por Maria de Lourdes Pintasilgo, incluía aquelas pessoas que antes do 25 de Abril tinham estado «solidamente integradas no sistema de poder» e que nunca tinham sido vistas nas diversas iniciativas contra o Estado Novo. Na segunda, os «membros comunistas ou pró-comunistas do CR» para quem «a confusão entre democracia e um estado confuso de autoritarismo revolucionário e supostamente generoso» era «um mal definitivo e endémico». Sousa Tavares descrevia-os como tendo andado «no processo, sem nada perceberem dele, sem nada aprenderem, sem nada saberem o que é democracia, como nunca souberam antes da revolução que os levou ao poder». Finalmente, na terceira categoria encontravam-se aqueles que eram designados como «os nomes habituais do disfarce unitário» que se deixavam envolver «em todas as formas de propaganda disfarçada que, como os tentáculos dum polvo», procurava «incessantemente abraçar a inocência social dos desprevenidos, dos ingénuos ou dos idiotas endémicos»([886]).

O desfile-comício foi descrito pela imprensa de esquerda como uma «jornada unitária», onde se tinham ouvido palavras de ordem a favor da «unidade» e do «MFA». O antigo Presidente da Assembleia, Teófilo Carvalho dos Santos, fez referência ao «momento de perigo para as instituições democráticas e para o 25 de Abril» e Alda Nogueira, do PCP, chamou a atenção para os perigos de uma revisão constitucional apadrinhada por aqueles que não tinham conseguido atingir todas as suas ambições políticas. O evento terminou com um discurso do conselheiro Vasco Lourenço, que criticou aqueles que falavam em libertação da sociedade civil e que, desse modo, invertiam as posições apresentando os libertadores

---

um posicionamento crítico relativamente a este comício porque não fora convidado a subscrever o documento-convocatória. *Correio da Manhã*, 24-4-1981.

([886]) *A Capital*, 24-4-1981.

como carrascos e os antigos opressores como «candidatos a libertadores». Lourenço justificou a participação dos militares do CR «na luta que falta travar para que a libertação do povo português seja total» e concluiu, proclamando: «Abril vive. Abril viverá! Os capitães de Abril são fiéis ao seu compromisso. A minha palavra aqui fica como penhor da sua determinação.» No dia seguinte, no almoço de confraternização dos oficiais do quadro permanente, Vasco Lourenço voltou a sublinhar esta ideia afirmando que os militares de Abril não pretendiam impor à sociedade portuguesa qualquer solução contrária à sua vontade. No entanto, deixou um aviso ao afirmar não aceitar «que nos pretendam impedir de, como cidadãos de pleno direito, participar na construção de uma sociedade mais livre, mais democrática, mais justa e mais fraterna. Por isso não aceitaremos dicotomia no poder político ao qual devamos obediência»([887]).

Além da já tradicional cisão entre conselheiros por inerência e conselheiros históricos, o sétimo aniversário do 25 de Abril revela assim que também entre estes últimos começavam a registar-se algumas divergências. Mas eram ligeiras e não foram suficientes para modificar o posicionamento do CR nas grandes questões que opunham este órgão ao governo, nomeadamente em relação à Lei de Delimitação dos Sectores, que o governo de Pinto Balsemão voltou a procurar implementar.

Mais uma vez registou-se, segundo as actas do CR, uma «viva controvérsia» entre os conselheiros que, por maioria, voltaram a não seguir o parecer da Comissão Constitucional e declararam o diploma inconstitucional. Tal como fizera anteriormente, o Presidente do CR defendeu a promulgação da lei([888]), colocando-se assim ao lado dos conselheiros que, seguindo as conclusões apresentadas pela Comissão Constitucional, entendiam que o diploma não era inconstitucional.

Antecipando-se a eventuais críticas do governo e dos partidos que o apoiavam, o Conselho emitiu um longo comunicado onde explicava a sua decisão. Começando por sublinhar que os pareceres não eram vinculativos e que o CR era o único órgão a quem competia

([887]) *Diário de Lisboa*, 27-4-1981, pp. 13, 14 e 15.

([888]) *O Jornal*, 24-7-1981.

decidir sobre a apreciação preventiva da constitucionalidade das leis, sustentava-se que a lei em causa «mudaria de forma tão radical o ordenamento económico estabelecido na Constituição da República que constituiria na realidade uma autêntica lei de revisão constitucional». Na opinião da maioria dos conselheiros, a abertura da banca e dos seguros à iniciativa privada «tornaria possível a recriação de um ordenamento económico» semelhante ao existente no regime anterior, ou seja, tornaria o poder político dependente do poder económico. Além deste atestado de fragilidade do poder político, o comunicado previa que, caso a lei fosse aplicada, seria responsável pela «destruição de pequenos e médios empresários industriais, comerciais e agrícolas» e pela «asfixia dos agentes económicos não enfeudados aos grupos que partilhariam entre si o domínio financeiro do país». Por outro lado, a abertura à iniciativa privada nestes sectores afectaria profundamente «a capacidade nacional de planeamento e desenvolvimento económico» e colocaria em causa «os avanços realizados após o 25 de Abril nos planos da democracia económica e social». Apresentadas as justificações para a decisão, o comunicado lembrava que, desde Outubro de 1980, o CR aguardava pela revisão constitucional e pela sua extinção mas, paralelamente, deixava claro que até ao final do seu mandato o Conselho não deixaria de exercer as competências atribuídas pela Constituição. Por fim, eram rebatidos os argumentos do Governo, que apresentava o diploma como a solução para os problemas económicos do país([889]) e era lembrado que o diploma ainda poderia ser promulgado, caso viesse a ser aprovado por uma maioria qualificada quando regressasse à Assembleia após o veto.([890])

([889]) O executivo vinha deixando uma série de avisos quanto à hipotética declaração de inconstitucionalidade da lei de delimitação dos sectores. Logo no final de Abril, no encerramento do II Congresso das Actividades Económicas, o primeiro-ministro advertiu: «caso o Conselho da Revolução, para desgraça do país, reincida na sua posição puramente política e antijurídica de rejeitar a proposta de lei de delimitação dos sectores público e privado, então terá de assumir a responsabilidade das tentativas de paralisia política e económica do nosso país», *O Dia*, 30-4-1981.

([890]) Comunicado do CR 17-7-1981, Acta da Reunião 17-7-1981, Arquivo do Conselho da Revolução, Reuniões, Actas, vol. 9, caixa 10, IAN/TT. As actas só

Esta decisão do CR foi elogiada pela esquerda e reprovada pela direita. À esquerda, Vital Moreira defendeu que «aprovar a lei dos sectores era rever a Constituição» e Almeida Santos afirmou que a atitude do CR era um «acto de coerência». O porta-voz do PSD, Ângelo Correia, afirmou que o CR tinha acabado de demonstrar que era «uma aberração» e que a principal tarefa da AD era «acabar com a sua existência»([891]).

Também os jornais se dividiram consoante o seu posicionamento ideológico. Para o *Diário de Lisboa*, o CR tinha reforçado o seu prestígio popular ao adoptar uma postura de coerência. Já o *Tempo* acusava o Conselho de ser o motor da ditadura militar em que o país vivia, e *A Capital* lembrava que a decisão do Conselho era «contrária à própria Comissão Constitucional» e revelava «uma atitude de vaidade medíocre e de prepotência militar contra a essência de uma democracia política»([892]).

Dias depois seria conhecida a resposta do governo. Embora tivesse referido que não pretendia «entrar em polémica com a ala marxista do Conselho da Revolução», um órgão que nunca se sujeitara «ao sufrágio e de cuja urgente extinção depende a plenitude democrática do regime», o executivo descreveu a decisão do CR como um «atentado às regras mais elementares da democracia»([893]).

---

revelam o resultado final da votação, mas, como habitual, houve uma fuga para a imprensa revelando como tinham votado os membros do Conselho. Apenas o PR, os chefes militares presentes na reunião e os representantes da Força Aérea votaram pela constitucionalidade da lei, os restantes conselheiros votaram contra o parecer da CC. *O Dia*, 20-7-1981.

([891]) *Portugal Hoje*, 20-7-1981, *A Tarde*, 20-7-1981, *Diário de Lisboa*, 18-7--1981, p. 5.

([892]) *Diário de Lisboa*, 22-7-1981, *Tempo*, 23-7-1981, *A Capital*, 21-7-1981.

([893]) *Diário de Lisboa*, 22-7-1981, p. 4. As referências à existência de uma ala marxista não eram completamente descabidas. Na sequência de uma visita à Hungria, o conselheiro Franco Charais fez um relato ao CR. Nesse relatório, Charais afirmava que, na sequência dos contactos que manteve com os responsáveis húngaros, tinha ficado com a impressão de que se pretendia que a sociedade fosse «o mais aberta possível e que a construção do socialismo» se processasse da forma «mais consciente possível». Referiu que as autoridades não estavam preocupadas com qualquer tipo de oposição, pois o modelo seguido no país permitia que as leis

A resposta do Conselho de Ministros foi, como seria de esperar, mal recebida por alguns conselheiros. Apesar de considerar legítima a discordância política, Marques Júnior defendeu que não era «facilmente admissível a falta de dignidade e pouca correcção de linguagem» utilizada. Em seu entender, este tipo de comportamento poderia legitimar ou incentivar acções violentas como aquelas que vinham sendo apregoadas por «certos órgãos de comunicação social, contra o Conselho da Revolução e os seus membros». Vasco Lourenço sugeriu que, embora não constasse da agenda, fosse debatida a situação política e adoptada uma tomada de posição. Mais uma vez coube ao Presidente moderar os ânimos. Eanes não via qualquer vantagem numa análise desse tipo por parte do CR numa altura em que o governo ameaçava cair([894]) e referiu-se às constantes fugas de informação, chamando a atenção para eventuais consequências negativas caso as opiniões dos conselheiros viessem a ser divulgadas. O Conselho seguiu a sugestão do Presidente. Considerando que não era oportuno fazer-se o debate proposto por Vasco Lourenço, não foi divulgada nenhuma resposta ao executivo.([895])

---

fossem «perfeitamente discutidas, compreendidas e aceites pela população antes de serem publicadas». Por outro lado, questionava a espontaneidade da revolta de 23 de Outubro de 1956. Acta da Reunião 27-7-1977, Arquivo do Conselho da Revolução, Reuniões, Actas, vol. 4, caixa 5, IAN/TT. Anos mais tarde, outro conselheiro, Martins Guerreiro, apresentaria também um relatório sobre uma viagem. Desta vez, o destino fora a Coreia do Norte. No relatório sobre a visita podem ler-se algumas passagens elucidativas: «embora seja um país de partido único ou quase, o Partido do Trabalho, poderei definir o regime político como um paternalismo iluminado, tal é o culto e a veneração que todos (partidos e cidadãos) votam ao "grande líder" Kim il Sung»; «a visita teve interesse, permitindo verificar que as realizações no campo económico, da habitação, do ensino e da cultura são notáveis». Relatório de Martins Guerreiro sobre a visita à Coreia do Norte, Arquivo do Conselho da Revolução, Assuntos tratados nas reuniões do CR, vol. 49, caixa 67, 17-7-1981, doc. 3.

([894]) A liderança de Pinto Balsemão estava a ser contestada dentro do PSD e a fragilidade da liderança estava a ameaçar a solidez da AD. David Castaño, *Eanes e a Democracia*, pp. 394–402.

([895]) Acta da Reunião 22-7-1981, Arquivo do Conselho da Revolução, Reuniões, Actas, vol. 9, caixa 10, IAN/TT.

Esta atitude de moderação viria, no entanto, a ser posta em causa alguns meses mais tarde quando, na sequência de uma polémica entre o Presidente da República e o governo([896]), Eanes pediu que os conselheiros se pronunciassem sobre as relações com o executivo e a situação política do país. Esta ocasião foi aproveitada por aqueles que defendiam um papel mais interventivo do CR e do Presidente para sustentarem os seus pontos de vista.

Martins Guerreiro sublinhou o que considerava ser a persistência do «vício de favorecer demasiadamente os partidos políticos», o que fazia com que estes se julgassem como os únicos representantes da democracia. Já Melo Antunes sustentou que Eanes deveria adoptar uma postura tão presidencialista quanto aquela que lhe era permitida pela Constituição e chamou a atenção para aquilo que considerava ser uma tentativa de organização do poder político semelhante à que existia antes de Abril de 1974 e para a existência de uma concertação entre os partidos que estariam empenhados em retirar o maior número de poderes possíveis ao Presidente. Franco Charais aconselhou Eanes a intervir «duma forma mais activa e actuante» e a actuar no futuro «com uma maior agressividade». No mesmo sentido, Marques Júnior defendeu que o Presidente deveria intervir «com maior incidência», e Costa Neves sustentou que as intervenções de Eanes tinham «mantido uma linha de pouca acutilância». Mais prudentes, os chefes militares sugeriram que o Presidente interviesse com cautela, «em moldes professorais», de modo a evitar-se a formação de uma «santa aliança» entre os partidos (Sousa Leitão), e Lemos Ferreira chamou a atenção para o processo de revisão constitucional, defendendo a necessidade de se encontrar «o justo equilíbrio» entre as acções, reacções e omissões.([897])

Foi na sequência deste debate que o CR decidiu, por votação, emitir um comunicado onde era feita uma vigorosa defesa do Presidente da República e onde o Conselho avisava que «a

([896]) Durante uma visita ao Fundão, o Presidente referiu-se às ameaças ao regime democrático, tendo o principal partido que apoiava o governo acusado Eanes de manifestar «uma nítida atitude de desconfiança e até de hostilidade à democracia representativa de base partidária». *Diário de Lisboa*, 15–10–1981, p. 6.

([897]) Acta da Reunião 14–10–1981, Arquivo do Conselho da Revolução, Reuniões, Actas, vol. 9, caixa 10, IAN/TT.

sobrevivência do sistema representativo» dependia de um «clima de respeito mútuo» que não excluía uma «vigilância recíproca». Nesse sentido, referindo-se ao processo de revisão da Constituição, o CR deixava claro que considerava legítimas as intervenções públicas dos seus membros sobre esta matéria, e rejeitava que essas intervenções pudessem ser interpretadas como intromissões na esfera de competência da Assembleia.(898) O CR ensaiava assim uma postura mais interventiva num momento particularmente sensível, em que os partidos discutiam alterações ao texto fundamental e se aproximava a extinção do Conselho da Revolução.

Embalados pelo sucesso obtido com a divulgação deste comunicado, duas semanas mais tarde, alguns conselheiros voltaram a tentar fazer aprovar a divulgação de um comunicado com claras conotações políticas. Numa reunião realizada no início de Novembro de 1981, vários membros do CR chamaram a atenção para a difícil situação económica e financeira em que se encontrava o país e defenderam que o Conselho deveria dar a conhecer a realidade da situação e chamar a atenção para necessidade de se encontrarem soluções para os problemas que se faziam sentir nesses domínios. Vítor Alves apresentou então um projecto de comunicado que começava por frisar que, até que fosse publicada a lei da revisão constitucional, o Conselho não poderia deixar de levar a cabo as tarefas que lhe eram atribuídas pela Constituição, que, entre outras, implicavam garantir a viabilização das componentes essenciais à vida colectiva e dissuadir ameaças à democracia. Nesse sentido, era defendido que o CR chamasse a atenção para alguns indicadores económicos considerados preocupantes e deixasse um alerta sobre a mais que provável necessidade de imposição de sacrifícios adicionais aos portugueses. Desta vez a proposta não obteve o acolhimento da maioria dos conselheiros presentes na reunião, evitando-se assim o surgimento de uma nova polémica entre diferentes órgãos de soberania.(899)

(898) Comunicado do Conselho da Revolução 23-10-1981, Acta da Reunião 23-10-1981, Arquivo do Conselho da Revolução, Reuniões, Actas, vol. 9, caixa 10, IAN/TT.

(899) Acta da Reunião 4-11-1981, Arquivo do Conselho da Revolução, Reuniões, Actas, vol. 9, caixa 10, IAN/TT; Projecto de comunicado do CR, 4-11-1981,

O CR acabou assim por não expressar formalmente as preocupações de alguns dos seus membros, mas estes utilizavam vias alternativas.

No dia 3 de Novembro, o *Diário de Notícias* publicava um artigo escrito pelo conselheiro Vasco Lourenço, onde se afirmava que a situação económico-financeira do país tinha atingido «o limite do catastrófico», se denunciavam casos de corrupção e compadrio e se acusava o governo de inacção e eram feitas referências à existência de campanhas de difamação, chamando-se a atenção dos democratas para a necessidade de abrirem os olhos e verem onde se encontravam «os verdadeiros inimigos da democracia, muitos deles camuflados de democratas»([900]).

Este artigo de Vasco Lourenço fez com que o primeiro-ministro apresentasse um protesto formal ao Presidente do Conselho da Revolução, que esclareceu que o texto não era mais do que a expressão de uma opinião pessoal e que, «de modo nenhum», reflectia a opinião do CR.([901]) Também Melo Antunes não se coibiria de manifestar as suas opiniões e de se envolver em mais uma polémica.

Numa entrevista ao *Témoignage Chrétien* publicada em Dezembro de 1981, o Presidente da Comissão Constitucional afirmou que, imediatamente após a reeleição o Presidente Eanes, poderia ter utilizado o poder legítimo que tinha acabado de receber do povo para dissolver o Parlamento e que o Presidente era o «único recurso» que poderia fazer o país sair do impasse político em que se encontrava. Segundo Melo Antunes, existia em Portugal um bloqueio político que era cada vez mais forte e esse bloqueio, conjugado com o agravamento da crise económica e agitação social, poderia justificar a dissolução da Assembleia. Tal como tinha defendido numa reunião do CR, voltou a afirmar que o Presidente

---

Arquivo do Conselho da Revolução, Assuntos tratados nas reuniões do CR, vol. 50, caixa 68, 4–11–1981, doc. 6. Não obstante, o projecto do comunicado e a discussão em torno da sua divulgação foram conhecidos no exterior do CR. O semanário *Expresso* fez-lhe referência. *Expresso*, 7–11–1981.

([900]) *Diário de Notícias*, 3–11–1981.

([901]) Acta da Reunião 11–11–1981, Arquivo do Conselho da Revolução, Reuniões, Actas, vol. 9, caixa 10, IAN/TT.

deveria ser «tão presidencialista» quanto o sistema permitisse, mas não se mostrou favorável à criação de um partido presidencial. Pelo contrário, referiu a necessidade de formação de uma maioria de esquerda, liderada pelo PS e envolvendo os comunistas, que se empenhasse num «projecto de relançamento do 25 de Abril», e criticou a aproximação verificada entre o PS e o PSD no âmbito do processo de revisão da Constituição.([902])

Esta entrevista de Melo Antunes originou uma nova onda de críticas. O socialista Jaime Gama acusou o Presidente da Comissão Constitucional de pretender conduzir o país a uma «aventura irresponsável»([903]). António José Saraiva repudiou a ideia de relançamento da «dinâmica favorável à mudança iniciada pelo 25 de Abril», na medida em que essa mudança, «ou era o restabelecimento da democracia e da autodeterminação do povo», que já tinha sido feita, ou era outra mudança que se desconhecia porque nunca tinha sido possível definir o «espírito do 25 de Abril», evocado e reclamado tanto por Melo Antunes, como por Otelo, Vasco Gonçalves e Cunhal.([904]) Sousa Tavares criticou o apelo à formação «de uma esquisita frente nacional de esquerda», defendeu que o PCP era «irrecuperável» e acusou Melo Antunes de mostrar «à evidência a sua profunda rejeição da democracia como sistema e a sua concepção de esquerda à margem de uma moral de finalidade e de processos» e de, «em nome de uma ideologia difusa», pretender «perturbar o funcionamento das instituições, obstar ao processamento da revisão constitucional, destruir o direito democrático da maioria, inaugurar um sistema de autocracia plebiscitada e fazer aderir a esta destruição programada da democracia política o PS, deitando fora o paladino por excelência da liberdade portuguesa — Mário Soares»([905]).

([902]) Maria Inácia Rezola, *Melo Antunes. Uma Biografia Política*, pp. 690–691; *Diário de Lisboa* 22-12-1981, p. 4.

([903]) *Jornal de Notícias*, 23-12-1981.

([904]) *Diário de Notícias*, 28-12-1981.

([905]) *A Capital* 23-12-1981.

A revisão constitucional de 1982 e a extinção do CR

Os projectos de revisão da Constituição começaram a ser entregues na Assembleia da República em Abril de 1981. Exceptuando a proposta apresentada pelo PCP, todas elas preconizavam o desaparecimento do Conselho da Revolução.

O projecto apresentado pela maioria que sustentava o Governo propunha alterações profundas à lei fundamental que, na opinião dos partidos que compunham a AD, possuía uma «orientação colectivista e revolucionária» que não se adequava à realidade portuguesa. Nesse sentido, além de preconizar a eliminação do Conselho da Revolução como órgão de soberania e de defender a distribuição dos poderes até então atribuídos ao Conselho por novos órgãos que deveriam ser criados com a revisão (Conselho de Estado, Tribunal Constitucional e Conselho Superior de Defesa Nacional), a proposta da AD defendia alterações relevantes na parte dedicada à organização económica, advogando o desaparecimento das referências ao empenho na «transformação numa sociedade sem classes» ou à «apropriação dos principais meios de produção», e a eliminação da referência à irreversibilidade das nacionalizações. Esta proposta estabelecia ainda que o governo deixaria de ser responsável perante o Presidente da República e, no domínio das Defesa e das Forças Armadas, determinava que competiria ao governo propor à Assembleia da República a política de Defesa Nacional, bem como conduzir a sua execução e dirigir e administrar as Forças Armadas.([906])

O PCP, que tinha revelado tantas reticências em relação ao processo constituinte em 1975, apresentava-se agora como o grande defensor da Constituição, que era descrita como a «expressão institucional» das conquistas democráticas alcançadas após o 25 de Abril. Considerando que os cinco anos de vigência da Constituição eram a prova de que o texto fundamental continuava a corresponder às aspirações e necessidades dos portugueses, o PCP defendia que a

([906]) Projecto de lei de revisão constitucional n.º 2/II (apresentado pelo PSD, CDS e PPM), *Diário da Assembleia da República*, 27–4–1981, Série II, II legislatura, Sessão Legislativa 01, número 57, pp. 2329–2356.

revisão constitucional fosse pautada «por um princípio de economia». Nesse sentido, os comunistas preconizavam a manutenção do CR porque, por um lado, não se tinham alterado as razões que tinham justificado a sua institucionalização e consagração constitucional e, por outro lado, porque entendiam que não era possível encontrarem-se soluções alternativas que permitissem transferir, sem ameaçar o regime democrático, as competências atribuídas ao Conselho. O PCP manifestava ainda a sua oposição a qualquer solução que, «a pretexto de uma viciada concepção do princípio de subordinação das Forças Armadas ao poder civil», promovesse uma alteração relevante ao equilíbrio existente entre os vários órgãos de soberania, ou implicasse a governamentalização das Forças Armadas e as tornasse dependentes de mudanças e alterações a nível político e governativo.([907])

Entre estas duas visões antagónicas sobre a Constituição e a sua revisão, encontrava-se o projecto apresentado pela Frente Republicana e Socialista (FRS), a coligação que se tinha apresentado ao eleitorado nas eleições legislativas de 1980 e que era formada pelo Partido Socialista, a União de Esquerda Socialista Democrática (UEDS) e a Acção Social Democrata Independente (ASDI). Este projecto de revisão advogava essencialmente mudanças relacionadas com a extinção do Conselho da Revolução e com a necessidade de distribuir os seus poderes e competências a outras entidades. Neste campo, aproximava-se de algumas soluções preconizadas pela AD, como a criação de um Tribunal Constitucional, que absorvesse as funções do CR e da sua Comissão Constitucional, e o estabelecimento de um «Conselho da República» com características semelhantes ao «Conselho de Estado» sugerido pela AD. A FRS defendia ainda a criação de um Conselho Superior de Defesa Nacional, onde os militares seriam minoritários, que as chefias militares passassem a ser nomeadas e exoneradas pelo Presidente da República sob proposta do governo e, tal como a AD, determinava que o governo deixaria de ser politicamente responsável perante o Presidente da

([907]) Projecto de lei de revisão constitucional n.º 3/II (apresentado pelo PCP), *Diário da Assembleia da República*, 22-5-1981, Série II, II legislatura, Sessão Legislativa 01, número 69, pp. 2677-2688.

República. Por outro lado, no domínio económico, este projecto afastava-se das soluções preconizadas pela AD e aproximava-se das propostas do PCP, na medida em que continuava a advogar um modelo de organização económica e social orientado para a transição para o socialismo.([908])

Finalmente, o projecto apresentado pelo MDP/CDE também não previa a continuidade do Conselho da Revolução, não porque esta fosse indesejável, mas porque a sua extinção era tida como certa. Nestas circunstâncias, o MDP sugeria a criação de um «Conselho da República» e de um «Conselho Constitucional»([909]).

De facto, os dois maiores partidos políticos estavam empenhados no estabelecimento de um entendimento que garantisse os dois terços de votos dos deputados para alterar a Constituição. Apesar das divergências em relação aos pontos de natureza económica, PS e PSD partilhavam a mesma visão sobre a necessidade e urgência de se proceder à extinção do CR.

Os contactos entre o PS e a AD aceleraram a partir do final de Abril de 1982 e as negociações foram decorrendo não na Assembleia da República, mas entre as direcções partidárias, o que motivou algumas críticas.([910]) Ambos os lados foram obrigados a fazer cedências. Colocando em causa o compromisso que tinha permitido o apoio do PS à reeleição do general Eanes, os socialistas foram ao encontro das propostas da AD que visavam diminuir os poderes do Presidente da República. Por outro lado, a AD não conseguiria implementar as mudanças que preconizava na estruturação económica do país nem eliminar algumas referências doutrinárias e ideológicas da lei fundamental.

Apesar de algumas resistências verificadas na bancada parlamentar do PS em relação ao entendimento estabelecido entre a

---

([908]) Projecto de lei de revisão constitucional n.º 4/II (apresentado pelo PS, ASDI e UEDS), *Diário da Assembleia da República*, 23–5–1981, Série II, II legislatura, Sessão Legislativa 01, número 70, pp. 2689–2712.

([909]) Projecto de lei de revisão constitucional n.º 5/II (apresentado pelo MDP/CDE), *Diário da Assembleia da República*, 23–5–1981, Série II, II legislatura, Sessão Legislativa 01, número 70, pp. 2712–2722.

([910]) David Castaño, *Eanes e a Democracia*, pp. 456–457.

direcção do partido e a AD, entre as quais se destacou a do líder da bancada, Francisco Salgado Zenha, que se mantinha fiel ao compromisso estabelecido com Ramalho Eanes tendo em vista a recandidatura do general, a liderança de Mário Soares conseguiu impor a sua vontade. Zenha seria suspenso e os deputados socialistas foram intimados a cumprir as decisões dos órgãos dirigentes do Partido.

O modo como o processo foi conduzido e o facto de, além da extinção do CR, o entendimento entre a coligação governativa e o maior partido da oposição ter sido obtido em torno da diminuição dos poderes do Presidente em duas matérias sensíveis (poder de demitir governos e de nomear e demitir as chefias militares), foi acompanhado com preocupação pelo Conselho da Revolução.

Logo em Janeiro de 1982, perspectivando uma redução dos poderes presidenciais, o conselheiro Sousa e Castro afirmou numa entrevista concedida ao *Portugal Hoje* que, a confirmar-se essa diminuição dos poderes presidenciais, deixaria de se justificar a sua eleição por sufrágio directo e universal, uma vez que o Presidente deixaria de ter capacidade de actuação política. Sousa e Castro aproveitou também esta ocasião para revelar a sua preocupação com a extinção do CR. Dando voz a uma opinião que era partilhada por um importante sector do Conselho, Sousa e Castro manifestou recear que as alterações que viessem a ser aprovadas pelos partidos não salvaguardassem, «quanto à fiscalização das leis, o equilíbrio do regime» e que os novos órgãos que viessem a ser criados não defendessem os direitos e liberdades, particularmente dos trabalhadores. Este conselheiro temia ainda que nessas circunstâncias se viesse a verificar «a recomposição do sistema anterior ao 25 de Abril» e que tudo aquilo que tinha sido adquirido a nível dos direitos sociais e económicos pudesse ir «por água abaixo», e sustentava que a previsível parlamentarização do regime, em articulação com o «descuido da fiscalização das leis, numa óptica progressista e progressiva», acabasse por lançar a sociedade portuguesa num «profundo fracasso», afastando-se dos ideais de progresso aos níveis social, económico e político.([911])

([911]) *Portugal Hoje*, 23-1-1982.

Mantinha-se assim a tensão entre moderados e intervencionistas, tensão essa que ora pendia para um lado ou para o outro, no que respeitava à divulgação de comunicados sobre a situação política do país nos meses que antecederam o fim do CR. Muitas vezes, bastava a ausência de um conselheiro para alterar o sentido destas votações que, apesar de se destinarem a aprovar ou recusar a divulgação de meros textos, tinham importante impacto público e mediático.

Por exemplo, na sequência da greve geral realizada no dia 12 de Fevereiro de 1982, durante a qual se registaram confrontos com as forças de segurança, e que segundo o Governo fora acompanhada por uma «tentativa terrorista destinada a subverter as estruturas do Estado democrático de direito»([912]), alguns conselheiros propuseram que fosse emitido um comunicado crítico relativamente à actuação do governo. Nesta ocasião vingou a tese daqueles que defenderam que, «dada a complexidade da situação», não era conveniente a emissão de qualquer comunicado. Na reunião seguinte, perante a insistência do governo de que se estava perante uma «situação insurreccional», o CR acabaria por difundir um comunicado, onde, fazendo menção à sua qualidade de garante pelo regular funcionamento das instituições democráticas, o Conselho instava o governo a dar esclarecimento público e urgente dos elementos que sustentavam a tese da insurreição.([913])

Em Março, depois de a Assembleia ter rejeitado uma moção de censura ao governo apresentada pelo PS e de ter sido discutida uma interpelação ao executivo apresentada pela UEDS, Vítor Alves defendeu que o governo não tinha respondido claramente à moção e propôs que o CR ouvisse o primeiro-ministro ou o ministro das Finanças sobre a situação económica do país. O Presidente declarou que o Conselho não deveria tomar qualquer posição antes de ter em sua posse todos os elementos e que em primeiro lugar deveriam ser pedidos esclarecimentos ao executivo. Por outro lado, o conselheiro

([912]) *Diário de Lisboa*, 13–2–1982, p. 5.

([913]) Acta da Reunião 17–2–1982, Arquivo do Conselho da Revolução, Reuniões, Actas, vol. 10, caixa 11, IAN/TT; Comunicado do CR, 25–2–1982, Acta da Reunião 25–2–1982, Arquivo do Conselho da Revolução, Reuniões, Actas, vol. 10, caixa 11, IAN/TT.

Martins Guerreiro chamou a atenção para a situação política do país «face à agudização dos conflitos» sociais e laborais e para o que considerava ser um «bloqueamento político» sem que se perspectivassem alternativas, tendo defendido que, se não fossem encontradas soluções a curto prazo, poderia «vir a ser posta em causa a própria democracia»([914]).

Foi neste contexto que, em Março de 1982, o caderno *Actual* do semanário *Expresso* publicou um conjunto de entrevistas aos conselheiros da revolução([915]) onde estes faziam um balanço da actividade do CR que revelava a persistência de diferentes pontos de vista e a manutenção de um equilíbrio precário entre as duas grandes tendências existentes no seu interior.

Sintomaticamente, os chefes militares optaram por não manifestar as suas posições nem fazer qualquer balanço relativamente à acção desempenhada pelo CR ao longo dos seus sete anos de vida. Apenas o conselheiro Ribeiro Cardoso, oficial da Força Aérea que tradicionalmente votava ao lado das chefias militares, fez um balanço francamente positivo, afirmando que a democracia já tinha defesas, que o regime estava estabilizado e que, portanto, deixara de ser necessária a exigência de órgãos tutelares. Para Ribeiro Cardoso, na sequência do II Pacto MFA-Partidos, o CR passa a ser um satélite que nunca chegara a possuir verdadeiramente o poder e que tivera sempre a humildade de se apagar perante os demais órgãos de soberania «eleitos pelo povo». Segundo este conselheiro, que elogiou a forma como Eanes tinha presidido ao CR e que defendeu que como órgão de soberania o Conselho só beneficiava «do apagamento e circunspecção» dos seus membros, o Conselho pouco mais tinha sido do que um tribunal, seguindo assim a sua missão, ou seja, tinha sido o garante e não mais um interventor.

Opinião diferente foi manifestada pelos restantes conselheiros. O ainda Presidente da Comissão Constitucional considerava que a actuação do CR tinha sido positiva, embora sustentasse que a sua

---

([914]) Acta da Reunião 10–3–1982, Arquivo do Conselho da Revolução, Reuniões, Actas, vol. 10, caixa 11, IAN/TT.

([915]) Estas entrevistas foram depois publicadas em livro. Maria João Avillez, *Do Fundo da Revolução*, Lisboa, Edições Público, 1994.

missão não fora cumprida na sua plenitude. Para Melo Antunes, que lamentava que não tivesse sido possível determinar e implementar «uma estratégia de transformação estrutural da sociedade portuguesa», a experiência portuguesa «poderia ter sido muito mais rica», se não se tivessem registado tantos erros e desvios e se tivesse existido a capacidade para compreender «que o 25 de Abril» tinha sido «a grande oportunidade histórica» para efectuar essa grande mudança.

Os conselheiros Pezarat Correia, Vasco Lourenço, Costa Neves, Martins Guerreiro, Sousa e Castro, Franco Charais revelaram opiniões similares. O primeiro considerava que o CR tinha cumprido globalmente a sua missão e tinha «pelo menos» assegurado «a existência efectiva, ao nível dos órgãos de soberania, de um órgão maioritariamente comprometido com os ideais do 25 de Abril». O segundo, depois de sublinhar que os militares se preparavam para cumprir a sua promessa, ou seja, entregar o poder aos civis, não escondeu o seu descontentamento com a evolução registada, lamentando que não se tivesse conseguido fazer melhor, revelando que teria forçosamente agido de outro modo em muitas ocasiões e que, por exemplo, teria declarado a inconstitucionalidade da Lei da Reforma Agrária e a do ensino privado, não escondendo que tinha sido sistematicamente derrotado nas votações do CR. Costa Neves também fez uma avaliação da actuação do Conselho, defendendo que os erros tinham sido fruto não de acções mas sim de omissões do CR. Não escondendo que em algumas ocasiões sentira uma «grande frustração», Martins Guerreiro afirmou que o Conselho tivera algum poder mas que os conselheiros não o tiveram. Manifestando-se pouco optimista quanto à previsível evolução da sociedade portuguesa, Sousa e Castro chamou a atenção para o facto de, uma vez aprovada a Constituição, o poder que até então estava concentrado no CR ter sido progressivamente deslocado para o Presidente, o Parlamento e o Governo e defendeu que o conselho se limitara a ser o «estabilizador da sociedade», não escondendo que, em seu entender, o CR poderia ter exercido «uma acção política mais correcta». Também Franco Charais revelou a sua apreensão em relação ao futuro, afirmando que o Conselho seria extinto antes de estar concluída a transição. Nesse sentido, revelou desejar que o CR fosse substituído por outro órgão ou por outra entidade que fosse capaz de «garantir uma verdadeira e efectiva democratização social, económica e política da sociedade portuguesa». Menos crítico que os seus colegas, Vítor Alves disse nada ter a lamentar, considerando que a missão tinha sido cumprida e que apenas se tinham registado algumas «falhas pontuais»([916]).

Três dias depois de ter sido publicado este trabalho com o balanço feito pelos próprios, o primeiro-ministro Pinto Balsemão proferiu no Instituto de Altos Estudos Militares um discurso muito crítico relativamente ao CR, onde era revelada uma opinião bastante diferente daquela que tinha sido expressa pela esmagadora maioria dos conselheiros históricos. O primeiro-ministro lamentou que em Portugal continuasse a existir «um poder militar quase independente e paralelo do poder democrático civil» que tinha a possibilidade de intervir na esfera de actuação do poder democrático legitimado pelo voto dos eleitores, e afirmou que os portugueses queriam pôr termo ao período de transição e consagrar plenamente um regime democrático representativo, preconizando mais uma vez que as Forças Armadas deveriam passar a depender do governo.([917])

Estas declarações do primeiro-ministro foram analisadas e discutidas pelo CR, tendo sido alvo de muitas críticas. No entanto, a maioria dos conselheiros decidiu, mais uma vez, que «apesar da gravidade das acusações», dada a situação política em que o país se encontrava, não deveria ser revelado o conteúdo do debate travado no Conselho, de modo a evitar-se a criação de «situações irreversíveis»([918]). Esta decisão oficial do CR voltou a não ser seguida por todos os seus membros.

Sousa e Castro acusou publicamente o primeiro-ministro de se ter dirigido aos militares não na qualidade de chefe do governo mas como um mero líder partidário num comício, lembrando que Pinto

---

([916]) *Actual*, *Expresso*, 13-3-1982.

([917]) Discurso do primeiro-ministro no IAEM, 16-3-1982, Arquivo do Conselho da Revolução, Documentos apresentados ao CR, caixa 68, n.º 386, 24-3-1982, doc. 1.

([918]) Acta da Reunião 24-3-1982, Arquivo do Conselho da Revolução, Reuniões, Actas, vol. 10, caixa 11, IAN/TT.

Balsemão só era primeiro-ministro porque existia uma Constituição democrática, a Constituição de 1976, que devia a sua existência a um grupo de militares que tinham feito o 25 de Abril, militares esses que integravam o CR.([919]) O executivo reagiu pela voz do ministro da Defesa e líder do CDS, Freitas do Amaral, que acusou o Conselho da Revolução de «total irresponsabilidade» e afirmou não confundir as opiniões do CR, que não mereciam ser consideradas, com as das Forças Armadas.([920])

O oitavo aniversário do 25 de Abril comemorou-se assim num clima de grande tensão. Acossado e com o fim cada vez mais próximo, o CR elaborou e divulgou o seu último comunicado evocativo da efeméride, onde, apesar de procurar passar «uma mensagem de esperança e confiança nos valores da democracia e da liberdade», registava que «nem todas as expectativas nascidas nesse dia» tinham sido satisfeitas. Nesse sentido, o Conselho sublinhava que, apesar das dificuldades surgidas, o processo de consolidação das instituições democráticas tinha sido bem-sucedido, que as liberdades fundamentais tinham sido preservadas e que tinham sido dados passos em direcção a «uma maior democratização da vida económica e social». Referindo-se à revisão constitucional e ao fim do «chamado período de transição», o Conselho fazia uma auto-análise e afirmava «ter sido essencial como factor de estabilização e condição de progresso da sociedade em direcção a formas democraticamente mais elaboradas de organização do poder político». Reconhecendo «a urgência e a necessidade política» de uma rápida implementação da revisão da Constituição, o Conselho fazia votos para que os princípios fundamentais que tinham inspirado a Constituição fossem preservados e, se possível, melhorados.([921])

O tom moderado adoptado pela maioria do CR não foi, mais uma vez, seguido por todos os conselheiros. No encontro comemorativo do 25 de Abril onde participavam dezenas de oficiais das

([919]) *Diário de Lisboa*, 19-3-1982, pp. 1 e 5.

([920]) *Diário de Lisboa*, 29-3-1982, p. 4.

([921]) Comunicado do CR, 25-4-1982, Acta da Reunião 25-4-1982, Arquivo do Conselho da Revolução, Reuniões, Actas, vol. 10, caixa 11, IAN/TT.

Forças Armadas, Vasco Lourenço dirigiu várias críticas ao governo e deixou um aviso:

> «não se iludam os que pensam que o MFA está dissolvido. O MFA não poderá ser dissolvido porque não foi, não é, nem será, uma organização formal que se possa dissolver. O MFA foi, é e continuará a ser uma atitude política, social e moral de um grupo vasto de cidadãos militares em torno de uma ideia-força: devolver ao povo português o exercício pleno da soberania, e garantir que não mais lhe seja retirada. O MFA foi, é e continuará a ser um espírito de acção em torno dessa ideia. O MFA foi, é e continuará a ser uma ligação informal e automática» ([922]).

Vasco Lourenço foi também o membro do CR designado para se deslocar ao Instituto de Altos Estudos Militares e responder às críticas que o primeiro-ministro tinha dirigido ao Conselho da Revolução nessa instituição. Esta intervenção é mais um bom exemplo do modo como os conselheiros históricos viam o seu papel e o do Conselho durante a transição constitucional.

Começando por questionar o facto de o CR apenas ter tido dois contactos com o principal estabelecimento de ensino superior militar ao longo dos seus sete anos de existência, Vasco Lourenço justificou essa situação não porque o CR e os seus membros tivessem fugido às suas responsabilidades, mas porque se tinha verificado uma atitude pré-concebida que ultrapassava o Conselho. Ou seja, Vasco Lourenço explicava essa ausência de contactos com o desejo das diferentes chefias das Forças Armadas em isolar o CR da Instituição Militar e assim provocar «um divórcio com intuitos claramente políticos» que, no entanto, alguns conselheiros tinham procurado contrariar mantendo contactos informais com a generalidade dos seus camaradas.

O antigo governador militar de Lisboa fez um balanço da actuação do CR e descreveu como positivo o facto de as Forças Armadas se terem mantido fora da intervenção política directa, um objectivo que considerava secundário, mas que contribuíra para que tivesse sido atingido o objectivo principal, ou seja, a democratização da

---

([922]) *Diário de Lisboa*, 26-4-1982, p. 9.

sociedade. Contudo, considerava que a actuação do CR tinha sido insuficiente, uma vez que, em seu entender, o Conselho poderia e deveria ter exercido, dentro das suas competências constitucionais, uma actividade mais eficaz. Nesse sentido, afirmou que se tinha assistido a «um esvaziamento do CR» através de um «exagerado apagamento e de uma marginalização» deste órgão de soberania e apontou aquele que em sua opinião era o maior defeito do CR: o facto de este nunca ter conseguido assumir-se totalmente como um órgão autónomo em relação ao Presidente da República. Ou seja, Vasco Lourenço considerava que o CR poderia ter cumprido melhor a sua missão constitucional se «tivesse conseguido uma maior autonomia, como órgão de soberania» e, por outro lado, entendia que o Presidente da República também poderia ter sido mais bem aconselhado se «tivesse praticado um outro tipo de relações com o Conselho da Revolução». Justificando esta dupla evolução, que avaliava como negativa, apontou a existência de «alguns complexos» que tinham marcado o relacionamento destes dois órgãos de soberania. Vasco Lourenço apresentou também uma série de indicadores sobre a actividade do Conselho da Revolução nas suas diferentes missões constitucionais e sustentou que as Forças Armadas não estavam reestruturadas e devidamente preparadas para enfrentarem as novas realidades, mas que do seu ponto de vista a acção do CR tinha sido «altamente frutuosa». Na conclusão da sua intervenção, referiu-se ao processo de revisão da Constituição e manifestou as suas dúvidas sobre a capacidade de no futuro se manter o afastamento das Forças Armadas da intervenção política directa e sobre a possibilidade de serem encontradas as soluções certas para a substituição do Conselho da Revolução nas suas distintas missões.([923]) Resumindo, o passado recente tinha sido positivo, apesar de o CR não ter tido uma actuação tão interventiva como teria sido desejável, e o futuro afigurava-se sombrio e incerto.

Estas dúvidas e estes receios de Vasco Lourenço eram também sentidos por outros membros do CR. No final de Maio de 1982,

([923]) Discurso de Vasco Lourenço no IAEM, 1–6–1982, Arquivo do Conselho da Revolução, Documentos apresentados ao CR, caixa 71, n.º 389, 2–6–1982, doc. 35.

quando já eram conhecidos os contornos do acordo estabelecido entre a AD e a direcção do PS para a revisão constitucional, alguns conselheiros salientaram que se estava «a caminhar para um parlamentarismo» que poderia abrir caminho «para soluções não democráticas», já que se assistia paralelamente a um desgaste dos partidos políticos.([924]) Na semana seguinte, após mais uma polémica entre o Presidente e o Governo, vários membros do CR voltaram a manifestar as suas preocupações «pelo futuro democrático do país» dada a degradação da situação económica e social e o «acentuado desgaste das formações partidárias» que não era acompanhado pelo surgimento de soluções alternativas.([925])

Nesta reunião, o CR analisou também uma sondagem que fora encomendada a uma empresa especializada. Este estudo, realizado entre o final de Março e o início de Abril, indicava que, por uma pequena margem, a maioria dos portugueses era favorável à existência deste órgão de soberania (31% a favor, 29% contra). A sondagem revelava também a tradicional divisão do país, uma vez que no Sul 41% dos inquiridos concordava com a existência do CR, ao passo que no Norte essa percentagem baixava para os 24%.([926]) Nesta reunião, os conselheiros analisaram outro estudo de opinião realizado na mesma altura, que incluía a pergunta «o CR é necessário ao país?». As respostas indicavam que 11% dos inquiridos estavam totalmente de acordo, que 14% estavam parcialmente de acordo, que 27% estavam em desacordo e que a maioria (48%) não sabia ou não respondia.([927]) Os resultados indicavam uma polarização. No entanto, mais importante do que os resultados é

([924]) Acta da Reunião 26–5–1982, Arquivo do Conselho da Revolução, Reuniões, Actas, vol. 10, caixa 11, IAN/TT.

([925]) Acta da Reunião —6–1982, Arquivo do Conselho da Revolução, Reuniões, Actas, vol. 10, caixa 11, IAN/TT.

([926]) Estudo da Marktest elaborado para o CR, Maio de 1982, Arquivo do Conselho da Revolução, Documentos apresentados ao CR, caixa 71, n.º 389, 16–6–1982, doc. 3. Esta sondagem foi distribuída aos conselheiros no dia 2 de Junho, no dia seguinte fazia já manchetes nos jornais. Ver, por exemplo, *Diário de Lisboa*, 3–6–1982, p. 1.

([927]) Estudo de opinião, 1982, Banco de informação e gestão n.º 1, CEMASE — Centro de Estudos de Mercado e Análise socioeconómica, Arquivo do Conselho

constatar-se a preocupação manifestada pelo CR relativamente à opinião que os portugueses tinham sobre a sua existência e sobre a sua eventual indispensabilidade quando o seu fim parecia estar tão próximo. Haveria ainda hipótese de se adiar uma morte anunciada?

No dia 9 de Junho, os deputados começaram a discutir e a votar as alterações propostas pela Comissão Eventual para a Revisão Constitucional. Os maiores partidos decidiram que os artigos que já tinham sido previamente aprovados pelos partidos que compunham a AD e o PS poderiam ser votados no plenário. Os restantes, onde ainda não fora possível chegar-se a um consenso, voltariam a baixar à Comissão competente.

Ao contrário do que aconteceu com os primeiros dez artigos da Constituição, que não foram votados por ainda não existir um consenso que garantisse os 2/3 necessários para serem alterados, os artigos relacionados com o Conselho da Revolução foram logo apreciados e votados. No histórico dia da tomada da Bastilha, 14 de Julho, os deputados ditaram a extinção do CR ao aprovarem, com 188 votos a favor (PS, PSD e CDS), 41 votos contra (PCP, MDP/CDE e UDP) e 4 abstenções (UEDS), a eliminação da referência ao Conselho da Revolução como órgão de soberania.

Esta votação esteve envolta em polémica porque no PS existiam algumas vozes a defender que o CR deveria manter-se em funções até à entrada em funções dos novos órgãos que herdariam os poderes até então atribuídos ao Conselho (Tribunal Constitucional e Conselho de Estado). A fim de se evitar um vazio institucional, foi aventada a introdução de uma adenda ao acordo estabelecido entre a AD e o PS que estabelecesse algumas normas transitórias que deveriam ser aplicadas após a extinção formal do CR. No entanto, o CDS fez valer a sua posição e exigiu a cessação de funções do CR assim que a Constituição revista entrasse em vigor e não quando entrassem em funcionamento os novos órgãos de soberania.([928]) Não obstante a oposição de alguns deputados socialistas, o PS viria a concordar com a posição expressa pelo CDS, tendo ficado

da Revolução, Documentos apresentados ao CR, caixa 71, n.º 389, 16-6-1982, doc. 22.

([928]) *Diário de Lisboa*, 14-7-1982, p. 4.

apenas estabelecido que parte das funções fiscalizadoras do CR seriam atribuídas provisoriamente ao Presidente da República até que os novos órgãos tivessem sido constituídos.([929]) No dia em que a Assembleia da República ditou o fim do CR realizou-se uma reunião do Conselho que ficou marcada por esta questão.

O conselheiro Vasco Lourenço defendeu que deveria ser o CR a passar aos novos órgãos as funções que vinha desempenhando e chamou a atenção para a abertura de um novo período de transição, dada a atribuição ao Presidente da República de alguns dos poderes do CR até à entrada em vigor do novo texto constitucional, revelando que estava a equacionar resignar ao cargo de conselheiro.

O descontentamento revelado por Vasco Lourenço era generalizado. Vários conselheiros não o esconderam e manifestaram a intenção de o revelarem publicamente. Uma das formas preconizadas para demonstrar este desagrado foi a de apresentarem a renúncia aos mandatos. Em causa estava o modo como os partidos tinham conduzido o processo de extinção e a abertura de um novo período transitório que, segundo Vítor Crespo, visava «atingir outros objectivos» que não se coadunavam «com a limpidez das acções democráticas». Marques Júnior entendia que se tinha tornado «insustentável continuar a desempenhar a função com o mínimo de dignidade, perante o enxovalho com que, gratuitamente, o acordo PS/AD brindava a extinção do Conselho da Revolução» e defendeu que, «perante tamanha afronta», o CR, além das atitudes pessoais de cada conselheiro, deveria tomar uma posição e não permanecer impávido «em nome de um falso realismo político». No mesmo tom, Martins Guerreiro afirmou que a revisão constitucional iria «provocar o aparecimento de gérmenes de instabilidade», questionou o processo e a forma como os acordos eram feitos sem o envolvimento da generalidade dos deputados e admitiu que o entendimento alcançado poderia «vir a gerar acontecimentos graves nas Forças Armadas de consequências imprevisíveis». Vasco Lourenço defendeu que a solução encontrada violava o pacto

([929]) 19 deputados do PS votaram contra o acordo que determinava a extinção do CR assim que se verificasse a promulgação da nova versão da Constituição. 26 votaram a favor e 16 abstiveram-se. *Diário de Lisboa*, 15-7-1982, p. 1.

MFA/Partidos e colocava em causa o próprio 25 de Abril e revelou que iria apresentar a sua declaração de renúncia, que poderia ser evitada caso o Presidente «quisesse avançar com medidas concretas que possibilitassem a abertura de uma via de defesa do regime democrático», mostrando-se assim disposto a «ajudar a vencer o golpe que está em marcha e destruirá inevitavelmente a democracia em Portugal». Indo mais longe do que os seus colegas, Ribeiro Cardoso considerou que a via escolhida para a extinção do CR feria «os pressupostos contidos no Pacto MFA/Partidos» ao criar «um hiato entre o fim do Conselho e a entrada em funções dos novos órgãos» e referiu que a acumulação de erros deste género poderia dar razão suficiente para o Presidente da República justificar a dissolução do Parlamento.

Mais moderado, Melo Antunes distinguiu os aspectos éticos e morais da «fria análise política» para defender que a Assembleia tinha plena competência para efectuar a revisão «sem que houvesse intervenções estranhas», mesmo que em «defesa da própria democracia». Nesse sentido, apesar «da indignidade» resultante do acordo PS/AD, defendeu que o Conselho «deveria continuar a desempenhar as suas funções» e que os seus membros não deveriam renunciar. No mesmo sentido foram as considerações de Sousa e Castro que, admitindo que a divulgação de posições individuais pudesse ser gratificante para os seus autores, afirmou que «não o seriam para a defesa da democracia» e que «um acto de heroísmo» seria o de não renunciar. Semelhante posição foi defendida por Melo Egídio, que referiu os inconvenientes de uma dissolução da Assembleia e defendeu que os conselheiros não deveriam resignar.([930])

Embora tivesse defendido que os conselheiros não deveriam renunciar, Sousa e Castro manifestou publicamente o seu desacordo com a solução encontrada. Numa entrevista a um jornal, referiu-se ao processo de revisão, afirmando que estavam a ser respeitados «todos os mecanismos e formalismos constitucionais», mas defendeu que a revisão não atendia «a importantes realidades políticas e sociais», entre as quais destacou a eleição por sufrágio directo do Presidente. Sousa e Castro também criticou a fórmula encontrada

([930]) Acta da Reunião 14–7–1982, Arquivo do Conselho da Revolução, Reuniões, Actas, vol. 10, caixa 11, IAN/TT.

para um dos sucessores do CR, o Tribunal Constitucional, chamando a atenção para o facto de passar a caber à Assembleia a escolha dos juízes, que se traduzia, em seu entender, numa excessiva parlamentarização do regime.([931])

Face à gravidade do problema, no dia 19 de Julho realizou-se uma reunião extraordinária do Conselho dedicada exclusivamente a este assunto. Do encontro resultou a divulgação de um comunicado onde o CR, começando por reafirmar que não colocava em causa a sua extinção, revelava preocupação e indignação pela forma como os partidos se preparavam para destruir esse conceito de transição em que assentava a legitimidade constitucional do Conselho da Revolução, pelo facto de se estipular a extinção deste órgão e de assim se iniciar um novo período de transição, sem limites definidos, uma vez que não estavam previstos os mecanismos que garantiriam a entrada em funções do Tribunal Constitucional e do Conselho de Estado. O texto, que revelava que os conselheiros ainda acreditavam que pudesse ser encontrada uma solução de compromisso ou que se verificasse um *volte-face* antes da votação final global, terminava com uma chamada de atenção para a responsabilidade histórica que recaía sobre os deputados.([932]) Apesar das sucessivas promessas de que o CR se manteria afastado e não interferiria no processo de revisão constitucional, o Conselho acabou por se envolver.

A primeira versão deste comunicado foi elaborada por Melo Antunes e o debate em torno da sua divulgação voltou a revelar a dificuldade em conciliar as diferentes perspectivas existentes no interior do CR. Desta vez a discussão não foi em torno da divulgação ou não do comunicado, mas sim em torno do tom que deveria ser adoptado.

É que para alguns conselheiros o texto deveria ser mais duro. Marques Júnior, que votou contra, entendia que o Conselho deveria ter indicado «outras acções a desenvolver» e criticou que «um falso realismo político» tivesse condicionado os princípios de dignidade. Também Vítor Crespo votou contra, por considerar que tinha sido

([931]) *Notícias da Tarde*, 17-7-1982.

([932]) Acta da Reunião extraordinária 19-7-1982, Arquivo do Conselho da Revolução, Reuniões, Actas, vol. 10, caixa 11, IAN/TT.

utilizada uma linguagem «pouco vigorosa» e por entender que o texto não alertava devidamente para os perigos que representava para a democracia a criação de um novo período de transição. Este conselheiro lamentava também que o CR se limitasse a adoptar uma atitude de expectativa quando o que estava em causa era «o espírito do 25 de Abril». Embora tivessem votado a favor, Marques Júnior, Costa Neves, Franco Charais, Vasco Lourenço e Pezarat Correia também defenderam que o Conselho deveria ter adoptado uma posição mais firme. Charais afirmou que não poderia aceitar a decisão da AR e anunciou que iria abandonar as funções de conselheiro antes da data prevista para a sua extinção. Vasco Lourenço considerou se deveria ter condenado com mais vigor a forma como se iria processar a extinção do CR e revelou que iria assumir as posições que viesse a considerar necessárias de acordo com a evolução dos acontecimentos. Criticando o que entendia ser uma mera «resposta passiva», Pezarat defendeu que o Conselho deveria ter deixado «que se alimentasse a dúvida sobre o eventual recurso a qualquer das medidas» que cabiam nas suas competências constitucionais.([933])

Numa das últimas reuniões do CR, Vasco Lourenço voltaria a referir-se a este processo, deixando claramente expressa a sua opinião sobre o modo como os partidos tinham determinado o fim do CR. Considerando que o CR e os militares de Abril tinham sido ofendidos e o país encontrava-se «no limiar de um regime anti-Abril», já que se pretendiam cortar «cerce e de forma violenta» os laços com aqueles que lhe tinham dado origem e que se tinham empenhado na sua consolidação, Vasco Lourenço sustentava que o regime resultante da revisão da Constituição era um regime «à margem de Abril» e «construído com um profundo desprezo para com os autores de Abril». Por isso defendera que os conselheiros históricos renunciassem aos seus cargos, «não numa acção de desistência, mas sim como uma acção de luta, uma acção de afirmação que constituísse um primeiro passo no regresso de Abril»([934]).

([933]) Acta da Reunião extraordinária 19–7–1982, Arquivo do Conselho da Revolução, Reuniões, Actas, vol. 10, caixa 11, IAN/TT.

([934]) Declaração para a acta de Vasco Lourenço, acta da Reunião 4–10–1982, Arquivo do Conselho da Revolução, Reuniões, Actas, vol. 10, caixa 11, IAN/TT.

Estas críticas relativamente à moderação do comunicado não impediram que o mesmo viesse a ser mal recebido pelos partidos que estavam empenhados em promover alterações na lei fundamental. Almeida Santos, do PS, defendeu que as críticas do CR não eram «nem fundadas nem sérias» e recusou que se estivesse perante a criação de um novo período de transição. Em seu entender existiria aproximadamente um período de um mês entre a entrada em vigor da nova versão da Constituição e o começo das actividades do Tribunal Constitucional. Almeida Santos justificou ainda que o alinhamento do seu partido com os partidos da AD relativamente à recusa de que o CR pudesse vir a ser chamado a pronunciar-se sobre a constitucionalidade das leis de organização de defesa nacional, das bases da organização e funcionamento das Forças Armadas e de organização e processo do Tribunal Constitucional, ou seja, das leis imediatamente exigidas pela sua própria extinção.([935]) O que estava em causa era a possibilidade de o CR vir a intervir, e em última instância colocar obstáculos, na formação dos novos órgãos que iriam receber partes dos seus poderes, podendo desta forma assistir-se à perpetuação de um clima de dúvida e incerteza

Esta questão, a aprovação, no dia 20 de Julho, do fim da responsabilidade política do governo e do primeiro-ministro perante o Presidente da República e as discussões em torno das autonomias dos Açores e da Madeira, estiveram na origem de uma onda de declarações e de iniciativas a favor da dissolução da Assembleia e do adiamento da revisão constitucional.

Dissolução da Assembleia da República e travagem da revisão constitucional?

No dia 21 de Julho, uma delegação do MDP/CDE dirigiu-se ao CR para solicitar a dissolução da Assembleia da República e defender que a revisão constitucional deveria ser efectuada por um novo parlamento.([936]) Na véspera, o Presidente do Governo

([935]) *Diário de Lisboa*, 22-7-1982, p. 5.

([936]) *Diário de Lisboa*, 22-7-1982, p. 4.

Regional da Madeira defendeu a suspensão dos debates sobre as autonomias e afirmou que estava nas mãos do Presidente da República a possibilidade de se evitar «um erro histórico»([937]).

Eanes transmitiu as preocupações que lhe tinham sido manifestadas pelos presidentes dos Governos Regionais ao Conselho da Revolução e alguns conselheiros defenderam que o Presidente deveria utilizar todos os meios ao seu alcance para resolver o problema. Entre estes, encontrava-se a possibilidade de se proceder «à dissolução da Assembleia da República», que deveria ser efectuada caso se chegasse «a uma situação extrema em que não fossem ressalvados os altos interesses da Nação como um todo»([938]).

As pressões para a dissolução da Assembleia tinham origem em diversos sectores da sociedade portuguesa. Reagindo ao fim da responsabilidade política do governo perante o Presidente, Medeiros Ferreira defendeu que Ramalho Eanes tinha «o direito e o dever de agir politicamente». Tendo o cuidado de não fazer directamente a apologia da dissolução do Parlamento, o antigo militante socialista afirmou que o presidente não poderia «fazer voto de castidade política», chamando a atenção para o facto de o processo de revisão estar a enfraquecer o regime democrático.([939])

Vários conselheiros manifestaram também publicamente o seu descontentamento. Franco Charais declarou que o CR tinha ficado aquém das suas próprias capacidades constitucionais ao não ter tomado todas as medidas que lhe competiam para assegurar que os governos executavam políticas que visassem a «construção do socialismo»([940]). Vítor Alves sublinhou que a revisão não era abertamente defendida por nenhum partido e voltou a criticar a criação de um período suplementar de transição, lembrando que o Conselho não era já o órgão pré-constitucional de 1975.([941]) Costa Neves criticou a extinção «prematura» do CR, Marques Júnior

([937]) *Diário de Lisboa*, 21–7–1982, p. 4.

([938]) Acta da Reunião 20–7–1982, Arquivo do Conselho da Revolução, Reuniões, Actas, vol. 10, caixa 11, IAN/TT.

([939]) *Diário de Lisboa*, 21–7–1982, p. 5.

([940]) *O Ponto*, 22–7–1982.

([941]) *Tempo*, 22–7–1982; *Diário de Notícias*, 22 -7–1982.

considerou que o acordo PS/AD era uma nítida violação do Pacto MFA/Partidos e que estes estavam a agir «de uma forma completamente indigna» e Sousa e Castro não escondeu que a sua revolta, como de vários dos seus camaradas, não era dirigida aos partidos da AD, mas ao PS: «não nos espanta a atitude da AD (...). Agora do PS, guardião que pensávamos da liberdade, do diálogo, do respeito e da honra... seria a última atitude a esperar. Que faça bom proveito ao sr. Mário Soares e seus *yes-men*»(942). Os conselheiros não se limitaram a revelar a sua oposição e a manifestar as suas críticas.

No dia 24 de Julho, alguns membros do CR estiveram presentes numa reunião realizada na casa de campo de Vítor Crespo, em Porto de Mós, que contou com a presença de cerca de 150 oficiais dos três ramos da Forças Armadas. Além de, segundo o *Diário de Lisboa*, terem estado presentes militares oriundos de grande parte das unidades existentes no país, entre os quais se encontravam alguns comandantes, o evento contou também com a participação dos conselheiros Vítor Crespo, o anfitrião, Marques Júnior, Melo Antunes, Pezarat Correia, Vasco Lourenço e Vítor Alves.

O encontro serviu para debater o processo de revisão da Constituição, particularmente o método adoptado para a extinção do CR, e dele saíram quatro conclusões: 1) a «reafirmação das promessas assumidas pelo MFA em 25 de Abril de 1974 e ao longo do sequente processo político»; 2) «a constatação e congratulação pelo cumprimento das promessas assumidas pelo MFA», no momento em que estava a chegar ao fim o «período de transição»; 3) a «aceitação do desaparecimento representante institucional do MFA, o CR»; 4) «a condenação da forma negociada fora da AR para a extinção daquele órgão de soberania», que mais não era do que «o reflexo de outras decisões que em matéria de revisão constitucional» vinham sendo adoptadas e se mostravam «contrárias ao espírito do 25 de Abril».

Do encontro saiu também uma manifestação de confiança na capacidade de os conselheiros da revolução virem a assumir «as melhores posições no sentido de cumprirem de forma digna o 25 de Abril» e a certeza de que estes saberiam «lutar para que a

(942) *O País*, 22-7-1982.

revisão» ficasse «de acordo com o espírito de Abril», tendo ainda sido reafirmada «a continuação do MFA como espírito e maneira de estar no interior das Forças Armadas».

Entre as medidas analisadas e avalizadas pelos oficiais presentes no encontro, destacava-se a possibilidade de o CR vir a conduzir as acções necessárias para que o Presidente da República demitisse o governo e dissolvesse a Assembleia da República. Caso tal não viesse a suceder por iniciativa presidencial, o Conselho poderia propor tal medida e só perante uma eventual inacção de Ramalho Eanes é que os conselheiros deveriam manifestar o seu desagrado renunciando aos seus lugares de modo a provocar um vazio e uma crise institucional. Do encontro saiu também reforçada a ideia, partilhada por muitos dos presentes, de que a dissolução só faria sentido caso se realizasse antes de terminado o processo de revisão da Constituição.([943]) Ou seja, se servisse para travar a revisão nos moldes em que esta tinha sido negociada entre a maioria e o maior partido da oposição. Como defenderam alguns órgãos de comunicação social, a reunião foi uma espécie de uma «mini-assembleia do MFA» que tinha como principal objectivo pressionar o Presidente e levá-lo a dissolver a Assembleia da República.([944])

O Presidente Eanes também não afastava liminarmente essa hipótese. Pelo contrário. No mesmo fim-de-semana em que se realizou o encontro de Porto de Mós, Eanes concedeu uma entrevista onde abordou o modo como estava a ser conduzida a revisão constitucional. Referindo-se ao fim da responsabilidade política do governo perante o Presidente, lembrou que tinha vários poderes e não afastou a hipótese de poder vir a agir antes de terminado o processo de revisão da Constituição, sugerindo que o poderia fazer caso a revisão em curso não respeitasse os limites impostos pela Constituição em vigor, ou caso não fossem cumpridas questões meramente formais, mas também se não fossem respeitadas «questões políticas»([945]). A reunião de militares em casa de um conselheiro da revolução ganhava assim uma outra relevância.

([943]) *Diário de Lisboa*, 26–7–1982, p. 4.

([944]) *O Primeiro de Janeiro*, 25–7–1982.

([945]) *Diário de Lisboa*, 26–7–1982.

À acusação de que se estava perante uma reunião conspiratória, Vasco Lourenço respondeu afirmando que, pelo contrário, fora um encontro «anticonspiratório»([946]). Já Pezarat Correia esclareceria que na reunião os conselheiros tinham sido instruídos para usarem «todas as suas competências institucionais para impedirem a concretização de alguns passos» que consideravam nefastos para a consolidação da democracia e que tinha ficado muito claro que os militares presentes não aceitavam «a resignação entendida como abdicação» porque consideravam que não estavam ainda esgotadas todas «as capacidades de intervenção legal do Conselho da Revolução»([947]).

Recorrendo à ironia, José Miguel Júdice também afastou a hipótese de conspiração. Tratava-se apenas de uma forma de pressão: «procuraram realizar o que em linguagem técnica se considera um "pronunciamento". Resolveram pronunciar-se, dizer de sua justiça, sugerir que era de novo o defunto MFA quem ali estava a censurar e, sobretudo, a ameaçar veladamente, a impressionar ou a tentar impressionar, a colocar o seu eventual peso político-militar num dos pratos da balança». No entanto, considerava grave que, sete anos após o 25 de Novembro, ainda fosse possível que militares no activo participassem em ajuntamentos políticos, elaborassem textos colectivos e opinassem sobre questões políticas e que se assistisse a «uma crescente sintonia entre o PCP e zonas significativas das Forças Armadas»([948]).

Opinião diferente foi partilhada por Medeiros Ferreira, que voltou a manifestar-se publicamente e defendeu que o encontro revelava que «um dos elementos fundamentais do código genético do processo democrático» estava vivo. Medeiros Ferreira entendia que o Presidente e o Conselho da Revolução teriam de «julgar» a revisão constitucional, já que o texto em vigor impunha limites à sua revisão.([949])

([946]) *O Jornal*, 30–7–82.

([947]) *Expresso*, 31–7–1982.

([948]) *A Tarde*, 30–7–1982.

([949]) *Diário de Lisboa*, 30–7–1982, pp. 1 e 6.

Nas comemorações do Dia do Exército, realizadas um dia depois da reunião de Porto de Mós, Garcia dos Santos (CEME) fez questão de se distanciar dos seus camaradas do CR, afirmando que o ramo que chefiava não se envolvia «em querelas de carácter político» e não pactuava com elas, lembrando que tanto o exército «como todos os seus elementos» deveriam «manter-se à margem de toda e qualquer querela política, de todo e qualquer apelo à intervenção, constituindo, pela sua serenidade e tranquilidade, um exemplo de elevada consciência cívica»([950]). A diferença entre este discurso e os resultados do encontro de Porto de Mós foi sublinhada pela imprensa de direita, que questionou se os oficiais presentes nessa reunião teriam «força suficiente para desautorizar» o CEME.([951])

Na primeira reunião do Conselho realizada depois desse evento, Garcia dos Santos voltou a manifestar a sua discordância, tendo afirmado que a reunião de Porto de Mós tinha perturbado o meio militar ao originar «uma imagem diferente daquela que fora transmitida pelo recente comunicado do CR». No entanto, o CEME declarou que não pretendia tomar qualquer posição sobre esse assunto antes de ouvir a posição do Conselho.

Os conselheiros que tinham estado presentes no encontro deram a conhecer os resultados da reunião, nomeadamente a discordância generalizada dos militares presentes com o desenvolvimento do processo, e manifestaram o seu desacordo em relação à leitura dos acontecimentos feita pelo CEME. Nesse sentido, depois de alguns conselheiros terem justificado as posições que tinham adoptado, Vasco Lourenço aconselhou o Presidente a demitir o governo. De seguida, vários elementos do Conselho manifestaram «o seu desencanto com a actual situação, e mostraram-se dispostos a acompanhar o Presidente» nas acções que este julgasse necessário desenvolver, «com o apoio do Conselho», para evitar que a democracia em Portugal não se transformasse «na luz da vela que se vai extinguindo com a escuridão do túnel que está a ser percorrido». Utilizando uma linguagem inspirada, alguns membros

([950]) *Diário de Lisboa*, 26-7-1982, p. 4

([951]) *O Dia*, 27-7-1982.

do CR instavam assim Eanes a demitir o governo e a dissolver a Assembleia. Mas este revelou que ainda não tinha tomado «decisões definitivas quanto à acção que iria desenvolver» e que entendia que a situação não estava devidamente esclarecida.([952])

Para a decisão final do Presidente terá contribuído a opinião de Melo Antunes. Este conselheiro nunca escondera, quer no CR quer publicamente, as suas divergências sobre o rumo adoptado pelo Conselho ao longo da sua existência, tendo defendido em variadas ocasiões que este órgão de soberania deveria ter assumido uma postura mais interventiva. No entanto, nesta ocasião, o ainda Presidente da Comissão Constitucional manifestou-se contra a hipótese de a Assembleia ser dissolvida antes de terminado o processo de revisão da Constituição, embora não afastasse essa solução, uma vez aprovadas as alterações ao texto constitucional.([953]) Num documento que continha um conjunto de sugestões apresentadas ao Presidente da República, Melo Antunes defendia que, perante a redução dos poderes ou instrumentos colocados à disposição do Presidente, Eanes deveria retardar a promulgação da lei de revisão de modo a dar tempo para a criação de um novo partido. Uma vez alcançadas essas etapas, então sim, o Presidente deveria demitir o governo e dissolver a Assembleia.([954])

Apesar das várias pressões, Eanes acabou por não dissolver a Assembleia antes de esta ter concluído os seus trabalhos no âmbito da revisão. No dia 12 de Agosto de 1982 realizou-se a votação final global. Com 195 votos a favor (PSD, PS, CDS, PPM, ASDI e UEDS), 40 votos contra (PCP e da UDP) e uma abstenção (MDP/CDE), o decreto de revisão foi finalmente aprovado.([955])

Para entrar em vigor, o decreto teria ainda de ser promulgado pelo Presidente da República. Voltaram então a ouvir-se apelos

---

([952]) Acta da Reunião 2-8-1982, Arquivo do Conselho da Revolução, Reuniões, Actas, vol. 10, caixa 11, IAN/TT.

([953]) Entrevista de Melo Antunes à RDP, 24-7-1982, transcrita parcialmente no *Diário de Lisboa*, 26-7-1982, p. 4.

([954]) Maria Inácia Rezola, *Melo Antunes. Uma Biografia Política*, pp. 710-712.

([955]) *Diário da Assembleia da República*, 13-8-1982, Série I, II legislatura, Sessão Legislativa 02, número 132, p. 5564.

para que Ramalho Eanes não promulgasse a nova versão da Constituição([956]) e, no dia 31 de Agosto, quando o Presidente recebeu representantes dos partidos políticos, o líder do PCP tornou a defender a dissolução da Assembleia da República, afirmando que naquele momento uma mudança política «teria grande apoio social»([957]).

Eanes não seguiu esse conselho. No dia 24 de Setembro de 1982, o Presidente promulgou a Lei de Revisão Constitucional, que seria publicada no dia 30 de Setembro e entraria em vigor trinta dias depois, a 30 de Outubro de 1982.

Os apelos a favor da dissolução ou da não promulgação da lei não tiveram qualquer efeito. Apesar das profundas dúvidas, o Presidente da República, recusou qualquer via que pudesse colocar em causa o rápido fim da transição constitucional.([958])

No início de Setembro, quando o decreto foi enviado para promulgação para a Presidência da República, Vítor Alves ainda chegou a manifestar estranheza pelo facto de a lei de revisão não ter também sido enviada para o CR. Alguns conselheiros referiram-se a este caso como uma «anomalia». No entanto, chegou-se à

([956]) No momento em que os deputados votavam a revisão, o PCP organizou um comício em Lisboa durante o qual foram dirigidos vários recados a Eanes, que tinha manifestado «descontentamento e desacordo» perante as modificações introduzidas na Constituição, mas que ainda não tinha adoptado qualquer medida. *Diário de Lisboa*, 13–8–1982, p. 4.

([957]) António Ramalho Eanes, *Sociedade Civil e Poder Político*, texto policopiado, tese de doutoramento, Universidade de Navarra, 2006, cap. 6, parte D, pp. 215–231; Transcrição das audiências do PR com delegações do PSD, PS, CDS e PCP, 31–8–1982, António Araújo e António Macedo de Almeida, «A revisão constitucional de 1982, Apontamentos para a história do semipresidencialismo», *in Estudos em Memória do Conselheiro Artur Maurício*, Coimbra, Coimbra Editora, 2014, pp. 114–122. Ver também as transcrições das audiências do PR com as delegações do PSD, PS, CDS e PCP no dia 31–8–198, idem, pp. 143–155.

([958]) Só no dia 5 de Novembro de 1982, seis dias depois da nova versão da Constituição ter entrado em vigor, é que Ramalho Eanes manifestou as dúvidas e críticas relativamente ao modo como o processo de revisão tinha sido conduzido. Sobre esta comunicação, ver David Castaño, *Eanes e a Democracia*, pp. 487–488.

conclusão de que o CR não deveria interferir neste domínio.(959) Estranho seria se o CR pudesse, de alguma forma, apreciar a revisão que determina a sua própria extinção.

Resignados com o seu próprio destino, nas últimas semanas de vida do CR, os conselheiros acompanharam à distância um processo onde já não poderiam intervir: o da elaboração da lei de defesa nacional(960); e ocuparam-se essencialmente de um tema recorrente ao longo da vida deste órgão de soberania: as promoções. Vítor Alves defendeu que aqueles conselheiros que se mantinham em funções, que desde a primeira hora tinham estado com o 25 de Abril e que entretanto tinham sido chamados a desempenhar funções de comando, fossem promovidos. Em causa estavam as promoções de Vasco Lourenço e de Vítor Crespo. Apesar da oposição manifestada pelo próprio Vasco Lourenço, vários membros do Conselho criticaram a medida e Ribeiro Cardoso chegou a renunciar ao cargo de conselheiro.(961)

Na penúltima reunião, os conselheiros propuseram ao Presidente da República que se fizesse uma homenagem aos militares responsáveis pela revolução de Abril, sugerindo que, simbolicamente, o conselheiro Marques Júnior fosse condecorado com a Ordem da Liberdade.(962) A sugestão foi aprovada e poucos dias depois realizou-se uma emotiva cerimónia no Palácio de Belém. O mais

(959) Acta da Reunião 1–9–1982, Arquivo do Conselho da Revolução, Reuniões, Actas, vol. 10, caixa 11, IAN/TT.

(960) Em Outubro de 1982 foi aprovada por mais de 2/3 dos deputados a Lei de Defesa Nacional e das Forças Armadas (Lei n.º 29/82, de 11 de Dezembro). Com a sua aprovação passa a caber ao governo a definição das linhas gerais da política de defesa. O Ministério da Defesa Nacional fica incumbido de «preparar e executar a política de defesa nacional» e a Assembleia da República e o governo tornam-se responsáveis pela elaboração da legislação de âmbito militar. A lei determina a criação de um Conselho Superior de Defesa Nacional composto maioritariamente por civis. Ficava assim consagrada a subordinação do poder militar ao poder político.

(961) Actas das Reuniões 4–10–1982 e 6–10–1982, Arquivo do Conselho da Revolução, Reuniões, Actas, vol. 10, caixa 11, IAN/TT.

(962) Acta da Reunião 26–10–1982, Arquivo do Conselho da Revolução, Reuniões, Actas, vol. 10, caixa 11, IAN/TT.

Marques Júnior condecorado com a Grã-Cruz da Ordem da Liberdade, 28 de Outubro de 1982.

jovem capitão recebeu a condecoração e ofereceu ao Presidente da República e ao Presidente da Assembleia da República as bandeiras nacionais que durante anos tinham estado hasteadas no edifício onde funcionou o CR.([963])

No dia 29 de Outubro realizou-se a última reunião do Conselho. O encontro foi aberto aos órgãos de comunicação social e nele foi lido o último comunicado do CR, que tinha sido previamente discutido e aprovado. O texto fazia referência aos «anos difíceis e complexos» vividos após o dia 25 de Abril de 1974, e elogiava o MFA como «o garante das transformações democráticas e do restabelecimento da paz», e como o principal agente da liberdade política e o principal responsável pela introdução de mudanças estruturais da sociedade portuguesa. Evocava também o percurso histórico e sublinhava as dificuldades encontradas ao longo dos

([963]) Segundo o relato feito pelo *Diário de Lisboa*, no acto da entrega das bandeiras Marques Júnior emocionou-se, tendo o mesmo sucedido a vários dos presentes, incluindo o próprio Presidente da República, *Diário de Lisboa*, 29–10–1982, p. 5.

anos, e abordava o processo de revisão da Constituição questionando se não estariam lançados «os germes de um qualquer modelo de autoritarismo político» que reduzisse a democracia a uma simples caricatura ou a mero ritual, sem aplicação aos níveis económico, social, cultural e humano. Dúvidas semelhantes eram manifestadas em torno da futura lei de defesa, que na visão do CR poderia dar força aos «sectores militaristas das Forças Armadas» que, em aliança com «os grupos mais retrógrados da sociedade política», poderiam formar «um bloco social hegemónico com força real armada» suficiente para fazer prevalecer as suas concepções de poder. Também a solução encontrada para o futuro Tribunal Constitucional era alvo de reparos. O comunicado alertava para os perigos de «politização e partidarização do órgão encarregado da fiscalização da constitucionalidade das leis» e de «politização e partidarização da magistratura». Traçadas estas perspectivas pouco animadoras, sublinhada «a incapacidade revelada pelas forças políticas para encontrarem as respostas adequadas às aspirações populares de mais progresso e bem-estar, de maior igualdade e de mais justiça» e de destacada a falta de pluralismo nos meios de comunicação social, o comunicado terminava, contudo, com uma nota de optimismo e de confiança na capacidade dos portugueses para defenderem a democracia e a liberdade.[964]

O CR terminava assim as suas funções não escondendo as profundas dúvidas sobre o futuro. O país não seguiria o rumo que muitos conselheiros almejavam, mas esse caminho passou a ser fruto das escolhas e das opções dos portugueses. O desejo, partilhado por vários conselheiros da revolução, de aprofundamento do processo de mudanças na sociedade portuguesa não se realizou. Mas essa sociedade passou a ter voz e representantes legítimos. Não era pouco.

[964] Último comunicado do CR, 29-10-1982, Arquivo do Conselho da Revolução, Assuntos tratados nas reuniões do CR, vol. 62, caixa 80, 26-10-1982, doc. 31.

CONCLUSÃO

As raízes do Conselho da Revolução remontam ao Movimento dos Capitães e ao Movimento das Forças Armadas, desde as origens marcados por diferentes perspectivas, não obstante a base comum consubstanciada no Programa do MFA.

Apesar de ter sido o organismo responsável pela queda do regime autoritário, nem o MFA nem o seu núcleo duro, a Comissão Coordenadora, se constituíram como órgãos de poder na estrutura constitucional transitória, embora alguns dos seus membros tenham integrado um dos novos órgãos de poder provisórios, o Conselho de Estado. No entanto, o MFA não se extinguiu nem desapareceu, não obstante as tentativas dissolutivas promovidas pelo Presidente da JNS e Presidente da República, o general António de Spínola.

Os primeiros meses após o golpe militar ficariam assim marcados por um constante braço-de-ferro entre o MFA e Spínola, que acabaria por ditar o afastamento do Presidente e consagrar a afirmação do Movimento. A constituição, na sequência do 28 de Setembro, do Conselho dos Vinte e da Assembleia de Delegados do MFA (Assembleia dos Duzentos), seriam passos decisivos no sinuoso, mas ascendente, caminho em direcção à institucionalização do MFA e à sua crescente influência a nível político e militar.

O avolumar das incertezas quanto ao rumo do país nos últimos meses de 1974 contribuiu para generalizar, entre os partidos democráticos, a ideia de que a institucionalização do MFA era benéfica, se esta garantisse o cumprimento do seu programa, nomeadamente, a realização de eleições para uma Assembleia Constituinte onde os militares não interviessem directamente, como defendia o PCP e outros partidos e organizações de extrema-esquerda, que também não escondiam a sua apreensão relativamente à realização de eleições a curto prazo. No final desse ano, também a Comissão Coordenadora revelava que se pretendia institucionalizar e garantir a sua continuidade, como órgão tutelar da democracia, mesmo depois de aprovada a Constituição que, por isso, teria de ser desenhada tendo em consideração este condicionamento.

Foram então iniciadas negociações com os partidos políticos tendo em vista a celebração de um acordo constitucional que estabeleceria as linhas-mestras da futura lei fundamental e a forma de institucionalização do MFA.

O 11 de Março precipitou os acontecimentos e os partidos acabariam por ser confrontados com um facto consumado. A JSN e o Conselho de Estado foram extintos e em seu lugar foram criados dois novos órgãos: o CR, cuja primeira determinação foi a nacionalização da banca e das companhias de seguros, e a Assembleia do MFA. A institucionalização estava executada e os partidos limitaram-se a dar o seu aval a um acordo que garantia eleições livres.

Dispondo de amplos poderes (constituintes, militares, fiscalizadores e de conselho do Presidente da República), a criação do CR representa um considerável reforço do papel político do MFA e uma garantia da sua presença na estrutura constitucional revolucionária, assumindo-se como a cúpula do poder político-militar.

Nos meses que se seguiram às eleições para a Assembleia Constituinte, o CR procurou encontrar um lugar na vida política do país, tendo alguns dos seus membros ensaiado o estabelecimento de uma ligação directa com o povo, sem qualquer mediação dos partidos, a célebre Aliança Povo-MFA. Na linha do horizonte desenhava-se a instauração de uma democracia popular, semelhante aos regimes do Leste europeu, que foi contudo travada por elementos da ala moderada do MFA. Desta articulação entre diferentes sensibilidades nasceu, no início do Verão de 1975, o *Plano de Acção Política* (PAP) que procurava criar uma sociedade socialista através da via pluralista e eleitoral, ou seja, com o envolvimento dos partidos. No entanto, as diferentes visões e perspectivas sobre o futuro, patentes na profusão de planos então elaborados, continuavam a paralisar uma acção mais firme e decidida das autoridades revolucionárias, em concreto do CR. Foi neste contexto que se procurou ultrapassar esse impasse com a concentração do poder militar em apenas três individualidades: o Presidente da República, o primeiro-ministro e o comandante do COPCON. Apesar de todos eles serem membros do CR, esta proposta esvaziava os poderes do Conselho, que passaria a ser um órgão meramente consultivo.

Foi em reacção à constituição deste Directório que se começaram a acentuar as divergências entre os conselheiros e a afirmar as diferentes tendências: os *gonçalvistas*, os *otelistas* e os *melo-antunistas*, que também ficariam conhecidos como *Grupo dos Nove*, depois de terem subscrito um documento que tanto rejeitava os modelos socialistas de Leste como a social-democracia da Europa Ocidental. Se em vez de uma *troika*, onde além do Presidente estavam representadas a corrente *gonçalvista* e a *otelista*, tivesse sido constituído um quarteto, em que esta última tendência também estivesse representada, talvez a história tivesse sido diferente.

O confronto registado no Verão de 1975 entre estas diferentes facções acabaria por ditar o afastamento de Vasco Gonçalves e uma reestruturação do CR, que, no entanto, continuava a contar com representantes das três grandes linhas. Mas a saída de Vasco Gonçalves determina o fim do Directório, sendo assim afastada a ameaça de secundarização do CR.

Nas semanas seguintes, Otelo Saraiva de Carvalho passou a ser o principal visado pelo cerco montado pelos *Nove* e também ele acabaria por ficar isolado e seria afastado. O 25 de Novembro ditaria a derrota das forças empenhadas na via revolucionária e a vitória daqueles que, não a rejeitando, procuravam compromissos com a democracia pluralista e representativa. O CR foi alvo de uma nova reestruturação, ficou mais homogéneo, mas os militares vitoriosos continuavam a defender que o CR deveria prosseguir a sua acção, ou seja, a dirigir a vida política em direcção ao socialismo e a implementar reformas revolucionárias.

No entanto, o papel desempenhado pelos partidos na crise político-militar do Verão de 1975 reforçou aqueles que defendiam o rápido fim da tutela militar, ou que a pretendiam amenizar.

Foram então reabertas as negociações com os partidos políticos e a nova plataforma de entendimento acabaria por ditar o fim da Assembleia do MFA, um reforço dos poderes do Presidente da República (que passaria a ser eleito por voto directo), e a continuidade do CR, que, apesar de ver algumas suas funções reduzidas, continuaria a deter amplos poderes.

A Constituição de 1976 garantiu assim aos militares uma voz activa nos destinos do país. Como organismo não eleito democraticamente, resguardado por uma legitimidade revolucionária, o CR era, na prática, a continuação do MFA, simbolizava o seu papel no derrube da Ditadura e assegurava que determinadas metas seriam alcançadas e que certos objectivos seriam concretizados.

Além de órgão de aconselhamento do Presidente da República, ao CR foram atribuídas as funções de garante do regular funcionamento das instituições democráticas e do cumprimento da Constituição, de garante da fidelidade ao espírito da Revolução e de único órgão político e legislativo em matéria militar. O CR viu desta forma consagrado o seu papel cimeiro na vida política e militar e manteve-se a tutela militar sobre o poder civil. Contudo, munido de uma forte legitimidade democrática e de amplos poderes políticos e militares, o novo Presidente iria impor uma nova dinâmica.

Focado na reinstitucionalização das Forças Armadas e na afirmação dos poderes presidenciais, o responsável pelas operações militares que ditaram a derrota dos adeptos da via revolucionária em 25 de Novembro, e que na sequência desse episódio passara a chefiar o Exército e a integrar o CR, cedo revelou ter ideias muito concretas sobre a estruturação, funcionamento e articulação do Conselho com os restantes órgãos de soberania.

A decisão de impedir a acumulação de funções militares com funções políticas determinou o fim das ligações directas entre o CR e as unidades militares e abriu caminho a uma nova remodelação, que se traduziria na entrada de novos conselheiros alinhados com o Presidente.

Deste então, a história do CR ficaria marcada por uma tensão entre duas grandes sensibilidades: a dos conselheiros históricos, que entendiam que o CR deveria exercer sem qualquer restrição todos os poderes constitucionais de que dispunha, e a dos conselheiros por inerência, que preconizavam uma estratégia de moderação e de autolimitação das funções do CR à de conselho do Presidente da República.

Apesar de nem sempre tender para o mesmo lado, esta constante medição de forças acabaria por ditar um progressivo apagamento do Conselho que seria frequentemente criticado por aqueles que continuavam empenhados na transformação da sociedade portuguesa e focados não apenas na transição democrática, mas também na transição para o socialismo, como, aliás, determinava a Constituição.

Não foi a aprovação da Constituição de 1976, nem o início da transição constitucional, que determinaram ou condicionaram a acção do CR nos anos seguintes. Esse condicionamento deve-se à acção do seu Presidente, que não se limitou a ser um *primus inter pares* como desejavam alguns dos conselheiros que tinham desempenhado um papel determinante na sua escolha como candidato presidencial.

Foi assim um CR cada vez menos interventivo a nível político e também progressivamente afastado da gestão das Forças Armadas, que passara a ser conduzida pelas chefias dos três ramos em articulação com o CEMGFA, que acompanhou à distância as crises governativas dos últimos anos da década de 70, mas que, no entanto, teve a força para condicionar o processo de nomeação da chefia do V Governo Constitucional, avalizar a lei da amnistia aprovada pela Assembleia da República (contra a opinião do Presidente e das chefias militares), ou travar a lei de delimitação dos sectores, ao arrepio do que defendia Ramalho Eanes.

Apesar deste apagamento, e do papel desempenhado pelo Presidente, tanto o CR como o chefe de Estado seriam os principais alvos dos ataques da coligação que desde o final de 1979 detinha a maioria absoluta na Assembleia da República, governava o país e estava empenhada em assegurar, mesmo através de métodos não previstos na Constituição, a rápida extinção do CR.

Os constantes ataques dirigidos contra o CR e o Presidente da República, e a ameaça que representava a candidatura de Soares Carneiro (que subscrevia a hipótese de uma revisão constitucional e consequente extinção do CR levada a cabo por via referendária), chegaram a contribuir para uma diluição das tensões existentes no interior do Conselho, mas esse foi um fenómeno passageiro. Nos seus últimos anos de vida, o CR continuou marcado pelas divergências e pela existência de diferentes pontos de vista sobre o seu papel na vida política e militar.

O desaparecimento de Sá Carneiro e a vitória de Ramalho Eanes nas eleições de Dezembro de 1980 afastaram a ameaça de o CR vir a ser dissolvido através de métodos não previstos na Constituição, mas o processo de extinção não seria isento de polémicas.

Para que essa extinção se verificasse era necessário que durante a segunda legislatura, que se iniciou em Novembro de 1980, dois terços dos deputados chegassem a um entendimento que permitisse efectuar mudanças na Constituição. O CR não tinha um prazo de vida pré-estabelecido. A Constituição apenas determinava a abertura de uma janela, que poderia ser utilizada pela Assembleia da República para alterar a lei fundamental. Em teoria, o Conselho poderia perpetuar-se indefinidamente caso mais de um terço dos deputados não pretendesse introduzir mudanças nesse domínio.

A vitória da AD e o resultado obtido pela coligação liderada pelo PS afastaram esse cenário. Mas, em 1982, várias vozes, entre as quais as de alguns conselheiros, defenderam a dissolução da Assembleia, e até ao último momento alimentaram-se esperanças de que o Presidente não promulgasse a revisão da Constituição. O destino estava, no entanto, traçado: no dia 29 de Outubro realizou-se a última reunião do CR. Poucas horas depois entrava em vigor uma nova versão da Constituição que consagrava a supremacia do poder civil sobre o poder militar.

Portugal deixava de ter um órgão de soberania não eleito, não sujeito a qualquer tipo de escrutínio, composto exclusivamente por militares e com vastos poderes políticos e militares. Em seu lugar nasceram dois novos órgãos: o Tribunal Constitucional e o Conselho de Estado. A democracia portuguesa deixava de ter no seu seio um corpo estranho, sem paralelo com o que existia nas democracias ocidentais.

Além dos baixos níveis de violência verificados na transição portuguesa, caso raro numa transição por ruptura, outro aspecto extraordinário e digno de registo prende-se com o facto de os verdadeiros responsáveis pelo golpe militar e pelo derrube do anterior regime autoritário terem-se limitado a apresentar um documento programático e a afastar-se da ribalta, passando as responsabilidades políticas futuras para terceiros.

Mais do que desprendimento, essa opção revela a heterogeneidade das diferentes sensibilidades que estiveram na origem do movimento dos capitães e a inexistência de pontos em comum sobre o modelo a seguir.

Essa heterogeneidade iria estar presente nas diferentes fases do percurso do MFA e marcaria também a vida do órgão que lhe deu forma. Apesar de condicionar a sua coerência e acção, essa heterogeneidade acabaria por garantir a sua sobrevivência e a superação dos vários obstáculos que foram surgindo ao longo do percurso. O CR não foi um órgão estático, foi-se adaptando às diferentes fases da revolução e da transição, através de remodelações sucessivas que espelhavam a evolução da situação política e militar e o equilíbrio das diversas forças em presença, revelando flexibilidade.

Apesar de a sua designação não ter sido alterada, a verdade é que o Conselho só foi verdadeiramente revolucionário durante um curto período da sua existência. Após o 25 Novembro, mas essencialmente a partir do Verão de 1976, o CR passou a garantir não o avanço da revolução mas a manutenção do *status quo* e a preparar a subordinação do poder militar ao poder civil, acabando por desempenhar um papel relevante para o sucesso da transição democrática.

Apesar de manietados num órgão que não controlavam, aqueles que defendiam um papel mais activo do CR detinham um poder simbólico que manteve acesa a chama da revolução. Uma eventual antecipação da extinção do CR por uma via diferente daquela que estava estipulada na Constituição teria dado força aos sectores civis e militares empenhados na transição para o socialismo e na manutenção e aprofundamento das conquistas revolucionárias. A aproximação entre vencedores e derrotados do 25 de Novembro, verificada desde 1979, poderia não ser apenas uma aproximação de vencidos. Por isso foi importante garantir que não se queimavam etapas e que seriam cumpridos todos os passos previstos na lei fundamental. Quando a chama finalmente se extinguiu, já não existiam ameaças que pudessem originar qualquer reacendimento.

Vários conselheiros desejavam ter ido mais longe, mas o principal tinha sido alcançado. Pela primeira vez na sua longa história, Portugal era uma democracia e, ao contrário do que era comum em diversas latitudes e em diferentes épocas, os militares tinham desempenhado um papel fundamental nesse trajecto.

FONTES E BIBLIOGRAFIA

Arquivos

Arquivo do Conselho da Revolução, Arquivo Nacional Torre do Tombo
Arquivo Histórico-Militar
Arquivo Melo Antunes, Arquivo Nacional Torre do Tombo
Arquivo Pessoal de António Reis
Arquivo RTP
Associação 25 de Abril
Centro de Documentação 25 de Abril, Universidade de Coimbra
Fundação Mário Soares
The US National Archives, State Department Cables

Entrevistas

Maria Inácia Rezola, Entrevista a Vítor Alves, Lisboa, 10 de Outubro de 2002.

Maria Inácia Rezola, Entrevista a Martins Guerreiro, Lisboa, 19 de Fevereiro de 2003.

Maria Inácia Rezola, Entrevista a Rosa Coutinho, Lisboa, 2 de Julho de 2002.

Maria Inácia Rezola, Entrevista a Vasco Lourenço, Lisboa, 25 de Junho de 2002.

Imprensa

A Capital
A Luta

A Tarde
Avante
A Tribuna
Comércio do Porto
Correio da Manhã
Diário de Lisboa
Diário de Notícias
Diário Popular
Expresso
Jornal Novo
Jornal de Notícias
Le Monde
Match Magazine
Movimento — Boletim Informativo das Forças Armadas
Notícias da Tarde
O Dia
O Diabo
O Jornal
O País
O Primeiro de Janeiro
O Século
Portugal Hoje
Portugal Socialista
Público
República
Século Ilustrado
Tempo
Vida Mundial

Fontes impressas e online

Diário do Governo
Diário da Assembleia Constituinte
Diário da Assembleia da República
Pareceres da Comissão Constitucional, 3.º volume, Tribunal Constitucional de Portugal, 2012. Disponível em: www.tribunalconstitucional.pt/tc/content/files/biblioteca/cc/cc_volume_03.pdf
Pareceres da Comissão Constitucional, 8.º volume, Tribunal Constitucional de Portugal, 2012. Disponível em: www.tribunalconstitucional.pt/tc/content/files/biblioteca/cc/cc_volume_08.pdf.

Pareceres da Comissão Constitucional, 10.° volume, Tribunal Constitucional de Portugal, 2012. Disponível em: www.tribunalconstitucional.pt/tc/content/files/biblioteca/cc/cc_volume_10.pdf

Pareceres da Comissão Constitucional, 11.° volume, Tribunal Constitucional de Portugal, 2012. Disponível em: www.tribunalconstitucional.pt/tc/content/files/biblioteca/cc/cc_volume_11.pdf.

Pareceres da Comissão Constitucional, 12.° volume, Tribunal Constitucional de Portugal, 2012. Disponível em: www.tribunalconstitucional.pt/tc/content/files/biblioteca/cc/cc_volume_12.pdf.

Carneiro, Francisco Sá, *Textos*, 5.° volume (*1977-1979*), Lisboa, Alêtheia Editores, 2012.

Carneiro, Francisco Sá, *Textos*, 6.° volume, 1979, Lisboa, Alêtheia Editores, 2012.

Carneiro, Francisco Sá, *Textos*, 7.° volume, 1980, Lisboa, Alêtheia Editores, 2012.

Contreiras, Carlos Almada (coord.), *A Noite que Mudou a Revolução de Abril. A Assembleia Militar de 11 Março de 1975*, Lisboa, Edições Colibri, 2019.

Contreiras, Carlos Almada (coord.), *Operação Viragem Histórica*, Lisboa, Colibri, 2017.

Correia, Ramiro (ed.), *Livro Branco da 5.ª Divisão. 1974–1975*, p. 262.

Neves, Orlando (org.), *A Revolução em Ruptura. Textos Históricos da Revolução II*, Lisboa, Diabril, 1975.

Neves, Orlando (org.), *E Agora que Fazer? Textos Históricos da Revolução III*, Lisboa, Diabril, 1976.

Partido Comunista Português, *Documentos Políticos do Comité Central do PCP*. 3.° vol., *Julho/Dezembro de 1975*, Lisboa, Ed. Avante, 1976.

Relatório do 25 de Novembro de 1975 (texto integral). II Volume, Lisboa, Ed. Abril, 1976.

Memórias e testemunhos

Almeida, Dinis de, *Ascensão, Apogeu e Queda do MFA*, Lisboa, ed. Sociais, s.d.

Amaral, Diogo Freitas do, *A Transição para a Democracia. Memórias Políticas II (1976–1982)*, Lisboa, Bertrand Editora, 2008.

Amaral, Diogo Freitas do, O *Antigo Regime e a Revolução — Memórias Políticas (1941–1975)*, Lisboa, Bertrand, 1995 (3.ª ed.).

Avillez, Maria João, *Do Fundo da Revolução,* Lisboa, Edições Público, 1994.

Avillez, Maria João, *Soares. Democracia*, Lisboa, Edições Público, 1996.

Avillez, Maria João, *Soares. Ditadura e Revolução*, Lisboa, Círculo de Leitores, 1996.

Bernardo, Manuel A., *Equívocos e Realidades. Portugal 1974-1975*, Lisboa, Nova Arrancada, vol.1, 1999.

Caetano, Marcello, *Depoimento,* Rio de Janeiro — São Paulo, Distribuidora Record, 1974.

Carvalho, Otelo Saraiva de, *Alvorada em Abril.* 2 vols., Lisboa, Publicações Alfa, 1991.

Correia, Pedro Pezarat, *Questionar Abril,* Lisboa, Caminho, 1994.

Correia, Ramiro (ed.), *Livro Branco da 5.ª Divisão. 1974–1975,* Lisboa, Livraria Ler Editora, 1984.

Cruzeiro, Maria Manuela, *Costa Gomes, o Último Marechal*, Lisboa, Editorial Notícias, 1998.

Cruzeiro, Maria Manuela, *Melo Antunes, o sonhador pragmático*, Lisboa, Editorial Notícias, 2004.

Cruzeiro, Maria Manuela, *Vasco Gonçalves, um General na Revolução*, Lisboa, Editorial Notícias, 2002.

Cunhal, Álvaro, *A Crise Político-militar. Discursos políticos n.º 5*, Lisboa, Edições Avante, 1976.

Cunhal, Álvaro, *A Verdade e a Mentira na Revolução de Abril: a contra--revolução confessa-se*, Lisboa, Edições Avante, 1999.

Gonçalves, Vasco, *Discursos, Conferências de Imprensa, Entrevistas*, org. de Augusto Paulo da Gama, Porto, s.e., 1976.

Lourenço, Vasco e Cruzeiro, Maria Manuela, *Do Interior da Revolução*, Lisboa, Âncora, 2009.

Miranda, Jorge, *Da Revolução à Constituição. Memórias da Assembleia Constituinte*, Lisboa, Principia, 2015.

Mota, José Gomes, *A Resistência*, Lisboa, Jornal *Expresso*, 1976 (2.ª ed.).

Sousa, Marcelo Rebelo de, *A Revolução e o Nascimento do PPD*, vol. 1, Lisboa, Bertrand Editora, 2000.

Spínola, António de, *País sem Rumo: contributo para a história de uma revolução,* Lisboa, SCIRE, 1978.

Spínola, António de, *Portugal e o Futuro. Análise da conjuntura nacional*, Lisboa, Arcádia, 1974.

Veloso, Pires, *Vice-Rei do Norte: Memórias e revelações*, Lisboa, Âncora Editora, 2008.

Bibliografia

25 de Novembro. Breve panorama gráfico e noticioso duma crise, Lisboa, Terra Livre, 1976 (2.ª ed.).

Afonso, Aniceto e Gomes, Carlos de Matos, *Os Anos da Guerra Colonial*, Porto, Quidnovi, 2010.

Amaral, Diogo Freitas do, *A Lei de Defesa Nacional e das Forças Armadas (textos, discursos e trabalhos preparatórios)*, Coimbra, Coimbra Editora, 1983.

Antunes, Miguel Lobo, «A fiscalização da constitucionalidade das leis no primeiro período constitucional: a Comissão Constitucional» *in Análise Social*, vol. XX (81–82), 1984, pp. 309–336.

Araújo, António, «A construção da justiça constitucional portuguesa: o nascimento do Tribunal Constitucional», *in Análise Social*, vol. XXX (134), 1995 (5.º), pp. 881–946.

Beltrão, Luísa e Hatton, Barry, *Uma História para o Futuro. Maria de Lourdes Pintasilgo*, Lisboa, Tribuna da História, 2007.

Bruneau, Thomas e Macleod, Alex, *Politics in Contemporary Portugal: Parties and the Consolidation of Democracy*, Boulder, Colorado, Lynne Rienner Publishers, 1986.

Carneiro, Francisco Sá, *Uma Constituição para os Anos 80: contributo para um projecto de revisão*, Lisboa, Publicações Dom Quixote, 1979.

Castaño, David, *Eanes e a Democracia*, Lisboa, Penguin Random House, 2018.

Castaño, David, *Mário Soares e a Revolução*, Lisboa, Dom Quixote, 2013.

Castaño, David, «O Conselho da Revolução e a imprensa (1976–1982)», *Media & Jornalismo*, vol. 19 n.º 35, 133–147. DOI: 10.14195/2183-5462_35_9

Castaño, David, «To the barracks: the President, the military and democratic consolidation in Portugal (1976–1980)», *European Review of History*, vol. 24, Issue 1, 1–16. DOI: 10.1080/13507486.2016.1155541

Coelho, Mário Baptista (coord.), *Portugal. O Sistema Política e Constitucional 1974–1987*, Lisboa, ICS-UL, 1989.

Eanes, António Ramalho, *Sociedade Civil e Poder Político*, texto policopiado, tese de doutoramento, Universidade de Navarra, 2006.

Fernandes, Jorge Miguel Alves, *O Conselho da Revolução na Fiscalização da Constitucionalidade (1976–1982)*, tese de mestrado em Política Comparada, Lisboa, Instituto de Ciências Sociais, Universidade de Lisboa, 2009.

Ferreira, José Medeiros, «Os militares e a evolução política interna e externa (1974–1982)» *in* J. J. Brandão de Brito (coord.), *Revolução e Democracia*, vol. 2, *O País em Revolução*, Lisboa, Editorial Notícias, 2001, pp. 11–61.

Ferreira, José Medeiros, *Ensaio Histórico sobre a Revolução do 25 de Abril. O Período pré-constitucional,* Lisboa, INCM-Imprensa Nacional Casa da Moeda, 1983.

Ferreira, José Medeiros, *Portugal em Transe in* José Mattoso (dir.), *História de Portugal,* vol. VIII, Lisboa, Círculo de Leitores e Ed. Estampa, 1994.

Guerreiro, Martins, «O 25 de Abril e o Movimento na Marinha» *in Anais do Clube Militar Naval,* vol. CXXIV, Jan.-Mar. de 1994, pp. 9–17.

Mendes, Armindo Ribeiro, «O Conselho da Revolução e a Comissão Constitucional na fiscalização da constitucionalidade das leis (1976–1983)», *in* Mário Baptista Coelho (org.), *Portugal, o Sistema Político e Constitucional 1974–1987*, Lisboa, Instituto de Ciências Sociais, 1989, pp. 925–940.

Miguel Pinheiro, *Sá Carneiro*, Lisboa, A Esfera dos Livros, 2010.

Oliveira, César, *Os Anos Decisivos. Portugal 1962–1985: um testemunho*, Lisboa, Editorial Presença, 1993.

Reis, António (dir.), *Portugal, 20 anos de Democracia*, Lisboa, Temas e Debates, 1996.

Reis, António, «A Revolução de 25 de Abril de 1974, o MFA e o Processo de Democratização» *in Portugal Contemporâneo,* vol. 6, Lisboa, Publicações Alfa, 1993, p. 33.

Reis, António; Rezola, Maria Inácia e Santos, Paula Borges, *Dicionário de História de Portugal,* 8 vols., Porto, Figueirinhas, 2016–2018.

Rezola, Maria Inácia, *António de Spínola* in *Fotobiografias Século XX.* Direcção de Joaquim Vieira, Lisboa, Círculo de Leitores, 2002.

Rezola, Maria Inácia, *Melo Antunes, Uma Biografia Política,* Lisboa, Âncora, 2012.

Rezola, Maria Inácia, *25 de Abril. Mitos de uma Revolução*, Lisboa, A Esfera dos Livros, 2007.

Rezola, Maria Inácia, *Os Militares na Revolução de Abril. O Conselho da Revolução e a Transição para a Democracia (1974–1975)*, Lisboa, Campo da Comunicação, 2006.

Ribeiro Mendes, Armindo, «O Conselho da Revolução e a Comissão Constitucional na fiscalização da constitucionalidade das leis (1976–1983)», Mário Baptista Coelho (coord.), *Portugal. O Sistema Político e Constitucional 1974–1987,* Lisboa, ICS-UL, 1989, pp. 925–940.

Rodrigues, Avelino; Borga, Cesário e Cardoso, Mário, *O Movimento dos Capitães e o 25 de Abril*, Lisboa, Dom Quixote, 2001.

Rodrigues, Avelino; Borga, Cesário e Cardoso, Mário, *Portugal depois de Abril*, Lisboa, Intervenção, 1976.

Sánchez Cervelló, Josep, «Las Organizaciones Revolucionarias en el Contingente Obligatorio de las Fuerzas Armadas Portuguesas, 1972–1976» *in Portuguese Studies Review*, vol. 3, n.° 2, pp. 43–62.

Sánchez Cervelló, Josep, *A Revolução Portuguesa e a sua Influência na Transição Espanhola (1961–1976)*, Lisboa, Assírio & Alvim, 1993.

Santos, José Alberto Loureiro dos, «Sobre uma possível lei da Defesa Nacional — Reflexões», *Nação e Defesa*, ano III, n.° 5, Abril de 1978, pp. 9–17.

Saraiva, António José, *Crónicas de António José Saraiva*, Matosinhos, Quidnovi, 2004.

Saraiva, António José, *Filhos de Saturno. Escritos sobre o tempo que passa*, Amadora, Bertrand, 1980.

Veiga, Ivo, «A 5.ª Divisão do Estado-Maior-General das Forças Armadas no processo revolucionário português. Modelos, apoios e antagonismos», *Ler História* [Online], 67 | 2014, disponível *in* http://journals.openedition.org/lerhistoria/917.

Walraff, Gunther, *A Descoberta de uma Conspiração*, Lisboa, Bertrand, 1976.

LISTA DE IMAGENS

Todas as imagens reproduzidas nesta obra foram cedidas pelo Arquivo Nacional da Torre do Tombo:

p. 59 — Flama, Positivos, pt. n.º 4483, doc. 010 (PT/TT/FLA/SF/001/4483/010).

p. 65 — Flama, Positivos, pt. n.º 1507, doc. 004 (PT/TT/FLA/SF/001/1507/004).

p. 79 (em cima) — Secretariado Nacional de Informação, Arquivo Fotográfico, Reportagem, Presidentes da República, doc. 28447-R01-NG03A (PT/TT/SNI/ARQF/RP-001/28447-R01-NG03A).

p. 79 (em baixo) — Secretariado Nacional de Informação, Arquivo Fotográfico, Reportagem, Presidentes da República, doc. 28447-R01-NG14A (PT/TT/SNI/ARQF/RP-001/28447-R01-NG14A).

p. 97 (em cima) — Secretariado Nacional de Informação, Arquivo Fotográfico, Reportagem, Presidentes da República, doc. 28621-R01-NG06A (PT/TT/SNI/ARQF/RP-001/28621-R01-NG06A).

p. 97 (em baixo) — Secretariado Nacional de Informação, Arquivo Fotográfico, Reportagem, Presidentes da República, doc. 28621-R01-NG15 (PT/TT/SNI/ARQF/RP-001/28621-R01-NG15).

p. 98 (em cima) — Secretariado Nacional de Informação, Arquivo Fotográfico, Reportagem, Presidentes da República, doc. 28621-R01-NG07 (PT/TT/SNI/ARQF/RP-001/28621-R01-NG07).

p. 98 (em baixo) — Secretariado Nacional de Informação, Arquivo Fotográfico, Reportagem, Presidentes da República, doc. 28621-R01-NG03A (PT/TT/SNI/ARQF/RP-001/28621-R01-NG03A).

p. **107** — Secretariado Nacional de Informação, Arquivo Fotográfico, Reportagem, Primeiros-Ministros, doc. 28742 (PT/TT/SNI/ARQF/RP-002/23742).

p. **129** — Flama, Positivos, pt. n.º 4483, doc. 010 (PT/TT/FLA/SF/001/4483/010).

p. **183** — Secretariado Nacional de Informação, Arquivo Fotográfico, Reportagem, Presidentes da República, doc. 29748 (PT/TT/SNI/ARQF/RP-001/29748).

p. **191** — Secretariado Nacional de Informação, Arquivo Fotográfico, Reportagem, Presidentes da República, doc. 30244-NG07A (PT/TT/SNI/ARQF/RP-001/30244-NG07A).

p. **216** — Secretariado Nacional de Informação, Arquivo Fotográfico, Reportagem, Presidentes da República, doc. 33204 (PT/TT/SNI/ARQF/RP-001/33204).

p. **305** — Secretariado Nacional de Informação, Arquivo Fotográfico, Reportagem, Presidentes da República, doc. 42909-NG16 (PT/TT/SNI/ARQF/RP-001/42909-NG16).

p. **361** (em cima) — Secretariado Nacional de Informação, Arquivo Fotográfico, Reportagem, Política Geral, doc. 46597-NG20 (PT/TT/SNI/ARQF/RP-003/46597-NG20).

p. **361** (em baixo) — Secretariado Nacional de Informação, Arquivo Fotográfico, Reportagem, Política Geral, doc. 49612-NG20 (PT/TT/SNI/ARQF/RP-003/49612-NG20).

p. **446** — Secretariado Nacional de Informação, Arquivo Fotográfico, Reportagem, Presidentes da República, doc. 51200-NG22 (PT/TT/SNI/ARQF/RP-001/51200-NG22).

ÍNDICE ONOMÁSTICO